KB127225

四柱命理學正解 Ⅲ

사주분석론

(격국 · 용신)

이탁감
이민지 편저

㈜이화문화출판사

머리글

젊은 시절 내 인생의 미래가 너무 궁금하였다. 나 자신은 물론 아내, 자식들의 미래 또한 절실히 알고 싶었다. 수많은 역학자들의 간명을 통해 얻은 결과는 의외였다. 내용이 각각 다르기도 하거니와 길흉이 서로 상반되기까지 해서 궁금증은 더욱 커졌다.

내 인생의 미래라는 화두(話頭)를 잡고 구도의 길을 나선 지 오랜 세월이 지나서야 어렴풋이 보이기 시작했고, 지나온 길 또한 어렵고 험난한 길이었음을 뒤늦게 깨달았다.

학문 자체가 어렵고 난해하기도 하지만 내용도 광범위한데다, 많은 부분이 책에 따라 학자들에 따라 견해가 다르고 논리적 설명이 부족해 이해가 어려웠다. 특히 미래의 길 · 흉을 정확히 예지(豫知)하여 삶의 방향을 안내하는 사명이 본 학문 수학자의 핵심목적이라고 볼 때, 운세 적용과 해석에 있어 정확한 방법과 해법을 제시한 안내서나 안내자를 찾기란 쉽지 않았다.

이러한 문제는 사주명리학에 입문한 많은 사람들의 공통과제이고, 본인 또한 겪었던 문제였음을 솔직히 고백하고 있는 것이다. 따라서 일정수준의 단계에 도달하기까지는 많은 시행착오와 노력의 허비가 수반되었음을 강조하고 싶다.

따라서, 본 학문을 공부하고자 하는 사람에게 '보다 시행착오를 줄이고 지름길로 안내할 수 있는 방법은 없을까?' 하는 관점에서 그간 공부하고 노력한 결과, 충분하지는 않지만 나름의 방법을 찾았고, 이를 바탕으로 다년간 강의를 통하여 후학양성에 참여하고 있는 중이다.

그런데 많은 후학들의 좋은 평가에 작지만 자신감도 생겼고, 또 이 학문에 입문하고자 하는 분들께 지름길을 안내하는 것도 선학자로서의 작은 임무라 판단되어 자료들을 정리하고 책을 집필하기 시작한 지 어언 7년이 지나서야 어느 정도 꼴을 갖추게 되었다.

그러므로 이 책은 사주명리학에 관한 심오한 이론서가 아니라 일정 수준의 실력에 빨리 도달할 수 있는, 쉽고 빠르게 내용을 습득할 수 있는 길을 안내하기 위한 학습서이자 안내서로 이해해 주기 바란다. 그렇다고 이론을 무시하고 논리성이 배제된 채 학습을 위한 요령만 나열했다는 것은 아니다.

탄탄한 이론을 기반으로 이론마다 실전을 가미하여 응용력이 제고되도록 편집되었고, 서로 다른 견해가 있는 많은 부분들은 논리적인 설명을 통하여 교통정리를 함으로써 수학자들의 고뇌와 시간을 덜어줄 수 있도록 노력했다.

특히 격국, 용신, 통변을 삼위일체로 공부함으로써 소기의 목적을 조기에 달성할 수 있도록 심혈을 기울였음을 강조하고 싶다. 통변은 본 학문의 핵심이다. 그러나 이 문제가 만만한 게 아니다. 일백만 개가 넘는 사주가 있는데, 하나 하나 어떻게 정통할 수 있겠는가? 유사한 사주들을 묶어 유형별로 나누고, 이의 특징을 효과적으로 익히는 방법이 유일한 지름길임을 입증하고자 했다.

그러나 천학비재(淺學菲才)한 본인이 무지의 소치(所致)로 많은 수학자들께 누를 끼치고 혼란을 드리지 않을까 심히 염려된다. 또한 많은 선학들과 제현(諸賢)들께 질정(叱正)을 바라마지 않는다.

모쪼록 이 책이 많은 수학자들에게 작은 도움이라도 될 수 있다면 더 이상 바랄 것이 없다. 이 학문을 공부하는 모든 분의 건투를 빈다.

그리고 이 책이 나오기까지 따뜻한 격려와 아낌없는 정성으로 이끌어 주신 (주)이화문화출판사의 이홍연 회장님, 박수인 사장님, 원일재 사장님과 엄명호 차장님께 진심으로 감사의 말씀을 드린다.

끝으로 평생을 사랑과 헌신적인 내조로 곁을 지켜주는 아내에게 깊은 고마움과 함께 이 책을 전한다.

이 탁 감 배상(拜上)

목 차

제 5 편 사주분석론

三. 격국론 / 171

일러두기

1. 이 책은 한글로 기술함을 원칙으로 하였으나 사주명리학의 학문적 특성상 꼭 필요한 용어의 경우는 한자를 병기하였다.
   그러나 사주명리학은 우주변화의 원리를 인간의 길흉화복과 연결시켜 해법을 찾고자 하는 학문이니 우주변화의 원리를 형상화, 부호화하는 근간들인 목(木), 화(火), 토(土), 금(金), 수(水)의 오행(五行)과 하늘의 기운인 갑(甲), 을(乙), 병(丙), 정(丁), 무(戊), 기(己), 경(庚), 신(辛), 임(壬), 계(癸)의 천간(天干) 10자와 땅의 기운인 자(子), 축(丑), 인(寅), 묘(卯), 진(辰), 사(巳), 오(午), 미(未), 신(申), 유(酉), 술(戌), 해(亥)의 지지(地支) 12자를 한자로 기술하였다.
   따라서 독자들은 이 책을 읽기 전에 우선 오행 5자, 천간지지 22자는 한자를 받드시 익혀서 책을 읽고 공부하는 데 차질이 없도록 하여야 할 것이다.
   그럼으로써 글자가 함축하고 있는 내용과 의미도 같이 이해할 수 있을 것으로 사료된다.

2. 반면에 다음의 한자는 꼭 필요한 경우 이외에는 한글로 기술하였다.
   乾(건), 坤(곤), 氣(기), 合(합), 冲(충), 生(생), 剋(극), 年(년), 月(월), 日(일), 時(시) 등이다. 그리고 숫자 一(일), 二(이), 三(삼), 四(사), 五(오), 六(육), 七(칠), 八(팔), 九(구), 十(십)은 가급적 아라비

아 숫자로 기술하였으나 꼭 필요한 경우 한자로 기술하였다.

3. 사주명리학을 제대로 이해하기 위해서는 올바른 이론과 원리를 제시하고 이 이론과 원리를 이해할 수 있도록 사주 예시를 들어 설명하는 것이 중요하다. 따라서 많은 사주 예시가 수록되어 있는데 다음과 같은 원칙하에 기록하였다.

●사주는 년 · 월 · 일 · 시를 우에서 좌로 기술하였다.

예를 들면 경자(庚子)년 정해(丁亥)월 갑인(甲寅)일 경오(庚午)시생이면

시	일	월	년
庚	甲	丁	庚
午	寅	亥	子

로 표기하였다.

●그리고 평생의 운의 흐름인 대운도 1세 甲子, 11세 乙丑, 21세 丙寅, 31세 丁卯, 41세 戊辰, 51세 己巳, 61세 庚午의 운행이라면 역시 우에서 좌로

61세	51세	41세	31세	21세	11세	1세
庚	己	戊	丁	丙	乙	甲
午	巳	辰	卯	寅	丑	子

식으로 표기하였다.

●또 사주의 일간 즉 일주의 천간은 어떤 경우라도 ㊙과 같이 원(◯)으로 표기하였다. 따라서 천간을 원(◯)으로 표기한 것은 일간을 나타낸다.

4. 이 책은 총 6권으로 편집되어 있다.

Ⅰ권에는 사주명리학의 기본이론, 오행의 생극론, 육친론, 지지암장론, 합 · 충론, 십이운성법, 신살론이

Ⅱ권에는 간지의 생사체성 및 응용으로서 천간10기(氣)와 지지12

기론과 육십갑자의 내용이 기술되어 있다.

Ⅲ권에는 사주분석론으로서 일주강약구분, 오행 생극제화의 원리, 격국과 용신총론 등을 논리적으로 체계있게 논술하였고, 대운법의 계산원리를 예를 들어서 알기 쉽게 정리하였다.

Ⅳ권과 Ⅴ권에는 육친통변론으로 육친의 활용과 변화를 사주통변에 실제적으로 활용할 수 있도록 상세하게 정리 해설하였으며, 육친의 응용과 추리를 부부관계, 자손론, 선조관계, 부친관계, 모친관계, 형제 · 자매관계 등으로 세분하여 기술하였고, 직업관계, 건강과 질병, 재난관계 등에 대하여도 상세히 기술하였으므로 사주통변에 크게 기여할 수 있을 것으로 본다.

마지막으로 Ⅵ권에는 격국별로 격국의 특징과 용신, 그리고 통변의 실례를 삼위일체로 상세히 기술함으로써 격국, 용신, 통변을 유기적으로 이해함은 물론 사주통변에 절대적으로 도움이 될 수 있도록 하였다.

5. 사주명리학의 공부방법을 제1편 제1장 6항에 기술하였으니 이를 먼저 잘 숙독하여 주기 바란다.

6. 끝으로 이 책은 단원 이병렬(檀園 李炳烈) 선생님의 『알기 쉬운 실증철학(實證哲學)』 상 · 중 · 하 3권과 자강 이석영(自彊 李錫暎) 선생님의 『사주첩경(四柱捷徑)』 6권을 기초로 하여 일부 내용을 현재의 상황에 맞춰 수정 보완하여 재편집하였음을 밝혀 둔다.

제 5 편

사 주 분 석 론

一. 일주강약구분

일주의 강약을 구분하고자 하는 첫째의 목적은 사주 장본인의 능력 여부를 측정하는 데 있다. 따라서 일주의 강약을 구분하지 않고서는 참된 추명을 할 수 없다고 하여도 과언은 아니며 사주의 진수(眞髓)가 바로 여기에 있는 것이다. 유념할 것은 이 일주의 강약만 확실하게 구분할 줄 안다면 사주 공부는 어느 경지에 도달하였다고 할 수 있을 만큼 중요한 위치를 차지하고 있으며 또 앞으로 공부하게 될 격국용신에도 기초가 됨은 물론 사주학 전반에 걸쳐 일주강약에 따라 해석이 달라지고 있기 때문이다.

그러나 일주의 강약구분은 하나의 방법일 뿐이지 사주분석의 전부로 보면 안된다. 위에서 강약구분의 목적이 일주의 능력여부를 측정하는 데 있다고 하였다. 그런데 이 능력도 운에 따라서 달라진다는 것이다. 즉 아무리 능력이 있어도 운이 나쁘면 능력이 소멸되어 버린다. 이것이 골치 아프다. 여기서는 본명, 즉 사주 자체만 가지고서 이야기하는 것이지 운을 가지고 이야기하는 것은 아니라는 것이다. 좋은 운, 즉 호운(好運)에는 없는 능력도 살아난다. 건강으로 연결하면 운이 좋으면 저절로 회춘이 되고 운이 나쁘면 회춘이 안된다. 나쁜 운, 즉 불운(不運)에는 있던 능력도 자연 소멸된다. 운에 따라서 생겼다 없어졌다

한다는 것이다.

일주가 강하느냐, 약하느냐는 용신을 정하는 초석이 된다. 고로 일주의 강약을 구분할 수 있어야 용신과 추명을 정확히 할 수 있다. 이처럼 일주의 강약을 구분할 수 있다면 사주공부의 완성은 가깝다는 것이다.

지금까지는 사주를 보는 데 포태법으로 장생과 관왕은 좋고 병 · 사 · 절지는 모두 나쁘다고 배웠다. 그러나 ○庚○○/○寅酉丑의 경우, 酉丑이 金국하니 金이 왕해졌다. 寅이 비록 庚에 절지지만 이 사주에서는 없어서는 안될 귀성(貴星)이다. 사주 구성에서는 중요한 역할을 한다는 것이다.

다시 말하여 일주의 강약에 따라 길신도 흉신이 될 때가 있고 또 흉신이 바뀌어 길신이 되며, 타(他)에게는 흉신이나 나에게는 길신이 되고, 나에게는 길신이 분명하나 타에게는 흉신이 될 수도 있으며, 육친을 응용함에 있어서도 정(正)과 편(偏)이 상대적으로 바뀐다는 것이다.

때로는 정인이 변하여 편인으로, 편인이 정인으로, 편재가 정재로, 정재가 편재로, 정관이 살로, 살이 정관으로 변화하는데 이는 모든 것이 상대적이기 때문이다. 즉 세상사람은 모두 똑같은데 본인을 위주로 하여 좋은 사람과 나쁜 사람으로 분류되고 있는 것과 같다 하겠다.

일간이 강왕하면 편도 정이 되고, 일간이 쇠약하면 정도 편이 되는 법이므로 극아자인 관살을 기준으로 볼 때 약자는 법의 다스림을 받아야 하나, 강왕자는 법을 다스리는 것과 같으며 아극자인 재성 즉 처도 여자로서는 같으나 일간이 강하면 현처가 되고, 일간이 쇠약하면 악처가 되는 법이니 어찌 일간의 강과 약을 무시하며 길흉을 함부로 논하겠는가. 만약에 신약 사주라면 능력이 없는 사람이다. 고로 정재도 편재가 된다. 마누라가 무섭다는 것이다. 사주가 신왕하다면 편재도 정재가 된다. 능력이 있으니까 그렇다. 고로 능력이 있느냐 없느냐의 차이로 남자가 신약이면 제것도 못찾아 먹는 사람이고, 신강이면 남의 것도 내것으로 만든다는 것이다.

여기서 강왕하다는 것과 쇠약하다는 것을 알기 쉽게 대비해보자.

일간이 강왕하다는 것은 강대국 · 강자 · 부자 · 고위직 · 건강자로 볼 수 있으며 능력있는 사람이다. 일간이 쇠약하다는 것은 약소국 · 약자 · 빈자 · 하위직 · 병약자로 보며 능력이 없는 사람으로 보면 된다. 이처럼 똑같은 강약도 여러 가지 측면에서 응용해 보면서 이해할 수 있다.

이것을 운과 연결해서 응용해 보자. 이 세상에서 강자 · 약자가 어디 있나? 강약은 공존(共存)이다. 편리상 구분했고, 영원한 강자가 있는가 하면, 강자가 약자로 변하고, 영원한 약자가 있는가 하면 약자가 강자로 군림할 때가 있다는 것이다.

강자가 영원한 강자로 남는 것은 운이 좋을 때는 영원한 강자가 된다. 강자지만 운이 나쁘면 약자로 된다. 본래는 약자지만 운이 좋으면 강자로 군림한다. 약자가 운마저 좋지 않으면 영원한 약자가 된다. 이렇게 강약을 운을 대입해서도 구분하는 방법이 있겠으나, 방법론의 핵심은 뒤에 공부할 득령 · 득지 · 득세를 응용하는 방법이다.

일간의 강약 구분이 쉽고도 어렵기 때문에 때로는 몇 십년을 연구하고도 당황할 때가 있는데, 이렇게 일주의 강약을 구분하기 어려운 이유를 살펴보자.

우선 사주의 구성자체가 애매하기 때문이다. 또 하나는 사주의 기초 공부가 되지 않아서이고 다음은 합국의 변화, 출생된 시절, 형 · 충 · 파에 따른 변화관계와 또 형이상학적인 기의 작용을 무시한데 원인이 있는 것이니 앞에서 공부한 간지체성론을 토대로 생 · 사관계를 잘 살펴서 결론을 내려야 한다.

출생된 시절과 때를 상순 · 중순 · 하순 중 어느 때에 태어났는지를 꼭 따져야 한다.

시에 있어서도 초 · 말 어디에 해당하는지를 구분할 줄 알아야 한다는 것이다. 눈에 보이지 않는 기의 작용을 잘 살피라는 것이다. 예를들면 정월 즉 寅월의 초순이라면 봄이면서도 겨울과 같이 춥다. 이런 경우를 놓치지 않아야 된다. 형 · 충 · 파에 따른 변화관계도 잘 살펴볼 줄 알아야 한다. 살아서 있는가, 죽어서 있는가를 세심히 봐야 한다. 뒤에 자세히 살펴보자.

또 양적인 면보다는 질적인 면을 택하고 있어 대비하면 양이라 함은 숫자를, 질이라 함은 득국을 말함이다. 따라서 무엇이든 득국을 하거나 건왕하여 있으면 그 힘은 강대하여 어떠한 자와도 대적할 수 있는 힘을 가지고 있다는 것을 명심하여야 한다.

즉 양보다는 질을 우선해야 한다는 것이며 숫자는 100개가 있어도 필요없다. 질을 우선시 한다는 것이다. 또 다시 한 번 강조하지만 뭉치면 살고 흩어지면 죽는다는 교훈을 명심해야 한다. 木火로 뭉쳐있느냐, 金水로 뭉쳐 있느냐가 가장 중요하다.

강약구분에 있어서 하나의 방법은 사주의 전체 구성요건이 木火 양으로만 구성되어 있으면 木火 공존패턴으로 木火로만 연결해 주고, 金水 음으로만 사주가 되어있으면 金水 공존패턴으로 金水로만 연결하고 대비하여 풀이하면 된다.

그리고 亥는 혼자 있을 때는 水가 분명하나 寅이나 卯 또는 未를 만나면 木국으로 변화하는 것은 사실이지만 만약 亥월이면서 金생水를 받고 있을 때는 완전하게 木으로 변화하지는 않으며 申金이 월령에 있고 土金이 왕하고 있을 때는 子水를 만나 水국이 된다 하여도 완전한 水기로 변화하지는 않고, 寅木이 월령에 있고 水木이 왕한중 혹 午火를 만난다 하여도 완전한 火국으로는 변신되지 않으며, 巳火가 월령에 있고 木火가 왕할 때 혹 酉金을 만난다 하여도 완전한 金국으로 변신되지 않으니 월즉 때라고 하는 것이 얼마나 중요한가를 다시 한 번 강조하는 것이고 또 주중의 세력에 의하여 합국이 좌우되는데 이는 군중심리에 의하여 판도가 달라지는 것과 같다 하겠다.

즉 다시 말하여 같은 寅木이라 하여도 주중에 木이 많으면 木으로, 火가 많으면 火로 변질되고, 申金은 金이 왕하면 金으로, 水가 왕하면 水로 따라가며, 亥水는 水가 많으면 水로, 木이 왕하면 木으로 변신하고, 巳火는 火가 많으면 火로, 金이 많으면 金으로 변화하며, 또 辰土는 木이 왕하면 木으로, 水가 왕하면 水기로 변화하고, 丑土는 金이 왕하면 金으로, 水가 왕하면 水기로 변화하며, 未土는 火가 많으면 火기로, 木이 많으면 木기로 변화하고, 戌土는 金이 왕하면 金기로 火가 왕하면 火기로 변화하나 土가 왕하면 土로서 존재한다. 이와 같이 기의 과다와 합국의 작용에 따라 수시로 변화하고 있으니 잘 관찰하지 않으면 안 된다.

실례를 몇개 들어보자. 월지에 의하여 합의작용이 달라진다. 즉 계절관계를 잘 보라는 것이다. ○酉巳午의 경우 巳酉金국이다. 巳월로 초여름이니까 巳酉金국이 100%로 안 가고 50%만 간다고 보라는 것이다. ○午酉巳의 경우는 酉월의 巳酉金국이다. 자기 계절의 金국이니 이 巳酉金국은 100%로 간다. ○子申酉의 경우, 申子水국이다. 申월, 즉 가을이라서 50%만 간다. 만약 申子로 100% 水국으로 간다면 가을이 겨울로 됐다는 것인데 申월은 아직도 많이 덥다. 고로 사주해석이 안맞는다.

○午寅亥의 경우는 寅亥합木국인데다 寅午합火국이 있는데 寅월, 즉 정월이니까 寅午火국이 50%이고 寅亥합木국도 작용한다는 것이다.

辰 · 戌 · 丑 · 未는 주위의 세력에 따라서 변화하는데 ○癸○○
○丑子○의 경우를 보자. 이 경우 여자라면 丑이 서방이다. 子월이니 子丑합국으로 100% 水국으로 변했다. 丑土 즉 土 서방이 물로 변해서 즉 물에 의해서 어디로 갔다. 癸丑이 백호요, 동(冬) 丑, 辰으로 급각살까지 연결되니 서방이 수영한다고 들어가더니 안나오더라.

다음은 합국의 힘을 순서대로 보자. 즉 가장 합이 잘되는 순서도 된다.

첫째는 육합이다. 육합중에서도 寅亥 · 辰酉합만 사용한다. 부부합으로 무촌이고 가깝다.

둘째는 삼합이다. 부모 · 본인 · 자손의 합으로 1촌이다.

셋째는 방합이다. 형제합으로 2촌으로 제일 약하다.

넷째는 동합이다. 친우합으로 볼 수 있다. 子子, 寅寅, 卯卯, 辰辰… 등으로 친구합이다.

따라서 합중에는 육합이 제일 잘 되고, 다음은 삼합이요, 방합의 순서로 되는데, 동합은 같은 자끼리를 말함이니 子와 子, 丑과 丑, 寅과

寅, 卯와 卯 등을 말하고, 다음으로는 동궁의 원칙인데, 천간을 부군, 지지를 처로 간주할 때, 가령 庚辰하면 辰土는 庚金과 부부가 되고 있기 때문에 卯나 寅을 동반한다 하여도 庚金 때문에 완전한 木국으로 변형되지 않으며 또 戊戌하면 午火를 만난다 하여도 천간 戊土의 영향때문에 완전한 火국으로 변화하지 않으니 항시 동궁의 천간세력도 함께 잘 살펴서 결론을 내려야 한다.

예를 들어보자. 가령 申子◯◯의 사주가 있는데 壬辰이면 申子辰 삼합이 잘될까? 잘된다. 壬水가 있어서 辰이 申子辰 삼합 水국이 된다. 그러나 寅辰子◯의 사주가 甲辰이라면 子辰水국이 잘될까? 寅辰木국이 잘될까? 결론은 寅辰木국이 더 잘된다. 辰의 천간이 甲木이기 때문이다. 庚辰이라면 寅・卯년을 만나도 辰土가 土생金을 잘하기 때문에 寅辰, 卯辰木국이 완전히 되지는 않는다.

그러면 일주강약 구분의 3대원칙이라 할 수 있는 득령(得令), 득지(得地), 득세(得勢)에 대하여 공부하기로 하자. 그러나 이것도 하나의 방법일 뿐 전부는 아니라는 것을 명심하기 바란다.

1. 득령(得令)(실령, 失令)

득령이라 함은 월지에서 인수나 견・겁을 얻었을 때 득령이라고 한다. 즉 득(得)은 얻었다는 뜻이요, 령(令)은 월령(月令)을 말하고 있는데 또 월령은 주중에서 제일강자로 군림하고 있기 때문에 전 주중의 간지가 월령에 의하여 생사가 좌우되고 있으며 아울러 타주의 힘보다 배가하고 있는 것이 월령이기도 하다.

사주에 있어서 기(氣)의 핵(核)에 해당하는 것이요, 본부(本部)이다.

고로 월령은 모든 사주에 있어서 기의 본부이다. 가령 午월이면 午월의 木, 午월의 土, 午월의 金, 午월의 水 하는 식으로 사주에 있는 오행을 월에 대비해서 월에서 죽고있나 살고있나를 대비한다. 월지에 인수나 견겁이 있을 때를 득령이라 하고 이와 반대를 실령이라 한다.

고로 일주는 물론 주중의 오행을 먼저 구분하고 그 오행이 어느 때 · 어느 월에 해당하고 있는지를 살펴 득령여부를 가려내면 되는데, 가령 寅월생이라면 木火는 득령하나 土金水는 실령이 되고, 午월생이라면 火土는 득령하는데 金水木은 실령하며, 申월생이라면 주중의 金水는 득령이나 木火土는 실령이 되는 것이다.

여기에서 주의할 것은 월지에 인수라도 모두가 득령하는 것은 아니다. 득령은 기가 강할 때이다. 卯월에 火일주는 卯木이 습목이니 木생火 못한다. 고로 득령 못했다. 子월에 木일주도 水생木이 힘들다. 음기이니 춥다. 고로 득령 못했다. 未 · 戌월의 金일주도 未 · 戌土가 조토로 土생金을 못하니 실령이다. 그러나 丑월의 水일주는 丑土가 土이지만 득령으로 본다. 선달로 겨울이다. ○㉠甲○/○○申○의 경우를 보자. 乙木이 申월이니 득령 못했다. 乙木이 甲木을 만났지만 甲木도 金극木 받아서 득지 못했다. 고로 乙木이 득세 못한다. 죽어있는 것은 100개가 있어도 필요없다.

甲(庚)丙丙/申申申申의 경우, 년 · 월의 丙이 火극金 못한다. 모두 죽어있는 불이니까. 득령, 득지, 득세했다. 너무 金이 강하니 금실무성(金實無聲)이다. 甲이 재이니 마누라 쫓는 팔자이다. 돈 쫓는 팔자이고, 아버지를 쫓는 팔자니 이 사람 출생하고서 아버지 꺾는 팔자다. 심하면 부모 갈라놓는다. 어쩌자고 이 팔자 낳았는가? 가슴이 철렁하다.

월지에 인수나 견겁을 놓고 있는 팔자는 장남이나 장녀에 해당한다. 득령하고 있는 팔자다. 만약 둘째가 월지에 인수나 견겁을 놓고 있으면 그 집의 장남 · 장녀 노릇을 해야 한다.

또 월령의 오행이 변화하면 그 만큼 부실할 수밖에 없고, 한편으로 월령을 중요시하는 것은 어느 때 · 천(天) · 시기에 출생하였는가를 살펴봄과 동시에 부모님의 자리로서 일간 본인과 가장 밀접한 관계로서 일간에 미치는 영향이 지대하기 때문이며 일단 득령을 하면 신왕 또는 일주가 왕하다고 하고 이와 반대로 득령을 못하면 실령이라 하여 신약 또는 일간 약이라고 한다.

2. 득지(得地)(실지, 失地)

득지라 함은 일주 천간이 일지 · 좌하(坐下)에서 인수나 견겁을 얻었을 때 득지가 되며 때로는 착근 · 유근 · 통원(通源)이라고도 하고, 이와 반대로 득지를 못한 경우는 실지라 하여 흉으로 하고 있다. 이 득지에서 주의할 것은 일지에 인수나 견겁을 놓지 않았을 때도 득지가 되는 경우가 있다는 것이다. 甲辰, 丙戌, 丁未, 癸丑의 경우는 득지했다고 연결한다. 꼭 기억하고 응용하기 바란다. 좀 더 자세히 그 이유를 보자.

甲辰일은 辰土가 辰월지기에 대목지토(帶木之土)요, 辰중 乙木이 있고 또 습土가 되어 木이 착근하고 비대하여지니 득지가 틀림없다. 丙戌일은 戌중 丁火에 火土공생으로 득지가 된다. 丁未일은 인수도 견겁도 아니나 未중 丁火에 未월지기로 火기가 삼복더위로 충천하여 득지가 된다. 癸丑일 역시 丑월지기 섣달로 丑중 癸水와 辛金이 있어 득지가 되니 암장까지도 자세하게 살펴 일간에 힘이 될 때는 득지로 간주하여야 한다. 그러나 ○㊇○○ / 戌丑未○의 경우는 癸丑일주지만 丑土가 丑戌未 삼형살로 깨졌다. 고로 득지 못했다. 고로 사주마다 세심한 주의가 필요함은 물론이다. 득지의 공통분모는 간여지동(干與支同)이고 효신살이다. 일지에 인수 놓은 사주가 효신살이다.

그리고 득지는 득령 다음으로 중요시하고 있는데, 그 이유는 득령은 때로서 천(天)에 해당하며 어느 때에 출생하였는가가 중점이라면 득지는 지(地)로서 어느 장소에 앉아 있는가를 살피는데 목적을 두기 때문이다. 또 득령은 부모님과의 관계라면 득지는 부모님 슬하를 떠나 배우자와의 관계를 살피기 때문이다.

그러나 득지했다고 해서 배우자와의 관계가 좋다는 것은 아니다. 甲寅일주의 경우 일지에 비견으로 득지는 했으나, 일지인 마누라 자리에 형제가 있어서 배우자궁이 나쁘다. 형제와 마누라가 맨날 싸운다. 乙亥일주의 경우는 일지인수로 득지는 했으나 마누라 자리에 어머니가 있으니 항시 모처불합(母妻不合)이다.

3. 득세(得勢)(실세, 失勢)

득세라 함은 월령·일지를 제외한 나머지 주중에서 인수나 견겁이 있어 일간의 세력에 합류할 때에 득세라 하고 이와 반대는 실세라 하여 흉으로 한다. 즉 월령과 일지를 제외한 사주에서의 세력이다. 득세를 할 수 있는 위치는 월령, 일지를 제외한 5군데서 살펴보아야 한다. 여기서도 가감해서 전부를 얻었느냐, 일부분을 얻었느냐를 확실히 구분해야 한다. 여기서 주의할 것은 사자(死者)는 득세라 할 수 없으니, 즉 무근(無根) 또는 충·형을 만나 피상되어 있으면 아무리 많아도 득세가 될 수 없으며, 또 합국으로 변화되었거나 다봉수제(多逢受制)로 일간에 아무런 도움도 못되면 득세라고 할 수 없다.

또 년주, 월간, 시주에서 일간을 도우면 완전한 득세이나 시주에는 견겁 또는 인수를 놓았는데 년주 · 월간에 없으면 득세 중에서도 부실하니 참고하기 바란다.

그리고 득세는 사람으로서의 노력이요 환경이다. 고로 무시할 수 없는 것이다. 따라서 시기 · 장소 그리고 노력이 부합되어야 비로소 발전을 기약할 수 있는 것과 같이 이중 하나만 빠져도 그만큼 부실하게 된다. 보다 상세한 설명을 해보자.

득령은 하늘 즉 천(天)에 해당하면서도 부모자리가 월지이니 부모와의 관계에 의해서 어떻게 형성되어 있는가? 즉 부모백은 가지고 있느냐, 없느냐를 월지에 연결해보고 또한 어느 때에 태어났는가를 본다.

득지는 앉은 자리이니 본인이다. 고로 배우자를 본다. 배우자를 잘 만나는 팔자냐, 못만나는 팔자냐가 함축성으로 연결된다.

득세는 환경에 해당하고 노력에 해당한다. 득령이 하늘에 해당하면 득세는 땅 즉 지(地)에 해당한다. 어떤 환경에 의해서 내가 태어났느냐이다. 이러한 3대요소에 눈에 보이지 않는 여러 가지가 들어있다는 것이다. 예를 들어보자.

丁丙壬庚
酉辰午辰의 사주가 있다. 丙火일주가 午월생이다. 고로 득령했고, 일지에 辰土가 있으니 실지했다. 득세는 했는가? 못했는가? 午는 월지에 있어서 득령으로 써먹었으니 나머지 5군데에서 丁火 하나만 있다. 그러나 丁火는 酉에 금다화식(金多火熄)으로 죽어있다. 5자 중에서 하나만 얻었다. 득령만 했고, 실지했고, 실세했다.

고로 선강후약(先强後弱)이 된다. 처음엔 그럴듯하게 나오는데 마무리가 없다. 그것이 이 사주의 큰 흠이다. 득령했으니 부모덕은 있다. 일지에 辰이니 배우자 덕이 없다. 시지는 자식궁인데 자식과 더불어 인덕이 없다. 환경이 이 사람을 도와주지 못한다.

일주가 약하다. 그러나 가령 丙(庚)壬壬 / 子申子辰의 사주가 있다. 庚金이 子월에 출생했다. 고로 실령했다. 일지에는 申金이 있으니 득지는 했다. 나머지 5군데를 보니 내 편이 없다. 년지의 辰土가 나를 土생金할 것 같지만 아니다. 申子辰水국으로 변해 버렸다. 고로 실세했다. 결론적으로 득지만 조금했다. 그러나 사주 전체가 申子辰水국이니 물로 변했다. 이럴 때는 득령 · 득지 · 득세를 안 따지고 金水로 몰아버린다. 金水밖에 모르는 사람이다. 일방통행이다. 체질도 특이성 체질이고 성격도 일면으로만 발달한다.

庚(甲)乙丁 / 午寅巳亥의 사주를 보자. 甲木이 巳월에 태어났다. 고로 실령이다. 일지에 寅木으로 득지는 했다. 그러나 寅午火국에 寅巳형이니 寅木은 木이 아니라 火이다. 巳월이라서 火가 더욱 잘된다. 고로 득지도 못했다. 득세는 했을까? 년지의 亥水가 있는데 巳亥충으로 날아갔다. 월간의 乙木도 불이 많아서 타고 있고, 뿌리가 없는 나무다. 결과적으로 득세 못했다. 庚은 甲庚충으로 날아가고, 亥는 巳亥충으로 날아갔다. 고로 金水는 없는 것과 같다. 그러므로 木火로만 살아가야 한다. 여기서 巳火가 寅巳형, 巳亥충으로 모두 버려 버렸다. 인수가 없으니 일을 하는 데도 순서가 없고, 머리 안쓰고, 꾀가 없으니 맨날 마누라한테 쫑코만 먹는다. 꼭 애기처럼 일한다. 어떤 일을 먼저 하고 어떤 일을 나중에 해야 하는지 그것을 모른다. 이처럼 신강 · 신약도 하나의 방법일 뿐이다.

乙壬丙丙
巳戌申戌의 사주를 보자. 득령 · 실지 · 실세했다. 고로 신약하다. 그리고 선강후약이다. 부모품 즉 申金에 있을 때가 최고였다. 가장 행복했다. 남녀 모두 "결혼하면서부터 내 팔자가 요모양 요꼴될 줄 누가 알았겠나?"한다. 그러나

戊壬甲戊
申子寅午의 사주를 보면 실령 · 득지 · 득세한 사주다. 시지에서 申金 하나로 득세했다니 이해가 안간다. 일주가 신강한가? 신약한가? 학(學)으로만 보면 약하다고 봐야 한다. 그러나 기의 흐름을 분석해보면, 寅월에는 춥다. 또한 申시는 해 넘어간다. 고로 신강사주다. 득세했다. 즉 숫자로 따지지 말고 질(質)을 따져 보라는 것이다. 壬水편에 申子 밖에 없지만 일주가 강하다는 것이다. 이런 것에 착오가 없어야 한다.

4. 결론

위에서와 같은 방법으로 먼저 득령(실령) · 득지(실지) · 득세(실세)를 구분한 다음 3자를 모두 얻으면 최강이라 하고, 3자 중 2자를 얻었다면 중강이 되며, 신강이라고도 한다. 3자 중 1자만 얻으면 신약 또는 일주약 · 일간약이라 하고 3자를 모두 잃었다면 실령 · 실지 · 실세라 하여 최약이라고 하는데 이중에서 제일 좋은 사주는 중강인 사주다.

여기서 한 가지 아주 중요한 사항이 있는데 관살과 상식의 관계다. 주중에 관살이 있을 때 상식 · 자손은 극 관살 · 부군하여 일주가 관살로부터 수제당함을 막아주므로 일간의 보이지 않는 뿌리요, 힘이 되기 때문에 항상 관살과 상식을 대비하여 관살보다 상식이 왕하면 신왕으로 상식이 부족하면 신약으로 보아야 한다는 것이다. 단, 일간이 무근일 때 한해서 적용되는 이론이다. 좀 더 쉽게 설명해보자.

"상식이 있을 때 관살은 내 편이다." 내 기를 뺏어 가는 설기처도 때로는 내 편이다. 즉 자식이 있을 때 관살 남편은 내 편이다. 이것을 뒤집을 때도 있다. "관살이 있을 때 상식은 내 편이다." 남편이 있을 때에 상식 · 자손은 바로 내 편이다.

관살이 많을 때 상식은 내 편이고, 상식이 많을 때 관살은 내 편이다. 남편이 너무 커버렸고, 자식은 어리니 자식이 내 편이다. 자식이 다 컸는데 서방은 조그마하다. 고로 서방이 내 편이라는 것이다. 비유해보면 여명에서 상식은 자손이요 관살은 부군이라, 관살 부군이 있을때 상식 · 자손은 본인의 의지처가 되나 부군이 없을 때의 자손은 다만 지출처에 도기가 되는 것과 같은데, 가령 木일주가 金관살로부터 金극木 당하여 피상되고 있을 때 火상식에 의하여 보호를 받게 되는데 金관살이 없는 火상식은 그대로 木생火라 종내는 木의 기를 빼앗아가기 때문이다.

乙(乙)丙丁 酉巳午未의 경우, 木일주에 火인 상식이 너무 많다. 관살이 적으니 관살이 내 편이다. 득령 · 득지 · 득세를 하나도 못했다. 水인수가 없다. 그러나 이사주는 강자로 바꾸어진다는 것이다. 乙木일주 여자가 똑똑해서 강자가 아니라 乙木이 낳은 자식이 똑똑해서 자식을 등에 업고서 내가 강자로 바꾸어진다는 것이다. 자식이 丙 · 丁火니까 공군참모총장쯤 되는가 보다. 잘난 자식 덕에 내가 대접받는 위치가 되었다는 것과 같다. 木火가 많고 金水가 부족하다. 여자 사주라면 자식이 "乙木 엄마, 木생火로 나 돈 좀 줘요." "나 돈없다. 巳酉金이 너에게 재가 되니, 너의 아빠에게 돈 달라고 해라."한다. 여기서 만약 酉가 없다면 木생火로 돈 달라하면 酉가 없으니 木생火로 자기 주머니에서 나가야 한다.

○(乙)○○ 酉酉午酉의 사주는 金이 많다. 득령 · 득지 · 득세 못했다. 그러나 이

처럼 관살이 있을 때 상식은 내 편이다. 乙木은 午火에 의지한다. 木火가 부족하고 金水가 많다. 金이 남편이다. 金극木으로 나를 때리는데 火가 적어서 火극金 못한다. 아버지를 말리지 못한다는 것이다.

다음은 어떻게 생각하면 일간이 최강하여야 가장 좋은 사주가 될 것 같으나 한정된 8자중에서 인수나 견겁이 차지하는 비중이 너무나 많기 때문에 다른 육친 즉 가장 필요한 재관이 몰하므로 남자는 처 · 자와 재물 · 명예, 여자는 부(夫) · 자와 재물에 흠이라 길명이 될 수 없는 것이다. 또 너무 강하니 저 혼자 똑똑해서 나쁘다. 인수나 비견겁이 많다는 것이니 인수는 부모요, 견겁이 형제니 부모형제만 꽉 찼다.

그 집에는 재관도 못들어 온다. 다른 식구가 못들어온다. 맞아죽는다. 고로 남녀 모두 배우자궁이 나쁘다. 결정타를 얻어맞고 있다는 것이다. 예를 들어보자.

壬(壬)壬壬
子子子申의 사주가 있다. 사주에 비견겁이 많다. 독불장군이다. 버는 놈 따로 있고, 쓰는 놈 따로 있다. 火인 재가 못들어온다. 돈 날아가고, 아버지 날아가고, 마누라 날아간다. 土인 관이 토류되어 벼슬없고, 자식 없고, 여자라면 서방 없다. 너무나 꽉차서 가장 필요한 3대요소, 즉 재 · 관 · 인을 못 가진다. 인수 申도 壬밑에 있어서 남의 집이다.

이렇게 최강격의 사주가 좋지 않은데 다만, 지지가 순수하게 삼합국으로 최강된 일주는 제외된다. 물론 육합도 포함된다. 지지가 삼합이나 육합국을 이루면 큰 하나의 부피로 보므로, 이렇게 국으로 최강된 일주는 다소 단점이 완화되고 제외된다. 그러나 본인의 출세에만 한(限)한 것이지 다른 육친이 구몰(俱沒)하는 것은 같기에 가정적으로는 불행을 면치 못한다. 본인은 출세하는데 부모형제는 희생만 했다는 것이다.

이와 같은 사주의 구성은 별칭으로 격국(格局)이라 하는데, 이 격국은 사주의 구성요건을 하나의 규격과 판국으로 구분하여 알기 쉽게 간추려 이름을 각기 부여하는데, 뒤에 격국 용신편에서 자세하게 공부하기로 하고, 우선 위에서 삼합국으로 최강된 사주를 유형별로 보자.

우선 木일주가 지지 전체가 木국으로 이루어진 사주다. 나무가 많으면 곧게 자라므로 곧을 직(直)이고, 나무가 적으면 구부러지게 자라므로 굽을 곡(曲)으로 곡직격(曲直格)이라 한다.

예를 들어보자. ○㉠○○ 寅寅亥寅의 경우가 곡직격이다. 나무가 많으면 바르게 크고 적으면 굽어서 큰다. 형제 중에서 가장 똑똑하고 잘났다. 그런데 이상하리만큼 형제가 많다. 8남매다. 가족 회의에서 부모형제가 합심하여 이놈 하나 밀어줘서 출세시킨다고 나머지는 모두 시장에서 돈벌어서 이놈 뒷바라지 했다. 공부시키고 출세시켰다. 그런데 결혼하고 나니까 마음대로 안되더라. 마누라가 제동건다.

고로 이런 사주는 형제를 제일 무서워한다. '우리가 고생해서 너를 출세시킨 것은 우리 모두가 잘살자는 것이지 너 혼자 잘 살라는 것이었냐?' 하면서 술 한잔 먹고 와서 주정한다. 곡직격이면서도 학자 · 의사에 해당하니 얼마나 좋은가?

그러나 ○㉡○○ 卯卯卯寅의 사주는 乙木이 木국인데 방합이다. 사주가 부실해서 寅午戌의 卯도화로 바람둥이로 전락해 버린다. 노는 데만 집중을 한다.

다음은 火일주가 지지전체가 火국으로 이루어진 사주다. 火가 많으면 염(炎)이 되고 기가 상승(上昇)하니 염상격(炎上格)이라 한다. 예를 들어보자.

○㉢○○ 戌午寅戌의 경우, 丙火일주가 지지에 寅午戌 삼합 火국을 두어 염상격

이다. 그러나 꽃으로만 살다가 가야 한다. 金이 없으니 열매가 없다. 그게 나쁘다. 연예인 · 언론인 · 방송인에 많고, 이과 계통에서는 화공계가 제일 좋고 火일주에 나서 목에 칼이 들어와도 할 말 다한다. 어디든지 가서 환하게 밝히는데 모두 까발려 버린다. 그러나 ○㊉丙○○ 未午巳未의 경우는 丙火일주가 지지에 巳午未 방합 火국을 두어 염상격은 맞는데 삼합과는 10:1의 차이다. 염상격이지만 좋은 염상격은 아니다. 위의 사주는 큰 부자로 연결되는데 이 사주는 오합지졸만 모여있는 상태이다. 대장은 대장인데 어린이들의 꼬마대장이다.

다음은 土일주가 지지 전체가 土로 이루어진 사주다. 土는 농사를 짓는 것이 최상의 본분이니 심을 가(稼), 거둘 색(穡)으로 가색격이라 한다. 그러나 土는 국이 없다. 土는 중성자로서 혼자 산다. 또 마른 흙으로는 농사 못 짓는다. 따라서 조토로만 구성된 사주는 가색격이 못된다. 예를 들어보자.

○戊○○ 未辰辰未의 경우 사주가 가색격이다. 농사 지을 수가 있다. 습土가 있으니까 가능하다 그런데 두꺼비 상이다. 사업가에 해당한다.

○戊○○ 戌戌未戌의 사주는 사주 전체가 완전 조토니까 가색격이 안된다. 고로 부처님 상이다.

다음은 金일주가 지지전체가 金국으로 이루어진 사주다. 金의 성질은 바꿀 혁(革)이니 종혁격(從革格)이라 한다. 예를 들어보자.

○辛○○ 酉丑酉巳의 사주다. 金의 성질은 바꾼다이다. 巳酉丑金국으로 얼마나 좋은가. 금실무성(金實無聲)이 아니다. 종혁격으로 金으로 따라가고 있다. 금속공학, 기계설비 분야가 좋다. 辛金일주이니까 경금속이니 스테인레스다. 주사 바늘 같은 것을 만드는 데도 해당된다. 그러나

○ ○○/酉申酉申의 사주는 방합이다. 고로 금실무성이다. 소리가 안난다. 나의 명함을 내놓지 못한다.

다음은 水일주가 지지전체가 水국으로 이루어진 사주다. 水는 많으면 불어나 아래로 흘러가니 윤하격(潤下格)이라 한다. 예를 들어보자. ○(壬)○○/辰子申辰의 사주는 지지에 申子辰 삼합을 잘 이루고 있다. 윤하격이다. 물이 많으면서도 수평을 잘 이루고 있다. 깊은 물이고 한 덩어리로 되어있다. 법정 · 외교 분야에서 대성할 수 있다. 그러나 ○(壬)○○/亥子丑子의 사주는 지지가 亥子丑 방합이다. 삼합을 10으로 본다면 방합은 1로 본다. 삼합을 선장으로 본다면 방합은 갑판원이고 배청소원이다.

이상의 사주유형은 모두 최강격이다. 득령 · 득지 · 득세를 모두 했다. 육친관계는 소홀하나 나의 출세는 한다. 부모형제의 희생이 있는데 고마움은 마음대로 안되더라. 최강격중에서도 견겁이 태왕한 사주는 단점이 많고, 특히 남녀 모두 부부해로 못한다.

다음으로 중강격(中强格)인데, 중강격에서 길명이 많다. 이유는 신왕하니까 건강하고 건강체질이고 또 매사에 자신있고 박력있고 개성있으며 주관이 뚜렷하면서도 모가 나지 않는 중 재와 관이 존재할 수 있기 때문이다. 신약하면 허약하고 허약체질이고 매사에 자신없고, 박력없고 물에 물탄듯 술에 술탄듯 하다. 중강격의 예를 들어보자. ○(庚)辛癸/寅午酉丑의 사주는 庚金일주가 酉월에 출생하고 酉丑金국에 월상에 辛金이 있어 득령, 득세했다. 그런데 일과시에서 木과 火가 들어오니 얼마나 좋은가? 마음을 열고 있으니 재관이 들어온다.

결론적으로 중강격은 능력이 있어서 내것을 만드는데 신약은 능력이 없어서 다자무자(多者無者)로 내것이 없다. 신약하면서도 조금만 약하다면 중강격과 별 차이가 없으나 너무나 허약하여 겨우 명맥만 유지하고 있다면 이는 천격(賤格)으로 평생을 고생으로 삶을 살아야 된다.

신강 · 신약을 구분하는 데 있어서 득령 · 득지 · 득세를 따지지만 하나의 방법일 뿐이다. 항상 눈에 보이지 않는 기의 작용을 살펴야 한다. 동지 · 섣달에 출생한 사람은 90%가 火용신이다. 득령 · 득지 · 득세만 따지다가는 용신 잘못 잡게 되면 부산으로 갈 차가 서울로 간다.

위에서 말한 대로 사주가 너무 허약하면 천격으로 평생 고생하며 살아가야 한다 했는데 이런 사주들은 어떤 것들인가? 재다신약격, 관살태왕격, 재살태왕격, 상식태왕격 들이다. 예를 들어 설명해 보자.

먼저 재다신약격이다. 조금만 재다신약이냐 엄청 재다신약이냐에 따라서 사는 것이 하늘과 땅 차이이다. 己(戊)壬壬/未子子申의 사주를 보자. 실령 · 실지했고, 득세는 2:5로 시주만 얻었다. 이런 정도면 완전한 재다신약격으로 파격(破格)으로 본다. 사주가 깨진 그릇이라고 한다는 것이다. "이 팔자 어때요?" "거짓말을 밥 먹듯이 하네요." 사기꾼 팔자가 이런 사주를 두고 말한다. 자연으로 비유하자면 제방이 무너지기 직전이다. 아슬아슬하다. 물이 힘만 쓰면 제방이 무너지게 된다. 물이 재물이니 재물탐하다가 인생이 끝나는구나.

다음은 관살태왕격이다. 살왕신쇠격(殺旺身衰格)이라고 한다. 관살이 많아서 일주가 너무 약하다. 丁(甲)庚戊/卯申申申의 경우, 金木상전(相戰)이다, 만고풍상(萬古風霜)을 겪어야 된다. 서리 맞았다. 다 크지도 못한 나무가 서리 맞았다. 申월의 甲木나무에 金열매가 주렁주렁 달렸다. 나무는 약하고 열매는 많으니 가지가 찢어진다.

다음은 재살태왕격(財殺太旺格)이다. 재와 살이 같이 많을 때이다. 己己乙癸
巳丑卯亥의 사주를 보자. 水는 재요, 木은 살이니 水는 3이고 木은 2이다. 고로 재와 살이 태왕해서 재살태왕격이다. 역시 파격이다. 전답으로 태어난 己土가 음지전답(陰地田畓)이 됐다. 세상 사는 것이 지형천리(枳荊千里)다. 즉 가시밭길 천리라는 것이다. 세상 사는 것이 너무나 고달프다.

다음은 상식태왕격(傷食太旺格)이다. 상식이 많아서 파격이 된 팔자다. 己戊辛癸
未申酉丑의 사주다. 戊土일주가 酉월에 태어나고 金이 많다. 상식이 많다는 것이다. 철분이 과다해서 농사가 안된다. 모쇠자왕(母衰子旺)·자왕모쇠(子旺母衰)라고도 한다. 상식이 많으니까 여자라면 자식들이 너무 많다. 자식들이 엄마한테 말하기를 "불행은 엄마로만 끝나지 뭐하려고 우리를 이렇게 많이 낳았어요? 잘 키우지도 못할 거면서…"한다.

사주가 위와 같이 너무 허약하면 파격으로 나쁘다고 했는데, 일간의 근거가 전혀 없어서 극히 약해지면 다시 말해 최대로 약해지면 반대로 강자를 따라가서 나를 버리고 잘 살게 되는데 이런 사주를 따를 종(從)자를 써서 종격(從格)사주라고 한다.

고로 최약격이라 함은 종격사주를 말함인데, 이렇게 종격사주가 성립하려면 전제조건이 있다. 약자가 강자에게 따라가려면 일간이 무의지처로서 의지할 데가 한 군데도 없을 때에 항복하고 따라간다는 것이다. 즉 사주중에 인수나 견겁이 없어야 한다. 만약 인수나 견겁이 있어도 절지거나 병사지, 입묘 되거나 형 · 충 · 파 당해서 일간이 의지할 데가 한군데도 없을 때는 항복해서 따라간다. 강자에게 간다는 것이다.

여기서 절지가 될 때라 함은 계절의 반대가 절이다. 木이 金위에 있을 때, 金이 木위에 있을 때, 火가 水위에 있을 때, 水가 火위에 있을 때 등을 말한다.

또 병사일 때는 다음 계절이 병사지다. 육친으로는 상식이다. 水는 木 만나면 병사다. 木은 火 만나면 병사다. 예를 들면 庚子의 경우, 庚은 子병사를 만났다. 고로 힘이 없다. 庚寅의 경우는 庚은 寅절지를 만났다. 고로 庚은 근거가 없어 힘이 없다.

다음 입묘라 함은 앉은 자리에 입묘 놓고 있을 때를 말한다. 여기서 묘(墓)란 고(庫) · 장(藏)을 말하며 60갑자 중에서 입묘일주는 丙戌, 壬辰, 乙未, 辛丑의 4개인데 辛丑은 丑土에 입묘됐다가 土생金으로 부활되고, 丙戌은 戌 중 丁火에 통근하니 이 둘은 제외하고 壬辰, 乙未의 두 개만 해당한다. 참고로 壬辰과 乙未가 년이나 월에 있으면서 壬水나 乙木이 사주에서 관이라면 혼전과부다라는 것을 이미 공부했다. 물론 여자사주다. 시집가지도 않은 아가씨가 과부소리 듣는다는 것이다.

다음은 형 · 충 · 파 당해서 일간이 완전히 무의지처가 되어야 종이 된다.

이상의 전제조건은 매우 중요한 사항으로 잘 유념해야 한다. 왜냐하면 종격이냐 태약격이냐 여부의 판단기준이기 때문이다. 사주 판단을 잘못하면 그 해석이 삼천포로 빠지기 때문이다.

여기서 종(從)은 다시 말하면 글자 그대로 따라한다는 말이니 소수는 다수에, 약자는 강자에, 쇠자는 왕자에, 약소국은 강대국에, 빈(貧)자는 부(富)자에 따라가야 삶을 유지할 수 있는 것과 같이 명리학에서도 일간이 최약하면 종격이라 한다. 또 한 가지 유념할 것은 또 다른 하나의 종이 있는데 같은 기(氣)끼리 묶어서 공존하는 종도 있다는 것이다. 즉 木火의 따뜻한 기운을 묶어서 보느냐 金水의 차가운 기운으로 보느냐인데 둘중의 하나로 묶어서 木火면 木火로, 金水면 金水로 묶어서 보는 從이 있다.

또 이 종격에서도 상식으로 종하면, 상식은 아생자(我生者)로 자손이기에 아(兒)자로 종아격(從兒格)이라 하고, 재성이 많아 종을 하면 종재격(從財格), 관살이 많아 종을 하면 종살격(從殺格)이라고 한다. 주의할 것은 종격으로 성립되었어도 지지가 삼합국으로 결속되어야 하며, 아울러 지지 삼합국, 즉 종의 대표자 천간이 단 1위봉(一位逢)이어야 하는데 이렇게만 된다면 의지거처(依持居處)조차 없는 고아가 부자집에 양자(養子)로 들어가 하루 아침에 부자라 길명이 되는 것과 같으니 일주 강약구분에 소홀함이 없도록 할 것이며, 또 강약을 구분 못하면 앞으로 공부하게 될 용신공부를 못한다는 것도 유념하기 바란다. 그러면 종격의 이해를 돕기 위해 예를 들어가며 보충해보자.

먼저 종아격이다. ○己○○ / 丑酉丑巳의 사주가 있다. 己土일간이 지지가 巳酉丑金국으로 의지할 데가 없다. 여기서 2개의 丑土와 巳火가 비견과 인수로 己土의 뿌리가 되지 않겠는가라고 의문이 있을 수 있다. 그러나 巳酉丑 삼합金국의 결속력이 강해 지지 전체가 金국으로 변했다. 고로 다수의 세력인 金으로 따라가게 된다. 종아격이다. 이 종아격은 복지사업이나 학원사업에 뜻을 많이 둔다. 그러나 남자는 木 자식궁이, 여자는 木인 남편궁이 나쁜 것은 어쩔 수 없다. 왜냐하면 이 사주에서 木이 못사니까 그렇다.

다음은 종재격이다. 종재격은 일간이 재로 종하는 팔자다. 고로 오갈 데가 없어서 처갓집으로 가는 것인데 재가 국을 이루고 득지·득세해서 처갓집이 부자다. 그러므로 처가살이해도 좋다는 것이다. 아무것도 없는 총각이 여자 하나 잘 만나서 처가살이 가더니 그 처가의 많은 재산을 자기 것인양 쓰면서 살아가는 것이 종재격이다.

○戊○○
子申子辰의 경우, 득령·득지·득세 못했고 나를 도와주는 글자가 없다. 년지의 辰土는 비견이나 申子辰水국으로 水로 변했다. 고로 순수한 재로 따라간다. 종재격이다. 결론은 거부팔자(巨富八字)이다. 돈 방석을 깔고 앉았고, 돈이 사람인지 사람이 돈인지 모를 정도로 되어 있는 것이 종재격이다. 지지가 재국으로 되어있을 때가 종재격이다. 단 삼합국이 우선 해야 한다. 가령 辛金일주가 亥卯未 삼합이면 金생水, 水생木, 木생火로 되지만 방합이면 寅卯辰으로 金생水의 水가 없다. 즉 재木을 생해주는 원천인 水가 없다는 것이다.

다음은 종살격이다. 아무 것도 없는 여자가 남편 덕이 있어서 좋은 남자 만나, 행복하게 잘 사는 팔자가 종살격이다.

○丙○○
子申子辰의 경우, 丙火가 지지 申子辰 삼합水국을 두어 水관살로 종하는 사주로 종살격이다. 삼합국으로 종이 되었으니 귀격이다. 장관사주다. 삼합으로 재까지 좋다. 고로 부귀겸전이다.

여기서 종재격은 뒤의 격국용신편에서 공부할 신왕재왕격과 똑같은 사주로 보고, 종살격은 신왕관왕격과, 종아격은 신왕상식왕격과 각각

같은 사주로 본다. 이러한 종격사주의 특징을 정리해보면,

첫째, 적응을 잘한다. 처세가 좋다는 것이다.

'내가 뭘 압니까? 나는 아무것도 모릅니다. 그저 죽어줄 테니 살려주십시오.' 하고서 무조건 굽히고 들어와서는 그 속으로 파고들더니 국(局)을 자유자재로 움직이게 하는 게 종격이다. 그만큼 처세를 잘한다.

둘째, 종을 했어도 신왕격과 같으니 약자라고 하거나 깔보지 마라.

셋째, 특이성 체질이 나온다.

넷째, 인수나 견겁을 만나는 것을 대기(大忌)한다. 인수나 견겁은 나에게 힘을 주는 것이니 일가친척을 만나는 것과 같아서 제일 싫어한다.

또 종격은 지지가 삼합국이 되어 있고, 그 대표하는 오행이 천간에 하나만 있으면 길명이 된다. 壬㈛壬○/子申子辰 의 예를 들면, 丙火가 지지에 申子辰 삼합水국으로 종살격이 되었다. 그러나 壬이 두개가 천간에 투간되었다. 버려 버렸다. 서방이 하나여야 좋은데 둘이니 버렸다. 배는 하난데 선장이 둘이다.

위 세 종격 외에 木火나 金水로 종하는 사주가 있다고 했는데 예를 들어보자.

○㈎○○/午寅午寅의 사주다. 사주 전체가 木火로만 되어 있으니 木火로 몰아서 본다. 木火밖에 모른다. 사주에 金水가 없다.

○㈖○○/子申子申의 사주도 金水로만 되어 있다. 金水밖에 모른다. 金水로 몰아버린다.

위 두 사주 모두 일주에 비견이 통근하여 있다고 생각말라는 것이다.

○(癸)○○/酉丑酉丑의 경우, 이 사주도 金水밖에 모른다. 巳酉丑 인수로 종했다. 그러나 金水밖에 없으니 金水로 몰아서 보라.

5. 실례

지금까지 공부한 일주 강약구분의 예를 들어 실제 공부에 도움이 되고자 한다.

가. 최강격의 예

사주 예(37)

丙	(甲)	丙	甲
寅	子	寅	子

이 사주는 甲木일주가 寅월로 득령한 중 일지 子水로 득지하였고, 또 시지 寅木과 년주 甲子로 득세하여 최강인데 월시상의 丙火식신이 좌하 寅木에 득장생하여 火 또한 왕하고 보니 정월 왕한 나무에 火꽃이 좌우로 만개하여 그 향기가 천지를 진동하고도 남음이라 그 이름 명진사해(名振四海)하겠고, 또 양지의 나무에 동량지재(棟梁之材)가 분명하므로 반드시 일국(一國)의 재목으로서 국가에 공헌하게 될 것이다. 좀 더 풀어보자.

甲木이 寅월에 득령, 득지, 득세했다. 월상・시상의 丙만 빼놓고는 모두 자기편이다. 최강격이다. 최강이면서도 사주가 좋게 연결되는 것은 丙이 양쪽에 있는데 이둘이 보좌관이다. 앞뒤로 丙火등불을 받쳐 들고서 이 사람을 호위해준다. 庚金 칠살이 甲庚 충하려고 해도 丙이 火극金 할까봐서 甲庚충 못한다. 자연으로 비유하면, 꽃이 만발했고 양지나무다. 그 꽃 향기가 세계에 만발한다. 박사팔자이고 총장팔자이다. 박사학위도 많다. 이 사주에서 丙이 없으면 사주가 버려 버린다.

사주 예(38)

己	㊀乙	乙	甲
卯	卯	亥	子

이 사주는 乙木일주가 亥월로 장생이라 득령하였고, 일지 卯木으로 득지요, 시지 卯木 그리고 년주 甲子로 득세하고 보니 일주 최강격에 해당하고 있으나 주중에 일점(一点)火기도 없어 음지의 나무요, 亥子水국에 의하여 木나무가 더욱 습목으로 水木이 응결에 북풍설한(北風雪寒)이요, 무화과(無花果)로 길명이 될 수 없음이 서운하다. 다시 말하여 아무리 큰나무라 하여도 음지의 나무는 부러지기 쉽기 때문에 동량지재가 될 수 없다. 좀 더 풀어보자.

득령 · 득지 · 득세로 최강이다. 그러나 사주에 火가 없으니 꺾이고 부러진다. 또한 火가 없으니 수목응결이 되고 음지나무가 되어 꽃도 없고 열매도 없으니 나무가 나무역할을 못한다. 사람이 사람이되 사람 노릇 못한다. 곡직격으로 보아도 甲 · 乙이 많아서 선장이 많다. 고로 사주 버렸다. 또한 비겁이 합중국을 이루니 배 다른 형제가 있다.

또한 상식이 있으면 자제 능력이 있어서 자기 조절을 하는데 상식이 없으면 자기 성질을 조절 못한다. 성질나면 말 더듬느라고 말 못한다. 木생火가 안 되니 입이 안 벌어지니까 그렇다.

위의 (37), (38) 사주처럼 木이 火 만나는 것과 안 만나는 것과의 차이는 하늘과 땅 차이다.

(37)의 甲子일주는 木생火로 정신이 있다. 혀가 길다.

(38)의 乙卯일주는 정신이 없다. 혀가 짧다. 정신박약이다. 신경이 굳었다. 간경화다. 저능아다.

사주 예(39)

庚	㊄丙	丙	丁
寅	戌	午	未

이 사주는 丙火일주가 午월에 득령하였고, 일지 戌 중 丁火에 득지한 중 寅午戌火국에 丙丁火가 년월상에 있고 또 午未火국이라 득세까지 하고보니 천지만국(天地滿局)이 火기로서 최강격에 해당하고 있으며, 또 이러한 사주는 염상격이라고 하는데 시상의 庚金 재성이 왕火에 소용(銷鎔)되었고, 또 寅木인수가 견겁으로 변화하고 천간으로 丙丁火 비견겁이 있으므로 흠이 된다. 좀 더 자세히 분석해보자.

일지 삼합 火국에 득령 · 득지 · 득세하니 최강격이다. 년 · 월에 丙 · 丁이 있으니 선장이 셋이요, 한 하늘 아래에 태양이 둘이다. 백야(白夜)로 꽃으로만 살다 가야 되고 열매가 없다. 시작의 명수로 마무리 못한다.

金이 결실로 결실맺으려 하는데 날씨가 너무 더워서 곪아서 빠져버렸다. 평생하는 일이 죽쒀서 개 준다. 비견겁이 많은 팔자는 버는 놈 따로 있고 쓰는 놈 따로 있다. 혼자 똑똑하다. 남에게 죽어도 안 지려고 하고, 水극火가 없어서 남의 간섭을 안 받으려고 한다. "네가 뭔데 그래, 내 부모님 말도 안 듣는 나인데…"한다.

金 즉 庚金재가 완전히 녹아서 죽어있다. 고로 이 손에 돈 들어가면 녹아버린다. 목돈 가지고 푼돈 만드는 데 1등이다. 金인 재에 뿌리가 없으니 부재(浮財)이다. 고로 세상을 뜬구름 잡으면서 사는데 일주가 강하니 큰소리친다. 큰소리치면서 뜬구름 잡는다. "장모님 걱정마세요, 이번 한번만 뜨면 세계일주 걱정마세요."한다.

庚이 마누라인데 火가 볶는다. 庚이 왈(曰) "제발 사람 그만 좀 볶아요. 제발 나 좀 가만히 놔둬요." 한다. 시집온 여자는 그냥 몸이 아프다. 庚이 뿌리할 데가 없다. 여기도 저기도 火만 있으니까 시집와도 마음이 떠버린다.

정이 안 가고 마음도 안 간다. 결국은 바람과 함께 사라져 버렸다. 庚도 저 살려고 가버린다는 것이다. 고로 최강격이라고 좋은 것만은 아니다.

만약 천간에 丙 · 丁이 없다면 방해자 · 선장 · 한신이 없으니 조금 낫다.

사주 예(40)

庚	㊀	丁	甲
子	子	丑	子

이 사주는 壬水 일주가 丑월로 土극水 받아 득령 안될 것 같으나 선달로 동절이요, 子丑은 水국되어 득령이 분명하고, 일지 子水로 득지요, 년시지 子水로 득세한 중 지지 水국이라 최강격에 해당하고 있다. 살펴보건대 년상 甲木은 왕한 水에 부목(浮木)되었고, 월상 丁火는 水극火로 몰(沒)火요, 시상 庚金은 金침(沈)되어 버렸고, 丑土는 水로 변질하였으며 한냉에 설경(雪景)이 분명하나 방합이 서운하다. 좀 더 풀어보자.

丑은 겨울이니 득령했다. 子丑水국이고 득령 · 득지 · 득세했다. 甲木은 부목이고 丁은 몰광되었다. 고로 최강사주다. 그런데 방합이다. 겨울물은 얼음이요, 눈이다. 섣달에는 동서남북에 하얀눈이 뒤덮여 있으니 설경이다. 火를 만나면 눈이 녹아서 눈사태나니 망가진다. 눈이 녹고 얼음이 녹으면 물방울이 되니 "1년 내내 눈물흘려야 되겠네요." 한다. 심하게 연결하면 "피눈물나는 일이 있겠네요."한다. 방합이니 저희들은 좋은데 큰 품질이 되지 못한다.

丁이 마누라인데 합이니 연애결혼이다. 그러나 해로는 못한다. 水다

火식이니까. 사별이냐? 생이별이냐? 천간도 합이고 지지도 子丑합이니 사별(死別)이다.

壬水가 丁火 마누라에게 말하더라. "사랑하는 丁 마누라여, 너도 알다시피 난 힘이 넘친다네. 득령 · 득지 · 득세했고 水기가 태왕하여 변강쇠인데 이런 나와 같이 살게 되면 당신은 10년 살 것을 1년도 못살고 죽어. 또한 너는 처녀시절에는 건강했는데 시집오니까 심장이 나빠지잖아. 너를 사랑해서 그러니 그만 가거라."한다.

나. 중강격의 예

사주 예(41)

丙	(庚)	辛	癸
戌	寅	酉	丑

이 사주는 庚金일주가 金왕 당절(當節)인 酉월로 득령한 중 년지 丑土가 土생金에 酉丑金국이요, 년월상에 辛金, 癸水를 얻어 득세라. 3자 중 2자를 얻어 중강격이 된다.

이런 가운데 시상 丙火가 일시지 寅戌火국에 힘입어 庚金을 제련, 좋은 기명(器皿)을 이룰 수 있으므로 길명이 틀림없으며 또 이런 사주를 신왕관왕(身旺官旺)사주라고도 한다. 이 사주는 다음 장 오행생극제화의 원리 중 신왕관왕격 사주에서 자세히 설명하고자 한다.

사주 예(42)

庚	(庚)	己	乙
辰	申	卯	未

이 사주는 庚金일주가 卯월로 실령은 하였으나 일지 申金에 득지요 시주 庚辰으로 득세하여 중강격인데 木재 또한 卯未木국에 년상으로 乙木이 투출하여 재 역시 왕하고 보니 신왕재왕격이 된다. 여기서 주의할 것은 일지 · 시가 申辰으로 합水국이 되나 水기가 투출이 없는 중 子水 핵심이

빠져있고 또 辰土는 자양지금(滋養之金)에 우선하기 때문에 金기가 왕하며 따라서 卯辰木국도 불용(不用)한다.

卯未木국에서는 卯가 주(主)가 된다. 고로 卯酉충으로 삼계탕만 먹으면 재수없다. 닭띠는 피해라. 숫자로는 4와 9, 색깔로는 백색을 피하고, 金이 들어가 있는 집에는 살지마라. 종로4가 즉 金에서 망하고, 을지로 3가 즉 木에서 부자됐다. 이 사주도 뒤의 격국론 신왕재왕격 사주에서 자세히 설명하고자 한다.

사주 예(43)

丙	(甲)	癸	癸
寅	午	亥	亥

이 사주는 甲木일주가 亥월에 장생으로 득령한 중 癸亥水로 득세하여 3자 중 2자를 얻었으니 중강격으로 신왕하고 있다. 또 시상 丙火가 寅午火국에 득왕이라 亥월 나무에 丙火꽃이 만개(滿開)하여 있고, 水어둠이 물러가고 火밝음을 향해서 행진하고 있으며, 水생木 수입에 木생火 지출이 균형을 이루고 있어 발전을 약속하였고, 또 추운 겨울에 火불을 얻어 난방이 잘되어 있는데 충 · 형이 하나도 없어 청격(淸格)으로 귀명이 된다. 좀 더 풀어보자.

시지의 寅이 寅亥합하는데 寅午합이 있다. 원래는 육합이 제일 잘 되는데, 옆에 午火가 가까이 있고, 천간에 丙이 있으니 寅午합이 먼저다.

월에 정인을 놓았다. 월에 정인이면 선비요 학자다. 水생木을 잘 받고 있으니 사주가 아주 깨끗하다. 인수는 아주 순진하고 순박하고 착하다. 뼈가 없이 착하다. 비견 · 비겁이 뼈이고 깡다구이다. "이렇게 어지러운 세상에 이렇게 착해서 어떻게 살아갈래요?"라는 소리 듣는다. 癸亥가 공부인데 바다 건너가서 하고도 왔고 癸水가 둘이니 꼭 두 가지 공부를 한다. 亥는 돼지요, 천라지망이고 천문성이다.

水생木을 많이 받으니 포학(飽學)이다. 즉 많이 안다는 것이다. 써먹고 활용하고 응용하는 것이 상식인데, 상식은 학생이다. 그런데 학생이 국을 이루고 있으며 천간에 투간되어 있으니 큰 학생이다. 하다보니 서울대 총장이다. 이런 팔자는 서울대 가고도 남는다. 미국에서 빼간다. 사주는 좋은데 지나치게 착하고 순수하고 때가 묻지 않았다. 만약 丙(甲)癸癸 寅子亥亥의 사주라면 일지 子水가 도화요 목욕궁이니 교수지만 끼가 있어서 술 잘먹고 바람핀다. 역시 丙寅이 용신이니 더없이 좋은 팔자이다.

사주 예(44)

壬	(乙)	乙	辛
午	卯	未	亥

이 사주는 乙木일주가 未월 土왕절에 입묘요 재성이라 실령은 하였으나 일지 卯木에 년지 亥水와 더불어 亥卯未 삼합 木국이 되고 또 월상 乙木, 시상 壬水로 득지·득세까지 되어 실령이면서도 최강격에 해당하고 있다. 이와 같이 실령이나 다시 변화하여 일간을 도와주면 다시 득령과 같으며 비록 水가 있다 하여도 午未합 火국이 있어 水木이 응결하지는 않는다. 사주 천간에 乙辛충이 있다. 누가 이길까? 乙이 이기고 辛이 날아간다. 乙木이 왕하므로 亥卯未 木국인데 월상의 乙木이 비견으로 눈엣가시다. 시지의 午火는 기회가 오면 午未火국을 해줄 것이다. 여름이니까 가능하다.

乙木나무에 午火로 꽃이 피었다. 속으로 피었으니 속살이 예쁘다. 午火가 용신이다. 庚子년에 정관과 합이다. 지지는 子卯형에 午 용신과 子午충이다. 여자 사주라면 좋은 남자 만나겠는가? 합이지만 좋은 것은 아니다. 원국에서 辛이 본 남편인데 乙辛충으로 두번 터졌다. 辛이 충거로 없어지니 본 남편하고 해로 못한다. 고로 금년에 결혼할 수는 있어도 첫 남편은 좋지 못하다는 것이다. 乙庚합해도 좋은 남자가 못될 것이다.

아무리 강한 나무도 火를 만나면 휘어지고 굽힌다. 고로 자기 이익을 위해서라면 고개를 숙일 줄을 안다. 만약 火가 없으면 고개숙이지 못하니 본인의 이익을 얻기 힘들다.

子午충으로 쥐를 제일 무서워할 것이다. 사업하지 말고 연구직이나 교육으로 가야 한다.

未가 재인데 木국으로 없어져 버렸으니 사업하면 안된다. 乙木이 未土 벌어다가 亥卯未 木국으로 남 좋은 일만 시킨다.

未월의 乙木이니 未월 장마에 호박 크듯이 크니까 키가 크다. 능력이 좋다. 능력도 일면으로 발달하는데 자식을 잘 키우고 보살피는 능력은 있지만, 관이 나쁘니까 서방을 관리하는 능력은 없다. 乙辛충으로 보기만 하면 싸우고 싶다.

사주 예(45)

辛	㊉戊	丙	甲
酉	午	寅	午

이 사주는 戊土일주가 寅월에 출생으로 실령이나, 천간의 丙과 지지의 午와 寅午 火국으로 寅이 木이 아니라 火로 보아야 하기 때문에 득령 · 득지 · 득세로 신왕하고 있다. 시주의 辛酉金이 아니었더라면 최강격이며, 실제로는 중강격은 된다. 주중 火기가 많아 조토요, 년상 甲木은 분소(焚消)되어 버렸고, 寅은 木이 아니라 火로 변화하였다. 寅월 초순은 추우니 火가 필요하고, 하순은 火가 많다고 보라.

戊土가 조토로써 辛酉에게 土생金 못하니 인색하다. 戊午일주는 천하의 바람둥이다. 조토의 흙이 있는 곳에서는 10리 밖의 수분도 흡수되어서 들어오니 여자가 동서남북에서 따라든다. 癸가 들어와도 조토니까 오래 머물거나 존재하지 못한다. 큰 흙에다 주전자 물을 부어봐야 흡수해 버리고 안 내놓는다. 고로 戊癸합으로 하루만 있다가 나와야 한다.

화토중탁(火土重濁)이고 스님 팔자고, 종교신앙에 독실하다.

戊土일주가 고전적이고 옛것을 좋아하고 인수가 옷이니까 한복 입혀 놓으면 맵시 있다. 또한 인수가 국을 이루고 있으면 큰 집에서 살아야 하고, 세를 살아도 큰 집에서 살아야 한다. 작은 집에서는 답답해서 못살겠단다.

다. 신약격의 예

사주 예(46)

己	㉠乙	辛	癸
卯	丑	酉	丑

이 사주는 乙木일주가 金왕절인 酉월에 출생된 중년지 일지의 丑土와 酉丑金국 하였고, 또 월상 辛金이 왕한 金기에 착근하여 乙辛으로 충극하니 실령·실지로 절멸(絶滅) 상태인데, 다행하게도 시지 卯木에 녹근(祿根)으로 의지하게 되나 완전하게 金왕에 木쇠(衰)로 신약이 되고 있다. 또 木 작은 나무에 金열매가 과중하여 파지(破枝)일보 직전에 酉월중 서리가 너무나 많이 내려 고사(枯死)직전이며 육친으로는 재살태왕격으로 파격이다.

이 사주는 음팔통(陰八通)사주이다. 또 신약 사주니 "음치네요." 신약이면 가정에서도 왕따 당하고, 사회에서도 왕따 당한다. 년상의 癸水가 인수인데도 왜 내 편이 아니고 金水로 같이 구획정리를 하는가?

乙木이 먼저 乙辛충 받으니까 나중에 水생木 못한다. 乙木이 辛에게 먼저 쥐어터지고 나자, 癸水 엄마가 와서 '사랑하는 내 새끼 乙木아, 어쩌다 이렇게 다쳤노?' 하고 아무리 젖꼭지 물려도 못 살아난다.

구획정리는 항상 木火양으로 하고, 金水음으로 갈라야 하므로 癸水를 음으로 몰아서 구획정리 했다. 卯木에 겨우 명맥만 의지하고 있으니 신허(身虛)다.

재살이 태왕하고 일주는 태약하다. 재살이 태왕하면 "내것 주고 뺨 맞는다. 죽도록 일해주고도 월급 한 번 못받는다." 죽고 싶은 생각뿐이다.

丑탕화가 둘이니 두번 음독자살 기도했다.

乙辛충이니 뒤에서 누가 나를 때리는 것 같아서 쫓기고 있는 것 같아 불안하다. 나무에 金이 많아서 가지가 찢어진다.

酉월의 酉丑으로 서리가 눈처럼 많이 내렸다. 풀이 서리 맞으니 고사(枯死)상태이다. 운이 좋게 와도 사주원국이 너무나 기울어져 있으니 좋은 운이 없다. 즉 좋은 운을 못받아 먹는다는 것이다.

여기서 水운, 木운, 火운 중에서 어느 운이 더욱 좋은가?

火가 최우선이다. 金극木하는데 火극金으로 먼저 막아야 한다. 계절로 보면 추우니까 불이 먼저 와야 火극金으로 반격할 수 있다.

木이 다음이다. 金극木을 당하고 있는데 같이 대항할 木이 있으면 도움이 되겠다.

水가 맨 나중이다. 水중에서도 亥만 좋다. 子는 겨울이고 밤중이다.

金이 金극木하자 얻어터지고 울고서 집에 가서 水인 엄마에게 일르는 것과 같다. 金극木을 많이 받으니 세상사는게 만신창이다. "상처뿐인 영광이네요."한다.

사주 예(47)

己	乙	辛	癸
卯	未	酉	丑

이 사주는 앞의 사주와 일지 한 자만 틀린다. 앞의 사주는 丑土로 실지이나 이 사주는 未土가 卯未로 木국에 힘입어 득지하고 보니 조금만 도와준다면 왕한 金과 대적할 수 있으므로 발전을 기약할 수 있음이 좋다. 혹 년상의 癸水가 水생木으로 일간 乙木에 도움이 될 것 같으나 월상 辛金에 막혀있고 또 철분이 과다한 물이 되어 생木이 안된다.

이 사주는 음팔통 사주다. 월에 칠살이니 편관격이다. 편관으로 구성된 그릇이다. 격(格)이란 그릇을 말하는데 사주가 밥그릇인가, 돈버는 그릇인가, 벼슬하는 그릇인가 등을 구분하는 것이다. 일간 乙木은 조금만 도와줘도 힘을 쓸 수 있다.

항상 구획정리는 金水와 木火로 본다. 이 사주는 木火운이 좋다. 午火가 오면 午未火로 길하다. 卯木이 용신이니 酉년이 오면 꺾인다.

乙未나 甲辰일주는 백호살로 딸내미 주지마라. 월과 乙辛충이니 고향을 못간다. 월이 고향이니까 그렇다. 여기서 시상의 己土는 사각의 링으로 보면 [己乙/卯未]와 같이 己土를 코너에 몰아 넣고서 卯未木국과 乙木한테 木극土로 KO패 당하고 있다. 己土가 재성이니 마누라, 아버지, 돈이다. 따라서 己土는 뜬재물 즉 부재(浮財)이다.

사주 예(48)

壬	丙	壬	庚
辰	子	午	申

이 사주는 丙火일주가 午월 비겁으로 득령은 하였으나 일지 子水로 실지요, 년월시주에 인수·비견겁이 없어 실세인데 申子辰 水국에 양 壬水요 또 丙壬충으로 협공당하여 기진맥진한 중 3자중 1자만 얻어 완전한 신약

이요, 또 이러한 사주를 선강후약에 재살태왕격이라고 한다.

그리고 지지 午火가 子午충을 받으면서도 죽지않는 것은 때가 午월로 火기가 왕한 여름이기 때문이며, 이러한 사주는 午월 장마가 극심하여 만물이 부패직전에 있고 따라서 불쾌지수만 하늘과 같이 높으며, 여름인데도 水밤이 겨울처럼 길고, 일식에 공포에 떨고 있어 잘못되어도 한참 잘못된 사주다.

일간 丙火가 양쪽의 壬水에게 丙壬충으로 협공당하고 있다. 이런 경우를 샌드위치되고 있다고 한다. 午월의 장마인데 장마가 심하면 결국은 부패되고 종내는 독버섯이 핀다.

丙火가 앞을 가려고 하는데, 시주 壬辰이 일지 子水와 子辰水국으로 물천지가 되어 길을 가로막고 있다. 절로 공망이다. 丙이 물을 이길 수 없으니 미칠 지경이다.

세상 사는데 나를 무시하고 공격하는 사람이 많고 되는 일이 없다. 丙이 꽃이면 꽃이 피다가 말았다. 火는 부족하고 水는 많으니 낮은 부족하고 밤은 길고, 午월달의 평균기온이 너무 내려가 있다.

이와 같은 운명은 제일 좋은 것이 寅木이다. 寅木이 들어가면 水火가 상전(相戰)하고 있는 곳에 木이 들어가니 통관시켜서 해소시킨다. 탐생망극이다. 이런 유형의 사주가 작명이나 개명을 하고자 한다면 이름자에 무조건 寅자를 넣어라. 寅자가 11획이니 성이 金씨라면 金이 8획이라 19획이 된다. 19획은 흉수리이다. 이런 경우에 이름에 寅이 위 사주와 같이 꼭 필요한 글자면 수리는 무시하고서 작명 또는 개명을 하여라. 작명의 가장 중요한 원리는 이와 같이 타고난 사주의 단점을 보완하는 것이 가장 중요한 원리이다. 운이 나쁠 때도 보완해주니 필수 조건이다. 평생 부적을 해주는 것과 같다. 다시 강조하지만 역학자가 수리나 맞춰서 작명해주는 것은 죄업을 짓는 것과 같다. 사주 분석을 전제로 평생 부적을 이름에 넣어주어야 한다는 것이다.

이 사주가 금년과 같이 庚子년이 됐다면 어떻게 되겠는가? 생각만 해도 끔찍하다. 庚子년이 되니 午火용신이 子午로 충파되고 申子辰水국이 더욱 강화되고 庚金이 金생水까지 하니 내 뿌리 午火가 완전히 없어지는구나. 이름에 寅木이 있다면 寅午火국에 寅申충으로 수원지를 틀어막으니 반드시 목숨은 건지겠다. 생명을 살릴 수 있겠다. 이것이 실제 작명의 진수다. 어찌 작명료가 문제가 되는가. 실력도 없는 사람이 터무니없이 비싸게 받는 것도 문제지만, 싼곳만 골라 다니는 손님도 문제가 있기는 마찬가지다.

이 사주가 남자라면 금년에 여자 조심은 필수적이다. 庚金은 편재다. 고로 여자인데 지지가 子水정관을 달고 들어와 子辰水국이 되니, 이 여자 건드렸다 하면 애가 생긴다. 丙火 저 혼자서도 살기가 버거운데 여자와 자식까지 어떻게 감당하겠는가? 이 자식 子水가 내 용신을 子午충 하니 丙火가 어떻게 되겠는가? 금년 한해는 여자 근처도 못 가게 하라.

역학공부를 한 사람은 이 사람을 금년에 살릴 수 있어야 하지 않겠는가?

부적도 寅자만 써주면 되고, 호랑이 마스코트를 지니고 다니게 하고, 3km 또는 30km 정도 떨어진 절이나 교회에 가서 기도 열심히 하게 하고, 아파서 병원에 갈 때도 동쪽으로 위와 같은 거리에 있는 병원으로 가고, 의사선생님도 이(李)씨, 박(朴)씨 성을 찾아 특진하는 것 등등을 응용하면 많이 도움이 될 것이다. 호랑이 띠 선생님을 만나면 물론 더 좋다.

사주 예(49)

庚	㉮丙	丁	丙
寅	申	酉	申

이 사주는 丙火일주가 金왕 당절인 酉월에 태어나 실령하였고 일지 申金에 실지된 중 년지 申金, 시상 庚金이 합세하여 金기가 태왕하므로 신약이 되

고 있다.

다행히도 시지 寅木에 득장생하여 火기가 완전하게 절멸되지는 않고 있으나 그것도 복이라고 金극木으로 수제당하고 寅申충 받아 木생火가 시원치 않음이 흠이 된다.

또 한편으로는 년 · 월상의 丙火 · 丁火로 8자 중 木火와 金이 4:4라 중강격은 될 것으로 생각이 들겠으나 좌하(座下)에 병사지요, 금다화식되어서 있으나마나하며 寅木이 충극을 받으면서도 죽지 않고 존재할 수 있다고 보는 것은 寅시는 새벽으로 木火가 소생할 수있기 때문이고, 옛글에는 벽갑인화(劈甲引火)라고 하였다.

여기에서 주의할 것은 이와 같이 양(量)만 가지고 대비하는 것은 위험천만이니 항시 질을 택하여 결론을 내리기 바라며 본명을 다른 면으로 비유하여 본다면 火꽃도 피기 전에 결실부터 하려고 서두르는 것이 흠이요, 재다신약격이라고 하여 부자가 아니라 다자무자(多者無者)에 해당하므로 돈이 없는 사주다. 좀 더 풀어보자.

겨우 寅木에 득세한 사주다. 년월의 火는 죽어 있고 시지의 寅木은 충당하고 있고, 극 당하고 있으며 庚이 크지 못하게 잘라버리고 있으니 우산지목(牛山之木)이다. 金기는 똘똘 뭉쳐있고, 木火는 분산되어 있다. 완전한 재다신약이다.

재다신약은 출생되면서 집안이 망한다. "뱃속에 들어 있으면서 집안이 망하던데요."하더라. 寅木이 어머니인데 金극木, 寅申충 많이 당하고 있으니 어머니가 팔푼이다. 거짓말쟁이고 돈 훔치는 데는 1등이고 공부는 못한다. 申酉申이 학마지신이다. 공부 못한다. 4수생이다. 이런 팔자는 원래 대학 못간다. 전문대라도 가면 다행으로 알라.

寅木인수가 죽어 있다. 인수니까 책가방인데 金인 아버지가 寅탕화로 찢어버리고 불사질러 버린다. 왜냐하면? 공부 안하고 거짓말하고서 놀러만 다니니까.

寅木 용신이 죽어 있으니까 팔푼이 엄마가 용신이고 金은 백호로 아버지는 성질이 더럽게 난폭하다. 또한 금다화식이다.

"꽃도 피기 전에 서리맞았군요." 꽃도 피기 전에 결실부터 서두른다. 사업 시작도 않고 통장부터 준비하고, 애기 낳지 않고 포대기부터 준비하고, 혼자서 김칫국부터 마신다.

"못된 송아지 엉덩이에 뿔났네요." 丙火니까 "입만 살아있는 팔자네요." 만약 이 사주가 卯시라면 귀문관살로 정신이상이다. 일주가 약하면 거기에 휘둘리고 강하면 내가 부린다. 사주에 형충이 있어도 일주가 강하면 끄떡없고 약해야 거기에 휘둘린다.

사주 예(50)

甲	㊖ 辛	乙	辛
午	酉	未	未

이 사주는 辛金일주가 土왕절인 未월에 태어나 土생金인수로 득령이 될 것 같으나 未土는 조토라 土생金을 못하므로 오히려 실령이요, 일지 酉金으로 득지되었으나 午未火국에 월시상 甲乙木이 木생火로 합세하여 실세가 되고 보니 신약한 사주다.

년상 辛金은 乙辛충으로 막혔고 또 힘이 없어 일간에 도움이 될 수 없으며, 金의 동선(銅線)은 약한데 火의 강렬한 전류를 감당하지 못하기 때문에 귀명이 될 수 없다. 좀 더 풀어보자.

未는 조토이니 土생金 못하는데 午시가 되니 午未火국이다. 이곳저

곳 둘러보아도 내 편이 없으니 사고무친이다. 金水가 길하다. 金水음을 보충해야 균형을 이룬다. 그런데 火인 관살이 많다. 남녀모두 관살이 많으면 "평생 동안 인간의 고락(苦樂)을 겪어야 되겠네요." "쓴맛 단맛 모두 봐야겠네요."한다. 辛이 여자라면 金생水로 水가 자식인데, 자식이 없다. 水가 못나온다. 未월의 辛이 결실 못하고 火기가 강하여 곪아빠진다.

만약 이 사주가 丑시에 태어났다면, 己(辛)乙辛 / 丑酉未未가 되는데, 이 경우는 未가 재고이니 부자다. 酉丑이 뒷받침 잘해주니까, 똑똑하고 능력있다. 酉丑이 金생水를 저절로 해주니 水인 자식도 있다고 보라.

위 사주가 庚子년이면 비겁으로 힘이 되어서 좋으나 辛이 庚 만나서 비겁이 된다. 내 힘으로 좋은 것이 아니라, 庚에 의해서 좋아지니 그 대가를 치러야 한다. 혼자 먹으면 큰일난다.

사주 예(51)

辛	(丁)	辛	己
丑	酉	巳	卯

이 사주는 丁火일주가 火왕절인 초하의 巳월생으로 본시 득령이나 일시지 酉丑과 巳酉丑으로 金국이 되고 보니 100을 기준으로 할 때 30%의 작용도 못하므로 완전한 재다신약이 되고 있다. 이러한 경우 월상에 丁火가 자리하고 있다면 巳火의 火기는 그만큼 강하게 되며 또 년지 卯木이 습목이 되어 木생火에 약하고보니 사주는 더욱 흉이 된다. 즉, 득령했으나 巳酉丑金국에 卯가 습목이니 완전한 재다신약이다.

火극金으로 丁이 金을 제압해야 하는데 금다화식이다. 여기서는 대장이 재 · 金이니 여자 · 아버지 · 돈이 대장으로 병이다. 순진한 丁이 월의 巳火곁을 떠나서 밖에 나가니 여자들이 辛辛丑酉로 둘러싸고서 자기와 결혼하자고 한다. 순진한 丁이 다시 집으로 들어온다. 火극金으로 내가 이기지 못하고 금다화식으로 金에게 지니 남녀모두 이런 팔자는 돈에 의해서 몸이 팔려다닌다. 인신매매에 걸려서 혼났다고 하거나, 옛날로 보면 노예 팔자다.

庚子년에 金水가 더욱 많아져서 일주가 더욱 약해졌다. 丁이 없던 水까지 생겨 水극火하니 가물가물 꺼져간다. 꺼진 줄 모르게 꺼진다. 금년에 골병든 줄 모르게 골병든다. 망한 줄 모르게 망한다. 정재는 내 마누라이고, 내 돈인데 내 것이 아니라는 것이다.

고로 내 마누라, 내 애인이 품밖으로 도는 운이고, 내 돈인데도 내 마음대로 못쓴다는 운이다. "금년에 마누라가 품 밖으로 도네요.", "금년에 애인이 떠나가는 운이네요."한다.

辛丑년이 되면, 편재에 일지가 삼합이다. 삼합은 출(出)이냐? 입(入)이냐? 원래 삼합은 있는 것이 나가고, 없는 것이 들어오는게 원칙인데 운이 좋으면 들어오고 운이 나쁘면 나간다.

辛丑은 巳火가 巳酉丑金국으로 가버리니 나쁜 운이다. 그러므로 큰 돈이 나간다. 여기서 역마지살까지 연결되니 큰돈 가지고 길거리에 나가지 마라. 없어진다. 남의 돈 심부름하지 마라. 길거리에서 잃어버린다.

여기서도 木이 필요한가? 火가 필요한가?

이 사주에서는 木이 木생火로 들어오려면 金에게 허락 받아야만 들어갈 수 있다. 고로 木보다 火가 더욱 좋다.

巳월에 金이 많아서 온도가 자꾸 내려간다. 꽃에 비해서 열매가 크니 쓸데없는 욕심만 많고 되는 일이 없다. 이 사람은 돈을 쫓아가면 돈이 도망간다. 돈을 돌보듯이 해야 돈이 따라온다.

만약 午운이면 火가 용신이니 좋은 여자 만난다. 비견겁이니 옛날부터 알았던 여자로 친구나 동창이다. 그동안 여자로 생각 안했는데 午년에 만나니 여자로 둔갑해 보인다. 午火는 도화이니 볼수록 예쁘고 마음에 들더라.

사주 예(52)

丙	㊀	乙	甲
午	寅	亥	子

이 사주는 壬水 일주가 亥월로 득령이나 년월상에 甲乙木이 있고, 일지 寅木과 寅亥로 합木국인데 寅午火국과 인접하고 있기 때문에 水생木, 木생火로 水기는 더욱 약화라 완전한 득령으로 볼 수 없고 년지 子水로 득세이나 너무나 약하여 신약하고 있다.

亥월 중 날씨가 너무나 더워 다시 꽃이 피고 있으니 계절의 역행이라 중화를 실도하였으므로 귀명이 될 수 없다. 좀 더 풀어보자.

본래 득령했는데 寅亥합木 했으니 50%만 받아먹는다. 더구나 寅亥합에 천간에 甲乙木이 있다. 만약 천간이 癸亥라면 寅亥합木하는 데 차이가 있겠는데, 癸亥는 천간이 水이니까 寅亥합木이 약하고 乙亥는 천간이 木이니 그냥 가 버린다. 일주가 약해진다는 것이다.

그리고 金생水가 없으니 받아 놓은 물이다. 옅은 물이다. 또 따슨 물이다. 너무 따스워서 증발하여 수증기로 날아가고 없다.

순류냐? 역류냐? 본래는 水생木, 木생火로 바르게 흐르는데 옅은 물이니 산지사방으로 흩어지는 물이다. 동서남북으로 흩어진다. 본래는 받아놓은 물로 조금인데 木생火로 너무나 일을 크게 벌렸다. 만날 헛공사하고 있다.

산지사방으로 흩어져 나가는 물이니 이 세상을 살아가는 데 기준이 없다. 어떤 인생으로 살아갈 것인지가 없는 맛보기 인생이다.

만약 이 사주로 작명을 하고자 하면 반드시 金을 넣어라. 水보다 더욱 좋다. 金이 인수니까 착해지고, 공부 잘하게 되고, 부모님 생각한다. 金생水 받으니 받아놓은 물이 샘솟는 물이 되니 얼마나 좋은가.

만약 이 사주가 酉시에 태어났다면 己㊁乙甲/酉寅亥子가 되는데 얼마나 좋은가. 남자라면 처덕이 있게 변한다. 寅중에서 丙으로 암장이니 애인덕도 있다.

참고로 ○㊂乙壬/○午巳午의 사주를 보자. 남자인데 戊土일주는 구식지킨다. 월에 인수놓고 있으니 학자요, 선비형이다. 월에 乙木관은 자식인데 음이니 딸이다. 巳중 庚과 乙庚합이니 딸이 연애한다는 느낌이 왔나 보더라. 귀가시간 안 지키면 사정없단다. 학자의 성격이 원리원칙이다. 이 사주에 水가 필요하니 마누라한테는 그렇게 잘해준단다. 자식에게는 엄하다고 한다.

라. 최약격의 예

최약격은 종격을 말한다. 여기서 종(從)이라 함은 따라간다는 의미인데, 따라가는데는 자의(自意) 즉 가고 싶어서 따라가는 경우와 타의(他意) 즉 가기 싫어도 할 수 없이 가는 것이 있는데 이처럼 자의냐 타의냐에 따라서도 성격의 차이, 그릇의 차이가 나온다. 가령 火를 기준해서 火→土→金으로 순서대로 가는 것은 자의요, 火→金으로 가는 것은 土가 없으니 金이 무서워서 火가 할 수 없이 간다는 것이다. 이런 경우가 타의이다. 이와 같이 자의와 타의를 구분해서 응용할 수 있어야 한다.

사주 예(53)

己	㊜	辛	癸
酉	丑	酉	丑

이 사주는 丁火일주가 金왕 당절인 酉월에 태어나 실령하고 일지 丑土에 실지요, 주중에 인수와 비겁인 木火가 하나도 없어 실세되고 보니 3자를 모두 잃어 최약격이 된다.

고로 주중 왕자인 金에 종하게 되니 이름하여 종재격이다.

지지가 酉丑으로 순수하게 삼합 金국하였고 월상으로 辛金재 일위만 투출하여 아름다운 중 火생土 土생金이라 본인이 가고 싶은 길이 되어 금상첨화가 되고 있다.

또 한편으로는 일주가 최약하여 의지할 곳이 없으니 출생되자마자 생존하기 어려워 죽어야 한다라고 생각하기 쉬우나 앞에서 설명한 대로 약자는 강자에 따라가게 되니 이 사주는 약자가 아니라 강자로 변화하여 군림하게 된다.

또 따라갔다가 내 사람을 만들게 되니 처세는 가장 잘하고 있고 무서운 사람이라 하겠다. 다음 색으로 비유한다면 일주 丁火의 적색 주위에 모두가 백색이 되고보니 아무리 혼자서 나는 적색이라고 주장하여 보았자 백색으로 보기 때문에 백색으로 행세하여야 되며, 또 적색 하나에 백색 일곱을 7:1로 배합하면 백색이 되지 적색은 안되기 때문이다.

이 사주는 자의(自意)로 가는 종격이다. 고로 순수하다. 종재격이다.

종재격은 신왕재왕격과 같이 거부(巨富) 사주이다. 종재격의 조건은 첫째, 우선 삼합국이고 둘째, 천간에 투간된 오행이 하나만 있어야 하고, 셋째는 인수나 견겁이 없어야 한다.

이렇게 세 조건을 갖춘 종재격은 진종(眞從)이라 한다. 진짜로 종하는 것이다.

이 사주에서 거부팔자라고 했는데 왜 그럴까?

金인 재를 없애도 土가 있으니 土생金으로 다시 채워놓는다. 만약에 土가 없으면 金인 재를 없애면 그걸로 끝난다. 곶감 빼먹기다. 이 사주는 돈을 쓰면 쓸수록 생긴다. 火생土로 머리쓰는 게 金에다 즉 돈에다 초점 맞추고 산다.

만약 이 사주가 寅시나 午시에 출생했다면 사주버린다. ○ⓉⒹ辛癸 / 寅丑酉丑 라면, 寅이 인수니까 丁이 金 따라 간다고 하자 발목을 잡는다. 고로 丁火는 항상 寅木과 같이 살아야 한다. 여자라면 木생火로 내가 친정어머니 덕을 보는 것이 아니라, 내가 모셔야 한다. 그러나 寅木이 월지에 있으면 친정 어머니 덕을 보게 된다. 재가 많다는 것은 친정이 망했다는 것이다.

사주 예(54)

丙	㊇丙	庚	戊
申	申	申	申

이 사주는 丙火일주가 년월일시에서 모두 申金을 만난 중 년월상에 戊土 庚金이 지지 金에 합세하고 있어 3자를 모두 잃어 최약이 되므로 부득이 金에 종을 해야 되는데 火일주에 金은 아극자로 재라 종재격이라고 한다. 앞의 사주와 비교하여 볼 때 종재격으로는 똑 같으나 앞의 사주는 삼합국으로 사심없이 대일합(大一合)이 되어 큰 세력을 형성하고 있는데 반하여 본명은 동합에 개체(個體)합이 되고 있어 앞의 사주가 은행장이

라면 본명은 지점장도 되기 어려운 정도로 차이가 있다.

즉 앞의 사주와 본명과는 하늘과 땅 차이라는 것이다. 앞의 사주는 자의에 의해서 따라가지만 이 사주는 火와 金이 상전(相戰)하던 중에 火가 금다화식에 지쳐서 타의로 억지로 따라간다. 고로 종재격은 종재격이지만 겨우 먹고 산다. 두 사주를 비교하면, 앞은 거부 팔자요, 생산업에 큰 회사이고 큰 공장이고, 돈을 쓸수록 돈이 생기는 팔자이고, 이 사주는 겨우 먹고 살고, 火극金으로 상점이니까 시장에서 장사한다. 조그만 상점이다. 土가 없으니 돈 · 金이 없으면 그것으로 끝난다. 즉 자린고비가 된다. 여기서 년상의 戊土는 월의 庚에 가려서 火생土, 土생金으로 못 봐준다. 착각하지 마라. 이 사주를 한 군데로 묶으려면 子가 들어가야 한다. 申子합이 돼서 멋지게 한 동아리가 된다. 만약 寅시에 태어난 사주라면 더 나빠진다.

만약에 이 사주와 비슷한 ○甲○○ / 酉申午酉의 사주가 있다면, 甲木이 뿌리가 없고 火金만 있다. 이 사주도 종격이 아닌지? 午월의 甲木이 득령 · 득지 · 득세 못했다.

최약이다. 金으로 갈 수도 없고 火로 갈 수도 없다. 그런데 이 사주는 관살과 상식만 있다. 이런 경우는 종살, 종재, 종아격과는 다르다. 이런 사주들 즉 관살과 상식만으로 구성된 사주는 특별히 유념하여 보아야 한다. 대단히 중요한 사항이다.

여기서는 "관살이 있을 때 상식은 내 편이다."의 원리를 적용해야 한다.

따라서 이 사주는 午火가 내 편이다. 그러나 金관살에 비하여 午상식이 약하니 내 편이 약하다는 것이다. 고로 신약이다. 木火를 보충해 줘야 균형을 이룰 수 있다. 木火가 용신이다. 예를 더 들어보자.

○(丁)己戊
子丑未戌의 사주가 있다. 역시 득령·득지·득세 못했다. 단 未월의 丁은 뿌리는 한다. 子丑합水의 관살과 土상식으로만 되어 있는 사주다. 未·戌 중 丁火가 뿌리는 되니 헷갈린다. 신강인가? 신약인가? 원래는 신약인데 어떻게 풀어야 할까? 이때 관살이 있을 때 상식은 내 편이다. 고로 신강사주다. 이런 사주는 강약구분으로 풀어보아도 맞지가 않는다.

壬(庚)壬壬
午寅子申의 사주를 보자. 득령·득지·득세를 모두 못했다. 寅木재는 寅午火국으로 관으로 변했다. 申金비견도 申子水국으로 상식으로 변했다. 관살과 상식만으로 구성되어 있는 것과 같다. 신약인가? 신강인가? 신강사주다. 관살이 있을 때 상식은 내 편이다. 상식이 관살보다 강하다. 고로 신강이다.

관살이 있을 때 상식이 있는 사주는 무서운 게 없는 사주다. 배짱이 기가 막히다. 간첩교육·해결사에 써먹는 사주다. 이 사주는 寅午라는 火가 필요하다. 木火가 용신이다.

사주 예(55)

辛	(乙)	辛	戊
巳	丑	酉	辰

이 사주는 乙木일주가 金왕절인 酉월에 태어나 실령하였고 일지 丑土로 실지요, 주중 무의처(無依處)가 되어 3자를 모두 잃어 金으로 종하게 되는데 乙木에 金은 살이라 종살격이 되고 있다.

살펴보건대, 지지는 巳酉丑으로 완전한 대일합(大一合) 金국이 되어 좋은데, 월시상으로 辛金이 똑같이 투출되어 양분되어 있으니 배는 하나에 선장이 둘이 됨이 흠이요, 乙木이 년지의 辰중 乙木에 근을 할 것 같으나 金국으로 변화하여 근을 할 수 없고, 시지 巳火가 火극金하여

金에 종하는 데 방해가 될 것 같으나 巳酉丑합金국이 되기 때문에 방해하지 못한다.

이 사주는 역학의 대가들도 막힌다. 巳火 때문인데 巳酉丑金국으로 완전히 가면 종살격인데 酉월의 巳시에는 해가 중천에 있으니 애매하다. 종인지 아닌지 물어봐야 한다. 만약 巳火가 용신이면 똥통 짊어져야 하고, 전과자이고, 종을 하면 아주 사람이 품위가 갖추어졌다. 물론 이 사주가 종살격이 되어도 천간에 辛이 2개니 그만큼 흠이 된다.

이 사주와 같이 의문이 가면 반드시 문진(問診)을 통하여 확인을 하라. 뒤에 얘기하겠지만 문진을 해서 확인하는 것은 틀리게 추명하는 것을 피할 수 있기 때문이다.

만약 이 사주가 午시에 태어났다면 壬乙辛戊 午丑酉辰이다. 이렇게 되면 午火가 용신이다. 金극木을 세게 당하니 火가 급히 필요하다는 것이다. 水가 水생木으로 乙木을 도와주려 해도 한 박자 늦는다. 예를 들어보자. 옆집의 辛金이 乙木의 자태가 곱고 나긋나긋하고 음악 좋아하는 乙木을 덮쳤단다. 지금 당장 급한데 언제 친정엄마에게 전화해서 도움을 청하겠나? 전화해봤자다. 이때는 木생火로 火상식인 꾀 · 지혜를 써야 한다. 고로 火극金으로 火로써 金을 물리쳐야 한다는 것이다. 나도 당신을 좋아했으니 씻고 오겠다 하고는 112로 범죄신고를 하는 방법이 火상식을 응용하는 방법이다. 고로 火가 용신이다.

※참고로 종격에서 주의해야 할 사항을 정리하고 가자.

사주가 종을 할 때는 지지의 합국된 대표자가 투출되어야 하는데, 이유는 지지는 부하요, 천간은 대장이기 때문이고 또 투간자는 하나여야지 둘이 될 때는 쌍두마차에 또 똑같은 처지에 있는 그 중 하나를 버리기 어려워 결정적인 데서 망설여 기회를 놓치기 때문이다.

또 종재격에서는 상식이 생재로 재를 뒷받침하여주고, 종살격에서는 재성이 있어 재생관으로 관살을 뒷받침하여 주고 있으면, 더욱 더 길명이 되는데 이유는 재가 없어진다 하여도 상식이 다시 생재하여 재를 살려놓고, 관살이 없어진다 하여도 재가 다시 생관살하여 관살을 살려놓기 때문이다.

또 재와 관이 같이 있으면 혹 벼슬이 떨어진다 하여도 재산이 있기에 맡은 바 임무에 충실할 수 있어서이다.

사주 예(56)

壬	(丙)	甲	戊
辰	子	子	申

이 사주는 丙火일주가 지지 申子辰水국에 시상으로 壬水가 투출되어 실령 · 실지 · 실세라 3자를 모두 잃어 의지처가 없으므로 火가 왕양지수(旺洋之水)살에 종하게 되어 종살격이 되고 있다.

월상의 甲木이 木생火하여 종격이 안될 것 같으나 습목이요, 동목(凍木)에 부목되어 믿기 어려우며 또 년상의 戊土가 土극水로 방해될 것 같으나 동土에 수다(水多)로 토류되었고, 년지 申金에 土생金, 金생水로 힘이 없어 방해할 수 없다.

주의할 것은 종살이라 하여 살(殺)자에만 집착한 나머지 흉명으로 보기 쉬우나 구분한다면 최약이라 무서워 종은 하지만 종하고 난 연후에는 나의 것이 되므로 다시 정관으로 좋은 작용을 하게 된다.

이 사주에서 월상의 甲木이 문제인데 위에서와 같이 木생火 못하니 종살격인데, 인수인 甲木을 버리고 종을 하였으니 버릴 기(棄)를 써서 기인종살격(棄印從殺格)이라고 한다.

여기서 종을 할 때는 살이지만 실제로 사용할 때는 관으로서의 작용이다. 종을 할 때는 살(殺)이고, 실제로 쓸 때는 관(官)이다.

이 사주는 甲木인수가 병(病)이다. 여기서 인수로 丙이 공부 안하고 살로 따라갔으니 살로 공부한다.

삼합국으로 되어 있으며 재를 동반하고 있고, 壬水 하나만 투간하여 있으니 귀격이다. 장관그릇인데, 水니까 법무부 장관, 외무부 장관, 외교관, 외교통상부 장관이다. 얼마나 좋을까? 金水가 희 · 용신이고 木火가 기신이다.

일지가 삼합되는 날이 이삿날, 약혼날, 고사날, 여행날 등의 택일에 사용한다. 申子辰날이다.

사주 예(57)

壬	㊁壬	壬	壬
寅	寅	寅	寅

이 사주는 壬水일주가 寅월에 태어나 실령된 중 일지 寅일로 실지요, 년 · 시지가 寅木으로 실세되어 3자를 모두 잃었으니 최약이면서 아생자(我生者)상식이라 종아격이 되고 있다.

유념할 것은 년 · 월 · 일 · 시 상으로 壬水가 넷이나 되서 종이 안 될 것 같으나, 일간과 똑같은 입장으로 뿌리없는 물이라 건(乾)水에 뜬 구름이요, 寅조목에 흡수되었기 때문에 양적으로는 수(數)가 같을런지 모르나 寅木에 대적할 수 없어 종이 된다.

전지지 寅木이면 삼합과 같은 효력이 나온다. 그래서 좋은 팔자다. 여자라면 자식 밖에 없다고 세상을 살아가는 팔자다. 그러나 천간의

壬水 넷은 죽어 있어도 그 대가는 치러야 한다.

水가 木 만나면 원래 머리 하나는 좋다. IQ가 좋다. 원래 水는 木을 따라가고 寅속에 丙이 있다. 고로 丙에게 핵이 모두 모인다. 따라서 水에서 寅木까지 10년, 寅木에서 丙火 핵까지 20년, 합해서 30년 앞을 내다보고 사는 팔자다. 고로 이 사주는 20~30년 후의 일을 가지고 대화해야 대화가 통한다.

이 사주를 완전히 모으려면 午나 戌이 필요하다. 집에서 개 키워라.

사주 예(58)

乙 (己) 辛 癸
丑 丑 酉 丑

이 사주는 己土일주가 辛酉월로 실령이나 년·일·시지에 丑土가 있어 득지·득세라 신왕이 될 것 같으나 동토요 金의 고장에 酉丑으로 완전하게 삼합金국이 되기 때문에 土가 아니라 金이 되어 실지·실세라 최약으로 아생자 상식으로 종을 하였기에 종아격인데 시상 乙木은 왕한 金에 피상되어 있음이 흠이다.

또 년상의 癸에게 金생水해서 종재격이라고 생각할 수 있겠으나, 이 사주에서는 많은 것이 金이지 水가 아니다. 이 사주에서는 乙木이 가장 고립되어 있다. 여자라면 서방이고, 남자라면 자식이다. 가령 金이 木을 金극木으로 치려고 해도 木이 없으면 안 치는 이치와 같은데, 乙木이 있으니 걸려들었다.

만약 이 사주가 庚午시라면 庚(己)辛癸/午丑酉丑가 된다. 음지전답에 丑午당화, 귀문관살이니 하는 짓마다 똘아이짓만 한다.

二. 오행생극제화의 원리

이 오행의 생극제화의 원리는 앞으로 공부할 격국용신의 기초가 되고 또 지금까지 단편적으로 익혔던 것을 여기에서는 종합 또는 상대적으로 대비시켜 길과 흉, 그리고 생사관계를 알기 쉽게 풀이하면서 사주 전체의 흐름을 따라 구획정리와 아울러 통변(通變), 병약, 조후, 진가(眞假) 등을 쉽게 파악할 수 있는 기초자료가 되고 있으며, 또 이치를 터득하는 데 귀중한 역할을 하고 있으니 깊이 연구하기 바란다.

우선 위에 열거한 내용들의 개념부터 공부해보자.

먼저 격국(格局)이란, 그 사주의 그릇으로 여기에도 상격 · 중격 · 하격이 있다. 그대로 연결하면, 공부하는 그릇이냐? 공무원의 그릇이냐? 사업가의 그릇이냐? 사업가도 슈퍼마켓 하는 건가, 국제적으로 무역하는 건가 등 그 그릇에 따라 다르다. 또 환경을 지배하는 그릇이냐? 환경의 지배를 받는 그릇이냐?

또한 격국이란, 물품으로 보면 하나의 규격과 같다. 또한 사주의 판국을 짜는 것이 격국이다.

가령, 인수가 많으면 공부하는 그릇, 선생님 그릇
재가 많으면 돈버는 그릇, 사업가의 그릇
상식이 많으면 머리만 제공하는 그릇

관으로 되어 있으면 직장에 있는 그릇이다로 일단 구분하라.

이 격국 속에 모든 것이 포함된다. 조후 · 통변 · 병약 · 억부의 모든 것이 포함되고 또한 사주의 흐름, 사주의 청탁까지도 살펴보는 것이 격국 속에 포함된다. 격국 속에서 분류시켜서 따지는 것이다.

다음 용신(用神)을 보자.

용신이란 쓸 용(用), 귀신 신(神)이다. 용신을 잡을 줄만 알면 귀신도 부린다. 귀신도 꼼짝 못한다. 귀신을 안 봤어도 본 것처럼 생각하고 사용할 줄 알아야 하는 것이 용신이니 얼마나 어렵겠나? 이것을 반대로 의미하자면 가장 쉬운 것이 되기도 한다.

용신의 요건을 정리해 보자.

- 용신은 그 사주의 핵(核)이다.
- 그 사주에서 수용(需用)되는 것이다.
- 그 사주에서 전권(全權)을 위임받은 자다. 고로 용신이 죽으면 모두 죽고 살면 모두 산다.
- 용신은 제2의 육친이다. 용신이 살면 인수도 살고, 용신이 살면 상식도 살고, 용신이 살면 재도 살고, 용신이 살면 돈도 벌고 승진도 한다. 즉 용신이 살면 돈도 벌고, 공부도 잘하고, 집도 생기니 제2의 육친이 바로 용신이다.
- 용신은 사주에서 균형잡기다. 보편적으로 일주의 강과 약의 균형잡기라고 하는데 그것이 아니다. 균형잡는 것은 음과 양의 균형잡기다. 즉 일주의 강약의 균형에 맞추면 용신이 틀려진다.
- 용신은 사주 내(內)에 있어야 한다. 사주 내에 없는 것은 용신이 못된다. 물론 예외는 있다.

• 용신은 건왕해야 된다. 쇠약해 있으면 안된다. 득국이 되어 있어야 한다. 즉 힘이 펄펄 살아야 된다. 용신이 약하면 그 사주는 좋은 사주가 못된다. 예를 몇개 들어보자.

乙(丙)戊乙
未戌子卯의 경우, 동짓달의 丙火가 춥다. 득령 못했다. 조금 득지했다. 추우니까 木火가 필요하다. 이 사주를 보고 어느 역학자가 金이 필요하다고 쇠붙이 가지고 다니라 했다더라.

○(丙)○○
寅辰子子의 경우, 子辰水국으로 관이 많아서 그릇은 관격이다. 직장에 다녀야 한다. 이런 사람보고 사업하라면 부가가치세부터 걱정한다.

金水가 많고 木火가 적으니 寅木이 용신이다. 子辰水국이 水극火많이 하니 기진맥진이다. 木생火해서 불을 살려야 한다. 이것이 용신으로 이 사주의 핵이다. 子辰水국으로 관을 이루었으니 취직하고자 하는 직장은 참으로 좋은 직장이다. 높고 크고 방대하다. 그런데 일주가 약하니까 능력이 부족하니 木생火 받아야 한다. 공부라고 연결해도 된다. 공부를 열심히 해야 큰 관을 감당할 수 있겠다. 이런 사주를 '알아야 면장을 하지…' 사주라고 한다.

결론적으로 용신은 사주의 음과 양의 균형잡기라는 것이다.

辛(戊)壬庚
酉午午辰의 경우, 득령 · 득지해서 신강사주다. 조열해서 金水가 필요하다. 金水용신이다.

丙(庚)丙乙
戌子戌卯의 경우, 월이 인수이니 지나치게 착하다. 일복은 타고났다. 여기서 중요한 것은 戌월이다. 戌이 조토이니 土생金 안된다고 하면 잘못이다. 간지체성론에서 戌이 조토이나 戌월의 경우 土생金된다고 배웠다. 고로 간지체성론이 중요하다. 고로 이 사주는 木火가 용신이다.

다음은 사주의 흐름을 보자.

어디서 왔다가 어디로 가는가를 알기 위해서 사주의 흐름을 보는 것이다.

그 사주의 시작은 어디고, 끝은 어디인가? 그 사주가 무엇부터 시작하여 무엇으로 끝이 되는 가를 알아내는 것이다.

甲(癸)辛戊
寅丑酉辰의 사주를 보면, 년에서부터 土생金생水생木으로 나가고 있다. 癸의 시작은 알고 보니 金이 아니라 土에서부터 시작했다. 土에서 시작해서 水에서 머물다가 木으로 끝난다. 즉 끝은 甲寅木인데 알고 보면 火와 같다. 甲寅木은 木생火를 해줄 만하니까. 흐름이 순환되어 서로 상생한다. 월에 인수있으니 부모덕 있고, 년에서 土생金 들어오니까 선영덕도 있다. 여기서 사주의 흐름을 도표로 나타내면 다음과 같다.

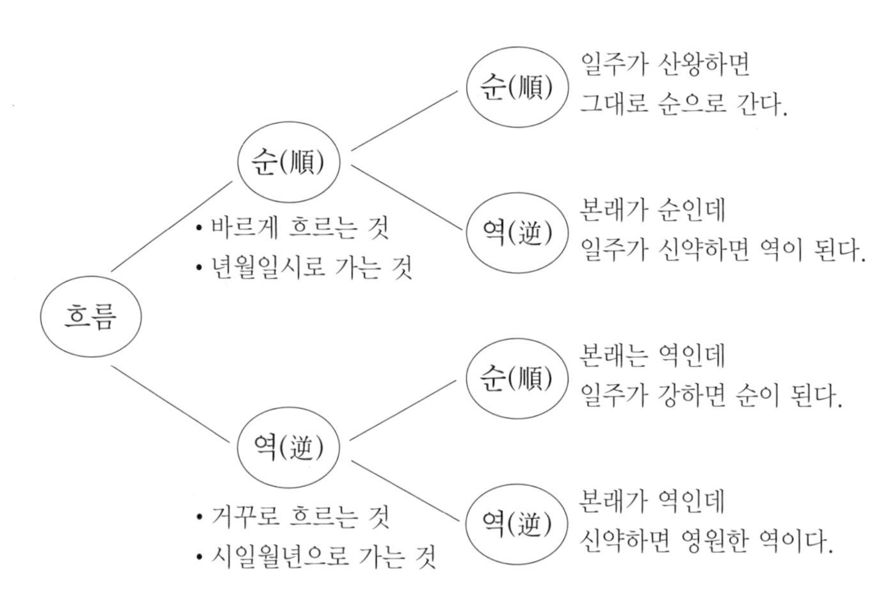

하나에서 둘이 되었고, 둘에서 넷이 되었다. 이것이 근본이다.

가령 戊(壬)甲○ / 申○午戌의 경우, 시에서 시작한다. 戊→申→壬→甲→午→戌로 역국인데다 일주가 약하니 역시 영원한 역국이다. 고로 세상을 거꾸로 산다. 남이 잠잘 때 일해야 한다. 일을 맡겨 놓으면 잘 나가는 것도 망쳐놓는다. 거꾸로 흐르니까 그렇게 된다.

그러나 역국이면서 순국으로 연결되어 있는 것은 다음의 경우다.

戊(壬)○○ / 申子寅午의 경우, 본래는 戊→申→壬·子→寅→午로 역행이다. 그러나 득지·득세했으니 일주가 강하다. 고로 순류로 바꾸어진다. 거꾸로 가는 배나 비행기도 바로 잡아 놓는다. 망해가는 회사도 이 사람에게 맡겨 놓으면 살려 놓는다. 얼마나 능력이 좋은가? 남들이 “왜 저 사람은 일을 거꾸로 해요?” 한다. 그러나 나중에 해놓고 보니까 그 사람이 한 것이 바르게 했더라.

그러나 ○(壬)○○ / 午寅申戌의 경우, 戊→申→壬→寅→午와 같이 년월일시로 멋지게 순류하는데 戌이 寅午戌火국으로 간다. 고로 일주가 약하다. 바르게 간다 하는데 거꾸로 가 버린다. 나는 바르게 간다고 했는데 나중에 보니까 거꾸로 뒤집어진다.

다음은 구획정리(區劃整理)를 보자.

사주에서도 구획정리가 있는데, 결론적으로 말하면 사주 구성을 木火인 양과 金水인 음으로 분류시키는 것이 구획정리다. 원서에 나오는 용어가 아니다. 사주 분석에 있어서 가장 중요한 요소를 명명한 것이다.

구획정리하는 데 있어서, 사주를 바둑판이나 우물 정(井)자로 생각하거나 반듯하게 사각형으로 생각하고, 여기에 木火와 金水를 각각 묶어서 구획을 정하여 구분하여 보면, 즉 구획정리해 놓고 보면 굴곡되

없거나 구불구불되어 있으면 세상 사는 것도 힘들고, 일 시켜놔도 정리를 제대로 못한다. 사각형 또는 일정 형태로 그룹으로 되어 반듯하게 뭉쳐있으면 반대로 좋은 팔자가 된다.

또 다른 구획정리 방법은 인수와 견겁은 인견겁으로 내 편이다. 일주 · 일간편이다. 이렇게 해서 한통속으로 보고 나머지 상식 · 재 · 관살은 나름대로 구획정리해서 분석하면 된다.

또 다른 한 방법이 있다.

일주 무근(無根)에 관살이 있을 때 상식은 내 편이다. 일주가 뿌리가 없을 때만 관살이 있을 때 상식은 내 편이다는 것이다. 여기서 일주무근이라 함은 득령 · 득지 · 득세를 아무것도 못했다는 것이다. 예를 들어보자.

乙(丙)戊乙 / 未戌子卯의 경우, 丙火가 "관살이 있는데 상식은 내 편이다."를 이론대로 적용한다면 土 전부가 丙火편으로 와야 하는데, 여기서는 이 이론이 성립 안된다. 왜냐하면 丙火가 근이 있다. 子월의 未시로 햇볕이 있어서 뿌리하고 있기 때문이다.

여기서 주의할 것은 아무때나 이렇게 보는 것이 아니다. 위 세 가지 경우를 나누어 사주에 따라 정확한 구획정리를 통하여 사주분석을 제대로 해야 된다.

[甲(丙) / 午寅][壬壬 / 子申]의 경우, 木火양과 金水음으로 구획정리하고, 인수 · 견겁을 내 편으로 하고, 재관을 내 편이 아닌 것으로 구획정리하면 두 방법 모두 사주 네 기둥이 바둑판처럼 네모□나게 구분되어진다.

그런데 가령 壬(丙)壬壬 / 辰子寅子의 경우, 木火, 金水로 구획정리하면 □같이 반듯하게 안된다.

항상 네모나게 구획정리되어 있는 지역이 발전도 잘되고, 땅값 좋고 사람살기 좋다. 강남 · 분당 같이 항상 구획정리 잘 되어있는 곳의 땅을 사고 집을 사라.

다음은 통변(通變)이다.

여기서 통변이라 함은 막힌 곳은 터주고 상쟁(相爭)은 해소시키는 것이 통(通)이요, 변(變)이다. 일명 통관(通關)이라고도 한다. 변화할 변(變)이다. 뒤에서 공부할 통변(通辯)과는 다른 의미다. 이 통변의 변은 말잘할 변(辯)이다. 즉 사주를 육친을 중심으로 말로 풀이하는 방법이다. 고로 사주분석론에서의 통변(通變)과 사주통변론에서의 통변(通辯)과는 구분하여 이해해주기 바란다.

위에서 막힌 곳이란 주중의 태왕자가 막힌 곳이다. 인수가 많으면 인수로 막혀 있고, 木이 많으면 木으로 막혀 있고, 火가 많으면 火로 막혀 있고, 상식이 많으면 상식으로 막혀 있다. 여자가 만일 상식이 많아서 막혀 있다면 자식으로 막혀 있으니 "내가 너희들 때문에 지금까지 아무 것도 못했다."고 할 것이다.

막힌 곳을 터 주려면, 막힌 곳을 극하여 다스리는 것이다.

가령 甲丙壬壬
午寅子申의 경우, 오행으로는 水요, 육친으로는 관살로 막혀있다. 고로 이것을 극하는 데는 土다. 土극水하니까. 또한 水와 火가 전쟁하니까, 木이 들어가도 막힌 곳이 터진다. 그러면 여기서 木과 土중에서 어느 것이 더 필요한가? 木이 더 필요하다.

土가 土극水하는 것은 원한을 산다. 그러나 木이 水생木, 木생火하면 자기가 도와주고 싶어서 도와주는 거니까 훗날에 걱정이 없고 木이 들어와야 따뜻하다.

○(丙)己戊
寅辰未戌의 경우, 土가 많아서 그리고 육친으로는 상식이 많아서 막혀 있으니 木극土해서 분산시켜야 한다.

○(丁)辛戊
午酉酉辰의 경우는 金재로 막혀 있다. 재는 마누라다. 마누라가 酉의 도화로 얼마나 극성으로 돌아다니는지 마누라로 인해서 막혀 있다. 욕심이 많아서 막혀 있고, 오행으로는 金이 많아서 막혀 있다. 방향으로는 서북방향이 막혀 있다. 이렇게 막힌 곳을 터주는 방법은

첫째, 극하는 방법이 있다. 강한자의 힘을 누르는 것이다.

둘째는 설기(泄氣)시켜주는 방법이 있다. 강한 자의 세력을 분산시키는 것이다. 예를 들어보자.

辛(戊)己○
酉戌未未의 경우, 土가 많아서 土가 막혀 있으니 위암환자이다. 일본에서는 위암은 木이라고 하는 섬유질 · 신 것을 많이 먹으면 위암에 차도가 좋은 것으로 임상실험에서 90%가 나왔다더라. 그런데 문제는 이런 사주에 섬유질 · 신 것을 먹인다면 1년 살 것을 오히려 5개월로 단축시키고 만다.

왜냐하면 이 사주에서는 많은 土를 분산시키는 것이 金이지 木이 아니다. 木이 들어가면 金이 죽는다. K3라는 철분은 신것을 만나면 녹이 슬어서 못쓴다. 고로 약에 대한 처방도 사주를 알아야 한다. 죽을 사람 살리는 명의는 옛날에 한의사가 많았다. 물론 사주공부해서 사주에 맞는 처방을 했다는 것이다.

이 사주 치료한 의사가 말한다. “다른 환자는 이 약 먹으면 90%가 나았는데, 왜 당신에게는 효과가 없어요?”한다. 참으로 난감하다. 이 사

주는 차라리 물을 많이 먹어야 한다. 아무리 강한 흙이라도 수분이 들어가면 물러지고 조화를 이룬다.

다음은 변화(變化)이다.

변화는 합과 충 · 형에서 변화가 온다. 또 육친의 변화다.

합에 의한 변화는 자의(自意)에 의한 변화고, 충에 의한 변화는 타의(他意)에 의한 변화이다. 다음으로 육친의 변화는 통변의 핵심이다. 합충의 변화는 이미 공부하였으니 육친의 변화의 예를 들어보자.

- 인수가 변하여서 인수가 된다. 인수가 많아진다는 것이다. 통변에 응용하면 집 두고 집 산다. 어머니가 극성스러워진다. 또 공부하게 된다.
- 인수가 변하여서 비겁이 된다. 보증만 서면 자기가 물어주게 되고, 학생 때는 책가방 · 책 도둑 잘 맞는다. 귀중품 날아간다.
- 인수가 변하여 상식이 된다. 어머니가 내 자식이 된다. 고로 그 눈에는 어머니가 아니라 꼭 어린애로 보인다. 심술부리고, 땡깡 잘 놓고, 배운 즉시 응용 잘하고, 들어온 즉시 나간다.
- 인수가 변하여 재가 된다. 사놓기만 하면 돈이 된다. 공부의 목적은 돈 벌려고 공부한다.
- 인수가 변하여 관이 된다. 공부의 목적은 권력을 쥐려고 공부한다.

선생과 학생간의 관계에서 보면,

인수가 변하여 상식이 되면, 나중에 가르치려고 공부한다.

인수가 변하여 비겁이 되면, 선생이 마치 친구같다.

인수가 변하여 관이 되면, 학생이면 담임선생이 애인이 된다.

인수가 변하여 재가 되면, 선생이 만날 돈만 가져오란다.

인수가 변하여 상식이 되면, 선생이 못나서 내가 가르쳐준다. 훗날 내가 교장이 돼서 온 학교에서 옛 선생님이 같이 평교사로 근무한다.

이와 같이 합충의 변화와 육친의 변화는 통변의 핵심이다. 사주 공부의 완성은 통변이다. 다음편에서 통변론을 상세히 공부한다. 통변을 잘해야 한다. 그래야 말문이 트인다. 또 이렇게 통변이 연결되야 사주의 흐름이 보인다. 무엇으로 시작해서 무엇으로 끝나는가? 만날 인수가 인수로만 보인다면 추리가 잘못된다. 가령 인수가 어머니인데, 인수가 재로 변하면 재는 마누라이니 이것이 잘못 연결되면 근친상간이 된다. 이게 있으면 귀문관살이 있나 없나 살펴라. 미친놈인가 아닌가 보기 위해서이다.

다음은 병약(病藥)이다.

병(病)이라 함은 주중에 태왕자가 병이다. 木이 많으면 木이 병이고, 土가 많으면 土가 병이고, 인수가 많으면 인수가 병이다.

약(藥)이라 함은 제거병자(除去病者)다. 병을 제거하는 자가 약이다.

병약에서는 병을 제거하는 자가 약이 되는 것이 원칙이고, 병을 유설시키는 것, 즉 힘빼기 작전도 약이다. 또한 크게 나누어서 보면 金水음이 지나치게 많으면 木火양이 약이고, 木火양이 많으면 金水음이 약이다. 이러한 약에도 직접적인 약이 있고, 간접적인 약이 있다. 또한 용신에서도 직접적인 용신이 있고, 간접적인 용신이 있다.

다음은 조후(調候)다.

계절적인 감각에 맞춰서 보는 것이 조후다. 여기서도 木火양과 金水음을 교량 · 비교해서 따지는 것이 조후이다. 이 조후에도 간접과 직접이 있다.

또한 사주 자체가 냉한하면 따뜻하게 하고, 사주가 지나치게 윤습(潤濕)하면 건조하게, 사주가 너무 덥다면 서늘하게 하는 것이 바로 조후이다.

다음 진가(眞假)다.

진짜냐 가짜냐이다. 용신에도, 육친에도, 격국에도, 오행에도 진짜와 가짜가 있다.

진짜 사주는 신왕이나 중강격에서 연결되고, 가짜 사주는 지나치게 태강한 사주거나 허약한 사주라면 가짜 사주다. 남의 인생을 살려고 나왔지 제 세상을 살려고 나오지 않았다. 가짜 인생이다.

남자가 진짜 재라면 내 마누라요, 내 돈만 번다. 가짜 재라면 남의 마누라요, 항시 엉터리 돈만 벌고 잘못하면 위폐범이 된다.

여자가 관이 진짜면 본래 본서방관이 있는데, 관이 죽어 있다면 저건 가짜인데…, 저건 언젠가는 내 서방이 아닌데… 할 것이다.

여기에도 직접과 간접이 있다. 진가가 있다.

진짜는 득국이다. 살아있는 것이고 장생이다. 단, 득국과 장생으로 살아 있어도 그 사주에서 약이 되어야 하고, 필요해야만 한다. 살아있다고 해도 그 사주에서 병이 되고 있으면 본인에게는 진짜가 아니고 가짜다.

가짜는 죽어있는 자다. 완전히 쇠약자다. 건들기만 해도 죽게 생겼다는 것이다. 뿌리가 없이 천간에 떠서 있는 것은 모두가 가짜다.

지금까지의 내용을 사주를 통하여 종합정리 해보자.

사주 예(59)

己 ㊀壬 壬 庚
酉 戌 午 辰

이 사주를 구획정리하면 金水로 몰아라. 득령·득지 못했다.

酉戌방합보다 午戌火국을 더 잘한다. 辰酉金국은 너무 떨어져있다. 辰이 酉 만나러 가다보니, 午火는 그럭저럭 지나갔다하고, 戌에게 걸렸다. 辰戌충으로 방해하니 辰酉金이 안된다.

일주가 약하니까 水와 金중에서 어느 것에 의지해야만 하나? 壬水는 午에 절지고 午戌火국에 증발되고 있다. 고로 酉金에 의지해야 한다. 년상의 庚金은 金생水하러 오다가 월상의 壬水에 빠져버렸다. 년상의 庚金이 壬水일간에게 오겠다고 전화왔는데 아무리 기다려도 안 오더라. 나중에 보니까 월상의 壬에게 가로 막혔더라. 이 사주는 酉金이 용신이다. 고로 공부해야 하고 어머니가 귀인이다.

순국이냐 역국이냐, 시지 酉金에서 金생水 받으니까 순이 아니고 역이다.

통변(通弁)을 보자. 이 사주가 여자라면 戌이 서방이다. 戌土가 午戌火국으로 갔으니 火재로 변했다. 고로 戌서방이 돈으로 둔갑해 보인다. 고로 이 사주는 남편이 돈 벌어다주어야 우리 서방 최고라고 하고, 돈 못 벌어다주면 서방 취급도 안한다.

병약을 구분해보자. 이 사주는 火가 많아서 병이다. 水극火로 터주어야 하는데 水가 제 역할을 못하니 할 수 없이 酉를 약으로 쓴다. 午월의 酉시니까 더위가 식어가는 시간이다. 이것이 약이다. 고로 火인 재가 병이다. 돈돈하면서 죽게 된다. 돈 욕심 부리면 안된다.

남자라면 여자가 병이고, 아버지가 병이고, 어머니는 약이 되고, 아버지 컴플렉스에 걸렸다. 조후로는 午戌火국으로 덥다. 金생水로 비가 와야 한다. 酉金 에어컨 바람이 앞에서 불어온다.

진가를 구분해보자. 월간의 壬은 근이 없으니 가짜다. 고로 친구·형제가 가짜이다. 午戌火국으로 재가 득국은 했지만, 이 사주에서는 병이니까 또한 가짜다.

이 사주의 용신은 酉金이다. 木火양이 많고 金水음이 부족하다는 것이다. 고로 金水운을 만나야 균형을 이룬다.

1. 신왕관살반희(身旺官殺反喜)

일주가 강왕하면 아집이 대단하고 만용, 독주 또는 본인이 제일이라는 생각에서 발전이 아니라 퇴보가 되기 쉽고, 또 태강즉절로 자멸하기 쉬운데 이러한 때에는 일주 강자보다도 더 강한 극아자 관살을 대립시켜 일주와의 경쟁으로 분발케 하고 또 일주를 극제로 다스려 뛰는 자 위에는 날으는 자가 있고, 또 일주보다도 똑똑한 자는 하시(何時) 하처(何處)를 막론하고 항상 많이 있다는 것을 인식시켜 일주를 유익케 함에 그 목적이 있는 것이다.

따라서 관살은 극 일주하므로 본래는 대기(大忌)하나 이와 같이 일주 강에는 오히려 없어서는 안될 귀물이요, 길성인데 우리가 여기서 얻을 수 있는 철학은 적이 있음으로써 내가 발전하니 원수를 사랑할 수밖에 없고, 또 적은 적이 아니라 바로 은인이 될 수밖에 없으며, 나를 채찍하는 자 귀인이요, 나를 자극하는 자와 사랑의 매는 이래서 좋고, 미워하는 자는 진실로 본인을 염려하여 준다는 것을 잊어서는 안된다.

세계관으로 볼 때 미국은 러시아가 있기에 발전하고 또 러시아는 미국이 있기에 발전하고 있으며, 사회에서도 견제가 있으므로 발전할 수 있는 것이니 알고 보면 고맙지 않은 것이 어디에 있으며 따라서 우리는 원수를 내 사람으로 만들 수 있는 넓은 아량을 이 시점을 기하여 다시 한번 다짐하지 않으면 안될 것이다.

다만 여기에서 주의할 것은 관살도 역시 왕하여 일주를 충분하게 다스릴 수 있을 때에 한하여 좋은 것이지 만약 관쇠(官衰)가 되어 한낱 그림 속의 떡에 불과할 때는 차라리 없는 것보다도 못할 때가 있는데 이러할 때는 정녕코 길명이 될 수 없는 것이다.

다음 육친으로 살펴보면 본인도 똑똑하고 벼슬도 좋고, 자손도 잘되고 그리고 여명은 부군이 똑똑하여 출세하니 더 바랄 것이 없으며, 법·관을 지킴으로써 발전하고 무서운 관살이라 하여도 신왕하여 나의 소용지물이 될 때에는 법의 지배를 받는 것이 아니라 법을 만들고 지배하며, 관의 지시를 받는 것이 아니라 관을 다스리는 편에 서게 되고, 또 최강자를 좌우할 수 있다는 심리적인 쾌감을 맛 볼 수 있기 때문에 최선하나, 신태왕에게 관쇠는 극아의 능력이 너무 부족하므로 앞에서와 같은 길명이 될 수 없으니 일론(一論)으로만 고집해서는 안된다.

그리고 여기에 해당하고 있는 명주는 모두 신왕관왕격이라 한다. 즉 일주도 왕하고 관살도 왕해 있을 때인데 이러한 팔자는 장관이요, 한 나라의 대통령이고 양대정승이다. 아들과 아버지가 모두 장관 이상의 벼슬을 하여 같이 잘되어 있는 것이다.

여자라면 옛날 같으면 정경부인(貞敬夫人)이다. 요즘은 본인이 직접 벼슬을 한다. 여기서 정경부인의 부자를 부(婦)로 안쓰고 부(夫)를 쓰는 것은 남편과 같다는 것이다. 남편이 장관이면 마누라도 장관이라는 것이다.

관살이란 나를 극하고 들어오니까 극아자가 관살로 적과 같은데 이런 경우는 적은 적이 아니라 귀성으로 군림한다. 원수를 사랑하라. 적을 사랑하라. 고로 이런 사주는 사랑의 매가 필요하고 자극이 필요하다.

또 하나 나를 극하고 들어오는 것이 상극이니 곧 상전이 되지만, 이러한 상전도 음양의 균형을 이루면 상전이 아니다. 안 싸운다는 것이다. 즉 부부가 균형을 이루면 서로 양보하고 인격을 존중해 준다는 것이다. 예를 들어보자.

丙庚辛癸/戌午酉丑의 경우, 木인재가 없으니 청귀(青貴)다. 득령·득세했으니 일주가 강하다. 火가 필요하니 火극金이 길작용하고, 癸가 있으니 강도 조절도 잘한다. 丙庚성(星)이 있으니 음성 좋고 법정계로 가라. 그런데 이렇게 신왕하면 독주하게 되고 만용을 부리게 되는데 이 사주는 균형을 이루어 괜찮다. 즉 酉丑으로 힘을 얻어서 庚이 길을 가던 중 丙을 만났다. "너 火극金으로 한번 당해 볼래?" 庚은 지금까지 본인이 제일 잘났다고 생각하다가, 그게 아니라는 것을 알게 되니 뛰는 놈위에 나는 놈이 있다는 것을 실감하고 庚이 丙 만나 사람이 되기 시작한다.

그러나 만약, 壬庚辛癸/午申酉丑의 경우라면, 너무 태강하여 금다화식(金多火熄)이 된다. 午火가 그릇 만드는 것이 아니라 그을려진다. 태강즉절(太强則折)로 너무 강하면 자기가 죽는다. 균형이 안되니 아집이 강하고 만용부리고 독주하고 발전이 아니라 퇴보가 되기 쉽다.

이와 같이 신왕관왕격은 신강사주이니 본인도 똑똑하다. 벼슬도 좋다. 자손도 좋다. 여자는 서방님이 똑똑하여 출세한다. 관살이 호랑이인데 호랑이한테 물려 죽는 것이 아니라, 호랑이를 키우고 데리고 다니고 호신용으로 가지고 다닌다.

관이나 법을 좌지우지하고 부리는 편에 있게 된다. 최강자 즉 대통령도 좌우할 수 있다. 국장 이상 장관 이하의 직위에 오르게 된다. 관살이 오히려 나의 권력으로 변한다.

다음으로 신왕관왕격으로 일주별로 다시 세분한다면 다음과 같다.

가. 금왕득화 방성기명(金旺得火 方成器皿)

金일주가 신왕하고 火관살국을 만나면 강왕한 金이 노야지화(爐冶之火)에 제련되어 좋은 그릇으로 그 위용을 떨칠 수 있어 좋은데 이를 금왕득화(金旺得火)에 방성기명(方成器皿)이라 한다. 예를 보자.

丙庚辛癸
戌午酉丑 이 사주는 큰 그릇·대기(大器)이다. 종(鍾)으로 보면 보신각 종이다. 보석으로 보면 세계에서 제일가는 보석이다. 金을 보석으로 보면 그렇다. 또한 金인 전선에 丙전류가 잘 흐르니 국가의 송전선이다. 송전선 아래서는 병들고 마른다. 간접적인 피해가 크다. 흐름은 丑土에서 土생金으로 흐른다. 병약은 金이 병이고, 木火가 약이다. 막힌 것은 金水가 많아서 막혀있으니 木火로 분산시켜야 한다. 조후를 보자. 酉월에 丑土섣달이니 온도가 내려가고 있는데 午戌에 丙이 멋지게 조후를 해주니 날씨가 맑게 된다. 2·7火니까 일곱색깔 무지개가 떠오르니 "저 집에 서광이 비친다."고 모두들 감탄하더라.

그래도 金水음보다 木火양이 부족한데 조금 부족하니 좋다. 조금만 도와줘도 된다. 즉 대운에서 寅午戌만 구성해줘도 년운이 나빠도 걱정없다. 즉 대운에서 균형 이루면 그런데로 밀고 나간다. 이런 사주는 상담하면서 보기 힘들다. 저 살기가 편하니 운명을 안 믿는다. 법도 좌지우지하는데 운명을 믿을까? 만약 이런 사람이 상담하러 오면 그 목적은 돈이나 다른 것보다 장관이 언제 되나, 대통령은 될까 하는 데 있으니 그것을 알고 상담해주라.

만약 이런 팔자를 당신은 비견겁이 많으니 이복형제가 있고 어쩌구하면 빤히 쳐다만 보고 있다. 그러면 얼굴이 빨개지고 그 사람의 기(氣)에 눌려서 사주가 헛보이기 시작한다. 고로 간단히 상담해줘라.

“당신 같은 사람이 뭐가 걱정이라고 사주 보러 왔소?”하라. 이런 사주는 나라 걱정, 백성 걱정하는 팔자다. 국운에 의해서 태어났다. 이런 사람이 많을수록 나라는 태평성대가 이루어진다. 좋은 사주가 이사 가거나 이민 가면 그곳은 가난해지더라. 금왕득화에 방성기명이다. 金이 왕해서 있고, 火를 잘 만나면 앞으로 큰 그릇이 된다. 완금장철 무쇠덩어리가 큰 용광로 불을 만나서 두드리고 담금질시켜서 앞으로 큰 그릇이 될 팔자이다.

나. 화왕득수 방성상제(火旺得水 方成相濟)

火일주가 왕하고 관水국을 얻으면 가뭄에 단비를 만나 만물을 소생케 하면서 또 결실케 하니 만인에 없어서는 안될 존재라 좋은데 이를 화왕득수에 방성상제라 한다. 예를 보자.

壬㊊甲丙
辰申午寅 이 사주는 득령, 득세 했고 申辰水국으로 水도 살아있다. 칠년대한(七年大旱)이니, 水가 많아야 좋다. 여기서 丙壬충은 충이 아니다.

만약 여자라면 壬이 서방인데 丙壬충으로 싸대기 한 대 올려붙이면 밥상에 고기 올라온다. 왜? 丙이 기가 강해서 똑똑하니 남편을 한 단계

아래로 보았는데 귀싸대기 올려붙이니 우리 남편 박력있더라 하고 좋아하더라. 그러나 관살이 많고 일주가 약하면, 극하고 때리면 주눅들어서 죽는다.

낮(火)과 밤(水)이 균형을 이루고, 가뭄(火)인데 큰 비(水)가 와서 잘 내리고 있다. 균형을 이루고 있는 것이다. 申辰水국이 관살로 있으니 큰 벼슬이요, 감투인데 신강하니까 내것이 될 수가 있다. 얼마나 좋은가?

다. 수왕득토 방성지소(水旺得土 方成池沼)

水일주가 왕하고 왕한 土, 즉 관을 만나면 제방으로 물을 막아 호수를 이루어 다목적으로 이용하니 좋다. 이를 수왕득토에 방성지소라 한다.

그러나 水일주에는 실제로 이런 사주가 없다. 壬일주면 庚戌시, 丁未시밖에 없다. 고로 壬水일주는 동양의 큰 댐 역할은 없다는 것이다. 壬일주에게 戊戌시는 없다.

己㊀壬壬
未戌子申 의 사주가 水는 많고 댐으로 막아 다목적으로 이용한다. 꼭 일주만 생각말라는 것이다. 조토가 겹겹이 빈틈없이 물을 가두니 실수가 없다. 완벽한 일처리한다. 다목적으로 이용하는 호수이다. 소양호이다. 동양의 인물은 된다.

다목적이니 공업용수, 농업용수, 배 띄우고 여러 가지로 쓴다. 고로 戊土일주의 마누라 水가 하는 말이 "제발 나 좀 오밀조밀하게 다목적으로 이용 좀 해먹어라."한다. 그것을 못하니까 "아이구야~"한다.

라. 토왕득목 방성소통(土旺得木 方成疏通)

土일주가 왕한 중 木 즉 관木국을 얻으면 큰 산에 삼림(森林)이 울창

하여 일국의 보고(寶庫)로서 이용케 하니 좋은데 이를 국립공원 사주라고 하고 토왕득목에 방성소통이라고 한다. 예를 보자.

甲(戊)己○
寅辰巳巳 의 경우, 조토라면 甲寅木이 못산다. 辰이 습土니까 木이 살 수 있다. 土가 형충이면 악산이다. 火생土 받으니 남산이고, 공원이다. 寅辰木국으로 울창한 나무가 있으니 국립공원이다.

나라의 인물이고, 장차관은 된다. 국립공원보다 장관, 차관의 수가 더 많다.

마. 목왕득금 동량지재(木旺得金 棟梁之材)

木일주가 왕하고, 金관국을 얻으면 깎고 다듬어 좋은 동량지재로 이용되니 이 모두가 극을 당함으로써 오히려 귀명이 되고 있음이라, 즉 죽는다는 것은 죽는 것이 아니라, 다시 영원히 삶을 산다는 것을 말하여 주고 있는 것이다. 다시 말하여 나무가 金을 만나면 金극木으로 절목(折木)이 됨은 분명하나 그 절목된 나무는 동량지재로 이용되어 다시 삶을 살게 된다는 것이며 따라서 이 이치만 잘 터득한다면 생은 물론이고, 죽음도 초월할 수 있는 것이다. 사람이 죽을 때는 여비가 꼭 필요하다. 가슴에다 올려줘라. 돌아가시는 사람에게는 제일 좋다. 꿈에 선몽하더라. "네가 준 돈으로 잘 쓰고 다닌다고." 금방 가시려고 할 때에 봉투에 담아서 가슴에 올려주면 이것이 바로 음덕이고 보시다. 줄 것 주면서 인심얻고 얼마나 좋은가? 예를 보자.

丙(甲)辛癸
寅寅酉丑 의 경우, 酉丑金국으로 관이 용신이다. 甲木나무를 金으로 잘라서 목재로 사용한다. 酉월의 나무에 丙 꽃 피워서 酉丑金 열매가 기가 막히다. 여자면 남편 좋고, 자식 좋고, 본인 좋고 모두 갖추었다.

이때는 甲寅木이니까 무뚝뚝하고 애교없다고 보지 말라. 남편이 좋으면 없는 애교도 절로 나오는 게 마누라이다.

일주가 약했을 때의 관살은 나에게 병이 되지만, 일주가 강했을 때의 관살은 나에게 약이 된다. 즉 중환자는 극약이라야 살릴 수 있는 것과 같은 이치인 것이다. 이상의 사주들을 자연에 대비하여 풀었다. 이렇게 자연과 연결하는 것을 물형(物型)이라고 한다. 물형이란 무엇을 닮았다는 것이다.

이해를 돕기 위해 사주의 예를 더 들어 상세히 풀어보자.

사주 예(60)

丙	(庚)	辛	癸
戌	午	酉	丑

이 사주는 庚金일주가 금왕당절(金旺當節)인 酉월에 득령한 중 년지 丑土가 酉丑으로 金국인데다 년월상으로 癸水 辛金이있어 득세라 身旺하고 있는데(中强格), 시상 丙火가 일시지 午戌火국에 득왕하고 보니 관도 역시 왕하므로(5:3) 신왕관왕격이 되어 귀명인데 일점의 재가 없음이 서운하다 하겠다.

또 완금장철(頑金丈鐵)이 홍로(烘爐)에 의하여 멋지게 제련된 중 년상에 癸水 있어 강도조절이 잘 되어 금상첨화요, 아울러 크고 아름다운 귀중한 종(鍾)이라 가히 보신각 종에 비교할 만하니 그 소리는 세계만방에 전하게 되므로 세계적인 인물이 틀림없으므로 일국의 장관 정도는 안중에도 없지 않은가.

또 金은 동선이요, 火는 전기라 크고 굵은 동선에 강력한 전류가 흐르고 있는 것과 같아 국가 기간산업에 기여하는 송전선이 되고 보니 일국의 중추적인 인물이 되겠고, 또 金을 보석으로 본다면 火는 빛, 광선이라 좋은 보석에 빛이 반사되니 눈이 부시어 가히 쳐다 볼 수 없는 것과 같이 높고 귀한 자리에 임하게 되며, 계절 감각으로는 金왕이라 가을이 깊어 초겨울과 같은데 왕한 火를 얻고 보니 따뜻한 시절이 되므로 가장 살기 좋은 절기와 같아 세상사에 구애받지 않고 삶을 영위하는 인물이 되고 있다.

따라서 이와 같이 고귀한 인물은 국운에 의하여 출생되기 때문에 국가에서 데려다 가르치고 키워 국가에 봉사케 하므로 비록 내가 낳은 자손이라 하여도 내 마음대로 할 수 없으며, 무엇이든 좋은 것은 국가관리로 들어가고 또 등록하여야 된다. 또 옛날에 지체높은 분이 지나가면 정시(正視)하지 못하고 또는 엎드려 있거나 분명 내가 낳은 아들인데도 존칭어를 사용하였던 이유가 여기에 있는 것이다.

그리고 이 사주가 빛을 보게 된 원인은 火의 공이며, 金음에 비하여 火기 양이 아직도 부족되고 있는 것은 사실이므로 木火운을 만나, 부족된 火기를 보충, 완전하게 중화 즉 균형을 이룰 때 비로소 진귀인(眞貴人)이 되는 것이다. 좀 더 자세히 풀어보자.

庚金일간은 득령 · 득세했다. 火인 관도 득국했다. 木火용신이다. 신왕관왕격이다. 장관팔자요, 또한 국운에 의해서 태어났다. 고로 항상 남이 존칭을 하게 된다. 이 사주의 어린이가 태어나면 없는 집안도 가정사정이 늘어나고 좋아진다. 세상 살아가는데 어려움이 없고 등록금을 낼 때도 등록금이 저절로 생기고 공부시기도 잘 맞아 떨어진다. 단, 이 사주에서는 재가 없으니 부귀보다 청귀(淸貴)이다. 돈보다는 명예가 우선이다. 사주가 庚寅일주라면 丙庚辛癸/戊寅酉丑이 되니 부귀사주다. 이런 좋은 사주는 자기를 버리고 나라를 위하여 살아간다.

성격은 金일주이니 열매로 완전무결에 또 丙관살로서 완벽하니 다른사람이 손대지 않고 완전하게 일처리한다. 의리의 사나이고 다만, 여자가 이런 집에 시집가면 돈과는 거리가 멀므로 고생한다. 원리원칙을 찾으니 마누라가 고달프다.

만약 庚寅일주라면 아니다. 돈도 있고 마누라도 고생 안시킨다.

金이란 모가 난 것이 되어서 모든 것이 정사각형으로 척척 맞아야 한다. 정확한 것을 좋아하니 모험은 못한다. 그러므로 사주는 좋아도 사업가는 아니다. 그런데 퇴직해서 사업한다면 앉아서 사기당하고 죽는다.

사람은 만물의 영장이지만 만능은 아니다. 어느 일면(一面)으로 발달한다는 것이다. 이 사람의 마누라는 항상 몸이 아프다. 그러나 火가 火극金하니 죽지는 않는다. 사주에 木인재는 안보이지만 金극木하는데 火가 있어서 火극金하니까 눈에 보이지 않는 木은 존재한다는 것이다.

송전소에 해당하고 보신각 종이고 보석이다. 평민들이 실수하면 한 가정이 흔들리지만 이런 사람이 실수하면 나라가 흔들린다.

사주가 좋아도 운이 나쁘면 실수하게 된다. 金水운에 실수한다.

庚子년은? 상관이다. 내가 데리고 있는 수하요, 아랫사람이고 부하이다. 子午충에 水극火하니까 퇴직이 연결된다. 여기서 퇴직하는 데도 내가 잘못해서냐, 아랫사람 때문이냐가 있는데 어떤 경우일까? 먼저 사주를 보면 이 사람의 성격은 실수 안하고 완벽주의이므로 아랫사람이 잘못해서 옷벗어야 한다. 즉 본 사주에 연결해야 답이 나온다. 이런 경우 판단이 안 서면 "네가 실수했든, 내가 실수했든 옷은 벗게 되겠소이다."하라. 庚년에 비견이지만 작용이 흉하니 비겁으로 작용한다. 내 것 뺏기고 실수한다.

결혼은 늦게 한다. 완벽주의고 본 사주에 재가 없어서 그렇다.

사주 예(61)

壬 (庚) 辛 癸
午 申 酉 丑

이 사주는 庚金일주가 득령에 酉丑, 申酉金국으로 신왕이 되는 것은 앞의 사주와 같다고 할 수 있으나, 火기가 일무투출(一無透出)에 午火일점이 고립된 중 金의 패지가 되어 제련할 수 없으므로 하격(下格)이 되며, 또 기만 왕하여 안하무인(眼下無人)이 되기 쉽고, 신왕하여 체신은 크나 火관이 등화(燈火) 즉 등잔불로 너무나 작아 말단직으로 만족하여야 되겠으며, 酉월중 서리가 눈처럼 많이 내려 수확을 눈앞에 두고, 하루아침에 망쳐버리겠고, 또 酉월 중 일기가 초겨울 이상으로 차가워, 춥고 배고프지 않을 수 없구나.

이 사주는 금실무성(金實無聲)이다. 金이 너무 많아서 소리가 안난다. 농기구 밖에 안되고 그릇이 되다가 말았다. 깡패나 운동선수 밖에 없다. 火극金으로 진탕 터져야 한다. "아이구, 누가 나 좀 때려줘, 때려줘…"한다. 火가 약하니 火극金으로 많이 맞아야 하겠단다. 여자라면 전기가 안 온다. 남자가 남자답게 안 보인다. 자기와 비유하면 7:1이니 자기는 7살인데 남자는 한 살로 보인다. 시집갈 데가 없다.

이 사주에 작명을 하려면 무조건 木火를 많이 넣어서 이름 지어라. 원래 이름에는 영화 영(榮)자는 쓰지 않는 것이 상례이다. 이 이름을 쓸 때가 가장 전성기이고 영화로웠으니 성장할수록 퇴보한다는 의미가 있기 때문이다. 그러나 이 사주에서는 영(榮)자를 넣어야 재관이 모두 살아난다. 14획이니 성과 연결하여 흉수가 나오더라도 수리에는 연연하지 말라.

앞의 사주가 장관이면 이 사주는 장관집에서 심부름하기도 어렵다. 하늘과 땅 차이이다.

사주 예(62)

壬	(丙)	甲	丙
辰	申	午	寅

이 사주는 丙火일주가 火왕당절인 午월에 출생된 중 寅午가 火국이요, 또 월상에 甲木과 丙火로 득령 · 득세하고 보니 火기가 충천하여 만물이 고갈하고 있는데 다행하게도 시상 壬水가 일시지 申辰水국에 득왕하고 있어 매우 아름답게 구성되어 있다.

비교하건대 7년 대한(大旱)에 단비가 주룩주룩 내려 만물의 고갈을 해소시켜 활기를 주는 것과 같이 어디를 가든 환대에 존경을 받겠고, 또 단비의 값을 계산할 수 없는 것처럼 본명이 국가에 공헌한 바 지대함과 동시 일국에 없어서는 안될 인물이 틀림없으며, 낮과 밤이 균형을 잘 이루고 있어 삶을 살기 좋은 운명이다.

이 사주 잘못 추리하면 일주 丙火와 시상 壬水가 丙壬으로 상충하고 년지 寅木과 일지 申金이 寅申으로 상충하여 흉명이 된다 하겠으나 火왕에 水기가 필요한 사주가 되어 충이 아니라 자극이요, 흉이 아니라 길이 되므로 이는 충이면서도 충이 아니며 즉 충불충(冲不冲)이며, 또 寅午로 합하고 申辰으로 합하면서 午火가 중간에서 가로막고 있기 때문에 충이 약화되므로 흉이 될 수 없으며 이러한 경우를 탐합망충 또는 유정지충이라고 한다.

그리고 사주 구성이 좋아 귀명일수록 주중의 조그마한 충이나 형살 등 살에 구애받지 않는데 그 이유는 높은 자리일수록 사(邪)가 범하지 못하기 때문이고 또 옛글에도 성현군자의 팔자라도 흉살은 있기 마련이라고 하였다.

만약 이 사주가 水기가 허약하였더라면 이상은 크나 조화를 이룰 수 없는 용이 못된 이무기와 같이 허송세월하게 된다. 좀 더 풀어보자.

이 사주는 신왕관왕격 사주다. 가뭄 · 火로 찌들고 있는데 2,7火니까 7년 대가뭄이다. 그런데 壬水와 申辰水국으로 단비가 주룩주룩 내리고 있다.

봉지감우(逢之甘雨)의 사주로 이 운명은 어디가든지 가뭄에 비가 오는 것처럼 환영 받는다. 고로 장관팔자이다.

火일주라서 시각이 발달되어 있고 배우지 않고서도 박사고, 잘 알며 말이 좋아서 설득력 좋고 청산유수다. 이 사주를 좋은 사주로 만들고 있는 핵심은 申金에 있다. 申은 재이니 마누라로 내조 잘한 마누라의 공덕을 잊어버리면 안된다. 편재라서 두번째 마누라인가 보다. 본처는 고생만하고 길만 닦아 놓고서 갔다.

庚子년이면 한없이 좋다. 丙火가 庚을 火극金하는데, 여기서 재로 보느냐, 육친으로 보느냐, 사물로 보느냐에 따라서 달라진다. 여기서 놓치지 말 것은 내가 극한다는 것은 "만인 위에 군림하는 운이다." 어설프게 돈이야기 하면 안된다. 이 사주는 돈걱정은 떠난 팔자이다. "제발 네가 하라는 대로 할테니까 나 좀 살려주소. 죽으라면 죽는 시늉까지 하겠소."하는 이런 상황이 일년 내내 이 사람 주위에서 일어난다.

얼마나 기분 좋은가?

신왕관왕으로 돈하고는 떠났다. 만인에 군림한다는 것은 세상을 좌우한다는 것이다. 일반적인 개념으로는 庚金이 편재니까 이렇게 운이 좋을 때는 돈 많은 과부가 하나 생긴다. 그런데 재산만 관리해 달란다. 당신 쓰고 싶은 대로 쓰라 한다. 운이 좋을 때는 악독한 여자라도 이 사람에게는 귀인이 되어진다. 또한 申子水국으로 관이 살아온다. 그러나 壬寅년이 되면 壬이 죽어서 돌아온다. 죽어서 들어오면 丙壬충이 된다. 나쁜 것으로 해석하라. 옷벗어야 하고, 실수하고, 판단이 흐려진다. 만약 壬子나 壬申으로 들어올 때는 丙壬충이 안되고 좋은 것으로 들어오니 자극 받아서 정신이 난다. 나쁘게 들어오면 송사 · 구설이 일어난다.

사주가 좋지만 사주의 壬이 辰 만나니 고장으로 죽는다. 문제아가 있다는 것이다. 장관집에 문제아가 있는 것이다. 壬이 辰 만나면 뿌리내리지 못한다. 주위에 子나 申이 있어야 뿌리내린다. 壬은 辰에 뿌리 못한다.

처덕있고 매사에 자신있고 할 말 다하고 제 발등의 불은 끌 수가 있다. 丙이 둘이니 한 하늘에 태양이 둘이라고 볼 수 있으나, 년상의 丙은 한신에 해당하니 형인데 내가 장남노릇을 해야 한다. 내가 벌어서 년상의 丙까지 먹여 살려야 한다. 사주로 보면 동생인 내가 형의 몫까지 가져가고 있다. 그러므로 丙은 형인 丙에게 아낌없이 주어야 한다. 형에게 갈 복을 내가 가져다가 쓰면서 잘 살고 있으니 그것을 반드시 얘기해 줘라. 그 말 한마디가 어디인가? 형제간의 우애를 살려 놓게 된다.

사주 예(63)

庚	㊏	壬	壬
戌	戌	子	申

이 사주는 壬水일주가 水왕 당절인 子월에 출생된 중 申子水국이요, 또 천간으로 金水가 투출하여 3자를 모두 얻고 보니, 최강격에 해당하고 있다. 이런 중 일지 · 시지에서 조토인 戌중 戊土관을 만나 자극을 받았고, 또 신왕자가 좋은 재관고, 벼슬을 얻고 보니 금상첨화가 분명하며, 金생水로 원류가 풍부한 물을 일시지 하류에서 입지조건을 잘 선정하여 土극水로 제방을 잘 쌓아 물줄기를 막고 보니 큰 호수로서 다목적으로 이용할 수 있으니 팔방미인(八方美人)에 버릴 것이 없겠고, 水 · 냉기를 土극水로 제거하여 온난을 되찾았으며, 동지의 기나긴 밤이 삭제되어 밤과 낮의 균형을 꾀하니 살기좋은 춘분과 추분의 시절과 같아 길명이 틀림없으며, 따라서 그 공은 바로 戌중의 戊土관에 있음으로 관을 희(喜)하게 된다.

그러나 이 사주, 물에 비하여 土기가 1층밖에 없어 완전하게 물을 가두지 못하고, 수문을 항시 열어놓아야 함이 흠이 되고 있음이 서운하다. 壬일에는 戊戌시가 없으나 만약 戊戌시라면 완전하게 막을 수 있다.

또 壬水일주가 재고 · 관고를 둘이나 얻어 부귀겸전인데 한편으로는 만수된 물을 1톤에 얼마씩 판다고 생각하면 탈재의 성격을 가진 水자체가 바로 돈이 원수가 될 수 있으므로 사주 구성에 따라 이와 같이 보이지 않는 재 · 돈이 얼마든지 있다는 것에 명심하기 바란다. 좀 더 살펴보자.

이 사주의 壬水는 큰물이다. 한류(寒流)이고, 金생水로 들어오니까 생수가 솟는 물이고 水생木으로 흘러보내는 곳이 없으니 土극水로 막아서 써야 한다.

그러나 庚戌시이니 수문을 반은 항상 열어놓아야 한다. 4 · 9金이니 수문 4개는 항상 열어놓고 있어야 한다. 팔당댐을 연상하라. 소양강댐보다는 못하니 장관은 못되고 차관까지는 올라갈 수가 있다는 이야기다.

申子水국으로 추우니 火가 들어와야 한다. 水인 비겁이 많으니 형제 때문에 골치고, 친구 보증서면 다 물어줘야 한다.

좋은 팔자지만 의처증은 못 면한다. 戌속의 丁 마누라가 丁壬합 하는 것 같아서 의처증이 생긴다. 일지에 재고 놓고 있으니 어떤 여자에게도 존칭을 안 쓴다. 어떤 여자든지 내 앞에 무릎을 꿇려야만 직성이 풀린다.

火를 전기로 보면 물이 많아서 수력발전이다. 고로 火를 터빈으로 보면, 戌이 2개니까 터빈이 2개 돌아가서 전류를 만들고 있다.

여자라면 戌이 서방이니 완전히 나를 못막고 물이 흘러가도, 즉 외출해도 본체만체하고 있다. 그러나 이 여자는 무조건 서방이 나를 막아주기를 기대한다. 壬水가 역마지살이니 얼마나 잘 돌아다니겠는가? 놀러간다고 할 때에 서방이 제동 걸고 간섭하기를 기대한다는 것이다.

항시 구름이 끼어있다. 근심걱정 끼고 산다. 형제 때문에, 친구 때문에, 손벌리는 사람이 많다. 잘못 연결되면, 술친구는 많은데 진정한 친구는 드물다.

여기서 비견겁이 많은 팔자를 무조건 "친구에게 뺏긴다."고 하지 말라. 운이 좋을 때는 친구들이 나를 살려준다. 왜냐고? 운 나쁠 때에 빼앗아먹었으니까. 운이 좋고 나쁨에 따라서 정반대의 현상이 생긴다.

이름 지을 때는 午火넣어서 이름 지어라. 여기서는 子午충 할수록 좋다. 물이 많으니까 물을 덜어내야 한다. 戊중 丁이 마누라인데 어디에 병이 있겠는가? 심장에 병이 생긴다. 여자가 심장판막증은 애기 낳으면 죽는다. 이 많은 물이 丁壬합으로 마누라를 안기만 하면 "어머나 가슴이 터질 것 같아요."하면서 거부한다. 많은 물이 압박해오니까, 정신이 없다는 것이다.

사주 예(64)

甲	㊉戊	戊	己
寅	辰	辰	巳

이 사주는 戊土일주가 土왕절인 辰월에 출생된 중년일에 火土가 많아 득령·득지·득세라 최강인데 巳火가 있어 양지바른 남산(南山)이요, 辰온토로서 나무를 잘 키울 수 있는 높고 넓은 고원지대로 木을 필요로 하고 있는데 다행하게도 시주에 동량지목인 甲寅木이 자리하고 있으면서 寅辰으로 木국하여 산인지 아니면 삼림인지 분별하기 어려운 좋은 형상을 하고 있으니 일국의 보고라 틀림없이 국익에 이바지하는 인물로 장·차관에 임하게 된다.

또 견겁으로 신태왕하여 방종하기 쉬운데 甲寅木을 만나 일깨움을 얻으니 더욱 분발하여 발전하는데 그 공은 木편관이기에 신왕관살반희에 해당하고 있다. 또 흙은 나무를 키우고 나무는 뿌리로 흙을 감싸 빗물에도 씻겨가지 않도록 보호하여 줌과 동시에 나뭇잎이 떨어져 땅을 덮어 보호하고 또 부패하여 땅을 기름지게 함으로써 상부상조라 누구든 이 木과 土의 영역을 침범하기는 매우 어려울 것이다.

만약 이 사주가 乙卯시라면 음목·약목이니 성장의 기간을 요하고 있으며 또 조토라면 木왕이라도 착근할 수 없으므로 나쁘게 되고, 木이 허약하게 되면 산에 나무가 드문드문 있는 것과 같아 산이면서도 헐 벗고 있는 것과 같아 길명이 될 수 없다.

이 사주는 비견겁이 많으므로 배 다른 형제가 있는데, 寅辰木국이 되니 개천에서 용난 팔자다. 이런 팔자가 선탁후청의 사주다. 비견겁이 많으니 가정 · 집안 관계가 혼탁한 팔자인데 寅辰木국이 연결되니 甲寅木이 관으로 벼슬인데 대들보이니 나라에서 필요한 존재가 된다.

戊土인 산이 辰습토에 있어서 나무 키울 만하고 巳가 있어서 양지이고 寅辰木국이니 산에 아름드리 나무가 빽빽하게 들어서 있어서 한 나라의 보고가 된다.

甲木이 편관이니까 하루 아침에 장관이 된다는 것이고, 만약에 乙卯시라면 정관이므로 돌다리도 두들겨 가야 하고, 3 · 8木이니 장관되는데 38년 정도 걸린다. 乙卯木이 甲寅木처럼 크려면 30년이 걸리니까 만약 여자라면 甲寅木 서방이 나이는 어려도 하늘같이 보이는데 乙卯시라면 한참 어려 보인다.

이 사주가 좋게 되는데 있어서는 辰土가 제일 핵심이다.

습土니까 甲寅木이 살 수 있고, 辰이 형제니까 이 사람이 이 정도로 큰 인물이 되기까지는 辰土동생의 도움이 많았다는 것이다. 내가 이 자리까지 오기까지는 辰土동생이 결정적 역할을 했다는 것이니 "오늘 저녁에 집에 갈 때 그냥 가시지 마시고 동생집에 들러서 고맙다고 한마디하고 가세요." 이런 말 듣고서 깨달아 동생에게 고마운 마음을 가지게 하라.

土가 병이고 木이 약이다. 조후로 보면 土인 습이 많은 것을 木극土로 없애야 이 사주가 살아난다. 습진 죽이는 것이 식초다. 달걀 노른자에 식초 타서 몇번 바르면 낫는다. 이것도 土일주가 습에 연결될 때만 이 식초가 약이 된다.

辰이 재고로 금고가 둘이니 알부자이다. 단, 형제에게 뺏기는 것은 어쩔 수가 없다. 그러나 돈 복으로는 좋은데 마누라가 항상 아프다. 즉 사물로 볼 때와 육친으로 볼 때는 다르다. 재고는 재국과 같이 보고, 단 마누라는 아프다는 것이다.

이 사주는 돈 생기면 辰土 땅속에 묻고서 안 내놓는다. 그런데다 土일주이므로 신용이니까 사금고(私金庫) 노릇한다.

庚申운이면 甲庚충 寅申충으로 좋은 나무를 벌목해 버렸다. 여기서 여자라면 甲寅木이 서방이고 남자면 자식이니까 만약 남편이 아프거나 자식이 속썩이면 이 집안이 흔들리기 시작한다. 그에 대한 대비를 하라는 것이다. 격물치지(格物致知)를 판단하라는 것이다. 예를 들어 보자.

바위 많은 산 밑의 마을은 남자들의 수명이 짧고
산에 나무가 없는 산 밑의 마을은 과부가 많구나.

사주 예(65)

乙	㉠乙	丙	己
酉	巳	寅	卯

이 사주는 乙木일주가 木왕 당절인 寅월 乙木으로 출생되었고, 또 년지 卯木과 시상 乙木으로 득령·득세요, 월상 丙火가 일주편에서 木을 돕고 있는 중, 즉 관살이 있을 때 상식은 일주편이다. 일시지가 巳酉金국으로 결성하여 관이 되므로 강자가 좋은 벼슬을 안고 있는 형상이고 또 나무가 寅卯木국에 튼튼하게 근을 하고 있어 어떠한 강풍에도 동요됨이

없이 곧고 바르게 성장하였고, 월상 丙火로 아름답게 꽃피워 巳酉金국으로 완전하게 결실할 수 있으니 타에 의지없이 충분하게 자체 조화를 이룰 수 있으므로 어디를 가나 환대를 받는 인물이 되겠다.

또 木에 金은 나무를 견실하게 만들어 주고 있어 일거양득이요, 관이국을 형성하고 있어서 고관이 틀림없는 사주다. 그리고 년상 己土는 년지 卯木에 木극土당하여 살지라 土생金을 못하며, 월상 丙火에서 火생土 받는다 하나 강렬한 불이 되어 조토가 되기에 土생金을 못하고, 시상 乙木은 시지 酉金에 살지나 寅卯에 뿌리를 내릴 수 있어 절멸되지는 않는다.

또 이 사주에서 서운한 것은 金이 투출이 없음인데 만약 투관金하였더라면 더욱 더 좋은 길명이 됨은 분명하고, 년지 卯木과 시지 酉金의 卯酉상충은 첫째 거리가 너무 멀며, 둘째 寅卯와 巳酉로 각기 합하여 탐합망충이라 충의 작용은 해소되나 월일지의 寅巳형은 면하지 못한다.

木왕에 金관이 허하면 큰 나무에 작은 열매가 되기에 고염이나 돌배에 지나지 않으니 인간의 구실을 다 할 수 없으며, 어느 사주이든 신왕관왕하면 남녀를 불문하고, 진귀인(眞貴人)됨은 물론 자기를 떠나서 국가와 민족을 생각하는 인물이 되므로 평민들이 생각하는 것처럼 어둡고 좁지만은 않은데 이유는 내일의 빵을 걱정하지 않기 때문이고, 만약 본명이 寅월 초생이라면 오히려 木기가 약하고 있는 것이다.

이 사주는 己卯년생이다. 만약 己卯일주여자라면, 중말년에 이혼한다. 木극土로 지형천리이고 중심이 흔들린다. 인정이 많아서 내 몸이 흔들린다. 己卯일주 여자는 정이 많아서 저도 모르게 치마끈 풀어준다.

월상의 丙이 火생土해줘도 己土가 죽어 있어서 못 받아 먹는다. 丙火는 앉은 자리에 寅木이 장생이다. 乙巳는 고란살이다. 여자라면 애인은 있으나 서방은 없다. 寅巳형이니 부모형제와 불합하고 모처불합이다. 떨어져 사는 게 해결책이다.

일과 시로 巳酉합이고 년월로 寅卯로 합하고서 寅巳형이니 두패로 갈라졌다. 고로 이런 팔자는 두 갈래로 나누어졌으니까 두 집 살림한다.

乙木이 원래는 음인데 寅卯로 득령·득세했다. 寅월의 나무가 丙으로 꽃피고 巳酉로 열매맺고 있어서 좋다. 金이 용신이다. 원래 乙木일주는 특별한 경우를 제외하고는 金용신이 없다. 나무가 가을을 만나면 서리 맞고 낙엽 지니까. 여기서 특별한 경우란, 乙木이 木火가 많을 때는 金을 쓸 수가 있다. 고로 金이 용신이다. 여자면 사랑이 우선이고 남자면 자식이 우선이다.

金이 열매라면 午운이면 열매 酉金이 떨어진다. “죽쒀서 개 준다. 다 된 밥에 코 빠뜨리고.” 또한 열매 열리는 데 10년이나 걸렸는데, 午운 만나니 火극金 당해서 “10년 공부 하루아침에 나무아미타불이다.”로 통변하라. 이것을 오행으로만 보면 용신 酉가 午에 火극金 받으니 나쁘다고만 하지, 말이 안 열린다는 것이다.

이 사주에서 庚辰년이 왔다면, 乙庚합한다. 시상의 乙木인 경쟁자가 없어지니 얼마나 좋은가? 또한 辰酉합金으로 열매가 튼튼해진다. 여기서 역학자는 말해야 한다. “당신은 지금까지 못 이룬 목표나 꿈을 금년에 이루어야 합니다. 기회는 항상 있는 것이 아니오. 금년 기회를 놓치지 마세요. 여기서 결실해야 하고 마무리해야 됩니다." 만약 여자면 "그동안 사모했던 남자를 내 사람 만드시오. 난 당신 없으면 못산다고 대쉬하세요. 금년 놓치면 이런 기회가 오기 힘들답니다." 乙木일주 노처녀는 庚辰년 만나면 모든 남자가 이뻐 보인다. 결혼운이 왔다는 것이다.

乙木이 寅卯木국으로 뿌리가 튼튼하니 뒷심있고 저력있는 팔자다. 겉보기와는 다르다. 항상 마음의 눈으로 보라는 것이다. 사진기의 원리가 마음의 눈이다. 렌즈로 들어오는 사람은 거꾸로이다. 모든 것을 뒤집어서도 한번씩 생각해 보라. 눈에 보이지 않는 것도 한번 살펴 보라는 것이다.

2. 다생반해(多生反害)

다생반해라 함은 생은 인수요, 인수는 나를 생하여 주므로 젖줄이요 원류가 되며, 또 기본이요 뿌리요 보급로요 수입이요 어머니로서 없어서는 안될 가장 중요한 자리에 있으나 그렇다 하여 인수도 너무나 많으면 해가 된다는 것이다. 다시 말하여 자손에 대한 모정이 없어서는 안되는 것이 사실이나 그 모정도 지나치면 오히려 자손의 성장과 자립에 해가 되는 것이 분명하며 심하면 정신적인 불구자를 만들어 사랑하는 자손을 영원히 패몰시키고 또 어머니의 치마폭이 너무나 크면 어머니에 가리워 자손은 소멸되기 마련이다.

온상 속의 꽃과 같이 따가운 햇빛만 보면 고사하는 것과 같아 어머니 곁에서는 행복할는지 모르나 사회에 진출한 날부터 고생이 따르게 되어있으니 원인은 어머니에 있고 또 의지력이 많은 자 종내는 그 의지력 때문에 패망한다는 철학을 얻게 되는 것이다. 또 지출없는 수입은 포만상태를 유발하여 종내는 자폭되는 것과 같이 수입이라고 하여 무조건 좋은 것만은 아니다.

요즈음은 생활이 윤택하다 보니 자손에 대한 사랑이 지나쳐 새장 속의 새와 같이 모정이 자손을 버리게 하는 우를 범한다면 안될 것이니 신왕관살반희와 같이 적당한 감시와 채찍, 그리고 자극으로 자손을 인간답게 키우는 데 인색하지 말아야 하겠다.

결론적으로 사주에 인수가 없으면 나쁘지만 인수도 너무 많으면 해로워서 나쁜 사주가 된다는 것이다. 이것을 모자멸자(母慈滅子)라고 한다. 어머니의 자선심이 너무 많아서 자식이 죽는다는 것이다. 즉 요즘 말로 마마보이가 된다는 것이다. 자식 키우는 데 오냐오냐 하면서 온갖 뜻을 받아주니 자립정신이 망가져서 홀로서기가 안된다.

이것을 오행으로 연결하면

木이 水인수를 많이 만나면, 부목(浮木) 되고, 음지나무 되고, 무화과되고, 몟목된다.

水가 金인수를 많이 만나면, 탁수(濁水)가 된다. 철분이 많아서 못쓰는 물이다.

金이 土인수를 많이 만나면, 매금(埋金)되고, 金을 치아로 보면 단 것을 많이 먹으니 치아가 녹아버린다.

土가 火인수를 많이 만나면, 달달 볶아진다. 흙으로서의 임무를 상실한다.

火가 木인수를 많이 만나면, 불이 꺼진다. 적은 불에 바람이 심하니까 화식(火熄)된다.

인수가 많다는 것은 어머니가 많다는 것이고, 고로 계모 · 서모가 된다. 계모 · 서모가 내가 좋아서 水생木 해주겠는가? 나를 해치려고 주는 것이다. 가령 木기준으로 사주에 水인수가 5개면 木 하나 놓고서 水가 뻥 둘러서 내가 진짜 너의 생모다라고 하니 어떤 게 내 엄마인지 모르고 돌아버린다.

옷으로 비유하면 옷은 크고 아이는 적으니 큰 옷에 파묻혀서 앞이 안 보인다. 집으로 비유하면 집은 너무 크고 많다. 큰 집에다 어린애 하나만 놔두니 집의 기에 눌려서 나중에는 정신병자가 되더라. 원래 집이 크면 클수록 사람도 많아야 하고 적으면 안된다.

인수가 많을 때에 금년 신수는? 통변 요령을 보자.

木일주가 인수인 水가 많은데 水운이면, "금년에는 뗏목신세요, 음지나무요, 나무가 겨울 만나서 꼼짝 못하겠네요."한다.

水일주가 인수인 金이 많은데 金운이면, "금년에는 더러운 물이 되어서 아무짝에도 못 쓰겠네요."한다.

金일주가 인수인 土가 많은데 土운 만나면, "묻혀버린 金이니 날 찾는 이가 없겠네요." "보석이 모래 속에 묻혔으니 누가 찾겠어요?"한다.

土일주가 인수인 火가 많은데 火운 만나면, "모든 것이 달달 볶아져서 타버리니 농사가 안되네요."한다.

火일주가 인수인 木이 많은데 木운 만나면, "금년에는 꺼진 불이고 꽃이 떨어져서 아무것도 안되네요." 한다. 예를 들어보자.

甲㊀○○
子午午未의 경우, 戊土일주가 인수인 火가 많다. 어머니의 간섭을, 신경을 그만 끊으시오. 어머니에 의해서 자식이 자식노릇 못합니다. 인수를 공부에 연결하면 “공부해라.”하면 인수가 많으니까 “다 알아요.” 한다. 그런데 시험 보면 꼴찌다. 인수가 많은 사람은 시험운이 없다. 남의 대리시험 봐주면 그 놈은 합격하는데 자기는 시험 보면 떨어진다.

子午충으로 子인 처와 午인 모의 불합이고, 子인 아버지와 午인 엄마가 싸우면 엄마가 이긴다. 이 사주 낳고나서 엄마와 아빠의 사이가 나빠지기 시작한다. 未가 형이니 큰 놈은 午未로 부모와 합이고, 나는 부모와 충이 되니 큰 놈은 항상 부모가 사이 좋은 것만 보게 되고 동생은 항상 부모가 싸우는 것만 본다.

인수는 수입이고 상식은 지출이다. 수입만 몽땅 들어온다고 해서 좋은 것이 아니다. 균형을 이루어야 한다. 가령 木일주라면 水생木이니 水가 수입이고, 木생火이니 火가 지출인데, 水가 많으면 많을수록 水극火로 火를 죽인다. 木생火로 나가는 곳 없이 水생木만 계속 들어오니 배 터져 죽는다. 이런 경우를 알아보려면 인수 많은 사람은 먹기내기하면 포만상태를 유발하여 배 터져 죽는다.

○㊙壬○
子子子○의 경우, 인수가 많은 사주인데 만약 운에서 水운까지 들어오면, 水생木만 자꾸 들어오고 木생火를 못하니 혈압으로 쓰러진다. 이 혈압으로 쓰러지는 것 방지하기 위해서 요즘은 귀를 뚫는다. 단, 신강사주는 귀를 뚫어도 된다. 신약사주면 귀 뚫으면 더 아프니 안된다.

인수가 많은 사람은 자립정신을 먼저 가르치면서 키워야 한다.

인수는 귀인, 학문, 부모, 옷, 집, 고국, 고향이다. 사주에서 인수가 기신이면, 고향만 가면 쥐어터지고 온다. 인수가 많은 사람은 “성공하고 싶으면 고향을 떠나시오."한다.

너무나 많은 것은 없는 것이다. 즉 다자무자(多者無者)다. 다자가 그 사주에서 병이 될 때에 한해서 다자무자다. 가령 재가 다(多)면 마누라, 돈이 없고, 관이 다면 남편 없고, 자식 없다. 많아도 그 사주에서 필요하면 다자무자라고 하지 않는다.

가령 己(辛)甲癸/丑酉寅亥의 경우, 寅亥합木국으로 木이 많다. 辛이 酉丑으로 역시 강하다. 木을 내것으로 할 수 있는 능력을 가지고 있으니 다자무자가 아니다.

여자가 丁(丁)戊丙/未未戌戌의 경우, 土가 너무 많아서 이 사주에서는 병이 된다. 丁의 기운을 모두 뺏어 간다. 이때는 다자무자로 자식이 없다. 水의 정자가 들어오려 해도 많은 土가 土극水하니 임신 못한다.

결론적으로 사주에서 태과자는 다자무자의 법칙에 해당하여 오히려 없는 것보다 못하기에 흉이 되는 것이며 인수는 귀인 또는 학문으로 보아 많으면 많을수록 좋은 것으로 생각되기 쉬우나 무엇이든 적당을 요하는 것이다.

주의할 것은 같은 인수라 하여도 삼합국이면 대일합(大一合) 즉 큰 하나, 부피로서 합이 되므로 흉이 아니라 길이 된다. 고로 삼합국이 잘되어 있으면 모자멸자, 마마보이 등으로 보지않는다. 오히려 진귀인(眞貴人)이 된다.

○(癸)辛○/丑丑酉巳의 경우, 인수가 삼합으로 국을 이루니 큰 학자이다. 큰 학교와도 같다. 고로 대학교수로 학 · 총장은 한다.

다음은 일주별로 세분하여 분석해보자.

木일주가 水로부터 水생木 받는 것까지는 좋으나 水기가 태왕하면 나무는 뜨게 되고, 떠내려가며, 또 뿌리를 썩게 하는데 亥水는 亥중 甲木이 있어 나무와 일맥이 상통하므로 뜨게는 할 수 있으나 표목(漂木)되지는 않으며, 즉 亥水는 정지수(停止水)이고 子水는 유수(流水)이기 때문이다. 또 주의할 것은 지지의 木은 수다(水多)라도 뜨는 법이 없다. 즉 수다목부(水多木浮)되지 않는다는 것이다.

丙(乙)丙己
子亥子丑 이 사주는 木일주가 水생木이나 수다목부되었다. 나무뿌리가 썩고 부목이고 마음이 항상 떠있고 음지나무고 표목되었고 수목응결되었다. 소실 팔자라 자기 자신을 내보일 수 없고 떠돌이 생활이고 신경이 둔화되어 건강이 나쁘다. 실제로 기생팔자이다.

여기서 중요한 것은 천간의 木 즉 甲木, 乙木은 부목 · 표목이 되지만, 지지의 木 즉 寅木, 卯木은 부목 · 표목이 되지 않는다. 물이 많아도 떠 있는 나무라고 할 수가 없다.

戊(甲)戊庚
辰子子申의 경우, 잘못보면 부목으로 보기가 쉬운데 장관했고, 명지대학을 설립한 유모씨 사주다. 방합 · 삼합의 차이가 엄청나다.

다음 火일주가 木으로부터 木생火를 받아 삶을 유지한다 하나 木이 태왕하면 적은 불에 큰 통나무를 넣어 불이 꺼지게 하므로 나쁜데, 이를 목다화식(木多火熄)이라 한다. 이는 丁火가 卯木 · 습木이 왕함을 만났을 때에 한하여서이고, 寅木은 조목이요 寅중 丙火가 있어 발화지기(發火之氣)가 되므로 절대로 화식되지 않는다.

여기서 丙火는 卯木을 만나면 卯木을 말려가면서 태우므로 화식되지 않는다는 것이다.

○(丁)乙○
卯卯卯卯의 경우, 木생火이나 목다화식이다. 용신은 木 · 火다. 당사

주로 卯는 파(破)이다. 그리고 卯木은 습목이고 강풍이다. 강한 바람으로 丁火불이 꺼진다. 엄마가 그렇게 만들었다. 그러나 寅木은 木생火 잘한다.

다음 土일주가 火생土받아 존재하기에 火를 좋아하나 火기가 태왕하면 조토가 되므로 만물을 양육할 수 없음은 물론 뭉쳐질 수 없어 土의 생명을 잃게 되어 나쁜데 이를 화다토초(火多土焦)라고 한다. 그러나 순수한 火국으로 결성되면 오히려 종교계의 선구자로서 군림하게 된다.

○戊○○
未午巳午의 경우, 조토이다. 화토중탁(火土重濁)이다. 가는 길이 정해져 있다. 종교에 귀의해야 한다.

土를 午로 구우면 질그릇이 되고, 巳로 구우면 자기, 청자, 백자가 되니 차이가 많다. 巳중에는 庚이 있어서 잘만 구워놓으면 쇳소리가 난다. 습土는 농사지을 수 있고, 조토는 농사 지을 수 없다.

다음 金일주가 土로부터 土생金 받는 것까지는 좋으나 오히려 土가 지나치게 많으면 金이 흙 속에 묻혀 빛을 잃어 버리기 때문에 불리하다. 이런 현상을 토다매금(土多埋金)이라 한다. 그리고 庚金보다는 辛金이 더 매금이 잘된다. 그러나 주의할 것은 土끼리 충이나 형을 하고 있으면 土가 흔들리고 있어 매금되지 않는다.

○辛○○
丑未戌○의 경우, 辛金이 丑戌未형이 되니 매금이 안된다. 土가 형으로 흔들리고 있어서이다. 예를 들면, 土가 많은데 辛이 하나 있으면 이물질이 있는 것과 같다. 즉 土를 쌀로 비유하면 辛은 뉘가 된다. 쌀에 뉘를 추리는 방법은 체에 넣고서 흔들면 뉘가 올라온다. 이런 이치와 같이 土가 형이면 辛은 파묻히지 않고 튀어 나온다. 고로 매금이 안된

다는 것이다. 그러나 가령 己(辛)戊己/丑丑辰丑의 경우라면, 辛金이 土에게 완전히 묻혀버렸다. 辛하나를 놓고서 어머니가 뺑 둘러싸고 있어서 辛을 만나려면 어머니를 통하지 않고는 辛을 만나지 못한다. 또 조토는 土생金 못하니 土가 많아도 매금이 안된다는 것이다.

그리고 庚申, 辛酉는 사주에서 土가 많아도 매금이 안된다. 뿌리가 튼튼하고 土가 金국의 일원으로 변하기 때문이다. 예를 들면 辰酉, 酉丑, 酉戌, 申戌 등으로 土가 金으로 변한다.

토다매금을 비유하건대 辛이 치아라면 단 것, 즉 土를 많이 먹으면 치아가 녹더라. 마마보이고 모자멸자이다.

다음으로 水일주가 金인수로부터 金생水 받는 것까지는 좋은데 金이 많으면 철분이 과다한 물이라 이를 금다수탁(金多水濁)이라 하고 水로서의 임무를 상실하므로 水생木도 못할 뿐더러 한랭지수로 불리한데, 癸水일주가 지지 巳酉丑 金은 청수(淸水)로서 귀인이 된다. 그러나 壬水는 양이라 巳酉丑 음국과는 음양이 달라 흠이 되며, 또 癸水가 申金을 만나도 음양혼잡으로 탁수가 되는 것이다. 예를 들어보자.

庚(癸)庚戊/申丑申申의 경우, 완전히 물이 철분과다로 소용없다. 인수가 많으니 저는 가만히 있어도 들어오는 곳이 많다. 그 돈 쓰려고 못된 곳에 가서 놀다보니 사람을 버렸다. 어머니가 돈 달라면 무조건 돈 주더니 자식 버려놓았다. 그러나 ○(癸)○○/丑丑酉丑는 지지가 삼합국이니 큰 학자요 선비에 해당한다. 깨끗하고 맑은 물이다. 癸水가 지지에 巳酉丑 金은 청수로서 귀인이 된다.

여기서 지지에 삼합국이 있는 경우에도 癸와 壬일주는 커다란 차이가 있다. 가령 壬水는 양으로서 巳酉丑 삼합은 음이니 음양이 다르다.

양일주는 양삼합을 만나고, 음일주는 음삼합을 만나야 제구실을 할 수가 있다.

삼합중에서

亥卯未는 음으로 구성되어 있고, 천간에 乙木이라야만이 멋지게 삼합국을 받아 먹을 수 있고, 甲木이라면 삼합은 음이고 양일주니까 별 볼 일이 없다.

巳酉丑은 음으로 구성되니, 辛일주만이 멋지게 받아 먹는데 만약 庚이 들어오면 방합이 되어 버린다.

申子辰은 양으로 구성되니, 壬일주만이 지지 삼합국을 멋지게 내것으로 만들 수 있다.

寅午戌은 양으로 구성되니, 丙火일주만이 염상격으로 멋지게 지지 삼합국이 형성된다.

예를 들어 ○(癸)○○ / 丑丑酉巳는 큰 선비가 되고, ○(丁)○○ / 丑丑酉巳는 종재격으로 거부이고, ○(乙)○○ / 丑丑酉巳는 종살격으로 장관이고, ○(辛)○○ / ○丑酉巳는 종혁격으로 금속공학의 일인자가 될 것이다. 만약 庚일주라면 사주는 버려진다. 즉 음일주는 음국이고, 양일주에는 양국이 제일 좋다는 것이다.

사주 예(66)

乙	(甲)	壬	壬
亥	子	子	申

이 사주는 甲木일주가 子월에 출생된 중 申子, 亥子로 지지가 모두 水국이요 또 년월상에 壬水가 투출되어 가세하니 水기 태왕으로 부목에 표목이 되었고 또 수목응결에 음지의 나무요, 주중에 火가 없어 무화과(無花果)에 동목으로 꽁꽁 얼어붙어 나무로서의 임무를 모두 상실하고 말았는

데 이는 水기 태왕 즉 생아자 인수가 지나치게 많음으로써 흠이 되고 있는 것이다.

또 년월일시가 모두 水생木으로 생만 하여주니 수입은 확보되어 있으나 지출처가 없어 지출하기 쉬운 유흥장을 출입함으로써 인간 구실을 하지 못하고, 반대로 水를 기준하여 보면 水생木 자손이 하도 귀엽고 예뻐서 생만 하다보니 木자손은 종내 뿌리가 썩어서 고사(枯死)하는데 역시 인수 어머니로 인함이라, 고로 생이라 하여 무조건 좋은 것만은 아니다.

이와 같은 사주를 모자멸자라고도 하며, 정처없이 떠돌다 수괴(水塊)가 될까 염려인데, 만약 지지에 寅이나 卯가 있다면 부목만은 면하고 또한 부자를 망하게 하는 방법은 재산을 빼앗는 것이 아니라 더 빨리 부자가 되게 하여야 한다는 것이고, 또 계모가 자손에게 밥을 많이 주어 멍청이를 만드는 방법이 이 다생반해와 통하고 있는 것이다.

이 사주는 인수가 과다하여 버렸다. 인수가 다자무자로 된다. 부모도 없고 공부도 못한다. "왜 공부를 못해요."하고 물어온다면, "전생에서 지겹게 공부해서 이승에서는 안한다."고 한다.

인수는 할아버지인데 조부 산소에 물이 차 있다. 수맥 위에 산소자리 썼다. 전체적으로 무화과이다. 열매도 없고 꽃도 없고 그러니 사람이 사람 구실을 못한다.

수목응결이다. 저능아다. 사주에 火가 없어서 말을 잘 못하고 혀짧은 소리한다. 꽁꽁 얼었다. 동결이다. 부목이다. 고로 항상 마음이 떠서 있다. 표목이다. 고로 떠돌이다. 방랑 김삿갓이다. 파격이다. 고로 진로 잡아주려면 예체능이 제일 좋다. 水인 음이 많아서 무용하더라도 뒤에서 춤추고 들어가는 역할을 한다.

인수가 많으면 예체능에 소질있다. 춤도 잘추고 노래도 잘한다. 배우 배(俳)자는 사람인(人) 변에 아닐 비(非)의 합성어다. 고로 배우는 사람이 아니다. 오늘 죽었다가 내일은 살아난다는 것이다.

이 사주에 이름 지으려면 인(寅)자 넣어서 이름 지어줘라. 획수 따지지 마라. 우선 甲木의 뿌리를 만들어주고 寅중의 丙火로 조후와 상식까지 갖추게 된다. 최선의 방책이다.

이 사주가 여자라면 남편이 申子로 물에 빠져 죽는다. 무능력자이다. 이런 경우를 술독에 빠졌다고 한다.

사주에 水가 많은 사주는 물귀신이 잡아간다. 분석해 보자.

위의 사주가 여름에 놀러갔다. 水가 사주에 많으니 水인력의 작용이 그 어느 체질보다 강하다. 바닷물에 들어가면 물의 깊이가 배꼽만 넘으면 중심을 잃는다. 水인력에 의해서 한 발 나오고 두 발 들어가고, 한 발 나오고 두 발 들어가고 하다가 파도에 의해서 출렁출렁 하다가 물 먹는다. 살려달라고 하여 친구들이 건져놓고 보니까 나중에 하는 말이 "물귀신이 뒷다리를 잡아당겨서 혼났다."고 하더라. 그러나 물귀신이 잡아당긴 게 아니라 水의 인력에 의해 끌려 들어갔다. 이처럼 물이 많은 사주는 접시물에 코 박고도 죽는다. 또한 물이 많은 사주는 시체가 떠 내려가니 관도 없는 팔자라고 했다.

이런 사주는 시험운도 없다. 공부 못한다. 庚申, 庚辰, 庚子년이 오면 일지가 삼합된다. 만약 어린아이라면 집나가는 해이다. 어리다면 데리고 나갔다가 잃어버린다. 명찰 달아 주어라. 사주가 나쁘면, 일지가 삼합되는 해에 전부 가출한다. 어머니 팔자에서는 자식 되는 글자가 형 · 충에걸리면 자식이 가출한다.

사주 예(67)

庚	㊂癸	庚	戊
申	酉	申	申

이 사주는 癸水일주가 년월일시에 전金국을 얻어 득령 · 득지 · 득세로 신왕으로서는 좋으나 최강이 되어 지나쳐 버렸고, 또 金다로 철분이 과다라 水기 자체로서 조화를 이룰 수 없으며, 동서남북 둘러보았자 모두가 인수로 어머니 밖에 보이지 않으므로 세상 사람 모두가 어머니 하고만 삶을 사는 것으로 알고 있기 때문에 우물안 개구리로 발전이 없는데 이 모두가 어머니 金다로 인하여 水 자신이 6:1로 소멸되어 水로서의 임무를 상실하므로 종내는 탁수라 인수가 병이 되어 모자멸자요 무능력자가 되어 버렸다.

癸水 주위에는 뺑 둘러서 인수만 있다. 고로 이 사주는 모든 사물을 어머니를 통해서만 본다. 어머니가 없으면 아무 것도 못한다. 火가 재인데 재인 아버지가 없으니 어머니하고만 살아온 팔자다. 金이 많아서 철분이 많은 물이 되었다. 음료수도 사용 못하고 세수도 못한다. 단, 피부병 환자에게 약수로 쓴다. 金은 피부니까. 金을 쇠로 보면 피부가 뻣세다. 고로 피부가 하얀 사람은 피부가 뻣세다. 유연하게 하려면 소금 마사지 한다. 金생水하니까 金이 약해서 피부가 약하면 土생金 받아야 하니까 진흙팩하라.

사주 예(68)

癸 (癸) 辛 辛
丑 酉 丑 巳

이 사주는 앞의 사주와 비교하여 볼 때, 金기 태왕으로는 같으나 지지가 전 巳酉丑 대일삼합으로 순수하였고, 형 · 충이 없는 중 천간도 辛辛癸癸로 중화를 잘 이루고 있기 때문에 청백지수라 귀명이 틀림없다. 또 인수 교육으로는 같으나 앞의 사주는 방합국이 되어 초등교육 선생이라면 본명은 삼합국으로 순수하여 대학교 학 · 총장에 해당하니 탁수와 청수의 차이는 바로 하늘과 땅이라는 점에 유의하기 바란다.

이와 같이 같은 것 같으면서도 같지 않은 경우가 많고 또 일점의 오차가 엄청난 결과를 초래하니 항시 공부에 게을리 하여서는 안될 것이다.

이 사주는 巳酉丑 삼합으로 잘 되어 있으니 이런 물이 청백지수(淸白之水)이다. 앞의 사주와는 너무 다르다. 학자이고 선비이다. 요즘 같으면 연구기관에 종사하면 좋다. 머리도 좋으니 벤처사업에 아이디어 제공해주는 것도 좋다.

이 사주의 흠은 명예가 우선이고 돈 복은 안 타고 났다. 자손궁도 나쁘다. 자손이 똑똑할 것까지 이 사람이 모두 똑똑하니 자식이 별 볼 일 없다.

巳火가 마누라인데 巳酉丑 金국으로 이 사람 공부하는 데 죽도록 희생만 했지 대우 못받는다. 명예는 얻게 된다. 사주가 깨끗해서 좋다. 만약 寅시라면 이 사주도 좋게 된다. [甲(癸)辛辛 / 寅酉丑巳]이니 金생水, 水생木으로 잘 빠져나간다. 이 사주의 가문의 흐름을 보자. 인수는 할아버지 · 조부이고 재는 아버지이고, 일주는 본인이고, 관은 아들 · 자식이고 상식은 손자다. 고로 인수가 좋으니 할아버지 대에서 흥했고, 재가 나쁘니 아버지 대에서 망했고, 내 대에서 좋았고, 관살이 나쁘니 아들 대에서 망하고, 식상이 좋으니 손자대에서 흥한다. 망하고 흥하는 가문의 흐름이 보인다.

앞 66)번 사주와 유사한 여자사주이다. 다만 낮에 태어났는데 巳시인지 午시인지 모르겠단다. 己甲壬丁/巳子子亥로 풀어보자. 아들은 없고 딸만 많다더라. 왜 그럴까? 음이 많으면 딸이 많고, 몸이 차가우면 딸만 많이 낳는다. 남편이 巳중 庚인데 巳속에 있고 겨울이니 맥을 못춘다. 고로 정충이 약하다는 것이다. 시가 巳시인지 午시인지 모르니 구분해서 판단해야 한다. 甲木이나 己土가 巳시이면 천문성으로 암기력 좋고 머리가 영리하다. 午시면 그렇지 않다. 시가 분명하지 않을 때 다음 이론도 알아두고서 참조하라.

- 子午卯酉시에 나면 얼굴이 길다 : 목(目)형
- 寅申巳亥시에 나면 얼굴이 각진다 : 전(田)형
- 辰戌丑未시에 나면 얼굴이 동그랗다 : 원(圓)형

水인 인수가 병이니 巳火가 용신이다. 고로 자식덕은 있다. 火용신이 꽃인데 庚서방이 들어오면 꽃이 서리맞고 떨어진다. 고로 남편이 들어오면 되는 일이 없고, 남편이 내 곁에 없으면 일이 잘 풀린다. 다만 혼자는 못사는 팔자이니 결혼은 하지 말고 애인은 둬라. 전에 상담했던 사주다.

사주 예(69)

己 戊 戊 戊
未 午 午 午

이 사주는 戊土일주가 지지 전 火국에 천간의 土로 신왕이 된 것까지는 좋으나 조토요 또 불에 달달 볶이고 있어 윤택함을 상실하여 만물이 고갈되므로 흙으로서의 몫을 다 할 수 없음은 물론 사방으로 분산되었고 또 불먹은 흙이라 어찌 土로서의 제 값을 기대하겠는가. 또 火국은 火국이나 丁火가 되어 강도가 약하고 보니 좋은 그릇이 될 수 없을 뿐더러 그릇이 된다 하여도 질그릇밖에 안된다.

따라서 이 모두가 다생(多生)·인수·모(母) 과다에서 기인하였으므로 인수를 원망하지 않을 수 없으며, 이러한 사주를 화토중탁격이라 하고 종교에 귀의함을 원칙으로 하고 있다. 천간에 같은 비겁 土가 넷이니 선장이 넷인 사주다.

비겁이 많으니 경쟁자가 많고, 구설 많고, 내가 잘되는 것을 배아파하는 사람이 그렇게 많다. 시기·질투·모략으로 연결되고 본인도 의심이 많다.

午未방합이니 질그릇 밖에 안되고, 완전히 火에 의해서 土가 달달 볶아져 있는 사주이다. 이러한 땅에는 나무 못 심으니 여자라면 남편 없고, 남자라면 자식 없다. 종교인·스님 팔자다. 만약 水운이 오면, 불먹은 흙에 水인 물이 들어오면 토열(土裂)로 흙이 찢어지고 갈라진다. 水운은 흉이고 火土용신이다.

사주 예(70)

己	㉢己	丁	癸
巳	巳	巳	巳

이 사주는 己土일주가 火왕 당절인 巳월에 출생한 중 또 년월일시가 모두 巳火요, 월상 丁火가 있어 앞의 사주와 같아 보이나 본명은 노야지화(爐冶之火)의 강도높은 불에 잘 구워진 그릇이 巳중 庚金에 의하여 철기처럼 견고하면서 쇳소리까지 나고 또 행여나 깨질세라 고이고이 잘 보관하여 받들어 모실 터이니 이것이 바로 지체 높은 사주로 귀명이 된다.

이 사주를 잘못 보면 년상의 癸水가 있어 한천(旱天)에 감우(甘雨)로서 좋아지는 것으로 보기 쉬우나 근거가 없는 물에다 火왕에 의하여 증발되었고, 건수(乾水)라 癸水의 공은 하나도 없으며 오히려 조토가 水를 만나면 병이 되는데 이유는 토열(土裂)이 되고 또 독실한 신자나 스님, 신부가 돈과 여자를 가까이 하면 파계로 패망하는 것과 같다 하겠다.

비교하건대 앞의 사주가 평스님이라면 이 사주는 주지스님이 되겠고 또 앞의 사주가 주지스님이라면 이 사주는 교주에 해당한다.

남자면 水인 여자, 즉 장가가면 일순간에 리듬이 깨져버린다.

고부간의 갈등이 눈이 보인다. 水가 왕따당한다. 火土만 있는 곳에 있는 이물질과 같다. 같이 못산다. 巳중에 庚이 있어서 청자 · 백자와 같다. 자기는 값이 나가서 행여나 깨질세라 소중히 여기니 좋은 팔자다. 단, 종교계에 귀의해야 한다.

甲이나 己土가 巳火면 천문성이니 굉장히 영리하고 암기력이 좋다. 癸가 丁癸충으로 없어졌으니 돈은 멀리하고 학문을 가까이 하는 팔자이다. 사주에 인수가 많으면, 어머니가 둘이네요. 아버지 뒷꽁무니 따라 다녀보았소? 할아버지가 서출이다. 할아버지 형제간에 배 다른 형제가 있다. 즉 두 분이다. 무조건 자립정신을 길러주어야만 한다. 네가 벌어서 네가 먹고 살라 한다. 통변에 응용하라. 이 사주도 水운은 흉이고 火土가 용신이다.

사주 예(71)

癸	㉠丁	乙	癸
卯	卯	卯	卯

이 사주는 등 · 촉화인 丁火일주가 木왕 당절인 卯월에 출생한 중 년월일시가 모두 卯木에다 월상 乙木이 가세하여 木생火로 좋을 것 같으나 木왕에 습

목이라 종내는 화식이 되므로 목다화식은 이를 두고 한 말이다. 또 木왕 강풍에 의하여 火등촉이 꺼지고 말았으니 丁火는 木 어머니 때문에 몰(沒)하였으므로 인수가 병이라 다생반해(多生反害)가 되고 있다. 이와 같이 생아자 수입만 있어도 안되므로 언제든지 수입과 지출이 균형을 이루는 데서 비로소 발전을 기약할 수 있는 것이다.

이 사주는 모진 풍파에 丁등잔불이 완전히 꺼져버린다. 午나 寅을 만나야 丁火불이 제구실을 한다. 천하의 바람둥이고, 직장도 없이 놀고 먹어야 한다. 쓸데없는 바람만 들어서있다. 어머니와도 죽이 안맞는다. 부모덕도 없다. 저 혼자서 세상을 살아야 한다. 卯도화가 넷이니 동서남북이 도화이다. 酉운이면 卯酉충으로 암초에 걸려 파산이다. 꼼짝 못하고 간다.

사주에 일주나 또는 많은 오행대로 삥삥 돌려서 서! 하면 그 방향보고 선다. 이 사주는 木火가 용신이다.

사주 예(72)

己	㊎辛	戊	己
丑	丑	辰	丑

이 사주는 辛金일주가 戊辰 土왕절에 출생된 중 년월일시가 土인수라 종내는 매금되니 金이 아니라 土가 金의 역할까지 대역하여 주고 있으며, 또 辛金은 금은주옥인데 흙속에 묻혀 채광되지 않고 있으니 무슨 소용이 있겠으며, 또 옛말에 '구슬이 세말이라도 꿰어야 보배' 라는 말이 실감이 난다.

색으로 비유한다면, 일주 백색 金하나에 황색 土일곱을 배합하면 백색은 없어지고 황색만 남게 되므로 辛金은 土다(多)에 의하여 빛을 상실하고 있다.

이와 같이 환경이 얼마나 무서운가를 실증하여 주고 있는데 이 모두가 인수태왕으로 다생반해에 해당하고 있는 것이다. 또 庚金은 매금이 잘 되고 辛金은 이미 제련된 金이라 매금이 잘 되지 않는다고 하고 있으나 이러한 경우는 예외요 단 지지에 득근 시는 매금으로 볼 수 없는 것이다.

土가 많으면 토굴 속에 살라고 한다. 인수는 인수라도 辰戌丑未가 많으니 종교철학에 관심이 많다. 한문 잘한다. 金일주가 그림솜씨가 대단하다. 그림을 그려 놓으면 그림이 살아있다. 실내장식에 인테리어 계통의 응용미술하게 되면 큰 돈 벌 수 있다.

이 사주는 土가 병이다. 이런 사주도 용신잡기 힘들다. 木火용신이다. 木火가 사주에 없는데 왜 木火용신하나요? 辰은 춘삼월이니 土로만 보지 말라. 춘삼월은 따뜻하니 木火가 있다고 보라는 것이다.

고로 寅木 넣어서 이름 지어라. 土가 많으니 습이 많고 습진으로 고생하니 木극土로 식초가 필요하다. 丑土가 많은 사람은 대장암 주의하라. 항시 검진받아야 한다. 金의 고장이니까. 암은 항시 2~3기 되어야 아프다. 고로 발견되면 손쓰기 힘들다. 오장육부가 모두 그렇다. 신경은 겉과 피부에 집중되어 있어서다.

이 사주는 실수하기 좋은 팔자이다. 辰이 양력 4월이라는 것에 초점 안맞추면 실수한다.

만약 신생아라면서 이름 지으러 왔다면, "당신 참말로 나를 잘 찾아오셨소. 이 팔자는 이름 잘못 지으면 큰일 날 뻔 했소이다. 나한테 정말로 잘 찾아왔소이다." 寅木 넣으면 寅辰木국에 丑寅이 같은 기(氣)가 된다. "내가 역학 배우기 참 잘했다." "이 사주 보고 이름 잘못 지으면 큰일날텐데, 내가 이 신생아를 살려주는구나."하고서 자긍심을 갖고 세상살아라.

3. 아생과다해(我生過多害)

아생자(我生者)라 함은 내가 생하는 즉 상관 · 식신을 말하는 것이며, 이 상관 · 식신은 자손 · 지혜 · 꾀 · 재주 · 인정 · 음덕 · 희생 · 기예 · 지출 등으로 없어서는 안될 귀물이나 모든 것이 상대적이기 때문에 길 · 흉이 있기 마련이다.

상관 · 식신이 너무 많으면 오히려 흉이 되어서 나쁜 사주가 된다. 상식은 내가 생하는 자식인데, 사주는 8글자로 한정되어 있으므로 상식이 많을수록 일주는 약해진다. "자식은 키울 수도 없는 주제에 뭐하러 많이 낳아서 지랄하냐?"라는 소리 듣게 된다.

재주와 연결하면, 열가지 재주가진 사람이 끼니 걱정한다. 꾀로 연결하면, 꾀는 많은데 항상 제 꾀에 제가 넘어간다. 제 무덤을 제가 판다. 인정으로 연결하면, 도움을 받아야만 할 입장인데도 만날 퍼주고만 다니면 망한다고 한다.

고로 여기서 논하고자 하는 것은 일주가 약하고 상식이 태왕하고 있을 때에 한해서 일어나는 상황을 말하고자 한다. 따라서 일주 나는 허약한데 자손이 많으면 병약한 어머니가 많은 자손에 의하여 패몰(敗沒)되고 희생 자체는 더할 나위 없이 좋은 것은 사실이나 본인이 허약하면 마음만 있지 행동으로는 옮길 수 없으며, 또 음덕을 베푸는 것도 좋으나 나 보다도 잘 살고 있는 자에는 오히려 우스운 꼴이 되고, 또 수입이 없는 곳에 지출이 과다하면 그 지출로 인하여 패망하게 될 것이며, 또 생활에 지혜는 필요하나 일주가 허약하여 나의 것이 되지 못할 경우에는 해가 되는 법이니 이 모두가 자기의 능력을 망각하고 행동하여 중화를 실도할 때의 결과가 어떠한 것인가를 가르쳐주는 예라 하겠다.

또 일주약에 상식다(多)는 허약한 산모가 왕한 자손을 낳게 되면 산모인 일주는 너무 허약해져서 생명까지 위태롭게 되므로 흉이 되고, 본래는 상식을 내가 생하여 도와주나 상식이 왕하면 일주가 오히려 상식의 도움을 받아야 되므로 주객이 전도요, 또 자손을 낳은 것까지는 좋으나 지나치면 병이 되고, 일주약 빈자(貧者)가 상식왕 부자를, 약자가 강자를, 약소국이 강대국을 도와주는 결과가 되므로 해가 된다는 것이다.

여기서 주의할 것은 일주 강약구분에서 공부하였던 최약격 중에서 상식다로 종아격으로 구성된 명주는 제외되며 또 상식다봉의 사주는 무엇보다도 인수를 만나야 중화를 이루기가 쉬운 것이다. 예를 들어보자.

乙甲丙丁
亥午午未

이 사주는 상식이 너무 많다. 木이 신약하여 약한 나무인데 꽃이 너무 크다. 결국 가지가 찢어진다. 꽃이 자손이니 능력은 없는데 자식까지 많으니 결국 본인이 자식 때문에 소멸된다. 가뭄에 찌들려서 있다. 水생木으로 비가 와야 한다. 수입은 亥水로 1이고, 지출은 火로 4이니 유지할 수가 없다. 어머니인 甲木은 못났고, 자식은 너무나 똑똑하고 잘났다. 고로 내가 낳은 자식한테도 배신당한다. 부모와 자식이 균형을 이루지 못하기 때문이다.

언뜻 보기에는 5월의 나무에 꽃이 피었으니 예쁜데 균형을 이루지 못했으니 볼수록 밉다. 내가 생하는 것이 많으니 얼굴이 흘렀다. 얼굴은 오목조목하게 받쳐주어야 돈이 들어오면 안나가는데 얼굴이 흘렀다.

희생으로 연결하면, 木생火하니까 나는 火를 위해서 희생했다.

음덕으로 연결하면, 내가 남을 도와주는 것이 음덕이다. 이 사주에서는 내가 남에게 도움을 받아야 하는데 도움만 주면 어찌되나?

이런 사주는 말라 있어서 술을 잘 먹는다. 火극金하여 타액도 부족하다. 입에 침도 마른다. 金이 약하니 항상 기관지가 건조하다. 손님으로 올 때는 국을 대접하라. 인정으로 연결하면 인정+인정=0이다. 인정이 많다는 것은 결국 인정이 없다는 것이다.

기예로 연결하면 재주이고, 기술자로 보아도 된다. 火가 많으니까 재주가 많다는 것이다. 그러나 열 가지 재주 가지고 있는 사람은 끼니 걱정한다.

이 사람이 회사 나가면 木생火로 사람들 꼬셔서 모아가지고 사장님 뒤통수친다. 고로 취직하기 힘들다. 火극金으로 사장을 잡아먹을 수 있는 걸 가지고 있다. 데모한다. 여자라면, 주위 사람들이 하는 말이 "저놈의 여편내는 남편 등골 빼먹고 산다네."한다. 왜냐? 甲의 서방은 金인데 火가 많아서 金을 녹여 버린다. 金은 뼈이니 남편의 등골을 빼먹는다는 것인데, 남편이 죽도록 벌어다 주면 자기는 멋부리고 쓰면서 돌아다닌다는 것이다. 출산과 연결하면 일주가 약하니 힘이 없다. 허약한 산모는 자력으로 출산하기는 어렵다. 고로 타력에 의한 출산, 즉 제왕절개를 해야 한다.

내가 생하는 火이기에 본래는 내 후배요, 내 부하이다. 火가 많으니까 내 부하는 승진도 잘되어 나가서 내 위의 상사가 되는데, 나는 항상 그 자리에 있으니 오히려 부하의 도움을 받아야 하고 주객이 전도된다.

木생火니까 甲木집에 火가 셋방살이 하러 들어왔다. 나중에 살다가 보니까 甲木이 火에게 "자네 방과 우리 안방하고 바꾸어 살자."한다. 즉 셋방살이에게 안방 내주고 저는 셋방살이로 가야 한다는 것이다. 이런 팔자가 그런 운명이다.

일주가 약할 때 상식이 태왕한 경우, 예를 더 들어보자.

庚(己)庚癸/午酉申酉 이 사주는 己土전답에 철분이 너무나 많으니 농사가 안된다. 다 크지도 않고서 꽃 피고 열매 맺으려 한다. 밭이 밭으로서의 구실을 못하니 "못된 송아지 엉덩이에서 뿔난 사람이에요." "결과적으로는 사람 노릇 못합니다."하라. 己가 어머니라면 金은 자식이니 자손에 의해서 己土가 패몰한다.

이 사주에서는 오히려 金이 잘되고 土는 더 못산다. 즉 己土 본인이 다른 사람보다 못산다는 것이다.

종아격이 되면 이상의 이론에서 제외된다. 종아격으로 잘 빠졌으면 좋은 사주가 된다. ○(己)辛○/丑酉丑巳의 경우, 삼합국이 되니 종아격으로 길격사주가 된다. ○(己)辛○/午酉丑巳의 경우는 어설픈 인수가 있어서 버려진 사주가 된다.

다시 일주별로 세분해서 보자.

水일주가 木상관을 많이 만나면, 왕한 나무에 적은 물이 흡수되므로 해가 된다. 즉 목다수축(木多水縮)된다. 예를 보자.

己(壬)乙戊/酉寅卯寅의 경우, 壬水바닷물이 약하니 적은 물이 된다. 木이 많아서 물이 물 중에서 역류(逆流)되는 물이다. 고로 세상을 거꾸로 살아야 한다. 여자라면 소실로 살아야 행복하다. 만약 안방 차지하려면 한방에 간다.

또 수심(水深)이 얕은 물이다. 고로 애들이 와서 놀고 가니까 애들 상대하고, 애들한테도 천대받는다. 물이 깊어야 그 사람의 마음을 모르는데, 얕으니까 그냥 알아버린다. 고로 항시 남에게 이용만 당한다. 고로 내 마음을 상대방에게 너무 노출시키면 안된다. 또 木이 많아서 사방으로 빠져나간다. 고로 세상 사는 데 있어서 목적 없이 되는 대로 살아간다.

다음은 火일주가 왕한 土를 만나면 火기는 土다(多)에 종내 회기될 수밖에 없다. 즉 토다화식(土多火熄)된다. 또 적외선 · 자외선 · 방사선은 土를 뚫을 수가 없다. 여기서 토다화식은 화회(火晦) · 회기(晦氣)를 의미하는데, 회(晦)는 그믐회다. 초생달이다. 가물가물 꺼져가는 것이고 꺼진 줄 모르게 꺼져간다. 병든 줄 모르게 병들어간다. 예를 들어보자.

○㊛戊己
辰辰辰丑의 경우, 辰월의 辰시이니 좋은 땅이다. 火일주지만 음지이다. 火는 심장인데 심장이 약하다. 火土식신으로서 살찐다. 뚱보다. 土는 살인데 火생土해주니까 오천평이다. 戊辰土이니까. 마누라가 너무 뚱뚱하면 남편이 안아도 안아지지 않는다. 고로 남편이 품밖으로 돈다. 너무 뚱뚱하면 성감이 둔화되니 남자를 모른다. 싫어한다. 내가 내 몸을 관리하기가 힘들다. 辰이 많으면 당뇨 있고, 土가 많으면 결석 주의하라. 너무 허약하면 기본체력이 딸린다. 만사가 귀찮다. 지구력 · 인내력이 없고 일이 무섭다.

이런 사주는 살 빼려거든 식이요법으로 木극土로 신것 먹어야 한다. 포도요법이다. 채식, 분식 많이 하고 고기는 먹지 말라.

적외선 · 자외선 · 방사선은 土 즉 흙을 못 뚫는다. 고로 레이더 장치에 비행기가 안 걸리려면 흙을 발라라. 고로 법랑(琺瑯)을 바른다. 광물을 원료로 하여 바른 유약이 법랑인데 즉 에나멜(enamel)이다. 흙을 고체화시켜서 발라놓은 것이다. 전자파가 안 통하는 것은 고무 · 납 ·

土·흙이다.

다음은 金일주약에 水기가 왕하면 쇠붙이가 물에 잠기고 또 왕한 겨울에 가을의 기를 찾을 길 없으니 종내는 금침(金沈) 된다. 즉 金생水이나 수다금침(水多金沈)이다. 술독에 빠진 것이다. 예를 들어보자.

○㉠庚○ / ○亥子○의 경우, 乙木은 떠서 있고, 庚은 물에 빠져서 있다. 乙木이 여자라면 술집여자인데 庚인 서방도 항상 술독에 빠져있다. 여자는 술장사하고 남편은 술독에 빠져있으니 끼리끼리 잘 논다는 것이다. 이처럼 복합적으로 생각해보라.

다음은 木일주가 약한 중 火가 많으면 약한 나무는 태왕한 불에 분소(焚消)되니 木생火이나 화다목분(火多木焚)된다. 즉 火가 많으면 木이 탄다. 그러나 반대로 木이 많으면 火를 만나야 산다.

다음 土일주가 약하고 金기가 태왕하면 土생金까지는 좋으나 왕한 金에 의하여 변색되며 또 허토가 되고 나니, 이를 두고 금다토변(金多土變)이라 하며 흉으로 하고 있다. 土가 金에 의해 변색되는 이치를 응용하여 지질학자는 土의 색깔을 보고서 광석의 매장량을 알 수 있다. 甲㉢己壬 / 戌酉酉子의 경우, 정신이상으로 신들렸다. 일주가 강하고 귀문관살이 있으면 내가 보이니까 내가 귀문관살을 부려먹는다. 일주가 약하면 귀문관살에 끌려다닌다.

결론적으로 상생·상극의 이론에서 보면, 木생火인데 木이 죽어서 火를 생하니 木은 없어지고 火만 남는데 木의 자식은 火이다. 고로 火

는 나 이전에 부모님의 변신이다. 이것이 영생이고 순환이다. 즉 火인 여름은 木의 기가 사라졌지만, 음식이 시어져서 木성분을 섭취하게 되어 있다. 여름속에 봄이 저절로 있다는 것이다. 고로 더위 이기는 법은 신것 많이 먹는 것이다.

甲(甲)丙庚
戌午戌寅의 경우 庚寅生이면 6 · 25사변에 태어났다. 庚辰년에 서방과 이혼하려고 한다. 지금까지 시집와서 자기가 벌어서 먹여 살렸단다. 첫자식 낳고서 이혼하는 팔자요, 남의 자식 키워주는 팔자다. 상식이 많아서 할 소리 다 한다. 베짱이 너무 튼튼하고 좋다. 火국이니 심장에 털난 여자다. 남편은 눈에도 없단다.

다시 계절로 비유하여 본다면 겨울水는 봄木왕에 병사로 죽어가며, 봄木은 여름火왕에 의하여 없어지고, 여름火土는 金왕 가을을 만나면 병사로 쇠진하며, 金가을은 水왕 겨울에 의하여 병사로 몰하는 것과 같고, 또 환경으로 보면, 木이 왕한 곳에 일점 水기는 木으로 변화하며 火가 왕한 곳에 일점 木기는 火로 변질되며, 土기가 왕한 곳에 일점의 火기는 土로 변화하고, 金기가 왕한 곳에 일점의 土기는 金으로 변화하며, 水기가 왕한 곳에 일점의 金기는 水로 변화하고 마는 법이니 희생도 좋지만 내가 왕하여야 비로소 생존이 가능한 것임을 명심하기 바란다. 아생과다해의 예를 들어 자세히 살펴 보자.

사주 예(73)

庚	(壬)	甲	戌
子	寅	寅	午

이 사주는 壬水일주가 木왕절인 寅월에 출생된 중 월상 甲木, 일지 寅木에 寅午로 火국하여 실령 · 실지라 최약에 가까우나 다행하게도 시주에서 金水를

만나 힘이 되고 있는데 木火에 비하여서는 水기가 허약하고 있는 것이 흠이 된다. 이런 중에 조목 寅木에 의하여 水기가 한없이 흡수되고 있는 것도 안 좋은데 다시 寅午火국으로 水기가 증발되고 있으니 천수(淺水)요, 탁수(濁水)라 水로서의 임무를 상실하고 있는데 이는 주중 木왕에 의하여 아생과다로 해가 되었고, 또 지출보다는 수입에, 인정보다는 인색에, 희생보다는 자기보호에, 잔꾀보다는 수양에, 다 큰 자손보다는 허약한 어머니 자신을 먼저 생각하여야 비로소 균형을 득하여, 가는 길이 순조로운 사주다.

壬寅일주는 키신저같이 머리가 영리하다. 그러나 壬이 겨우 시상의 庚子에 의존하고 있다. 寅木은 丙이 있어서 바싹 말라 있는 나무요, 도화선과 같아서 壬水를 木이 흡수하고서 안 내놓는다. 옅은 물이고 역류하고 있어서 거꾸로 가고 있다. 신약하니 영원한 역류다. 이 壬水일주가 水생木해서 寅午火국으로 木생火해서 이 火인 재를 가지려고 水극火하나 火는 많고 水는 적으니 내 손에 들어오지 않는다. 火재가 내 것이 안된다는 것이다. 고로 이 사주는 항상 세상 살아가는 일이 "죽 쒀서 개준다."는 것이다.

水일주이니까 항상 선발대요, 시작의 명수다. 그것을 알아야 한다. 지지가 火국이니 물이 끓어서 증발되어 올라가니 구름이 된다. 水가 적으니 뜬구름이다. "뜬구름 잡는 인생이네요." 여자라면, 戊가 서방인데 戊午니까 서방님이 바람둥이이고 년에 있어서 나이가 많다. 남편은 불만스러워도 甲寅木에 寅午火국이니 자식 하나는 잘났다.

이 사주가 만약 입춘이 바로 지났을 때 태어났다면 섣달기운이고 밤에 태어났으니 신강하다고 판단해야 한다.

사주 예(74)

乙	(甲)	甲	丙
亥	午	午	寅

이 사주는 甲木일주가 火왕 당절인 午월에 출생된 중 년상 丙火에 寅午가 火국하여 木생火로 설기가 태심(太甚)이요, 목분지상인데 다행하게도 시지에서 亥水를 얻어 의지하게 되니 일간에 힘이 되고 있다. 잘못 추명하면 년지 寅木, 월상 甲木, 시주의 乙亥水木을 합하여 다섯이나 되니 火보다 木이 왕하다고 보기 쉬우나 寅木은 寅午火국으로 완전한 火가 되었고 월상 甲木또한 왕화에 설기요 목분되고 있어 일간에 도움이 되지를 못하므로 일주는 약하게 되어있다.

따라서 火왕木쇠라, 木생火를 한다는 것은 약자가 강자에, 빈자가 부자에, 약소국이 강대국에, 못난 자가 잘난 자에 베푸는 격이 되어있어 이는 오히려 일주에 해를 자초하는 결과라 흠이 되는 것이다.

또 木생火로 지출은 많은데 水생木 수입이 적어 수입이 지출을 감내할 수 없어 해가 되며, 午월 木나무에 火꽃이 방대하여 약한 나무가 파지(破枝)될까 염려요 또 午월 火왕절에 火기가 태왕으로 고갈이 심하여있고, 火 낮은 긴데 반해 밤 水가 너무나 짧아 흠인데 이 모두가 아생과다인 火로 연유되고 있는 것이다.

주의할 것은 木생火를 할 수 없으면서도 木생火를 하여 준다고 약속하였기 때문에 왕한 火는 木을 보고 거짓말쟁이라고 밖에 할 수 없음과 이는 자기의 역량을 모르고 행동하다 얻은 결과가 되기 때문에 그 누구도 원망할 수 없는 것이다.

년주는 丙寅이다. 동쪽 寅木에 해 丙火가 솟아나는 것과 같다. 상서로운 빛이 온누리를 비치고 있다. 오직 태양은 나를 위해서 존재하는가 보다.

월주는 甲午이다. 남자 甲午일주는 바람둥이다. 午중에 己土가 있어서 甲己암합을 하기 때문이다. 그런데 정이 많다. 午중의 己에게 木생火, 水생土로 잘해준다. 그러니 여자들이 좋다고 따라붙는다. 이 사주는 월주, 일주가 甲午, 甲午로 선장이 둘이다. 홍길동 아닌 홍길동 같은 팔자이다. 甲木의 마누라는 己土인데, 이 己土도 어떤게 내 서방인지 모르겠단다. 실수한다. 쌍둥이니까. 이것을 사회생활로 연결하면 甲木이 돈 己土 받으러 갔더니 방금 와서 받아가지 않았느냐 한다. 월상의 甲木이 선수쳤다. 미친다. 숫자로는 木이 5개요, 火가 3개지만 질적으로는 火가 강하다. 항상 질과 양 중에 질을 택한다.

7년 대한(大旱)의 가뭄에 亥水로부터 水생木 받아야 하는데, 亥水 자체는 원래 큰 물이지만 이 사주에서는 亥水가 밤이슬 정도밖에 안된다. 여름의 물이니까. 고로 겨우 밤이슬만 받아먹고 사는 팔자가 아니겠는가?

이런 식으로 상식이 많은 사주는 남의 고용인(雇傭人)이고, 심부름꾼이다. 고로 이 사주는 인수가 필요하니까 학교 같은 데서 심부름하면서 먹고 살아야 한다. 학교에서 수위라도 하면서 공부한다면 앞길이 열린다. 火가 많으니까 덥고, 더우면 가뭄에 찌들고, 먼지밖에 안 난다. 고로 털어봐야 먼지밖에 안 나온다. 그러므로 이런 사주 봐달라고 하면, 얼굴 한 번 보고 사주 보고, 다시 얼굴 한 번 보고 사주 보고, 일어나서 주머니에 손넣고 털털 털고서 "이 사주는 털어봐야 먼지밖에 안 나는 사주요."하면 된다.

쓸데없이 기분에 죽고 기분에 산다. 내일 걱정은 안한다. 내가 키운 사람이 더 높은 자리로 가니 아니꼽고 치사하고 메스껍다.

이 사주는 水인 인수가 필요하다. 고로 부모말 들어야 하고 배워야 살고 물가에서 살아야 하고 또 수족관이나 빈그릇 갖다 놓고서 모두 물 채워 놓으라고 해라. 그래야 水기가 보충된다. 물 한 그릇, 국 한 그릇, 밥 한 그릇 먹어야 유지된다. 여름나기가 제일 힘들다. 火가 많으면 찬밥 먹으면서도 땀흘린다. 이런 사람은 자손궁이 나쁘다. 남자면 金이 자식인데 火가 많아서 金이 힘 못쓴다. 亥水용신이니 돼지 마스코트가 최고이다.

하루 중에서 바이오리듬이 밤 10시 정도가 제일이다. 巳년 巳월 巳일 등이 되면 巳亥충이 되니 어지럽도다. 이런 사람 골탕먹이려면 용문산 입구에 데리고 가라. 巳 · 뱀탕집들이 무지하게 많더라. 水생木받아서 木생火로 3~4개가 나가야 하니까 세상사는 것이 밑 빠진 독에 물 붓기다.

성격은 심장에 털난 사람이라서 누가 뭐라 해도 주눅이 안든다. 金극木하러 오면 火극金으로 받아치니까 무서운 게 없다.

사주 예(75)

庚	㊅丙	戊	己
寅	辰	辰	丑

이 사주는 丙火일주가 土왕절인 춘3월 양력 4월 戊辰월에 출생된 중 년주에 己丑土, 일지에 辰土로 土기가 극왕한데다 모두 습土라 젖은 흙 위에 일점의 불이 가물거리고 있어 금방이라도 질식될 것 같은데 다행하게도 시지에서 寅木을 얻어 득장생하였고, 또 寅辰으로 木국하여 火일주를 木생火로 도우니 꺼져가는 불이 다시 소생하고 있음이 기쁘다.

그러나 辰土는 寅辰木국보다는 土기가 왕하여 土의 작용을 더 많이 하게 되므로 다토(多土)가 병이 되어 있고, 또 寅木이 木생火를 죽도록 하여 준다 하여도 다시 火생土를 하니 이는 火만 죽는 것이 아니라 木까지 피해를 당하고 있는 것을 볼 때 언제든지 본인 하나만 희생하면 그만 아니겠느냐고 속되게 생각하여 행동하기 쉬우나 연쇄반응으로 타에게까지 누를 끼치게 되어있으니 실행에 있어서는 책임을 질 줄 알아야 하겠다.

또 火가 土에게 꼼짝 못함은 방사선이 흙을 통과하지 못하고, 태양이 강하다 하여도 산을 뚫지 못하는 이치와 같다.

土가 많아서 종교 · 신앙에 독실하다. 일주가 약하고 회기가 되니 밑 빠진 독에 물붓기다. 내가 생하는 상식이 할머니다. 여자면 상식이 많은 사주는 내가 낳지도 않은 남의 자식을 키워줘야 하고 남편 농사가 안된다. 그러므로 물어온다. "선생님, 저는 왜 이렇게 세상 사는 것이 힘들고, 남편덕 · 자식덕도 없어요?"하거든 할머니한테 돌려라. "당신 친정으로 할머니가 많아요. 할아버지가 여자에게 한을 많이 준 업으로 그 업이 당신한테 떨어졌소."하라는 것이다.

무조건 공부해야 한다. 寅 · 卯년에는 부처님이 도와준다. 寅辰 · 卯辰 木국이 되니 火생土해서 나한테 받아 먹었던 辰土가 木생火로 나를 도와준다.

그래도 火생土해주어도 木생火로 언젠가는 나에게 돌아오니 기대해도 된다. 상식많은 팔자는 보육과 가라. 火일주에 연결되고 火생土되니까 심리학 계통도 좋다.

이름 지어 달라면 木자 넣어서 지어라. 木극土도 되고 木생火되어지니 사주가 균형이 이루어진다.

庚子년이면, 편재운이다. 금년에 일확천금을 노린다. 증권 하면 손해보고 그림의 떡이다. 寅木이 용신이니까. 8월이면 甲申월이고 甲木이 죽어서 들어오는데, 한달 내내 木생火 들어온다고 착각하고서 산다. 寅申충되니 木생火가 안되고, 원류가 끊어진다. 어머니 寅과 마누라 申이 충하니 모처불화가 생긴다.

여기서 오행으로 비가 올 때가 다르듯이 土로서 비가 오면 이슬비 · 가랑비이고, 조금 옅으면 안개이다. 辰월의 꽃 · 丙이 피어 있는데 안개가 자욱하게 있어서 丙火꽃이 보일까 말까 한다.

이 사람이 火생土해준 것은 土생金해 오라는 데 있다. 목적이 金 · 재에 있으니 金인 재를 안 가져오면 끊어 버린다.

사주 예(76)

庚	㊁	辛	癸
午	酉	酉	丑

이 사주는 己土일주가 金왕당절인 酉월에 출생된 중 酉丑으로 金국하고 또 천간으로 金水가 수기(秀氣)하고 있어 실령 · 실지라 일주가 한없이 허약하여지고 있기 때문에 金다(多)가 병이 되고 있다.

다행한 것은 시지 午火에 火생土받아 명맥만 유지하고 있으나, 생土의 힘도 부족할 뿐더러 土일주도 火생土받아 보았자 土생金하기가 바쁘니 아생과다가 해(害)요, 또 밑 빠진 독에 물 붓기와 같아 천격(賤格)이 되고 말았다.

또 다른 측면으로 살펴본다면, 金철분이 과다하여 가색의 공을 이룰 수 없고, 냉기가 많은 밭이요, 음지의 전답이며 암석과 철광석이 뒤범벅에 지층이 엷어 밭이면서도 버려진 전답이라 인간다운 대접을 한 번도 받아보지 못하였으니 土약에 金상식 태왕이 미치는 영향이 얼마나 큰가를 다시 한 번 생각케 하는 사주다. 그리고 만약 己未일주라면 金왕은 확실하나 午未로서 火국하여 일주를 보(補)함으로써 천격은 면하게 된다.

일주 己土는 음지 전답이다. 철분이 많고 햇빛이 부족하니 농사가 안 된다.

己土는 위장이요 허리니, 위장 나쁘고 허리 약하고 중심이 흔들린다. 철분과다로 농사가 안된다. 여기도 할머니 핑계대면 된다. 할머니 산소가 암반 위에 있으니 빨리 무덤을 옮겨라. 또한 午가 용신이니 수입 1: 지출 6이니 깨진 그릇이고 밑 빠진 독에 물 붓기다. 능력부족이다. 무엇을 갖다줘도 능력부족이니 제대로 못한다.

너무 신약해서 기본 체력이 딸리니 자기 몸 가누기도 힘들다. 세상 사는데 모르면 속고서 산다. 단, 아는 사람도 운이 나쁘면 속는다.

여자라면 午火가 용신이니 친정덕 본다고 하면 큰일난다. 나도 내 몸 하나 의지하기 힘드는데 친정 어머니까지 먹여서 살려야 한다.

庚子년이면, 子酉귀문관으로 미친다. 똘아이가 된다. 土극水니까 돈 때문에 미쳐 돌아간다. 子午충도 된다. “당신 금년에 미치는 운인데 미치지 않고 어떻게 여기까지 찾아왔소?”하고 한번 얘기해 보라.

만약 庚辰년이라면? 상관운이다. 금년에는 세상 살아가는 것이 개판오분전이다. 직장 사표 내고 데모 앞잡이 노릇하고 위법행위만 하게 된다. 己土에 庚은 아랫사람이다. 아랫사람이 辰土 재고인 돈 가지고 와서 辰酉합으로 네돈하고 내 돈하고 합해서 사업하자고 한다. 사주에 관이 없으니 사장소리 듣는 게 소원이라서 감투 준다고 하자 사업한다. 그러나 친구가, 아랫놈이 모두 해먹고 날라버린다. 꼼짝없이 걸려 들어가 버린다.

사주 예(77)

戊	(辛)	壬	壬
戊	亥	子	子

이 사주는 辛金일주가 壬子, 壬子, 亥水왕에 金침직전인데 다행스럽게도 시주의 戊戌土가 土생金하면서 土극水를 하므로 수다금침에서 구제되기는 하나 상식 수다(水多)에는 부족되고 있으므로 아생과다가 흠이 되고 있는 것이다.

또 水왕에 의하여 金진기가 완전하게 빠져나가고 있어 허탈상태라, 따라서 그 모(母)는 자손을 낳고서 득병할 수밖에 없고, 또 강왕한 동장군(冬將軍)에 의하여 金가을의 존재가 소멸되고 있으며, 지출이 과다하여 수입에 의존하여야 되겠고, 왕水와 대비하건대 시상 인수가 부족이라 상식이 병이 된다.

이와 같이 상식 태왕은 항시 일주의 도기가 되며, 또 자손은 없어서는 안되나 자손을 다스릴 수 없을 때는 오히려 그 자손으로 인하여 패가망신은 물론 종내는 득병에 본인의 생명까지도 위협을 받게 되는 것이다. 따라서 중화를 실도하면 엄청난 결과가 나온다는 것에 각별히 명심하기 바란다.

이 사주는 수다금침이다. 상식이 많다. 제꾀에 제가 빠진다. 戊戌이 살려주고 있다. 火운이 제일 좋다. 子월 겨울로 추우니까. 수입은 적고 지출은 많으니 못산다. 상식이 많으니 세상 사는 데에 불평불만이 많다. 子월의 辛金이니 金水가 쌍청이다. 깨끗하다. 여기서 金水쌍청과 깨끗한 것을 연결하면 "쥐뿔도 없는 게 주는대로 먹지, 깨끗한 척은 혼자서 다하고 이것 주라 저것 주라 한다."

상식이 많으니까 데모 앞잡이다. 또한 상식이 많은 팔자가 태어나면 그 집안이 망한다. 辛일주가 능력도 없는데 金생水 좀 받아 먹으려고 水들이 많이 모였다. 金생水 해주다가 그 모성애 때문에 辛은 뼈만 남았다. 동짓달이 둘이고 亥월이 하나이니 강추위에 떨고 있다.

물이 너무 차가우니 자율신경이 말을 안 듣고 마비된다. 결국은 자장 텔레파시가 방출이 안되니 대인 관계가 성립되지 않고, 그러니 돈 떨어지고, 애인 떨어지고, 신발마저 떨어지고 모두 떨어져 나간다.

戌亥 천문성으로 늦게나마 종교철학을 배운다.

상식이 많은 사람은 손님에게도 존칭어 안 한다. 土생金으로 2개 배워서 5개를 써먹는다. 단, 일반상식은 풍부하지만 깊게 들어가면 지식이 부족하여 들통난다.

여자라면 丙년에 壬水가 丙이 사주에서 안 보이니까, 못잡아 먹다가 丙이 오자 "어디 갔다 이제야 왔느냐? 계속 기다렸다."하고서 丙壬충으로 壬이 丙을 잡아 먹는다. 丙년이면 두 가지 중의 하나가 생기는데, "丙辛합이니 남편에게 좋은 일 있겠네요." 또 "과부 되는 운이네요." 한다. 과연 어느 것이 맞겠는가? 丙壬충을 보는 것과 안 보는 것과의 차이이다. 결론은? 과부되는 운이다. 丙辛 합하면서 丙壬충으로 얻어 맞으니 이것이 복상사이다. 또한 金水쌍청으로 독수공방하다가 모처럼 남자 만나서 밤새도록 丙辛합으로 남자와 도킹하니 水극火로 丙이 죽고 말더라.

金水가 많고 시주에 戊戌이 있으니 戊戌을 제방으로 보라. 큰 물을 제방으로 막고 있다. 辰년이면 辰戌충으로 제방이 무너지니 이 사람과 인연 있는 사람들은 모두 피해본다. 未년이면 未戌로써 왕자형발로 되어서 길하다. 丑이면 선달이고 丑戌형으로 더욱 나쁘다.

戊戌은 어머니인데 이 사주는 어머니가 곧 부처님이고 종교고 어머님 때문에 산다. 그런데 辰戌충이면 어머니가 돌아가신다. 난 어떡하나?
金水가 많으면 근심걱정이 많은데 그 사이클이 발산되니 근심걱정 많은 사람과 인연이 된다.

4. 아극타강해(我剋他强害)

아극자(我剋者)라 함은 내가 극제(剋制)하는 것으로 재성인데, 본래가 내가 승리자가 되며 또 내가 다스리고 관리하며, 밀어내고 나에게 구속되며, 나보다도 약자가 됨은 틀림없으나 내가 허약하여 있고, 극을 받는 상대가 오히려 강왕하면 내가 상함으로 해가 된다는 것이다. 즉 상대를 알지 못하면 패망하는 법이며, 적을 모르고서는 전쟁에서 승리할 수 없고, 아무리 약자라 하여도 무조건은 통하지 않으며, 또 약자라 하여도 뭉치면 강자로서 군림하고, 내가 데리고 있는 자라 하여도 상대가 강왕하여지면 오히려 내가 다스림을 받아야 하며, 내가 쫓아냈던 자라 하여도 그 자가 강왕하여 반격하면 내가 쫓겨나야 하고, 남편이 처를 다스려야 함은 원칙이나 처가 강하고 남편이 약하면 입장은 바뀔 수밖에 없으며 또 강왕한 처를 쫓아 내려다가 오히려 약한 남편이 쫓겨나게 되고, 금전은 본래 사람이 관리하게 되어있으나 내가 허약하면 돈에 좌우되는 것이 이치이다.

내가 극하는 것이 재성으로 없어서는 안되지만 이것도 과다하면 해롭다는 것이다. 이를 재다신약 팔자라고 한다. 일주가 약하면 그것은 내것이 아니다. 다재무재(多財無財)로 돈도 없고 마누라도 없다. 남자는 재가 마누라요, 돈인데 돈 떨어져 신발 떨어져 애인마저 떨어진다. 격물치지로 보면 서방님이 바람피우면 아이구 우리 서방님 재수가 좋구나 하고 이제 정리 다 했다고 하면 우리 서방님은 이제 운이 다했구나 하고 생각하라.

재는 내가 극한다. 고로 내가 승리하는 것인데 상대가 강하면 내가 진다. 고로 적을 알아야 한다. 아무리 약자라도 뭉치면 산다. 생극법에서 공부할 때 木극土가 있는가 하면 土극木이 있고, 또 水극土, 火극水, 金극火, 木극金 등은 이러한 경우를 두고 한 말이며, 다음 일주별로 세분한다면, 가령 木에 土는 木극土이지만 木이 허약하고 土가 많으면, 즉 왕하면 그 土는 암석과 같아 木이 뿌리할 수 없을 뿐더러 종내는 부러진다. 이를 두고 토다목절(土多木折)이라 한다. "가는 방망이 오는 홍두깨다." 고로 내가 주관하려면 안된다는 것이다.

다음 水가 火를 능히 극할 수 있으나 水기가 허약에 火기가 태왕하면 水기는 증발될 수밖에 없고 이를 화다수증(火多水蒸)이라 한다. 화기왕에 水는 오히려 산소공급의 효과가 나타난다. 다음 火기가 金기를 극하나 金기가 태왕하면 오히려 火기가 소멸되는 법이니, 이유는 적은 불로 큰 쇠를 녹일 수 없고, 또 굵은 동선에 火 약한 전류는 소멸되며 金기가 왕한 가을에는 火 여름이 죽기 때문이다. 이를 금다화식(金多火熄)이라 한다. 큰 동선에 작은 전류가 흐르면 자연소모가 되어서 없어진다. 여자라면 남자 봐도 전기가 안 온다. 또 土가 水를 극한다 하나 水가 왕하면 약한 土는 물에 씻겨 가며 즉 흙은 떠내려간다. 또 본래는 흙으로 물을 막으나 적은 흙으로는 많은 물을 막지 못한다. 이를 수다토류(水多土流)라고 한다. 또 金이 木을 극하나 약한 金에 木왕은 작은 칼로 큰나무를 자를 수 없으며 또 봄에는 金가을이 존재할 수 없는 것과 같이 金은 木에 의하여 패장(敗將)이 되고 마는 것이다. 남이야 전봇대로 이빨을 쑤시든지 말든지 木이 많으면 金이 부러진다. 이를 목다금결(木多金缺)이라 한다.

이 세상 여자들이여! 가장 행복한 것은 서방님에게 적당히 제재당하는 것이다. 재는 내가 극하는 것이지만 내가 약하면 오히려 내가 상한다. 현실을 직시하라. 가령 丁(丁)辛○ / ○○酉丑의 경우, 丁火일주에게 辛酉丑金이 아주 튼튼하다. 고로 丁火가 앞서가는 丁에게 말하더라. " 저 뒤에 있는 辛酉金이 내가 클 때는 火극金으로 만날 나에게 터지고 심부름만 하던 아이인데 지금은 거부가 되었단다."하더라. 여기서 현실을 직시하라 하는 것은 과거에 내가 辛酉丑을 마음대로 부렸을지는 모르지만 현실은 丁이 못났고, 金이 더욱 잘되어 있다는 것이다. 고로 丁이 살길은 辛酉丑金에게 굽히고 들어가서 당신 밑에서 열심히 일하겠으니 나 좀 살려주시오 하여야만이 丁火가 살아갈 수 있다는 것이다.

부부관계로 연결하면 마누라가 똑똑하고 서방이 못났으니 마누라가 앞장서야 한다. 이것이 재다신약으로 마누라 컴플렉스다. 나중에는 이것이 발전하여 마누라 이겨 먹는 것이 의처증이다. 돈에 의해서 자기 몸이 팔려다니는 팔자이다. 인신매매나 노예팔자이다.

종재격이 되면 처가살이가니 아주 좋은 팔자가 된다. 그러나 ○(丁)辛○ / 寅丑酉丑의 사주라면, 木생火 하나 받고 있어서 종재격이 안된다. 뒷집 辛酉 여자가 너무 예뻐서 丁이 한번 연애 좀 하자고 하자 辛酉丑金으로 여자는 다 커버린 여자이다. 고로 말하기를 "너의 엄마 · 寅木 젖 좀 더 먹고 오너라."한다. 장가 갔는데 마누라 곁에 가려 하지만 문 잠그고 못 오게 한다. 木생火로 공부 더 해서 과거급제하고 오라고 한다. 金은 동선이고 火는 전류이다. 그것도 서방이라고 火극金 하려고 하니까 辛酉金이 발로 차버린다. 만져봐야 전기도 안 오는데 왜 자꾸 귀찮게 해? 전류 좀 많이 만들어서 힘 좀 키워서 오라고 한다더라. 木생火로.

시골 역학자가 출산 택일을 제왕절개로 알려주었단다. 甲㉠癸庚 申丑未辰의 사주다. 잘못잡았다. 신약이다. 癸가 未에게서 극받았고, 甲도 뿌리없는 나무다. 구획정리는 乙과 未이다. 未를 항시 土라고만 보지 말라. 木火양이 부족하고 金水음이 많은 사주이다. 삼복더위다. 乙木이 未에서 고장으로 뿌리가 없는 나무이다. 너무 신약하다. 조산이 된다. 건강이 걱정되는 사주다.

사주 예(78)

戊	㊀	甲	丙
申	午	午	寅

이 사주는 壬水일주가 火왕당절인 午월에 출생된 중 寅午午火국에 년상으로 丙火가 수기(秀氣)요 또 월상 甲木의 木생火로 火기가 주중의 왕자로 군림하고 있어 강왕한 火의 영향에 따라 희비가 엇갈리게 되며, 또 실령·실지로 일주가 허약하고 있다.

다행한 것은 시지 申金에서 득장생 金생水로 득세는 하였다고 하나 火에 비하여서는 너무나 허약하여 水가 상하고 있는 중 시상의 戊土가 왕火의 火생土로 힘을 얻어 土극水 일주하므로 壬水는 탁수에다 유색이요, 증발직전에 있어 병이 된다.

따라서 水가 火를 극하려다가 종내는 火에 의하여 水가 굴복할 수밖에 없으며 또 이와 같은 사주를 두고 재다신약이라 하며 염천지절(炎

天之節)에 水기가 많이 부족하여 가뭄에 시달리고 있으며, 또 낮과 밤의 격차가 너무나 심하고, 火재 여자는 왕성하여 극성인데 水남자가 허약하여 속수무책이요, 火는 부자에 水는 빈자라 선승자후패라는 진리가 어떠한 것인가를 잘 알았으리라고 본다.

이 사주는 재다신약격이다. 일주가 약하니 재가 내것이 아니다. 다재무재이다. 역류다. 물이 거꾸로 흐르니 세상을 거꾸로 살아야 한다. 천수(淺水)다. 물이 옅으니 옅은 물이다. 탁수(濁水)다. 물 밑에 불이 많으니 끓어서 증발되어 버린다. 진짜 좋은 물은 증류수로 없어지고 더러운 물만 남는다. 고로 더러운 팔자이다.

일주가 약해 내 돈이 아니다. 고로 남의 돈 벌어주러 태어났다. 壬水인 본인보다도 마누라가 더욱 똑똑하다. 申金용신이다. 인수이니 火인 재성과 죽이 잘 안맞는다. 즉 아버지가 너무 엄해서 자식 버렸군요. 이 사주에서 壬水가 공부 잘 하려면 申이 작용을 잘 해야 하는데 火가 많아서 火극 金되니 공부 못한다. 고로 아버지에게 혼난다는 것이다.

申이 金생水를 해도 주위에 火가 많아서 火극金 당하느라고 마음대로 金생水 못해준다. 또한 午월의 申金이므로 金이 녹는다. 고로 申이 金생水 해주는데도 寅午火국의 눈치를 봐야 하는데, 가령 壬水가 火국으로 배고프다고 운다. 申이 젖 주려고 가려고 하자 火가 못 가게 火극金한다. 申은 火의 눈치 보느라고 젖 주러 못 간다. 구름 타는 사주다. 수증기가 올라가면 구름된다. 고로 이 사주는 뜬구름 잡고 산다. 언제 철이 들런지 모른다.

사주 예(79)

戊	㊙甲	丁	己
辰	戌	卯	丑

이 사주는 甲木일주가 卯월로 득령은 하고 있으나 년주에 己丑土, 일시 戊辰戌土로 실지·실세라 일간이 허약하고 보니 木이 土를 다스리다가 오히려 土의 지배를 받아야 하는 운명이 되고 말았다. 재다신약으로 돈에 의하여 좌우되겠고 또 욕심이 앞서 모든 일을 그르칠 수밖에 없으며, 또 암석과 같아 부러지기 쉬워 흠이 되고 있는데 다행한 것은 卯월로서 木이 당권하고 있어 조금만 도와주면 발달할 수 있음이 다른 사주와 다른 점이라 하겠다.

다음 卯辰木국이 형성될 것 같으나 辰戌충으로 土가 파괴되어 왕자충발로 土가 더욱 위세를 떨치고 있어 土와 대적하려면 木의 세력을 규합하여야 비로소 균형을 이루어 발전을 도모할 수 있는 사주다.

甲木이 卯월에 나서 득령은 했으나 득지·득세는 못했으니 선강후약이다. 처음엔 뭐든지 그럴 듯하게 나오는데 나중에는 모든 게 용두사미이다. 재가 많아서 재다신약이다. 나무는 나무인데 잡목이다. 甲木은 양이고 卯는 음이니 음양이 섞였다. 土는 산인데 형충을 받았으니 악산이다.

많은 土를 관리하자니 힘이 부족하다. 무조건 木을 키워야 한다. 甲에게 戊辰土가 항상 앞에서 기다리고 있으니까, 넘어도 넘어도 고개가 기다리고 있다. 甲木이 월에 뿌리하고 있으니 월은 부모자리이다. 고로 이 사람은 부모 품을 벗어나면서 고생길이다. 결혼하면서부터 고생이 시작됐고 되는 일이 없다. 모든 게 본인 팔자이다.

土가 많으니 땅은 넓다. 나무가 적으니 십리가다 나무 한그루니 얼마나 외롭고 고독하겠나? 나무는 꽃 피어서 결실 맺으려면 金으로 가야 하는데 金이면 卯酉충 들어오니 결실을 못한다. 고로 무슨 일이든지 마누라가 나서야 한다.

재가 형충에 걸렸다. 내 돈 가지고 내가 쓰는데 구설수 나고, 돈 주고서 돈 받으려면 송사해야 받게 되고 연애해도 금방 들통난다. 일주가 약하면 금방 남에게 들킨다. 강하면 숨길 곳이 있어서 귀신도 모른다.

甲木의 첫사랑이 己土인데, 甲己합까지는 좋았는데 丑戌형이니 안 되겠고, 戌土만나고 또 戊辰土만나는데, 나중에 戊辰土가 이긴다. 맨 나중에 있어서 같이 살아야 되니까.

사주 예(80)

丙	㊣丁	辛	癸
午	酉	酉	丑

이 사주는 丁火일주가 金왕당절인 酉월에 출생하여 실령된 중 酉丑金국에 년상 癸水, 월상 辛金으로 실지 · 실세라 신태약으로 금방이라도 金에 종하여야 될 것 같으나 사주에서 丙午火를 만나 힘이 되어 종은 하지 않으나 金에 비하여 火가 너무나 부족함이 흠이요, 또 金이 두려운 존재가 된다. 따라서 허약한 火 여름이 왕한 金 가을에 병사궁이 되어 무릎을 꿇어야 하겠고, 또 약한 전류가 굵은 동선에 의하여 자연소멸이 심하여 전류는 있으나 마나하며, 또 辛金이 비록 연약한 金이라 하나 득국으로 완금장철과 같아 허약한 丁火로서는 제련할 수 없고, 금다(金多)로 가을이 깊어 초겨울 날씨와 같은데 火기가 부족하여 한냉이 극심이라 춥고 배고프다.

또 재성이 왕하다 하여 부자되는 것이 아니라 일간보다 재성이 지나치게 태왕하므로 다자무자의 원칙에 따라 빈자가 되고 보니 현재는 金

의 세에 火기가 순종할 수밖에 없으니 어찌 극이라고 하여 무조건 승리라고만 하겠는가.

만약 이러한 상황 속에서 火극金만 고집하여 치고 들어간다면 금다화식될 수밖에 없고, 또 강왕한 金을 섣불리 건드렸다면 보이지 않는 水기가 金생水로 발생하여 水극火일주로 반상(反傷)되니 재생살이 되어 강압과 역행은 통하지 않을 뿐더러 예상하지 못하였던 재앙까지 발생함을 입증하여 주고 있으며, 또 본인의 밑에서 있던 자라 하여도 현실은 나보다도 더 우위에서 군림하고 있음을 인정하지 않는다면 바로 火자신이 패몰한다는 것을 말해주고 있는 것이다.

酉월의 丁火이니 신약하다. 금다화식이다. 내 자신을 알아야 한다. 가는 방망이 오는 홍두깨이다. 시주의 丙午에 의지하니 동생(형제)한테 의지하고 살아야 하는 서글픈 팔자이다. 辛酉의 여자가 예쁘다. 뒷집에 있는데 丁火가 청혼하자, 그 여자는 酉丑金국으로 이미 성숙한 여자로 다 커버린 여자인데 남자 丁火는 신약하니 크다가 말았다. 그래서 여자가 하는 말이 "엄마 젖 좀 더 먹고 나중에 오너라."한다. 일주가 약해서 재성인 金을 관리 못하니 부모에게 인정 못받고 있다.

辛酉丑으로 아버지가 잘 사니 그 힘만 믿고서 허풍떨고 있는 팔자이다. 酉월의 꽃이 피다가 말았다. 火가 많으면 활짝 피었고, 火가 적으면 피다가 말았다고 한다. 못다 핀 꽃이 서리 맞았다. 午 · 酉 도화로 날라리 되기 쉽다. "꽃이 피기도 전에 결실부터 서두르니 안된다. 못된 송아지 엉덩이에 뿔난다."

성격은 火는 불 같고, 꽃은 피기도 전에 결실부터 맺으려 하니까 항상 일을 서두르다가 망쳐버린다. 꽃은 적은데 열매는 크다. 고로 능력도 없는 게 스케일만 크게 잡으려고 한다.

子년이면, 子午충으로 午가 깨지고, 의지처가 없어지고 丙마저 없어진다. 子酉귀문으로 미치겠단다. 이런 사람이 이민 가면 남미로 가야 하고 북미로 가면 水극火되어 작살난다. 하와이 태평양은 水극火니 지역적으로는 안맞는다.

남자가 火일주로 약하면 조루다. 고로 처녀가 이 사주 가지고 궁합 보러 오거든, 아버지가 비록 잘 살고 처녀사주와 합이 들었어도 "궁합이 안맞네요, 조루라서 남편 구실 제대로 못해요."하라. 木생火해주는 木인 인수가 없으니 배운 데가 없고 집 없는 천사다. 이 사주가 잘 사는 방법은 자기는 뒤에서 밀어주고, 마누라를 앞세워서 마누라에게 가권을 위임하는 법뿐이다.

癸(丙)辛丙
巳戌丑戌의 사주도 보자. 이 사주도 마누라에게 모든 것을 위임하라고 했다. 巳중庚, 戌중辛, 丑중辛, 戌중辛으로 재 합중국을 이루었다. 재는 마누라인데 마누리 형제가 합중국을 이루었으니, 마누라 형제에게 배 다른 형제가 있다. 처갓집에 배 다른 형제가 있다는 것이다. 그런데다 土인 식상은 장모인데, 내가 생하는 장모가 많다. 장모가 29살 때부터 독수공방으로 남편을 뺏기고 지금까지 혼자 산다고 한다. 장인은 천하의 바람둥이란다. 섣달의 丙으로 약하다.

사주 예(81)

乙	(庚)	甲	癸
酉	寅	寅	亥

이 사주는 寅寅亥로 木국인 중 천간으로는 甲乙癸로 水木이 당권하고 있어 일주 庚金이 허약이라 비록 완금장철이라고는 하나 辛金만도 못하여 강왕

한 木을 자를 수 없어 金극木은커녕 오히려 木극金이요, 목다금결(木多金缺)로 金이 반상(反傷)될 수밖에 없고 따라서 木왕이 병이요 아극타강반해가 되므로 귀명이 될 수 없다.

또 金은 도끼 木은 자루인데 木왕金쇠라 적은 도끼에 자루가 도끼보다 커서 가분수라 도끼를 사용할 수 없으며, 재왕으로 욕심만 앞서있지 정신과 육체가 따르지 못하니 허욕에 불과하고 또 본인보다 못한 자가 더 잘되고 있으므로 반항심만 가득하며, 金木이 상전이라 인의(仁義)가 구무(俱無)로 해가 되고 있는 사주다.

이런 사주가 만약 엊그제 입춘이 지났다면 추우니까 木火가 필요한 사주가 된다. 정 · 편재가 많은 사주니까 파격이다. 목다금결이다. 木인 마누라가 뿌리가 튼튼해서 끄떡도 안한다. 庚이 약하니 木을 다스리지 못한다. 마누라에게 쫓겨나면 내소박당했다고 하고 서방에게 쫓겨나면 외소박이라고 한다.

여기서 金을 연장으로 보고서 도끼라고 한다면 水木은 자루이다. 그러므로 "도끼는 적은데 자루는 너무 커서 안 들어간다."또 하나 집에 가보면 재가 많으니까 처갓집 식구만 많다. 자기집 식구는 없다.

재다신약은 세상 사는 데 있어서 거꾸로 살고, 욕심이 너무 많고, 아버지 눈치 보고 살고, 그러자니 아버지 기침소리만 나도 방에서 안 나온다. 파격이다.

이러한 재다신약 사주를 자식으로 둔 아버지에게는 항상 한마디 하라. "아버지시여! 아무리 족보에서 없앤다고 해도 당신 자식이요, 항상 아버지 기준해서 자식 보지 말고 자식을 기준으로 해서 자식과 대화하고 행동하시오." 중고생이 재년이면 "사춘기 왔네요."하라.

5. 아강타생반희(我强他生反喜)

아강이라 함은 신왕을 말함이요, 타생이라 함은 내가 생하는 즉 상관 · 식신을 말함이라 일주가 왕할 때는 타를 생하여 줌으로써 오히려 좋아진다는 것이다.

처음에 공부하였던 신왕관살반희와 혼동하기 쉬우나 신왕관살반희는 신왕에 관살이 있어 조화를 이루어 좋아진다는 것을 말하였고, 여기에서 아강타생반희는 신왕은 하나 관살이 없고 또 있다 하여도 힘이 없어 관으로서의 임무를 상실하였는데, 다행히 상식이 있어 좋아진다는 예이며, 또 아생과다해는 일주가 허약하고 상식이 과다하여 발생되는 것이니 주의하기 바란다.

다음 내가 강하다 함은 강대국 · 강자 · 부자 · 독주자 · 건강한 자가 되고, 상식은 자손이요, 지출 · 음덕 · 희생 · 약자 · 빈자 · 약소국 · 허약자 등으로 대비되는데, 다시 정리하여 본다면 강대국은 약소국을 도와 줌으로써 강대국으로 영원하게 군림할 수 있으며, 또 강자는 약자를 보호함으로써 영원한 강자가 될 수 있고, 부자는 빈자를 도와주어야 비로소 그 부(富)가 영구하게 되며, 수입이 있는 곳에는 적당한 지출이 병행되어야 발전을 기약할 수 있고, 건강한 모체는 자손을 낳음으로써 더욱 건강함을 유지할 수 있으니 이는 신왕자 신왕할 때에 설기처를 만나야 희생이 갱생으로 삶을 살 수 있다는 것을 말하여 주고 있는 것이다.

한 예를 들어본다면 근래에 보기 드문 경주의 최부자가 무려 10대를 걸쳐 부를 누려왔는데 이 집안의 철학은 10만석을 기준하여 10만석을 더하지도 덜하지도 말라 하여 가을 추수시에는 10만석만 거두어 들이고, 나머지는 각기 소작자들의 능률에 따라 재분배하여 줌으로써 소작자들의 원성을 피할 수 있음은 물론 더더욱 열심히 노력하게 함과 동시에 주객간의 합심과 본인의 부를 지속시키는 데 결정적인 역할을 하였던 것이다.

이와 같이 중화를 지키는 것은 매우 어려운 것이지만 지키기만 한다면 이것이 곧 영원한 발전의 기틀이 된다는 것을 최부자는 실행으로 보여준 것이라 하겠다.

우리 인간은 기운이 없어 허탈 상태에 빠져도 정신이 없어 보이지 않으나 때로는 욕심이 너무나 지나쳐도 보이는 것이 없으며, 또한 한 곳에 너무나 집착하여도 다른 것이 보이지 않는 것처럼 상식이 필요한 자가 욕심이 지나쳐 생아인 인수만 요구한다면 일주는 더욱 강왕하여지면서 반대로 설기처 상식은 피상되기 때문에 종내는 포만상태로 자멸하게 되니 여기에 해당하는 사주는 모두 인수를 기(忌)하게 되는데 중화를 이루고 있으면 하나같이 박사요, 교수로서 나를 희생하여 타를 구제하는 좋은 인물이 된다.

신왕격으로 일주가 강한 사주이면, 내가 생하는 상식이 오히려 용신으로 군림하니 좋은 역할을 하게 된다는 것이다. 신왕에 상식은 그 운명에서 길(吉)이 된다.

아무리 강한 사주라도 상식이 있으면 자제능력이 나온다. 인내와 참을성이 나와서 자기를 다스릴 수 있는 힘이 생긴다. 신왕사주에서 상식은 조절신이 되어서 가장 귀중한 역할을 해준다. 金이 많을 때 水가 있으면, 水상식의 냉각 작용으로 강한 쇠를 마음대로 늘렸다 굽혔다 할 수 있다. 金이란 예리한 칼날인데 水를 만나면 칼이 무뎌진다. 즉 자기 조절이 된다. 水가 많을 때 木이 있으면, 水는 겨울인데 木인 봄 · 입춘이 오면 추위가 물러간다. 水에 대한 조절이 된다. 木이 많은데 火가 있으면, 木이 부러지지 않고서 휘어질 수가 있다. 木생火로 본인의 살길이 열린다. 火가 많은데 土가 있으면, 火생土로 자기 조절이 되는데, 단 습토라야 한다. 土가 많은데 金이 있으면, 土가 많으면 땅이 굳어지는데 金을 만나면 논갈이 밭갈이이다. 땅을 부식시켜서 논밭이 잘 되게 한다.

여기서 신왕할 때 관살을 기뻐하는 경우와 상식을 사용하는 경우는 다른데, 신왕하고 관살이 있어도 힘이 없을 때는 상식을 사용한다는 것이다. 예를 들어보자.

丙(庚)○○
子申酉丑의 경우, 庚이 강하다. 丙子시를 만났는데 丙을 써야 하나? 申子를 써야 하나? 여기서 丙火관은 水극火에 죽어서 못쓴다. 고로 金생水로 써야 한다.

戊(壬)○○
申子寅○의 경우, 壬이 신강하다. 물이 많으니 戊土로 막아서 써야 하는데, 戊가 약해서 쓰지 못한다. 고로 寅木인 식신을 써서 水생木으로 빠져나가야 한다.

○(戊)壬壬
戌子子申의 경우, 水가 많으니 土가 떠내려가고 있다. 土는 水를 만나야 반죽이 되는데, 水가 너무 많으니 흙이 묽어져 버린다. 고로 다른 데는 굉장히 강한데 水인 여자만 보면 헬렐레로 무너져 버린다.

희생이 갱생이다. 내가 도와주는 것이 내가 살 길이다. 가령 丙(甲)癸癸
寅○亥亥의 경우, 水생木 많이 받았으니 신강한데 또 다시 신강해지는 인수운을 만나면 균형이 깨지고 포만상태가 너무 심하여 상식을 극하니 자멸하게 된다. 고로 나도 받은 만큼 木생火로 남을 도울 줄 알아야 균형을 이루고 좋아지니, 이런 사주는 상록수(常綠樹)이다. 20대 박사이고 세인(世人)의 등불이다. 木인 나를 불태우고, 온천지를 밝히고 있는 좋은 마음씨를 가지고 있다. 요즘은 복지학과를 가라고 하면 좋다.

만약 여기서 다시 水운을 만나면 배터져 죽고 상식을 거꾸러뜨리니 도식(倒食)이 된다. 가령 壬申년은 丙壬충, 寅申충으로 木생火의 설기처를 못하게 하니 인수로 인하여 죽는다. 이를 도식작용이라 한다.

통변요령은 첫째 부도나고, 둘째 건강으로 혈압이 높아지고, 셋째 인수로 나쁘게 작용하면 필화사건이다. 여기서 부도냐? 필화사건이냐? 판단해야 하는데, 이런 경우는 사주그릇을 먼저 알아야 하는데 이 사주는 사업가의 사주가 아니다. 고로 필화로 보아야 한다. 만약 사업가면 부도나는 운이다.

다음 상식 설기처를 심리적인 면으로 살펴본다면, 일단 한 번 생각한 것은 마음속에 자리하게 되며 그 생각은 다시 분열의 법칙에 의하여 기하급수로 팽창하면서 마음을 채우게 되면 가슴이 답답하여 도저히 참을 수 없어 기도를 타고 올라온 생각은 입을 통하여 말이라도 하여 답답함을 해소하여야 되는데 만약에 하고 싶은 말을 하지 못할 때는 다시 상기(上氣)하여 눈에 이르게 되며, 여기에서도 시각적인 면으로나마 해소시키지 못할 때는 눈 위를 넘었기에 보이는 것이 없어 자연 실수를 하게 되어 있으며, 여기에서도 지나칠 때는 정신 이상까지도 유발하게 되는 것이다.

따라서 각자의 일급비밀은 본인이 먼저 지키지 못하며 천주교에서의 고해성사가 더없이 좋은 것이니, 비교한다면 상식태왕처럼 말이 너무나 많아도 안되지만 상식이 필요한 자가 하여야 할 말조차 참는 것도 병이 되므로 중화를 이루기란 참으로 어려운가 보다.

월에 상관놓으면 할 말 다 하고 산다. ○(丁)戊○ / ○○戊○의 경우, 월에 상관이면서 일주가 너무 약하면 부모자리도 좋지 않다.

다시 일주별로 살펴보자.

水일주가 왕한 중 木을 만나면, 水는 水생木함으로써 항시 흐르게 되어 水의 생명을 유지할 수 있어 좋고, 또 엄동설한이 木봄을 만나 따뜻하여지며, 어둠이 새벽 광명(光明)을 만나 좋아지는데, 다만 습목은 水木이 응결에 부목이 되므로 불가다.

○(壬)○○ / 寅子申辰의 경우, 샘이 솟는 물이고 깊은 물이다. 물이 순류이고 흐름이 좋다. 寅중 丙이 있어서 말라 있는 나무요 水기를 흡수해 오니 아주 좋다. 그러나 ○(壬)○○ / 卯子申辰와 같이 卯시라면, 水木응결이다.

다음 木일주가 왕한 곳에 火가 있으면, 木생火로 火를 도와 세상을 밝게 하여 주므로 木생火한 뜻이 가히 커 木도 살고 火도 살며, 또 木왕이 火를 만나면 경직되지도 않을 뿐더러 부러지지도 않는다. 강한 대나무도 火를 만나면 휘어지는 것과 같다. 나무에 꽃이 만발한 형상이라 좋다. 옛날에는 나무를 땅에 묻을 때 부패를 예방하기 위하여 묻히는 부분을 불에 태웠다.

丙(甲)癸○ / 寅寅亥○의 경우, 木생火하니까 木도 살고 火도 산다. 木火통명(通明)이다. 밝음으로 통한다. 火는 명(明)이니 火를 문명지상(文明之像)이라고 한다. 나무에 꽃이 만발한 상이니 좋은데 꽃 중에서도 丙은 겹꽃이고 丁은 홑꽃으로 그 차이가 크다. 가령 丁(甲)癸○ / 卯寅亥○라면, 火를 학생으로 보면 위의 丙은 대학생이고 丁은 유치원생이다. 이런 것을 이용해서 寅시인지, 卯시인지 모르겠으면 현재의 그릇을 가지고 판단해도 된다.

다음 土가 왕한 중 金을 만나면 단단한 땅을 부식시켜 가색의 공을 꾀함으로 좋을 뿐더러 또 철분이 있어 만물을 결실케 하며, 산에 나무가 없는 것이 흠이 되나 금광으로 좋은데 조토는 불가다. 乙(己)丙○ / 丑酉午巳의 경우, 강한 己土일주가 酉丑金국으로 土생金하면 金생水해 온다. 金국이니 金생水를 많이 해와서 말라 있는 땅을 적시니 길하다.

또 火기가 왕한 중 土를 만나면, 火생土로 강왕한 열기를 소멸시키므로 좋고, 또 방사능의 해에서 구출되어 좋으나 조토는 火생土를 할 수 없으므로 불가하다.

○(丁)○○ / 丑丑午午의 경우, 午월의 丁이니 불이 많다. 丑의 재고 놓으니 좋은데, 金운, 水운도 모두 좋다. 丑을 완전히 土로만 보지 말고 해석하라. 만약 조토인 戌운, 未운 만나면 午戌, 午未 火국 되고 丑戌, 丑未충으로 火를 조절할 수가 없다.

金일주가 왕한 중 水를 만나면 예봉(銳鋒)을 꺾어 좋고 또 가을이 겨울을 만나니 계절의 순환이 제대로 이루어져 좋아지는 것이다.

丙(庚)○○ / 子申酉丑의 경우, 酉월의 庚이 酉丑金국과 일지 申으로 金기 왕한 중 시지 子水와 申子水국으로 설기되니 좋다.

이 모두가 희생이 갱생이며, 또 서로가 살게 되고 자신의 존재를 영구하게 보존할 수 있는 길이 되는 것이기도 하다.

사주 예(82)

壬	㊀壬	壬	壬
寅	子	子	申

이 사주는 壬水일주가 子월에 출생된 중 申子子로 水국이요, 천간은 壬水일색이 되어 신왕은 물론 水기 태왕으로 망망대해와 같고 또 캄캄한 밤이요, 춥고 추운 겨울이 되는데 다행한 것은 충이나 형이 없어 순수함이 좋다. 이런 가운데 시지 寅木이 있어 水생木을 잘 하므로 水는 정지되지 않고 유유히 흐르게 되어 水는 살게 되어 있고, 또 木은 길고 寅중에는 丙火있어 표류하고 있던 배가 등대를 발견한 것과 같으며, 칠흑같이 어두운 밤이 寅시로 광명을 찾았으며, 또 寅木은 水생木을 받아 木역시 살게 되니 이름하여 공생이요, 생생불이(生生不已)라 한다.

다음 水는 木이 은인이요, 木은 水은인에 보답하기 위하여 木이 움직이게 되며, 따라서 木생火가 자연발생하게 되는데 火는 水의 재가 되므로 木은 水은인에 대하여 보답한 결과가 되는 것이다. 이와 같이 강자 즉 부자가 빈자를 도운 희생의 뒤안길에는 희생이 아니라 이득이 따르게 되어 있으니 돈이 있는 자가 사회사업이나 모든 성금에 인색하지 말고, 만인에 모범이 되어야 할 것이다.

그리고 주의할 것은 寅木이 水다(多)에 부목될 것 같으나 지지는 부목이 안 되니 염려할 것 없으며, 또 寅木 하나가 어떻게 그 많은 물을 흡수할까 염려하겠으나 조목에 寅시라 능히 흡수하고 물러서며 낮으로 가니 해동이 되고, 또 아무리 강왕한 여자라 하여도 자손에게는 꼼짝 못하기 때문에 걱정할 것이 없다. 그리고 만약 卯시라면 水木응결인데 여기에다 욕심을 덧붙여 金생水를 요구한다면 金극木 당하여 숨통이 막히게 된다.

寅木이 이 사주를 살려주는 핵심이지만, 이런 사주는 괴롭다. 비겁이 많아서 선장이 넷이고, 물이 나갈 곳이 너무 비좁다. 남자면 상처하고, 술친구는 많아도 진정한 친구는 어렵고, 친구 때문에 망하고, 남에게 제지 안받고, 고삐풀린 망아지처럼 된다.

水가 많아서 망망대해이다. 寅중에 丙이 있고 木은 길다. 고로 길을 잃은 배를 인도하는 등불 · 등대가 된다. 그러나 겨울에 꽁꽁 얼었는데 寅중의 丙 가지고 난방장치가 잘될까? 난로의 역할은 한다.

또한 비겁이 많아서 의처증이 있다. 여자라면 혼자 살라고 하라. 土가 와도 떠내려가 버린다. 아무리 건강한 사람도 이 사주와 결혼하면 몸이 아프다.

庚子년, 인수가 들어오면 물이 범람하니 큰일났다. 寅木이 이 사주의 핵심이고 물줄기인데 12년마다 申년이 온다. 寅申충으로 숨을 못쉰다. 혈압 높아지고, 부도나고, 물이 범람되어 버린다.

이름에 무조건 木火를 많이 넣어주라.

만약 癸(壬)壬壬 / 卯子子申이라면, 저능아다. 水생木이 안되니 말 못한다. 子卯형이니 풍파가 일어난다. 물이 파도친다. 원래 비는 未월보다 申월에 더욱 많이 온다. 申월에는 壬水가 있어서 水의 장생이다. 未월은 삼복더위다.

사주 예(83)

丙	(甲)	癸	癸
寅	寅	亥	未

이 사주는 甲木일주가 亥未木국에 득령 · 득지 · 득세라 신태왕하여 동량지재가 되고 있다. 본래가 木왕에는 金관살을 얻어 깎고 다듬어서 좋은 재목으로 사용하는 것이 원칙이나 일점의 金도 없어 흠이 되고 있는데, 혹

있다 하여도 목다금결(木多金缺)된다. 다행하게도 시상 丙火가 일시 寅木에 득장생하여 유기(有氣)하니 왕자의설(旺者宜泄)로 설기처라 강유(强柔)가 조절되어있고, 또 亥월 나무에 丙火겹꽃이 만발하여 그 향기가 천지를 진동하고 있으니 진귀인(眞貴人)이요, 또 木나무 자신을 불태워 丙火를 도와 온 세상을 밝고 맑게 그리고 골고루 비쳐주므로 이름하여 木火통명(通明)이라 좋고, 또 火가 있어 양지나무라 견실하여 좋은데 이 모두가 丙火의 공에 있으므로 아강타생반희가 된다. 상록수(常綠樹)다.

만약 이 사주가 丁卯시라면, 허화(虛火)애 홑꽃이 되어 하격이며, 또 욕심을 부려 水를 탐한다면, 水극火로 꽃이 떨어지고 음지의 나무가 되므로 木의 생명이 다하게 된다.

未土재가 亥未木국으로 없어졌다. 재니 아버지를 꺾는다. 마누라 꺾어서 해로 못한다. 돈이 없어졌으니 돈을 모르는 사람이다. 마누라와 연애하는 것이 아니라 학문과 연애한다. 월에 인수니 학자풍의 유교적인 고집이 있어서 마누라를 종 부려먹듯이 부려먹으려고 한다. 사주가 좋다고 해서 모두 처궁이 좋은 것은 아니다.

인품이 좋은 사주이다. 형 · 충이 없고, 키 크고, 나무가 꽃이 피었으니 너무 좋은데 살다 보니 정이 천리나 떨어진다. 왜냐고? 모든 것을 자기 위주로 살려고 하므로 그렇다. 왜, 그러냐고 하자, "나도 모르겠단다." 비겁이 많아서 배 다른 형제가 있다. 견겁이 많아서 결혼은 늦게 하고, 아래로 동생이 둘인데 모두 결혼초에 파탄나서 만세 부르고 있다. 이것은 가문의 패턴이다. 이 집의 패턴이 모두 다 해로 못하고 있으니 여자가 들어가서 못 산다. 여기서는 火가 최고로 좋은 역할을 하고 있으니 상록수이고 세인의 등불이다. 목화통명이다. 20대에 박사인데, 박사도 여러 개이다. 木이 많아서 의학박사로 의사팔자다. 木은 인술(仁術)이다. 또 내가 생하는 것이니 심리학, 교육학 박사로 연결하니 3개가 그냥 들어온다.

여기서 의학박사는 甲이 丙을 생하니까 소아과이고, 목화통명으로 연결되니까 정신신경과이다. 여기서는 스케일이 크니까 정신신경과이고, 소아과는 애들 상대하니 그릇이 적다.

이 팔자가 의사라면 불쌍한 사람 그냥 공짜로 치료해준다. 상식이 용신인 사람이 그렇고 木火통명인 사람이 그렇다. 목화통명이면 아무리 돈이 많아도 유산을 자식에게 안 물려준다. 사회에 다시 환원시킨다.

여자가 木火통명이면 고아원 · 양로원 등 사회에 공헌하고 싶어한다.

이 사주에서 흠이라면, 남의 자식 키우다보니 내 자식 농사 못한다. 또한 木이 많아서 콧대가 높다. 고로 역학자에게 무시하듯이 말하더라. "여보, 내 사주 하나 봐줘."한다. 그러자 역학자도 아니꼬와서 "팔자도 더럽네."하고서 "애비 없는 손자 키우는 주제에 뭐 임마 자식 잡아먹고서 까불고 있냐?"하면 깜짝 놀란다. 이 사주에서 丙손자는 잘되어 있는데 자식이 없다. 자식 없는 손자는 있을 수 없는데 목다금결로 자식이 갔다. 고로 애비 없는 손자 키운다. 일지로 합이 되어 들어오니까.

이 사주에서 金이 자식이고, 남의 자식은 火인데, 火인 남의 자식이 더욱 좋아보이고 내 자식은 못나 보인다. 고로 남의 자식 등록금은 대주면서 내 자식이 용돈 달라고 하면 안 준단다. 고로 항상 자식 교육 잘 시키고 자식에게 관대하게 하라.

여자는 자식 농사는 잘되는데 서방 농사는 잘 안된다. 남자에게 마음을 잘 안 열어주니까 남자가 말하기를 "이 잘난년아, 너 혼자서 잘

먹고 잘 살아 보아라."하면서 간다. 아무리 좋은 팔자라도 한가지 근심 걱정은 끼고 앉았다.

대들보이니 어디 가도 한 자리 하고, 水생木해서 木생火하니까, 배운 것 가지고 잘 써먹는 사주이고, 戌·亥로 머리가 영리하다. 그러나 돈 버는 머리는 발달이 안되어 있어서 IQ 80도 안된다. 항상 사람은 어느 일면으로만 발달한다.

만약 재다신약이라면 공부하는 머리는 발달이 안 되어있고, 사기치는 데는 IQ가 150이다.

사주 예(84)

己	(丙)	甲	丙
丑	辰	午	寅

이 사주는 丙火일주가 火왕당절인 午월에 출생된 중 寅午火국에 甲·丙이 합세하여 득령·득세로 신왕하고 있다.

火일주가 火기 태왕이라 본래는 水기가 필요하나 水기가 없어 辰丑 습토에 시원스럽게 배설하고 보니 火로서의 본연의 위치를 찾을 수 있으므로 좋고, 또 土는 火은인을 위하여 土가 움직이면 습土가 되어 土생金을 잘하니 火생土, 土생金으로 시원함과 동시 보이지 않는 火의 재金까지 생겨오므로 왈 일거양득이요, 火태왕 더위에서 시원한 金냉방이 잘되어 좋으니 이것이 곧 희생이 갱생이요 따라서 火는 土로 인하여 더욱 빛나고 있는 것이다. 이는 왕자의설(旺者宜泄)이 되기 때문이다.

그리고 본명에서 주의할 것은 辰중, 丑중 양 癸水가 있어 水극火로 도움이 될 것 같으나 우로수(雨露水)요, 입묘되었고 또 화다수열로 증발되기 때문에 불용(不用)하고, 寅辰이 木국으로 행세할 것 같으나 寅午火국이 우선하므로 木국은 성립되지 않고 또 火가 火생土한 목적은 필요한 金을 土생金 하여 오라는 데 있으니 이는 주인이 피고용인에 대가를 지불함은 나의 충복이 되어 달라는 것과 재물을 받은 자 상대방의 청을 거절하지 못한 이유가 여기에 있고 또 이러한 사주를 火土식신격이라고도 한다.

木이 火로 변했다. 배우지 않아도 알고, 말 잘하고 시각 발달되어 있고 똑똑한 팔자이다. 火일주의 특징은 말이 씨가 된다. 고로 "저 새끼 사고나서 죽어버려라."하면 진짜 죽어버렸다더라 한다. 굳이 역학을 몰라도 그 말을 하면 맞아 들어간다. 참으로 미친다. 즉 자기가 생각한 것은 적중률이 높다는 것이다.

이 사주에서 火생土 해준 것은 土생金을 해 오라는 것이다. 이 사주에서는 土보다도 金水가 더욱 필요한 사주이다. 즉 희생한다는 것은 그 대가를 바라고 하는 것이다. 형제 중에서도 제일 잘 산다. 辰・丑土는 부동산이다. 辰土는 물에 잠겨져 있는 아직은 개발이 안되어 있는 땅인데 이 땅이 돈덩어리가 되는 해는? 酉년이 오면, 辰酉합 酉丑합으로 동서남북으로 흩어져 있는 땅을 한군데로 모아서 크게 만들어 버린다. 고로 항상 酉金을 좋아하라. 그래서 마스코트는 酉가 필요하다. 닭・봉황・공작 중 어느 것이 더 좋을까? 공작이 제일 좋다.

庚辰, 庚申, 庚子년에는 편재운으로 돈번다. 그런데 년상에 있는 丙火가 나도 좀 먹자 한다. 항시 나눠먹어야 한다.

사주 예(85)

辛	㉺戊	戊	己
酉	辰	辰	巳

이 사주는 戊土일주가 辰辰巳와 년월상의 戊己土로 왕하여 크고 높고, 넓은 산인데 木나무가 한그루도 없어 산 값이 하락지세인데 다행하게도 시주에

서 辛酉보석 광맥을 발견한 중 또 다시 辰酉, 巳酉로 金국이라 온 산이 보석으로 무진장하게 매장되어 있어 오히려 산 값은 하루아침에 폭등세라 귀명이 틀림없고 또 왕토요 습토에 적당한 金기 철분이 있어 만물을 결실케 하고 또 부식시키므로 土의 기를 영구하게 보존할 수 있는데, 그 공과 덕은 모두 辛酉金의 덕택이라 따라서 이 사주에서의 辛金은 귀성 즉 핵으로서 군림하게 되어 있고 또 이를 두고 아강타생은 좋은 것이라 한다.

만약 庚申시라면 똑같은 金이라 하나 완금장철로 철광이 되기에 辛酉시만 못하니 무조건 식신은 좋고 상관은 나쁘다고만 하는 것도 아니므로 항시 상대적이라는 점에 유의하여 추명에 착오없도록 바란다.

戊辰일주는 백호대살이다. 앉은 자리에 재고 놓았고, 반죽이 잘된 흙이다. 두꺼비 상이다. 이 사주 火土가 많다. 고로 부처님 닮았다고 한다. 戊土산에 나무가 없다. 辰중 乙木은 땅속의 나무이니 산에 나무가 있다고 볼 수 없다. 헤어스타일은 짧은 머리거나 박박 민다. 여자라면 辰중 乙木이 서방인데 언제 키워서 서방 노릇을 시킬까? 남편되는 글자가 약하다.

앞산에는 辛酉로 보석광산이 된다. 辰酉, 辰酉, 巳酉로 합金되어 土생金으로 빠져나가서 약해진다고 생각하지만 辰월은 土왕지절이므로 50%정도밖에 金으로 가지 않으니 일주가 약하다고는 못한다. 아무데나 파도 金이 나온다. 그만큼 세상 사는 것이 쉽다.

배 다른 형제가 있고, 의심 많은 것은 어쩔 수가 없다.

여자라면, 산에 나무가 없으니 정처는 안된다. 변칙으로 금광이 되니 정실로 살아가면 그만큼 행복할 수가 없다. 단, 소실 중에서도 아주 부자의 소실이다. 이 사주에서 金이 용신인데, 만약 안방차지하려면 木을 따라가야 하는데, 金이 木만나면 금맥이 없어져 버린다. 고로 안방차지하려고 하면 쫓겨나고 큰일난다. 즉 자신의 팔자를 알아야 인생의 행복을 찾아갈 수 있다는 것이다. 비겁이 많아서 남편 뺏기고 살아가야 한다는 것이다.

卯년이 되면 卯酉충으로 금맥이 없어진다. 그럼 폐광이 되는데 그러나 여기서 알아 둘 것은 卯년 다음에는 辰년이 온다. 辰酉합金으로 금맥이 다시 살아난다. 卯酉충일 때는 눈이 가려져서 안보였다. 항상 인내하고 기다리면 원상복구가 된다.

戊에 辛은 상관이나 보석이다. 庚은 식신이지만 철광이다. 고로 상관도 좋을 때가 있다는 것이다. 戊에 辛酉는 딸이다. 딸 농사는 잘된다. 금은주옥으로 酉월이니 딸도 예쁘다. 미스코리아 내보내도 되겠다. 딸과 辰酉합 들었으니 딸하고 사이클이 잘 맞는다.

합이 들어서 항상 하는 말이 "나는 시집 안 가고 엄마하고 같이 살래."하더라. 이 사주에서 만약 巳가 없어지면 조후가 안된다. 양지가 되니 巳가 있어야 한다.

癸년이 되면 戊癸합으로 정재이니 내 것인데 戊戊己이니 이 때는 쟁재(爭財)가 된다. 재 · 癸를 가지고 3:1로 싸운다. 어느 장단에 춤춰야 하나?

丁(戊)戊辛
巳戌戌亥의 여자다. 亥생이 戌은 과부살이다. 과부살이 셋이다. 亥중 甲木이 저 끝에 피난 가서 살고 있다. 남편복이 없다. 土일주가 미술한단다. 명암은 잘 나오고 마무리는 잘 하는데 그림에서 선(線)이 부족하다. 木이 없으니까. 만약 ○(辛)○○ 丑丑子子라면, 이런 사주가 그림 그리면 명암의 구분이 잘 안된다. 그러니 이 그림에서 근심 · 걱정이 보인다. 木火가 많으면 있는 대로 펼쳐만 놓았지, 金이 없으면 끝에 마무리를 못한다. 시작은 멋지게 했는데 마무리가 약하다.

사주 예(86)

丙 (庚) 辛 戊
子 申 酉 辰

이 사주는 庚金일주가 辰酉, 申酉로 金국을 얻었고 또 년월상으로 戊土와 辛金의 도움으로 신태왕이 되고 보니 金이 지나치게 태왕하여 금실무성이 될까 염려된 중, 또 다시 土생金받아 포만하여 있고 또 金다(多)로 성격이 예민에 냉정하여 생각 같아서는 시상 丙火를 인용, 중화를 꾀하고 싶으나 금다화식이라 丙火의 존재는 있으나마다 하다.

그러나 다행한 것은 년일시지 申子辰水국이 있어 金생水로 설기가 아름다워 포만증을 시원스럽게 없애줌과 동시에 예봉을 꺾어 안정을 찾았고, 또 가을이 겨울을 생하면서 계절의 순환이 아름답게 이어지니 종이종불지리(終而終不之理)가 여기에 있는데 그 중화의 공은 水에 있는 것이다.

혹자는 申子辰이 水국이라 수다금침으로 오히려 신약이 아니냐고 고집하겠으나 金왕절로 가을이요, 金기가 당권하고 있어 水기로 완전하게 변화하지 않으며, 년주의 戊辰土는 금다토변(金多土變)인 것만은 분명하나 너무나 청백(淸白)한 것이 본명의 흠이기도 하다.

金기 왕한 신강사주가 申子水로 설기하니 길하다. 丙火는 금다화식으로 죽어 있어서 못쓴다. 지나친 완벽주의고 자기 마음에 들 것이 없다. 金水용신이고 木火가 들어오면 두손 든다. 여기서 申子水국이 水생木해 올 것인가? 아니면 못할 것인가? 결론은 水생木을 못한다. 고로 金생水하는 것까지만 만족하라. 水생木으로 木·재를 바라지 말라는 것이다. 金극木으로 나에게 밥 먹여주겠지 하는 생각 말라.

인상은 金이 많으니 차갑고 냉정하여 나쁘게 보이는데 사귀어놓고 보니 괜찮더라. 申子水국이 그렇게 만들었다. 자제능력이 있어서 조절해 준다.

정확한 스님 팔자다. 모든 중생들에게 희생과 보시인 金생水해 주고서 더 이상의 대가인 水생木을 바라지 않아야 하니까.

여자라면 혼자 살아야 하고, 금수냉한(金水冷寒)으로 독수공방이다. 丙남편이 존재 못한다. 또한 火가 약해서 남자 보아도 전기가 안 온다. 남자라면 자식 없고, 직장 없다. 8자 중 金水가 7자니, 자기가 제일 잘났다고 생각하는데 丙火인 직장 가면 경비나 서란다. 고로 직장생활이 어렵다.

○㊉丙庚
○戌子辰의 예를 보자. 金水쌍청으로 너무나 깨끗하고 완벽하다. 庚辰년에 상담하러 왔더라. 庚辰년은 辰戌충 받고, 내것 뺏기고 구설·모략이 들어온다. 비겁이니까. 이때는 "저 새끼 너무 똑똑하니 맛 좀 봐라."라면서 모략·누명이 들어온다. 癸未월은 金생水로 상관이니 명예손상이 생긴다. 그러나 土극水받아서 발생은 하지만 수습은 된다.

모략·구설·명예손상 들어와서 그것 수습하려고 혼났다 한다. "서방님이 너무 똑똑하고 잘나서 그것을 꺾으려고 상대방이 그랬어요? 그 함정에 빠졌어요?"하였더니 그렇단다.

6. 아약극강해(我弱剋强害)

아약은 신약을 말함이요, 극강은 나를 극제하는 즉 관살태왕을 말함이니 정리하여 본다면 일주가 약한 곳에 관살태왕은 해가 된다는 것이다. 다시 말하여 약자는 강자에 의하여 빛을 잃게 되어 있으며, 또 적은 것은 큰 것에 의하여 잠식당하고 약소국은 강대국에 의하여 억압받으며, 빈자는 부자에 의하여 탈취만 당하는 것처럼 언제든지 소수는 다수에 의하여 해가 될 수밖에 없다.

이와 같이 세력에는 당할 자가 없으니 우선 일주도 강왕하여야만이 재·관·상식을 다스릴 수 있으며, 따라서 일주강약에 의하여 희비가 교차하게 된다는 것을 새삼 느꼈으리라고 본다.

내가 약하고 즉 신약하고, 신허한데 나를 극하는 관살이 많을 때는 오히려 사주가 나쁘다. 살왕신쇠격(殺旺身衰格) 또는 관살태왕격이라고도 한다. 관살이 많으면 자연적으로 일주가 약해진다. 그런데 관살태왕으로서 최약격이 된다면 종살격이 되기 때문에 해가 아니라 오히려 귀명이 되는 것이니 혼동하지 말 것이며, 종살격에 대해서는 뒤에 격국용신에서 설명하기로 하고 여기서는 일주약에 관살태왕만 기술하기로 한다.

여기서 얻을 수 있는 철학이 있다.

• 세상 살아가는 데는 환경을 잘 만나야 한다.
• 무조건 억울하면 출세하라.
• 어디를 가든지 왕따 당하고, 고립되는 팔자다. 구설·모략이 된다.
• 매가 무섭고 또한 지나치게 압박당하며 산다. 쉽게 얘기해서 기죽

어서 사는 팔자이다. "음메 기죽어."다.

- 지구력 · 인내력이 없고, 직장 다녀도 건강이 안 좋아서 하루 일하고 이틀 쉬어야 한다.
- 할말 없으면 "동네북이네요."
- 여자라면 동서남북이 서방이다. 공포에 떨려서 못살고 심하면 정신이상이 온다.
- 여기가도 저기가도 나를 극하는 적이다.

다시 일주별로 세분하여 보자.

水일주 약에 土관살이 왕하면, 적은 물이 많은 흙에 의하여 유색되고, 흡수되며 또 탁수에 수심이 깊지 못할 뿐더러 종내는 물이 썩어 水의 생명을 잃어버리게 되므로 해가 될 수밖에 없고 이를 토다유색(土多流塞)이라 한다.

물이 막히니 썩는다. 사주에서도 냄새가 난다. 水를 피로 본다면 水가 적고 흙은 많으니 더러운 피다. "야! 이 놈아 네 몸에서는 더러운 피가 흐르니 안돼!"

木일주가 약한데 金관살이 왕하면, 약한 나무에 열매가 너무나 커서 가지가 찢어지고, 또 많은 서리에 의하여 고사되며, 가을을 만나 낙엽지고, 성장이 정지되며, 전지(剪枝)는 가하나 지나쳐 나무를 죽이고, 나무를 깎되 지나쳐 쓸모없게 만들기 때문에 해가 되며, 이를 금다목절(金多木折) · 만고풍상(萬古風霜)이라 한다.

나무가 완전히 삭감된다. 열매가 많아서 가지가 찢어진다. 제 살 깎아 먹기이고 금목상전(金木相戰)이다.

다음 火일주 약한 곳에 水관살이 왕하면 水극火 당하여 몰화(沒火)가 됨은 물론 낮보다 밤이 길어 음지가 많아졌고, 매사가 동결되며, 어둠속에서 헤매고 있는 것과 같고, 장마가 계속되어 만물이 부패하며, 정신이 혼미하여 분별의식을 상실하므로 불리하고 이를 수다화몰(水多火沒)이라 한다.

음지가 되어서 火가 꺼져 버린다. 낮은 짧고 밤은 길다.

다음 土일주가 약하고, 왕木을 만나면, 木극土 당하여 붕괴됨은 물론 밭 주위에 나무가 많아 음지의 밭이요, 또 가는 길이 가시밭이 되어 해가 되며 이를 목다토붕(木多土崩), 지형천리(枳荊千里)라 한다. 인정이 많이서 신용이 죽어버린다. 음지전답이다. 지형천리란 가시밭길 천리라는 말이다.

다음 金일주가 약하고, 火관살이 왕하면, 火극金 받아 쇠가 녹아 없어지고, 또 전류는 강한데 전선이 약하여 터지며, 기온이 너무나 상승하여 결실을 할 수 없고, 윗사람이 많아 머리를 들 수 없기 때문에 해가 된다. 이를 화다소용(火多銷鎔)이라 한다.

金이 완전히 녹아서 없어진다. 火로 꽃피워서 金으로 결실하려는데 기온이 높으면 열매는 곪아 빠진다. 다된 밥에 코빠지는 팔자다.

이상은 모두 파격(破格)이다. 천격(淺格)이다. 천격(賤格)이다.

죽도록 일해도 선무공덕이다. 만약 여자라면 옛날엔 정신대 · 기생팔자이다.

일과 연결해서 쉽게 표현해보자.

- 木일주에 金관살이 많으면, 수족이 파김치가 되도록 일해도 먹고

살똥말똥하다.

- 金일주에 火관살이 많으면, 뼈가 노곳노곳 하도록 일해도 먹고 살똥말똥하다.
- 土일주에 木관살이 많으면, 허리가 부러지도록 일해도 먹고 살똥말똥하다.
- 水일주에 土관살이 많으면, 대소변 볼 사이도 없이 일해도 먹고 살똥말똥하다.
- 火일주에 水관살이 많으면, 쎄(혀)가 빠지도록 일해도 먹고 살똥말똥하다.
  눈알이 빠지도록 일해도 먹고 살똥말똥하다.

水일주에 土관살이 많으면 土극水이나 토다유색(土多流塞)된다고 했다.

庚(壬)己戊
戌子未戌

의 경우, 土가 많아서 물이 못 올라간다. 壬子는 받아놓은 물이다. 庚은 조토에는 土생金을 못 받으니 죽어 있어서 金생水 못한다. 썩은 물, 엳은 물이다. 이런 사주가 창살없는 감옥이다. 도장집이나 복권판매소같이 조그마한 박스 안에서 하루종일 꼼짝 못하는 것이니 주방장도 창살없는 감옥이다.

水에 비해서 土가 많으니 모기 보고 총 쏘는 팔자이다. 여자라면 첫정은 戊戌에게 주었는데 시집은 己未에게 간다. 가까운 데 있으니까.

사주 예(87)

丁 (壬) 戊 丙
未 子 戌 戌

이 사주는 壬水일주가 土왕당절인 戌월에 출생한 중 주중 土多로 실령 · 실세라 겨우 일지 子水에 득지하여 水기의 명맥만 유지하고 있으나 금방이라도 조토에 흡수될 것 같으며 또 산이 높아 물이 흐르지 못하고 水보다 土가 많아 탁수요, 고립무보(孤立無補)로 의지할 곳 없으며, 수심이 깊지 못하여 송사리마저 살 곳이 없으니 어찌 水로서의 임무를 다 하겠는가 말이다.

따라서, 이 모두가 土관살이 많아 해가 되고 있으며 또 이와 같은 사주를 관살태왕, 재살태왕, 살왕신쇠 라고도 한다.

그리고 壬水가 비록 양水로 강왕하다고는 하나, 본명에서는 약하고 있기 때문에 癸水보다도 못하며 또 丁壬이 합하여 화木이 될 것 같으나 土기 당권에 壬水가 득근(得根)하여 합이불화(合而不化)요, 未戌형으로 土기가 피상되는 것이 아니라 왕자형발(旺者刑發)로 더욱 왕성하여지니 이를 두고 숙호충비(宿虎冲鼻)라 한다.

이 사주는 탁수다. 탁수가 지나쳐서 썩은 물로 연결된다. 어디를 가나 일복은 타고 났다. 물이 막혀 있으니 정지상태다. 올스톱되고 있다. 물이 적으니 산지사방되어 일하는데 기준이 없어서 무엇을 먼저 해야 할지 모른다. 여자면, 나가기만 하면 남자들이 많이 따라 붙는다. 남자는 능력도 없는 주제에 자식만 많이 낳아서 자식에게 멸시당하고 천시당한다.

이런 사주는 밑바닥을 기어야 한다. 즉 천한 일을 해야만이 된다. 다방 해서 돈 좀 벌었다고 카페 하면 망한다. 밑바닥을 길 때가 가장 행복한 때다. 이 사주는 조금만 튀려고 해도 안된다. 이 사주에는 木·火·土·金·水 중에서 어느 오행이 제일 좋을까? 金이 제일 좋다. 土생金, 金생水로 원수를 은인으로 만든다. 무조건 공부해야 한다. 거기서 귀인도 만나게 된다. 어떻게 보면 土가 많으니 木극土해야 한다고 볼 수도 있으나 이 사주는 金水가 필요한 사주이지, 木火가 필요한 사주가 아니다. 고로 木보다 金이 더욱 좋은 것이다. 金중에서도 申이 제일 좋다.

이 사주는 평생을 가도 균형을 못 이룬 사주이다. 한쪽으로 항시 기울여져 있다. 그만큼 고생해야 한다. 水는 지혜인데 썩은 물이니 꾹 생각해도 썩은 꾀요, 막혀있는 꾀이니 지 죽을 꾀만 낸다.

사주 예(88)

丁	㊙甲	辛	戊
卯	申	酉	辰

이 사주는 甲木일주가 金왕당절인 辛酉월에 출생된 중 辰酉, 申酉로 金기가 태왕하여 실령·실지라 최약이 되고 보니, 금방이라도 金살에 종(從)을 할 것 같으나, 시지 卯木양인에 착근하므로 종이 아니요, 신태약이 된다.

추절지목으로 낙엽지고, 근이 부실하여 영양공급을 제대로 받지 못하므로 가지만 앙상하며, 또 열매가 과중하여 견디기가 어렵고, 가을에 서리가 눈처럼 많이 내려 고사(枯死)직전에 있으며 암석 위의 송백이라 풍절(風折)되기 쉬워 해가 되고 있는 사주다.

그리고 甲木에 辛酉金은 본래 정관이나 신태약되어 종내는 살이 되었으며, 재살태왕에 살왕신쇠요 金木상전으로 인의(仁義)가 구무(俱無)요, 관살 일복이 많아 헤어날 길이 없으며, 金극木으로 木이 살상되고 보니 자체 조화를 할 수 없고, 관국으로 좋은 벼슬이 될 것 같으나 다자무자에 해당하여 오히려 직장마저도 없는 팔자다.

이 사주는 金木상전이니 통자(痛字)항렬이다. 두통, 치통, 근통, 골통까지 연결된다. 卯申귀문으로 가끔씩 똘아이짓해서 탈이 된다. 金극木하니까 초조하고, 불안하고, 항시 쫓기는 세상을 산다. 뭔가 뒤에서 나를 치는 것과 같다.

관살은 짐인데 너무나 관살이 많으니까 무거운 짐이다. 고로 허약한 사람이 무거운 짐을 지면 못 일어난다. 甲木 큰나무를 金대패로 깎다 보니 대들보를 아무데도 못쓰게 깎아 놓은 것과 같다. 고로 다른 사람들이 안 쓴다. 또한 "제 살 깎아 먹는 팔자네요." 전지에 비유하면 나무는 적은데, 너무 큰 가위를 들이대서 나무가 말라 죽는다.

여자로 보면, 화장술로 비유해서 화장을 조금만 짙게 하면 귀신 잡아먹은 것처럼 얼굴 버린다. "아줌마, 화장 조금만 하세요." 火가 필요하니까 쌍거풀 수술해야 한다. 그리고 이마 가리지 말고 훤하게 드러내고서 다녀야 한다.

金도 풍(風)이니까 만고풍상(萬古風霜) 겪어야 한다.

용신에 있어서 水생木이냐? 火극金이냐? 火가 먼저다. 나를 때리러 오는데 엄마 水에게 전화하는 것은 늦다. 木火는 양이다. 고로 金水가 많으니 木火양을 보충해야 하니 火가 용신이다.

건강은 간도 나쁘고, 머리가 아프다. 시력도 나쁘다. 시력이 나쁘면 머리 아픈 게 그냥 나온다. 그 원인이 안경을 써야만 해소된다.

庚子년에는 최악이다. 甲庚충에 子卯형이다. 申子辰水국에 子酉귀문관살까지 연결된다. 재 · 관 · 인 모두가 동했다. 내 뿌리까지 흔들렸다. 직장, 처, 재물, 형제, 건강 모두 문제가 되는구나. 근신하고 기도하라. 남쪽이 해법이다.

사주 예(89)

庚	(丙)	壬	壬
寅	子	子	申

이 사주는 丙火일주가 水왕당절인 壬子월에 출생된 중 申子水국이요, 년월상의 壬水에 丙壬충극으로 쫓기고 있으며, 또 水기 태왕으로 당장 몰火가 될 것 같으나 다행하게도 시지 寅木에 득장생하여 의지를 하고 있다 하나

壬水살을 감내하기에는 너무나 힘에 벅차다.

비유하건대 火쇠水왕 즉 살왕신쇠(殺旺身衰)라 태양의 열기는 식어가고 동짓달이 둘이라, 자도자도 밤중이며 꽁꽁 얼어 만사가 동결이요, 일식이 심하여 태양이 보이지 않고, 꿈속에서만 헤매고 있으며, 짐은 무거워 한시가 급한데 가도가도 망망대해(茫茫大海)요, 丙火꽃이 水다(多)냉기에 시들어 가고 있는데 저 머나먼 훗날 말년 시지 寅木에 가서야 겨우 항구를 찾아 정박하게 되어 있으니 철들자 망령인가 어렵고 어렵도다.

水인 관살이 많아서 관살태왕이다. 고로 寅木용신이다.

동짓달의 물이니 꽁꽁 얼었다. 너무나 꽁꽁 얼어서 자율신경이 말을 안 듣는다. 丙壬충으로 연타를 얻어 맞으며 불이 꺼지기 일보직전이다. 심장이 나빠져 어디 살겠나? 밖에 나가면 壬申・壬子가 작당해서 약한 丙을 짓밟았다. 그래서 모두 고소하겠다고 했더니 알고 보니 丙의 외갓집이 寅이고 寅의 외갓집이 子더라. 고로 진외갓집이니 水들이 와서 丙보고 "미안하다. 우리가 진외갓집인지 모르고 그랬으니 한 번만 봐달라."고 한다. 인정상 못 집어 넣는다. 또한 丙이 집어 넣는다고 하자 壬이 말하길 "집어 넣으면 나중에 너 죽인다."고 한다.

여자면 계속 남자가 따라오더라. 水극 火로 노이로제 걸리겠다. 또 水가 많아서 "왜 이 집에는 물귀신이 이렇게 많아?"하더라.

火가 많으면 불에 타서 죽은 귀신

木이 많으면 매맞아 죽은 귀신, 목 매달아 죽은 귀신

土가 많으면 매몰된 귀신

金이 많으면 총, 칼, 자동차 사고로 죽은 귀신이다.

귀신 소리 들먹거려야 손님들 돈 뜯어 먹는다더라.

庚辰, 庚子년이면 申子辰水국해서 水극火 들어오니 제 몸 하나 못 가눈다. 학생이면 사회에서 왕따 당한다. 학생이 재운 만나면 성적이 안 오른다. 공부 안한다. 나쁘게 연결하면 책가방 놓는다. 庚申년이면 나이에 관계없이 이혼수 들어오거나 자기 생명이 왔다갔다 한다.

동짓달에 눈이 키높이로 왔다. 고로 寅木만 가지고 고립되어서 살아가야 하는 팔자이다. 申이 金으로 재인데 金생水로 가니까, 재가 살이 되니 재앙이 생긴다. 즉 돈이 들어오면 재앙이 일어나는 팔자이니 어찌 편안히 살겠는가?

사주 예(90)

乙	㊉戊	乙	癸
卯	戌	卯	卯

이 사주는 戊土일주가 년월시주에서 木국을 만나 실령 · 실세로 신약이 된 중, 겨우 일지 戌土로 득지하여 명맥만을 유지하고 있으나 그것도 복이라고 卯戌로 합하여 코 앞까지 나무뿌리가 뻗어서 금방이라도 쓰러질 것만 같다. 이와 같이 구성되어 있으면 허토에 음지전답이 되고, 또 木산성이 과다하여 결실하기 어려우며, 木인정에 얽매여 자기를 상실하였고, 또 책임이 무거워 오도가도 못하겠으니 어느 세월에 土로서의 임무를 다 하겠는가.

본명에서 주의할 것은 乙木이 정관이라 지장이 없을 것 같으나 신약에는 정관도 살이 된다는 것을 입증하여 주고 있으며, 또 년상 癸水와 戊癸로 합하여 火로 변화라, 火생土받아 힘이 될 것 같으나 합이 불화로 불용하고 卯戌합화 火도 응용되지 않는다.

이 사주는 동서남북으로 卯戌합이 많다. 만나는 남자마다 제 서방하겠단다. 고로 음지인생이다. 소실 팔자이다. 土가 본래 신용인데 木이 많아서 인정이 많으니 신용이 허물어진다. 사업은 성격상으로도 안된다. 외상값을 못 받으니까.

戊戌土 하나에 모두 木이니 이 밀림을 어떻게 헤쳐 나가야 할까? 卯戌합으로 남자가 발목잡고서 못 가게 한다. 火를 만나야 앞길이 환히 보이고, 음지가 양지되고 木생火, 火생土로 통관시킨다. 午火가 제일 좋다. 午戌합이니 이름에 午火 넣어줘라. 수리에 구애받지 마라.

이 사주에 辰운이 오면, 辰戌충으로 일지가 충받아서 변화가 생기는데 타의에 의한 변화다. 그 결과가 나오는데 내 의지처를 없애니 결과는 나쁘다. 卯辰木국이 되어서 木극土하니 辰과 戌은 거의 같은 것이 돼서 옆에 있는 놈이 나에게 못된 짓 한다고 추리하라.

추명가에 이르기를 "합다합귀(合多合貴) 좋다 마소, 사랑통에 죽어나니 홍등가에 녹주 부어 기생몸이 된답니다."

사주 예(91)

乙	㊢庚	戊	戊
酉	午	午	寅

이 사주는 庚金일주가 火왕당절인 午월에 출생된 중 년일지로 寅午가 火국하여 금방이라도 소용(銷鎔)될 것 같으나 시지에 酉金있어 火왕金쇠라 신태약이 되고 있다. 따라서 火기가 태왕으로 金결실이 어렵고, 火전류는 강왕하여 넘치는데 金전선이 약하여 퓨즈가 나가기 일보 직전이며, 火극金 적이 많아 움직일 수 없고, 모두는 火국으로 잘나고 똑똑하며 출세하는데 金본인은 못나고 어리석으며, 밑바닥에서 헤매고 있는데, 이 모두가 火관살태왕이 많아서 해가 되어 있는 것이다. 그리고 년월상의 戊土는 조토가 되어 土생金을 못하니 일간의 힘이 될 수 없고 乙庚합

화 金도 火극金 당하여 성립되지 않는다.

이 사주는 庚이 酉金에 뿌리하고 있다. 戊는 조토이니 土생金 못한다. 고로 戊는 庚의 편이 아니다. 寅午火국으로 이런 팔자는 어렸을 때는 일사병으로 쓰러진다. 심장마비로, 쇼크사로 쓰러진다. 이럴 경우는 함부로 움직이지 말고 수건으로 목만 받쳐주면 기도가 열려서 실컷 자고 일어난다. 火가 전기인데 庚은 전선이고, 전선은 약한데 전류는 강하니까 과부하가 걸려서 퓨즈가 나간다. 고로 뇌일혈로 죽는다.

오갈병이 들었고, 피부병 환자이고, 치아가 나쁘고 즉 치근이 깊지가 못하다. 자율신경이 약하니 조절이 안된다. 오줌이 나와도 나온 줄 모르고 대변이 나와도 나온 줄 모른다.

火로 꽃피어서 金으로 결실해야 하는데, 火가 많아서 金열매가 떨어지니 항시 남한테 이용만 당하고 산다. 여자라면 폐병환자인데도 남자를 밝힌다. 남자만 보면 전기가 온단다. 金이 부족하니까 빈혈이 되니 생리불순이 걸린다. 火가 많으니 고갈증이다. 卯년이면 卯酉충으로 처가 사고친다. 그래서 내가 오고갈 데가 없어진다. 정재는 본래 내 마누라인데 또한 내것인데 酉金인 내 의지처를 죽이니 내것이 아니다. 내 돈이지만 내 맘대로 못하고, 내 마누라인데도 내 맘대로 못하니 "뒤로 넘어져도 코가 깨지는 운이다." 얼마나 재수가 나쁘겠나?

사주 예(92)

癸	㉺丙	庚	戊
巳	子	申	辰

상담사주이다. 여자 장애자다. 壬戌년에 다쳤다. 申월의 꽃이다. 가을의 巳시니까 더위가 있다. 고로 巳火용신이다. 관살이 많은 사주는 예쁘다. 그래야

남자가 오니까. 丙이 巳에 의존하고 있는데 나중에는 木에 木생火로 의지해야 한다. 부모는 의지처다. 의지는 지팡이다. “이 운명은 의지하지 않고는 어디 못 가네요.” 壬戌년은 백호가 辰戌충이고, 丙이 戌에 입묘다. 친정은 그래도 잘산다. 완전한 재다신약은 친정이 거지인데 이 사주는 그렇지는 않다.

庚辰년에 일지가 子辰삼합이다. 일지가 삼합이면 마음이 바빠진다. 바빠지면 뛰려고 한다. 申이 辰만나면 넘어지는 살(殺)이다. 申子辰水국이 되어서 살이 되어 나를 치고 들어온다. 몸 다친다. 조심하라.

지금까지의 내용을 요약하면,

중강격에서 제일 좋은 팔자가 나왔고, 조금 신약격에서는 중강격과 비슷하다. 너무 신약한 사주는 신허(身虛)사주인데, 이런 유형의 사주가 제일 나쁘다. 격국 속에 제대로 못 들어간다. 재다신약, 모쇠자왕, 관살태왕격 등이다.

너무 태강한 사주 즉 지나치게 강한 사주도 나쁘다.

상식이 많은 팔자는 자왕모쇠격, 또는 모쇠자왕격이라 하는데 모두 맞는 말이다. 문법상으로 중국어로는 자왕모쇠가 맞고, 우리말로는 모쇠자왕이 맞다.

지금까지의 설명은 일간에 국한하였으나 응용에 있어서는 주중 어느 곳에 있든 같은 방법으로 추명할 것이며, 다음은 공부한 것을 모듬하여 기록하니 참고하기 바란다.

- 木의 경우, 화다면 분소(焚消)되고, 토다면 목절(木折)이요, 금다면 삭감(削減)되고, 수다면 부목(浮木)에, 목다면 경화

(更化) 내지는 곡직(曲直)이 된다.

- 火의 경우, 목다면 화식(火熄)이요, 화다면 염상(炎上)이며, 토다면 회기(晦氣)되고, 금다면 화식(火熄)되며, 수다는 몰화(沒火)가 된다.
- 土의 경우, 목다면 붕괴(崩壞)요, 위산과다, 위궤양. 화다는 토초(土焦), 위액이 부족하다. 토다는 가색(稼穡), 단 습토일 때. 火土가 많으면 위확장증, 위무력증. 금다는 토변(土變)하고, 수다는 토류(土流)다.
- 金의 경우, 목다면 금결(金缺)이 되고, 화다엔 소용(銷鎔)이요, 토다면 매금(埋金)되며, 금다면 종혁(從革)에 수다면 금침(金沈)된다.
- 水의 경우, 목다면 수축(水縮)하고, 화다엔 증발하며, 토다면 유색(流塞)되고, 금다면 수탁(水濁)이요, 수다엔 윤하(潤下)가 된다.

이와 같으니 잘 기억하였다가 응용에 차질이 없도록 하고 또 이러한 것은 원칙론이라는 것도 부언하는 바이다.

三. 격국론

1. 격국의 의의 및 구성

격국(格局)이란 무엇인가? 사주의 그릇이다. 돈버는 그릇, 일하는 그릇, 장관 그릇, 졸병 그릇, 역학하는 그릇, 사업하는 그릇, 공부하는 그릇인가? 그 그릇을 따지는 것이 바로 격국이다.

이러한 격국은 그 육친에다 격자(格字)를 붙이면 된다. 신살에도 격자를 붙이면 되는데, 가령 도화가 있으면 도화격, 충이 있으면 충격, 형이 있으면 형격이 된다.

격국은 크게 내격과 외격으로 나누고, 내격은 육친에 맞추어 보는 것이고 외격은 내격 이 외의 것으로 보는 것, 즉 충 · 합 · 형 또는 종을 말한다. 따라서 이 격국에는 여러 가지가 포함된다. 흐름, 원류, 통변, 병약, 진가 등을 총포함하고 있는 것이 격국이다.

이러한 격에도 외격이나 내격이나 모두 성격과 파격이 있다. 즉 병든 그릇이냐, 깨끗한 그릇이냐, 더러운 그릇이냐를 판별하는 것이다.

그러면 격을 정하는 이유는 무엇인가?

그 사주가 어떤 그릇인지를 알아야만 써먹든지 말든지 할 것이다. 또 부모님과의 관계를 알아보는 것이다. 즉 어떤 부모의 유전인자를 가지고 태어났는지, 부모님과의 뜻이 잘 맞는지 어떤지를 알기 위해서이다. 또 때 즉 어떤 시기에 태어났는지를 알기 위해서이다. 잘 태어났는지, 못 태어났는지를 알기 위해서이다.

이처럼 격국이라는 것은 일주를 기준하여 주중을 대비하여 오행과 육친의 과다와 부족 그리고 일주의 강약 등을 살펴 사주 장본인의 능력 여부를 측정하고 나아가서는 합과 충, 길신과 흉신은 물론 원류(原流), 통변(通變), 청탁(淸濁), 조후(調候), 병약(病藥), 허실(虛實), 진가(眞假), 희기(喜忌), 은원(恩怨), 기반(羈絆), 화기(化氣), 변(變), 종(從) 등을 종합적으로 파악하여 최종적인 결론을 얻어 사주의 판국을 정하는 것을 격국이라고 한다.

비유하건대 도시는 도시 나름대로 규격이 있고, 물품은 물품 나름대로 규격이 있어 그 정하여진 규격에 의하여 좋고 나쁨을 구분할 수 있듯이 사주에 있어서도 격국을 모르고서는 명리학에 대한 진수를 알 수 없음은 두말할 나위도 없는 것이다.

따라서 격국은 하나의 사주를 추명하는 데 간단하고도 명료하게 알아 볼 수 있게끔 구획을 정리하는 데도 목적이 있으며, 또 이 격국에 의하여 부귀, 빈천, 건강, 수명, 육친의 변화 등 할 것 없이 좀 더 자세하고 오묘한 경지를 터득할 것이다.

즉 다시 말해서 격국으로 추명하다 보면, 충이나 충이 안되는 경우도 알 수 있고, 또 충이나 형이 없으면서도 충이나 형이 있는 사주보다도 더 불행하고 있는 것을 알게 되며, 나아가서는 사자(死者)가 생이 되고, 생자가 사자가 되는 등은 이 격국을 모르고서는 알 길이 없는데 혹자는 쉬운 말로 격국을 몰라도 추명은 얼마든지 할 수 있다고 객언(客

言)을 하는 자들이 있으나 알고 보면 그 사람 역시 본인도 모르는 사이 다소는 격국을 이용하고 있는 것이다.

주의할 것은 그저 단순하게 합이나 충 그리고 육친 따위나 붙여서 추명하는 것이 아니라 일주를 기준하여 사주 전체가 어떠한 영향을 미치고 있으며, 년월을 대비한 선천적인 유전인자와 일시와 전체를 대비한 후천적인 인소는 어떠하고, 또 대운을 대비한 미래에 찾아오는 인소를 복합적으로 추명하는 데 원동력이 되고 있고, 또 각자의 운명에 타고난 소질을 바탕으로 각자의 능력과 맡은 바 임무를 완수할 수 있는 길을 지침하는 데 근간이 되고 있는 것이다.

따라서 격국을 잘만 응용한다면 아무리 어려운 사주라 할지라도 추명하기가 쉽다는 것을 스스로 깨닫게 될 것이니 본 격국 공부에 성의를 다하기 바란다.

격의 구성은 어려운 것 같으나 지금까지 공부하여 온 육친에다 격자 하나만 붙여주면 되는 것이니 가령 인수가 있으면 인수격, 양인이 있으면 양인격, 정재가 있으면 정재격, 정관이 있으면 정관격, 관살혼잡으로 구성되어 있으면 관살혼잡격 등으로 호칭하면 되는 것이나 지금까지 공부한 것과의 차이점을 알아본다면 단순하게 격자 하나만 붙여서 응용하는 것 같아도 육친 자체를 다양하게 응용하고 있으니 즉 하나의 육친을 가지고도 음양과 오행의 성질 또는 성격과 질병, 정신적인 면과 육체적인 면, 그리고 앞에서 기술한 원류, 통변, 청탁, 조후, 병약 등을 아울러 추명하는 것이 다르고 있는 것이다.

우선 용어에 대한 궁금증을 풀어주기 위해서 정리하고자 하니 잘 살펴 본다면 다른 것 같으면서도 모두가 맥이 통하고 있으니 주의깊게 공부하기 바란다.

먼저, 이미 공부한 합 · 충 등을 보자.

- 우선 합은 부부의 합으로 육합이 있고, 부모와 자손의 합으로 삼합이 있으며, 형제의 합으로 방합이 있다. 또한 이러한 합에서도 암합이 하나 더 들어간다.
- 충은 子午충, 丑未충, 寅申충, 卯酉충, 辰戌충, 巳亥충
- 형은 寅巳申형, 丑戌未형, 子卯형, 辰午酉亥의 자형(自刑)
- 공협(拱挾)은 끼고 있는 것, 즉 子寅이면 그 사이에 子丑寅으로 丑이 끼어있다. 고로 이 끼고 있는 것도 격에 들어간다.
- 길신은 천을귀인, 천덕, 월덕귀인 등
- 흉신은 백호살, 효신살, 탕화살, 귀문관살, 급각살 등등이 있다.

다음은 원류(原流)다. 일주를 기준하여 오행의 상생 · 상극을 살펴 어느 지점에서 시작하여 어느 곳으로 집결되고 흘러가고 있는가를 살피는 것이다. 즉 사주가 어디서 왔다가 어디로 가는가를 알고자 원류를 찾는 것인데 가령 丁丙甲癸/酉辰寅亥의 경우, 丙火의 원류는 甲寅木이고, 甲寅木의 원류는 癸亥水이다.

고로 水생木, 木생火로 일주 丙火로 와서 火생土, 土생金으로 시로 간다. 고로 어떤 사주든지 인수가 있어야 원류가 있고 시작되어진다. 또한 만약에 ○丙○○/○寅子子라면 丙의 원류는 寅木이고 寅의 원류는 子인데 水생木, 木생火로 본인에게 끝나고 土가 없어서 모든게 본인 위주로 끝난다. 이처럼 원류를 알아야만 그 사주의 성격, 가문, 자질 등을 알 수 있다.

원류에는 순국(順局)과 역국(逆局)으로 나눌 수 있는데 순국은 바르게 흘러가는 것이다. 즉 년→월→일→시로 순차적으로 나가는 것이고, 역국은 거꾸로 흘러가는 것이다. 즉 시→일→월→년으로 나가는 것이다. 가령 戊(壬)甲○ 申子寅午는 물이 거꾸로 흐른다.

그러나 순국과 역국이 언제나 순국이고 언제나 역국인 것은 아니라는 것이다.

순국 중에서도 역국이 있고, 역국 중에서도 순국이 있다는 것이다. 가령 역국이지만, 일주가 강하면 다시 순국으로 돌아서는데 이것이 역국 속의 순국이라고 한다. 고로 일주가 강하면 순국이고 일주가 약하면 역국이다. 또한 순국이지만 역국으로 변하면 이것이 순국 속의 역국이다. 결국은 일주가 강하냐 약하냐로 분류되어진다.

예를 들면 戊(壬)甲○ 申子寅午의 경우 시에서 원류가 시작되니 본래는 역국이다. 그러나 신강하므로 순국으로 변했다. 고로 이런 사람은 거꾸로 가는 배도 바르게 잡아 놓는다. 즉 망해가는 회사도 살려놓는다. 그러나 ○(壬)○○ 午寅申戌의 경우는 본래 순국이지만 申월의 水로 신약하다. 고로 변해서 역국이 되었다. 그러므로 이 사람은 잘 돼가는 회사도 맡겨놓으면 적자를 낸다. 이와 같이 편리상 순국과 역국을 분류한 것이지, 이 세상에 순국과 역국이 어디있나? 그 속에 모두 들어 있다는 것이다.

사주가 순국이면 세상 사는 데 있어서 편안히 살고, 순조롭게 살고, 역국이면 세상을 거꾸로 산다. 즉 남이 잠잘 때 장사하고, 여자면 소실노릇을 해야 하고, 거꾸로 사는 것이 바르게 사는 것이다. 甲(癸)辛戊 寅亥酉辰의 경우, 金생水로 계속 들어오니까 水생木, 木생火까지 갈 수 있다. 순국이고, 영원한 순국이다.

壬(壬)辛戊 / 寅午酉申는 木으로 흘러 나갔다가 寅午火국으로 일지로 다시 찾아온다. 고로 寅午火국도 "냠냠 내거야."한다. 壬이 水생木 해주었을 때 寅木은 水생木받아서 절대로 도망 못가고 다시 찾아오게 되어있다. 이 이치를 알면 "너는 내 손안에 있다. 까불지 마라."한다.

다음은 통변(通變)이다.

일주를 기준하여 사주의 흐름을 따라 전체적인 국면을 살펴 통하고 변화하는 것을 구분하는 것이 통변이다. 여기서 통(通)이라 함은 막힌 것을 터주는 것, 상전(相戰)을 해소시켜주는 것이다. 여기서 막힌 것이란, 주중 태왕자가 막힌 것인데 육친으로도 연결하고, 오행으로도 연결하면 된다. 또 어떤 것이 필요한데 그것이 지나치게 허약하거나 없으면 이것도 막힌 것이다. 가령 丙(甲)○○ / 寅子子申의 경우, 甲木이 水가 많아서 막혀있고, 인수가 많아서 막혀있는데, 丙火가 따뜻하게 해주고 있으니 丙火가 통(通)이다. 춥고 겨울이니까 土보다도 火가 우선이다.

만약, 己(戊)○○ / 未子子申이면, 水 · 재가 많아서 막혀있는데 己未土로 土극水해서 분산시켜야 한다. 원래는 火가 필요한데 없어서 土를 쓴다. 이것을 대리용신, 가짜용신이라고 한다. 土가 통이다.

또한, ○(丙)○○ / ○寅亥子의 경우, 水와 火가 상전이다. 寅木이 와서 통관시키면 水火상전을 해소시킨다.

원서에서는 상전하는 경우에는 중간에서 통관시키라고 했는데, 가령 ○(乙)癸己 / 午未酉丑는 乙木이 酉丑金국과 金木상전일 때 癸水로 통관시켜야 하나? 아니면 火극金하느냐? 이런 경우는 火가 용신이다. 金水음이 많고 木火양이 적으니까. 이런 경우를 잘 살펴야 하는데, 乙木이 뿌리없는 나무이다. 고로 水생木해주어도 못산다. 또한 金극木으로 들어오는 것을 火극金으로 방어해야만 내가 살게 되니 이것이 우선이라는 것이다.

여기서 변(變)이라 함은 변화되는 것이다.

변이라는 것은 모든 합에서 변화가 되는데, 가령 인수가 합해서 인수가 되거나, 상식이 되거나 하는 경우이고, 모든 충에서도 변화가 된다. 여기서 변화란 격국의 변화이다. 종아격이 변해서 종재격이 되는 경우, 가령 ○㊛○○ 寅亥亥亥의 경우, 金이 水로 변해서 종아격인데, 寅亥합木으로 종재격으로 변했다. 고로 金생水로 10년이고 寅亥합木으로 10년 합해서 이 사람은 20년 앞을 내다보고 산다. 이 사람의 목적은 寅木에 있으니 이 사람을 잡으려면 寅木을 잡아야 한다. 만약 亥水를 잡으면 木으로 변화하니 이 사람을 잡을 수 없다. 이러한 이유로 이 사람과 대화하다 보면 金생水가 먼저 나오지만 결국은 寅木을 말하려고 한다는 것이다.

이 사람과 여자 이야기를 하다보면, 처음엔 金생水로 자랑 나오고, 내가 돈 많다고 하더니 결국은 寅木으로 애인 있다는 것을 말하더라. 흐름에서 크게 보아야 한다는 것이다.

통변을 잘하려면 사주가 잘 보여야 한다. 그래야 통변을 할 수가 있는데, 가령 합이나 충을 가지고서 통변하면 합이 되는 날이 제일 좋은 길일이고, 충 · 형 · 원진 · 귀문이면 좋지 않으며 비겁년의 신수는 객식구 즉 밥 축내는 식구가 많다.

통변이란 막힌 것을 터주는 것이다.

○(壬)○○ 午寅子申의 경우, 申子水국으로 水생木, 木생火로 나가는데 寅木이 이 사주의 숨통이다. 고로 이런 통(通)도 있다. 만약 申년이면 寅申충으로 한방에 가버린다. 도식(倒食)이고, 나가는 숨통을 막아버리니 상기

(上氣)가 되어서 혈압상승으로 한방에 가 버린다.

丁㊙戊○
卯辰戌未의 사주는 土가 너무 많아서 막혀있다. 너무 많으면 막히게 마련인데 재·土가 많으니 여자가 많아서 갈 수가 없으니 木으로 木극土해야만 土가 분산되어진다.

辛㊉○○
丑酉寅○의 경우, 丁火가 木생火로 잘 출생하여 살아가고 있는데, 밖에만 나가면 金인 여자가 잡아먹으려고 하더라. 또한 木생火로 겨우 불당겨서 살아가고 있는데 밖에만 나가면 금다화식으로 불이 꺼지니 못나간다. 고로 이 사주는 金으로 막혀있다. 金을 제(制)하는 것이 火이니 火가 필요하다.

다음은 청탁(淸濁)이다.

사주가 청격인지, 탁격인지를 구별하는 것이다. 즉 사주가 깨끗하냐? 더럽냐?이다. 깨끗한 사주는 합과 신왕에서 많이 나오고, 더러운 사주는 충·형이 되거나 신태약 또는 신태왕에서 나온다. 금수쌍청은 청이지만 너무나 청하면 사주 버린다. 독신주의이고 종교인 팔자가 된다. 즉 너무 깨끗하다고 좋은 것은 아니라는 것이다.

합중에서도 삼합이 깨끗하다. 깨끗한 팔자들 중에서 군대 안 가고 병역의무를 면제받는 경우다.

신태약이나 신허 사주에서의 탁격은 완전한 재다신약, 상식태왕, 겁겁태왕, 관살태왕, 관살혼잡, 인수태왕, 재살태왕 등이 모두 탁격이라고 보면 된다.

또한 육친 중에서는 재가 더럽게 하며, 水일주 水기태왕자가 몸을 안 씻어서 더럽게 한다. 자기는 항시 물이 있는 줄 알고서 몸을 안 씻는 것이다.

가령 辛(丙)庚癸/卯申申丑는 재다신약이다. 고로 탁격이고 파격이니 깨진 그릇이다.

丁(壬)己戊/未子未戌는 壬子가 물인데, 흙이 많아서 흘러가지 못하고 썩고, 흙탕물이 되어서 더럽고 탁격이다. 물이 흘러가지 못해서 더럽고 육친으로는 관살혼잡이 되어서 더러운 팔자이다.

○(乙)○○/未卯未亥는 곡직격으로 깨끗한 팔자이다. 삼합으로서 방위사업체에 근무하면서 병역면제를 받는다.

진짜 깨끗한 팔자는 돈이 없다. 즉 청(淸)에는 빈(貧)이 따라 다닌다. 고로 청빈이다. 너무 깨끗하면 돈이 안 들어온다. 새돈 가지고 노름하면 다 나간다.

청격이 되는 기본은 신왕에서 나온다. 신왕하면서 균형을 이루고 있으면 청이다. 가령 辛(丁)○○/丑酉午寅이면 신왕재왕이다. 고로 청격이다.

탁(濁)은 신허(身虛)에서 제일 많이 오고 태왕하거나 충·형이 너무 많을 때가 모두 탁이다. 적당한 탁은 부자이지만 지나친 탁은 파격이다.

가령 ○(丙)○壬/申子午子의 경우, 午월에 장마가 들었다. 관살태왕이다. 재살태왕이고, 子午충이다. 탁격이다. 고로 충형이 없어도 얼마든지 탁이 될 수 있다.

다음은 조후다.

계절적인 감각으로 추운지, 더운지, 습한지, 건조한지, 서늘한지, 따뜻한지를 구분하는 것이다. 즉 조후란 계절 감각에 맞추어 놓은 것이다. 또한 건조하냐, 윤습하냐를 따져서 보는 것이다.

水다하면 추우니까 火가 필요하고, 火다하면 가무니까 비가 와야 하고, 또한 金다하면 서늘하므로 木이 있어서 따뜻하게 되면 이것도 조후이다. 가령, ○丙○○ 寅辰辰丑는 습이 많아서 木이 필요하다. 습진 있어서 寅木인 식초가 따봉이다. 木은 신것이고 식초로 연결한 것이다.

금수상관(金水傷官)에 요견관(要見官)도 조후의 이치이다. ○庚○○ 午寅子子의 경우, 득령 · 득지 못했지만 추워서 火가 필요하고 金水음이 많으니까 木火가 필요하다는 것이다. 이처럼 상식이 있을 때 관살은 내 편이다. 고로 내가 낳은 자식을 등에 업고서 신왕으로 군림한다.

조후란 계절적인 감각으로 추운지, 더운지, 습한지, 건조한지, 서늘한지, 따뜻한지를 구분해서 균형잡는 것이 조후이다.

가령 ○庚○○ 卯寅酉丑는 酉丑으로 너무 서늘하다. 木을 용신으로 해도 木은 더운 것이니 이것도 조후이다. 寅卯방합이니까, 중간부자는 된다. 木火용신이다. 火가 필요하다. 고로 명예를 중요시 하더라. 木으로 용신해도 木火운이 좋고 火로 용신해도 木火운이 좋다.

다음은 병약(病藥)이다.

주중에 과다한 자는 병이 되고, 그 병을 중화시키는 것이 약인데, 이와 같이 사주를 병과 약으로 구분하는 것이다. 또 이 병약에서는 일주지병과 용신지병이 있는데 일주지병은 주중 과다한 자를 말하고, 용신지병은 용신을 극하는 자를 말한다. 따라서 그 병을 제거하는 자 용신지약이라고 한다. 다시 정리해 보자.

주중 태왕자가 병이다. 직접적인 병이다. 주중 허약자도 병이다. 간접적인 병이다. 이 둘 다 막혀있는 것과도 같다. 고로 제거병자(除去病者)가 약이다. 이 약이 용신이다. 여기서 병중에서도 중병이면 백약이 무효이고, 합병증까지 생각하라. 조금 들어 있는 병이면 치료가 된다.

庚(丙)己○
寅辰丑丑의 경우, 木이 약이고 용신이다. 土金이 병이다. 조후로 보면 추우니까 木생火받아야 한다.

약이란 중화시키는 것으로 병을 제거하는 것만을 약이라고 알면 잘못이다. 제거해서 다스리는 것도 있고 설기해서 다스리는 것도 있다. 가령 水가 많을 때 土로 土극水하는 경우가 있고, 木으로 설기시키는 경우가 있다. 고로 제거하는 것만이 약은 아니라는 것이다. 병에도 일주지병과 용신지병이 있는데, 일주지병과 용신지병이 같을 수도 있다.
○(壬)○○
午寅子申의 경우, 일주지병은 水가 되는데 용신이 火라면, 이 水가 일주지병도 되고 용신지병도 된다. 나중에 火운을 만나면 용신지병도 없어지고 일주지병도 없어지니까 일거양득이고 겹경사가 일어난다. 경사가 2번이나 생기네요, 한다.
丁(乙)丙丁
丑酉午未는 식거선살거후격이다. 제살태과이다. 火가 너무 많아서 일주지병이 되는데, 酉丑金이 용신이면 火극金하니까 용신지병도 된다. 이때 水운이 오면 일주 · 용신지병을 한꺼번에 없앤다.

다음은 허실(虛實)이다.

지나치게 약한 것은 허요, 태왕한 것은 실이 된다. 즉 강자는 실이고 약자는 허이다. 한의학에서도 맥이 약하면 허맥이고, 맥이 잘 뛰면 실맥이다. 기운이 약하면 모두 허맥으로 나온다. 다시 말하면 지나치게 약한 것이 허다. 지나치게 태왕한 것, 득국한 것, 장생한 것, 견실한 것 등이 실이다.

다음은 진가(眞假)이다.

보편적으로 종하는 격에서 사용하는 용어인데 방해자가 없는 종은 진종(眞從)이라 하고 종은 종이나 방해자가 있을 때는 가종(假從)이라 하며 또 상관격에서 상관이 태왕하고 일주가 약하면 진상관, 일주강에 상관이 약하면 가상관이라고 구분하고 있다. 좀 더 풀어서 설명해보자.

가(假)는 죽어있는 것이 가짜이고, 쓰지 못하는 것이 가짜이다. 즉 불용자(不用者)이다. 진(眞)은 득국하고 있으면서 내것이 되어 쓸 수 있는 것이 진짜이다. 용자(用者)이다. 육친에다도 연결하고 길신·흉신에다도 연결할 수 있다. 즉 진짜 급각살이냐, 가짜 급각살이냐, 진짜 탕화냐, 가짜 탕화냐. 펄펄 살아있어도 내것이 아니면 가짜다.

남자는 재와관, 여자는 상식과 재와관이 진짜인지, 가짜인지를 보라. 진짜 내자식인가? 진짜 신랑인가? 아니면 진짜 돈 버는가? 가짜인가?

격에도 진짜격이 있고 가짜격이 있다. 종격중에도 진짜와 가짜가 많이 나온다. 즉 진짜로 종을 했는가? 아니면 가짜로 종을 했는가? 종을 하고 싶어서 했는가? 아니면 하기 싫어도 억지로 했느냐?

가령 ○(丁)○○/酉丑酉○는 丁이 土가 있어서 火생土, 土생金으로 하고 싶어서 종을 했다. 그러나 ○(丁)○○/酉酉○○는 土가 없어서 금다화식으로 억지로 종을 했다. 여자라면 할 수 없이 억지로 시어머니 소리를 하더라.

또한 ○(庚)○○/午寅寅申의 경우는 庚이 寅午火국으로 종을 하는데 년지에 申이 있어서 가종이다. 申이 방해자인데 寅申충 받아서 불구자이고 형이 된다. 庚이 申인 형을 버리고, 火로 종을 해서 잘 먹고 잘 살고 있는데, 물론 처가살이다. 申운을 만나자 죽어있는 申이 살아난다. 복수의 칼을 들고서 寅申충으로 모두 때려 부순다. 이 庚金은 운에서 들어오는 申이 다 때려 부수는 것으로 착각을 하고 있는데 실제로는 모든 정보를 년지의 申이 운에서 들어오는 申에게 모두 보고한다. 같이 있으니까 못당한다. 이것이 가종이다.

또한 ○丁辛○ / 寅酉丑巳 는 재다신약으로 寅木용신이다. 완전 재다신약으로 못산다. 고로 寅木인 고향을 버리고 부모를 버리고 차라리 서울로 가면 巳酉丑金국으로 연결되니까 조금 잘 살겠지 하는 생각으로 가려고 하자 寅木어머니가 “너 하나 믿고 사는데, 너마저 가면 어떡하냐? 너희 아버지 金국을 좀 보거라. 金극木으로 네 어미 패대기치는 걸 보았지?” 하면서 丁을 못가게 붙잡더라. 그래서 꼼짝없이 재다신약으로 못사니까 나중에야 寅木어머니가 “이 년이 죽일 년이지, 네가 서울 간다고 할 때 보낼 것을 괜히 붙잡았구나.”하더라. 즉 종을 안한다고 모두 좋은 것이 아니더라. 金국이지만 丁에게는 가짜다. 마누라 · 재 모두가.

다음은 희기(喜忌)를 보자.

사주에 좋은 역할을 하는 것이 희신이며, 사주에 나쁜 작용을 하는 것이 기신이 된다. 희신은 약이고 기신은 병이다.

다음은 은원(恩怨)이다.

희기와 같은 말이다. 은신은 희신과 같으며, 원신은 기신과 같으나 모두가 간접적인 작용을 하고 있는 것이다.

다음은 기반(羈絆)이다.

기반은 철저하게 합이 되어 묶여서 본 임무를 상실하는 것인데 천간에서만 작용된다. 즉 합거된 것이 기반이다. 합거된 것은 불용(不用)으로서 내 사람이 아니다. 따라서 용신도 안된다. 일주와 합하는 것이면 합신이고, 일주를 떠나서 저희들끼리 합하는 것이 합거이다. 본명

뿐 아니라 운에서도 작용한다. 가령 ○㊙己○ / ○○卯午이라면 寅午戌에 卯가 도화이다. 도화 위의 己土가 마누라이다. 甲년이 오면 甲己합으로 가버리더라. 천하의 바람둥이 마누라다. 언제든지 운에서 들어오는 것은 새것이다. 본명에 있는 것은 헌것이다. 甲己합거로 가버렸다.

다음은 화기(化氣)다.

일간이 천간합화법에 의하여 변화하는 것이다. 잘되어 있으면 처세 좋고 적응 잘한다. 합화법에서 나왔다. 甲己합화土, 乙庚합화金, 丙辛합화水, 丁壬합화木, 戊癸합화火다. 쟁합(爭合)은 남자 2에 여자 1이고 투합(妬合)은 여자 2에 남자 1일 때이고 합이불화(合而不化)는 합화해서 변화하는 것을 극하는 것이 있을 때이다.

甲己합해서 土가 되는데 木이 있어서 木극土하자, 甲木기준해서 형제가 己土기준해서 시댁 형제가 방해한다. 乙庚합해서 金이 되는데, 乙庚합해서 金이 되니까 乙木여자는 "이 한 몸 다 바쳐서 나는 오직 당신의 몸으로 살아갑니다."하고, 庚金남자는 여자와 도망 안가고 자기 자리 지킨다. 이때 火가 있으면 자식 낳고서 금슬에 금이 가기 시작한다.

丙辛합화水인데, 土가 있으면 土극水하니까 辛이 丙과 결혼하려고 하자 土인 엄마가 "내 눈에 흙 들어가기 전에는 너희 년놈들 결혼 못한다."고 한다. "왜, 안되나요?"하자 "辛인 너는 내가 낳았으니까 내 자식인데 丙火는 火생土로 나를 낳아주었으니까 너희들의 진외갓집이다. 그러므로 결혼은 못한다."하는 것이다.

丁壬합해서 木이 되는데 金이 있으면 아버지나 시어머니가 방해하더라.

戊癸합해서 火가 되는데 水가 있으면 癸水형제들이 방해한다.

己㊙○○ / 巳戌未戌의 경우, 甲己합화土로 화기격(化氣格)이다. 종재격도 된다. 단, 조토라서 큰 인물은 못된다.

庚㊁乙乙
辰酉酉酉도 화기격이다. 종살격도 된다.

다음은 변(變)이다.

변화를 말함이니 金이 변하여 水가 되고, 水가 변화하여 木이 되며, 火가 변화하여 金이 되는 것 등과 상식이 변하여 재가 되고, 재가 변하여 관이 되는 것 등을 살피는 것이다. 격이 변해서 다른 격이 되는 것도 변이다. 가령 재격이 변해서 인수격이 되면, 처음엔 돈 번다고 하더니 나중에는 공부한다고 하고, 여자라면 처음에는 시댁이 좋다고 하더니 나중엔 친정만 끼고 살더라.

다음은 종(從)이다.

종이라 함은 약한 자가 의지처가 없어 강왕한 세력에 따라가는 것이다.

즉 일간이 허약해서 의지처가 없을 때, 주중왕자에 따라가는 것이다. 단, 관살이 있을 때 상식은 내 편이라는 것은 종격이 안된다. 고로 순수한 종격은 종아격, 종재격 즉 처가살이 하는 것, 종살격 즉 올데갈데 없는 처녀가 남자 잘 만나서 잘 사는 것이다.

이러한 종격사주는 신왕과 같은 효력이다. 종은 항복하는 것이다.

종하는 것에도 삼합국이어야 하고, 천간에 대표자가 하나만 투간해야 한다. 둘이 나오면 선장이 둘이 되어 버린다. 또 패턴으로 몰아서 보는 것이다. 金水로 몰고, 木火로 몰아서 보는 것이다.

음간은 종세(從勢) 부종기(不從氣)이다. 즉 음일주는 세력을 따르고 기를 따르지 않는다는 것이다. 음일주는 종을 잘한다. 양일주는 종을 잘 안한다.

다음은 충(沖)이다.

충이지만 충이 안되는 것도 있다. 즉 충불충이다. ○○○○/午寅子申의 경우는 子午충, 寅申충이 안된다. ○○○○/午寅申子의 경우도 충이 해소된다. 이것은 서로 균형을 이루고 있어서 충이 아니다. 충이라도 건설을 위한 파괴라는 것이다. ○㊛壬○/午寅子申도 丙壬충이 아니다. 서로 균형을 이루고 있어서 잘 살아보자는 충이다.

사주에 충 · 형이 없으면서도 충 · 형이 있는 사주보다 더욱 파격이 되는 경우는 상식태왕, 관살태왕, 재다신약 등은 충 · 형이 없어도 충 · 형이 있는 사주보다 더욱 나쁘다.

가령 ○㊀辛辛/寅酉丑酉는 형 · 충은 없지만 재다신약으로 파격이다. 어설픈 형 · 충이 있는 것보다 더욱 나쁘다. "꽃이 피다 말았다." "아버지 컴플렉스다." 상담할 때에 평범한 사주라면 육친, 신살로만 보아주어도 잘 맞고, 상격사주라면 격국으로 보아야 잘 맞더라. 좋은 팔자를 신살로만 보면 "당신 무슨 말하고 있어요?"한다. 또한 시골에서의 사주와 도시에서의 사주도 그 격이 차이가 난다. 재국이라도 시골은 시골부자이고, 서울은 재벌이라는 것이다.

역학은 다원론(多元論)이면서도 귀일(歸一)이 된다. 즉 각각 다른 말인 것 같으면서도 그 맥이 통하게 된다는 것이다.

2. 내격과 외격

격에는 내격과 외격으로 구분되는데 내격에는 정인격 · 편인격 · 식신격 · 상관격 · 정재격 · 편재격 · 정관격 · 편관격으로 분류하고 비견은 건록격 · 비견격 · 비겁격 · 양인격을 취하고 있으며, 외격은 별격이라고도 하며 내격 이외의 격을 모두 외격이라고 하는데 크게 나누어서 종하여 이루어지는 종재격 · 종살격 · 종아격 등이 있고, 암합하여 이루어지는 자요사격(子遙巳格) · 축요사격(丑遙巳格) · 육음조양격(六陰朝陽格) · 육을서귀격(六乙鼠貴格) 등이 있으며, 암충하여 이루어지는 비천녹마격(飛天祿馬格) · 잡기재관격(雜氣財官格)과 변화하여 이루어지는 화기격(化氣格)에 일간의 오행과 똑같은 것으로만 구성되는 곡직격(曲直格) · 염상격(炎上格) · 가색격(稼穡格) · 종혁격(從革格) · 윤하격(潤下格)과 또 일주 자체의 길 · 흉신 명칭과 구성원에 대한 합당한 이름을 따라 붙여진 격명이 수다하여 혼동되기 쉬우나 우선 내격에 치중하면서 열심히 공부한다면 자연 이치를 터득하여 외격에 대한 장단점을 스스로 파악하여 버릴 것은 버리고 취할 것은 취하는 능력이 생길 것이라고 나는 믿으며, 종격만은 내격에 포함하여 공부하는 것이 좋다.

내격의 경우, 명리정종(命理正宗)에서는 정인과 편인을 나누지 않았지만 정인격과 편인격으로 나누어서 사용하는 것이 합리적이다. 가령 편인은 외국어 · 아파트 · 양복이고, 정인은 모국어 · 한복 · 한옥이듯이 그 쓰임이 다르기 때문이고, 월에 비견을 건록격이고, 겁재를 양인격이라고 하지만 이것은 양간일 때인데 음일주라면 그냥 비겁격이라고 사용한다. 그래야 장남, 장녀가 나오는데 격에서 이것이 나와야 한다.

외격의 경우, 종아격은 예체능, 교육자다. 예술고 교장이 종아격이다. 남자는 자손이 없다. 여자는 서방궁이 나쁘다. 관을 죽이니까 그렇다. 종재격은 사업해야 한다. 종살격은 관청으로 가서 권력을 쥐어야 한다. 종재격 · 종살격은 남녀모두 배우자궁이 좋다. 단, 삼합국이어야 하고 투간자가 둘이면 곤란하다. 가령 乙(己)甲癸/亥卯子丑의 경우, 己土가 水木으로 종을 했는데, 甲木乙木이 투간하니까 주인이 둘 나왔다. 서방이 둘이다. 甲木이 본 남편이고, 乙木이 애인인데 乙木인 애인이 더욱 잘났다. 甲木은 패지 · 목욕궁에 있고, 乙木 새남자는 亥卯木국으로 乙木이 더욱 잘났다. 두 남자 비교해보니까 甲木이 지더라. 앞에서 乙木이 나타나자 뒤에 있는 甲木이 말하기를 "야! 네 새서방 왔으니까 나는 간다."하면서 뒷방문으로 나가더라.

암합으로 격이 이루어지는 경우는 자요사격, 축요사격, 육음조양격, 육을서귀격이 있다. 암합이라는 것은 ○(甲)○○/亥○○○일 때, 사주에 寅이 없으면 亥水 따라서 寅이 寅亥로 찾아 들어가면 甲에게 寅이 정록이 되니까 이것이 암록이 된다. 육합은 부부합이니까 亥에 寅이 따라 들어온다. 요(遙)는 멀리서 동경할 요이다. 짝사랑하는 것으로 암합이라는 것이니, 결국 암합으로 이루어지는 것이다.

子와 巳, 丑과 巳가 암합이 제일 잘 된다. 子중 癸와 巳중 戊가 戊癸합으로 丑중 癸와 巳중 戊가 戊癸합으로 이 두 경우가 합이 제일 잘 된다.

암충하여 이루어지는 격은 비천녹마격, 잡기재관격이 있다. 예를 들어보자.

○(辛)○○/亥亥亥亥는 亥가 집단세력을 이루고 있으면 군중심리가 발생하여 巳를 충하여 온다. 비천은 암충과 같은 것이다. 亥水가 말한다. "야, 亥水들아, 너희들 모두 巳火에게 巳亥충으로 한방씩 얻어맞았지?" "그렇다." "그렇다면 우리가 모두 모였을 때 巳火를 패대기치자."한다. 그러자 亥水들이 巳를 충해온다. 그러자 巳중 戊土 · 丙火가 정인 · 정관으로 작용되니 비천녹마격으로 작용해준다. 그러나 이런 것을 몰라도 戊

亥천문에 水다하고 천라지망이니 법관에 해당한다.

여기서도 金생水해서 水생木으로 亥중 甲木이 용신이고 甲木에 핵이 집중되어 있다. 결국은 辛이 잘나서 크게 되는 인물이 아니고 亥水와 甲木인 부하들이 똑똑해서 잘되는 사람이다. 이것이 辛金일주가 다봉(多逢)亥의 특징이다.

그런데 만약 ○(辛)○○/寅亥亥亥의 사주라면, 이 사주가 더욱 좋다. 역시 ○(癸)○○/亥亥亥亥라면, 巳를 충해오니 비천녹마격이다. 巳중 戊·庚·丙이 정관, 인수, 정재로 삼반물이다. 윤하격이다. 역시 亥중 甲木이 용신이다. ○(庚)○○/子子子子라면, 금수쌍청이고 종교인 팔자이다. 만약 법관에 인연이면 종교인중에서 교도소에 인연있다.

○(丙)○○/午午午午라면, 역시 비천녹마격이지만, 子를 충해 오는데 낮이 밤을 충해오니까, 꺼꾸리이다. 고로 도충녹마이다. 비천녹마의 작용이 안된다. 子중 癸水는 정관 하나밖에 없으니 효력이 떨어진다. 항상 생극제화가 우선이다.

잡기재관격은 辰戌丑未가 잡기이다. 본래는 辰·戌이 잡기인데 丑·未는 같은 土라서 도매금으로 넘어갔다. 辰戌은 천을귀인이 없고, 괴강이고 丑未는 천을귀인에 해당한다. 辰속에는 乙癸戊, 戌에는 辛丁戊로 음양이 섞여 있으니 잡기이다.

그러나 잡기재관중에서도 戌월 壬水는 완전한 잡기재관격이다. 戌중 戊가 관이고, 戌이 火의 고(庫)라서 재고니까 잡기재관격이 된다. 辰월 壬水는 자기고장이니까, 완전한 잡기재관이 어렵다. 未월 壬水는 未중 丁과 己가 재관이다. 단 戌은 큰 금고지만 未는 작은 금고이다.

이것이 암충에서 나오는 이유는 본래 고장은 충을 해서 열어야 쓸 수 있다는 데서 암충에서 나온 것이지만 이것도 필요한 충이어야 한다.

가령 ○壬戊○/申戌戌未의 경우 未戌형으로 고장을 열었는데 탁수가 되어서 잘못 열었다. 이런 경우는 나쁘고, 만약 ○壬戊○/申子戌未라면 이때는 신강하니까 형을 해도 재고가 내것이 되니까 좋다.

만약 ○壬戊○/申子戌○일 때, 辰이 와서 辰戌충으로 재고를 열었는데, 申子辰 水국이니 돈 창고 열자, 도둑놈이 들어왔다. 재고 잘못 열었다는 것이다. 그런데 만약 未년이 와서 未戌형으로 금고를 열었는데 未는 여름이고, 고로 이때는 좋게 작동한다는 것이다. 금고문을 잘 열었다.

일간과 같은 오행으로 구성되는 격에는 곡직격, 염상격, 가색격, 종혁격, 윤하격이 있다. ○甲○○/亥寅寅亥와 ○乙○○/卯未卯亥가 곡직격이다. ○乙○○/未卯未亥도 곡직격이다. 未월이라서 따뜻하니까 꽃이 피어서 이 사주가 더욱 좋다. ○丙○○/午戌寅午는 염상격이다. 염상으로는 좋지만 꽃만 있지 열매가 없다. 시작만 있고 결실이 없다. 일장일단은 모두 있다는 것이다.

이 외에 일주 자체의 길·흉신에 따라서 격명이 정해지는 경우도 있다.

이 격에 대한 것은 내격에 치중하면서 공부한다면, 자연히 그 이치를 터득해서 외격에 대한 장단점을 파악하고 버릴 것은 버리고, 취할 것은 취하는 것이 요점이다. 종격은 내격에 포함해서 공부하는게 좋다.

3. 격정(格定)의 원칙

격을 정하는 데는 첫째 일간 대 월지 장간본기로 격정하고, 둘째 주중의 왕자도 격이 되며, 셋째 용신도 격이 될 수 있다는 것이다. 이 원칙은 단원 이병렬 선생님께서 정리하신 원칙이고, 또 격정의 모든 원리는 선생님의 견해임을 밝혀둔다.

일주와 월지 장간 본기를 첫번째로 정격하여야 되는 이유는 월지가 주중의 사령임과 동시에 부모님의 자리가 되어 부모님의 유전인자와 또 성장과정에서 부모님의 영향은 어떠하며 선천적으로 나타나는 모든 분야를 관찰하는 데 우선이 되기 때문이다.

두 번째 주중의 왕자도 격이 된다 함은 주중은 환경으로서 후천적인 면을 살펴야 함과 동시에 또 월운의 선천적인 면과 대비하여 길흉을 논하여야 되기 때문이다.

다음 용신도 격이 됨은 용신 자체가 주중에서 제일 수용(需用)되는 신으로 일주를 중화조절하는데 없어서는 안될 가장 필요한 것인 동시에 살아있기 때문이다.

이와 같이 격을 정하는 데는 세 가지의 원칙이 가장 중요하며 또 사주에 따라 격국은 하나만 있는 것이 아니라 둘 또는 넷도 될 수 있는데 사주본명을 사람으로 본다면 격국의 명칭은 그 사람을 대변하는 성명과 같으며 이 외에도 형 · 충 · 합 · 길 · 흉신 등의 명칭을 따서 격명을 붙인다 하여도 잘못된 것은 아니다.

다음 격명을 붙이는 데의 순서는 월지 장간의 본기가 우선이고 두 번째는 주중의 왕자 순으로 정격할 것이며 격이 많을 때는 대표적인 것을 골라 정명(定名)하면 되나 이 대표적인 것도 꼭 길이다 흉이다로 구분할 수 없으며 보편적으로 주중의 왕자가 가장 많이 선택되고 있는 것이다.

그리고 정격을 하는 데 너무나도 많은 학설이 있기에 수학자들이 혼동하여 방황을 하고 있으므로 이를 논리적으로 명쾌히 정리하고자 한다.

우선 위에서 얘기한 격정법 외에 가장 일반적으로 사용되는 방법이 명리정종의 정격법이다. 명리정종법을 요약하면 첫째, 월지장간의 투출자로 정한다. 둘째, 寅申巳亥의 戊土를 삽입하여 정한다. 셋째, 비견겁격은 없다. 넷째, 월지장간의 투출자가 없으면 주중왕자로 격을 정한다. 또 일본식의 격을 잡는 법인데 월률분야(月律分野)의 기의 작용에 의해서 격을 정한다는 것이다.

그러면 지금부터 세 가지 정격원리를 하나하나 세심히 분석해 보자.

우선 여기서의 정격원칙이다.

첫째, 일간대 월지 장간의 본기로 격을 정한다.

월지는 부모님의 유전인자이며 부모님의 영향이고, 언제 출생했느냐를 살피는 데 목적이 있다. 가령 똑같은 木이라도 봄·여름·가을·겨울에 태어났느냐를 보는 것이다. 부모님의 정서관계도 들어가고 어머니가 소실인가? 아버지가 2~3번 장가갔느냐? 배 다른 형제가 있느냐? 부모님이 망했을 때 태어났느냐? 부모님이 무엇을 하고 있을 때 태어났는가? 이것을 전체적으로 따지는 것이 일간대 월지이다.

둘째, 주중왕자로 격을 정한다.

주중왕자는 환경이다. 즉 좋은 부모님에게서 태어나도 환경을 잘 못 만나면 작살난다.

셋째, 용신도 격이 된다.

용신이란 그 사주의 핵이다. 고로 그 사주의 좌표가 된다.

다음은 명리정종법에서의 격정원리를 분석해 보자.

명리정종법에서는 寅申巳亥속에 戊土를 삽입해서 그것이 투출되면 격으로 정했는데 그것이 맞는지 분석해 보자. 가령 ○㊀戊○ / ○○寅○의 사주라면 명리정종식으로 하자면 寅속에는 戊丙甲이 있고, 7 · 7 · 16으로 한 달이 되는 것이 월률분야인데 寅속의 戊가 투출했으면 편관격으로 본다. 그러나 천간의 戊土는 지지의 寅木에 의해서 木극土받고 있어서 土극水 못하므로 戊土에게 壬水는 영향을 받지 않는다. 寅木에게 오히려 영향을 받기 때문에 식신격이다. 고로 명리정종의 격정방법이 맞지가 않는다는 것이다.

또한 ○甲○戊 / ○○亥○의 경우, 亥월의 甲木이 년간에 戊土가 투출했다. 명리정종의 법대로 하자면 편재격으로 욕심쟁이가 된다. 그러나 월에 인수로 학자이다. 이것을 돈버러지로 보느냐? 책버러지로 보느냐? 책버러지가 맞다. 성격도 월에 인수 놓아서 그렇게 순진할 수가 없다. 이것이 다르다는 것이다. 년간의 戊는 甲木과 월간하고 한 단계 건너서 있기 때문에 甲木에게 영향을 못미친다는 것이다. 이것이 명리정종과 다른 점이다. 이석영 선생도 명리정종법을 따랐다. 그러나 단원 선생은 이것을 뒤집어서 따르지 않았다. 실제 추명이 맞지가 않았기 때문이다.

또 명리정종에서는 비겁격이 없다고 했는데 이것도 분석해 보자.

가령 ○乙○○ / ○○寅○의 경우, 이것은 건록도 아니고, 양인도 아니다. 그러면 이것은 격이 없다는 것인데 단원 선생은 이것을 비겁격으로 잡는다. 월에 비겁이니까 장남, 장녀이고 아버지대에서 두손 들었고 내가 일찍이 산업전선에 나서야 하는데, 이것을 비겁격이 없다고 무시한다면, 월에 있어서의 부모와 나와의 인연관계를 설명할 수가 없다. 즉 비겁격도 있다는 것이다.

만약 辛丁○○ / 丑酉寅○의 경우, 월에 인수 놓아서 인수격으로 자라기는 착하게 곱게 자랐는데 주중에 재가 많아서 편재격도 된다. 金이 많아서 인수격이 편재격에 눌리고 있다. 고로 나갔다가 다시 들어오고, 분가시켜 놓으면 다시 들어오고 적응을 못한다. 이것이 주중왕자이다. "자라기는 곱게 자랐지만, 이 어려운 세파를 어떻게 헤쳐서 나갈지 참 걱정된다." "애가 밖에는 안 나가려고 합니다."한다. 이것이 주중왕자이다.

월률분야에 의한 일본식으로 격을 정하는 것은

가령 ○甲○○ ○○寅○이라면 寅속에 戊丙甲이 7 · 7 · 16으로 입춘이 입절(入節)하고서의 그 기간을 기준해서 격을 정하는데, 甲木이 7일내에 戊土분야에서 태어났으면 편재격으로, 14일 이내의 丙火분야에 태어났으면 식신격이고, 30일내의 甲木분야에 태어났으면 건록격이다. 이것이 일본식의 격을 정하는 원칙이다. 일본책을 보면 용신도 정해져 나오더라. 여기서 이것을 분석해보자.

만약 ○乙○○ ○○寅○이라면, 일본식으로 하자면 7일의 戊土분야에서 태어났다면 이것은 정재격이다. 그러나 여기서의 법대로 하면 이것은 비겁격이다. 그러면 이 사주를 비견겁이 많은 사주로 볼 것인가? 아니면 일주가 강하고 신왕재왕으로 볼 것인가? 이것을 판단한다면 답은 명확하게 나온다. 즉 乙木은 비견겁이 많다는 것이고 乙木은 寅월의 기를 받고서 태어났지 戊土의 기를 받고 태어나지는 않았다는 것이다.

이것이 월률분야로 격을 잡는 것으로 틀린 점이다.

여기까지의 격정 원칙을 정리하자면,

격은 월지의 본기로 격을 정한다. 월지의 본기는 寅은 甲, 卯는 乙, 辰은 戊, 巳는 丙, 午는 丁, 未는 己, 申은 庚, 酉는 辛, 戌은 戊, 亥는 壬,

子는 癸, 丑은 己인데 여기서 주의할 것은 丑월인데 丑월은 섣달로서 土의 작용보다 金水의 작용이 강하니까 이것을 가감하고서 격을 정해야 한다. 丑은 水의 작용이 강하다.

월지는 주중의 사령(司令)이고, 본부이다. 부모님의 위치이고 자리이다. 주중왕자는 나의 환경이므로 중요하다. 용신은 하나의 삶의 지표이고, 핵이 되니까 격이 될 수 있다. 사주에 따라서는 격도 여러 개가 나올 수도 있다. 사주를 사람으로 비유하면 격이란 이름을 붙이는 것이다. 이름을 붙이는 데에 있어서도 좋은 것만이 격이 되지는 않고 있지만 가급적이면 좋은 것으로 정해서 부르면 좋다.

가령 ○㊉辛戊 / 寅申酉申의 사주는 재다해서 일주약하다고 재다신약격이라고 한다. 이러한 재다신약격이라는 이름 속에는 벌써 마누라 컴플렉스에 남의 돈 벌어주는 팔자이고, 가난하게 살아야 하겠고, 여자로 인해서 실패봐야 한다는 것이 이 격의 이름에서 나와버린다.

여자라면, “출생하면서부터 집안이 기울었고, 시집가는데 시어머니가 둘이고, 남의 집 밥먹고 자라났고, 시어머니한테 얻어 터져야 한다.”는 것이 나오는 것이다.

만약, 丙㊊○○ / 寅子卯○의 경우, 甲木이 월에 卯이니 양인격이다. 丙이 용신이고 빛을 내니까 식신격도 된다. 고로 격이 이름이니까 이 사람 보고 “야! 양인격(칼잡이).”하면 뒤돌아 보지 않고, “야! 식신격.”하니까 뒤돌아보더라. 즉 격에도 주(主)와 종(從)이 있는데, 이 사주는 식신격이 주가 되고, 양인격이 종이 된다.

천간과 지지가 같을 때는 천간위주로 격을 정한다. 천간은 지지를 대표해서 있는 것이므로 그렇다. 천간과 지지가 같은 것은 辛酉, 庚申, 己未, 甲寅, 乙卯이고, 오행은 같고 천간과 지지가 다른 것은 壬子, 丙午, 癸亥, 丁巳다.

격이 강해도 일주가 신약하면 내것이 아니다.

가령 乙(庚)丙壬
酉戌午寅는 寅午戌火국으로 편관이 멋지게 잘 이루어져 있지만 신약하니 내것이 아니다. 여자라면, 丙인 남자가 庚을 좇아 다니면서 결혼하자고 해도 丙남자와 庚金과는 하늘과 땅 차이다. 고로 庚金은 丙火남자에게 시집 못간다.

4. 월률분야법(月律分野法)

월률 즉 월에만 국한되어 있는 법칙이다. 고로 암장과는 그 의미가 다르다. 이것은 월에만 쓰는 용어이다. 지지의 암장과는 완전히 다르니 혼동하지 말라. 월률분야도는 참고만 하라. 참고로 좀 더 구체적으로 설명하면 다음과 같다.

일명 월률분야장간조화라고도 하며 글자 그대로 월령에 국한된 하나의 법칙이므로 월령에 한해서 응용하여야 되며, 또 이 법칙으로는 지금까지 寅월생하면 무조건하고 寅중 甲木이 작용하는 것으로 알아왔지만 여기에서는 좀 더 세분하여 각 월의 지배하는 기의 심천(深淺)을 대비하여 일주의 강약과 또 일주에 미치는 영향이 무엇인가를 살피는데 목적을 두고 있으나 앞에서 지적한 바와 같이 참고는 될지언정 주중의 세력판도에 따라 좌우되고 있다는 것을 잊어서는 안된다.

이 월률분야에서는 가령 寅월일 경우, 본기가 바로 지배하는 것이 아니라 전월 丑土의 기에 영향을 받아 입춘이 입절한 날로부터 7일간은 戊土가 지배하다가 물러가면 8일째부터는 丙火가 이어받아 7일간을 지배하고 물러서면 15일째부터 16일간은 본기인 甲木이 지배하며, 이어서 경칩이 입절하면 卯월이 되어 卯중 乙木이 지배할 것 같으나 전월 甲木의 영향으로 甲木이 10일간을 지배하다가 물러서면 11일째부터는 乙木본기가 20일간을 지배하면서 순환하고 있는데 응용하는 방법은 甲木일주가 寅월에 출생한 중 입춘 입절후 7일 이내에 출생하였으면 戊土가 지배하고 있기에 일주가 약하고 따라서 편재격이 되고 7일을 경과하여 丙火가 지배할 때 출생하였으면 木생火로 설기하여 일주가 약하나 寅월은 아직도 춥기 때문에 丙火가 용신이라고 못박아 놓았고, 또 격으로는 식신격으로 정하며, 다음 14일간이 경과한 후 甲木이 지배할 때 출생하였다면 木왕절이 되어 일주가 왕하고 정격으로는 건록격이라고 한다.

이와 같이 응용되고 있는 것이 월률분야법이며 또 이것을 다시 초기 · 중기 · 정기(본기)로 구분하는데 초기는 입절한 후에도 전월의 잔여기가 지배하고 있는 것을 말하고, 정기는 본월의 주인공이 되는 기를 말하며 중기는 본기와 초기가 아닌 중간의 기를 말하나 12개월 중 子 · 午 · 卯 · 酉만은 중기가 없다.

다음 월률분야 오행장간 조화를 도표로 나타내면 다음과 같다.

도표를 살펴보면, 子午卯酉월은 초기가 10일, 정기는 20일로 공통되어 있고 寅申巳亥월은 초기가 모두 戊土로 7일, 중기는 7일, 정기는 16일로 공통되어 있으며, 다음 辰戌丑未월은 초기가 9일, 중기는 3일, 정

〈월률분야 장간 조화도(月律分野 藏干 造化圖)〉

寅	戊(7일)	丙(7일)	甲(16일)
卯	甲(10일)		乙(20일)
辰	乙(9일)	癸(3일)	戊(18일)
巳	戊(7일)	庚(7일)	丙(16일)
午	丙(10일)	己(10일)	丁(11일)
未	丁(9일)	乙(3일)	己(18일)
申	戊(7일)	壬(7일)	庚(16일)
酉	庚(10일)		辛(20일)
戌	辛(9일)	丁(3일)	戊(18일)
亥	戊(7일)	甲(7일)	壬(16일)
子	壬(10일)		癸(20일)
丑	癸(9일)	辛(3일)	己(18일)

기는 18일로 각각 공통되어 있는 것을 알 수 있으며 또 각월의 일수가 모두 30일이 되고 있음을 알 수 있다.

이상의 월률분야보다는 각월의 기후관계를 참고하는 데 신중을 기하여야 한다. 寅월은 양력 2월이지만 아직은 춥다. 고로 寅월 초에 난 사람과 말에 난 사람의 그 기의 작용이 하늘과 땅 차이다. 辰월은 양력 4월 초순은 木의 진기이고 중순은 木의 퇴기이고 하순은 火의 진기이다.

가령 辰월 丙火를 오행으로 보면 火생土로 설기되고 火가 회기되어서 약하다고 보지만 辰월 하순에서 태어나고 며칠 뒤에 입하면 丙이 약하다고 보면 안된다. 未월은 삼복더위다. 양력 7월로 더위가 기승을 부린다. 申월은 양력 8월로 초순은 아직 덥다. 하순의 처서 이후는 서늘해진다. 그 차이가 아주 크다는 것이다. 戌월은 양력 10월로 초순은 하복입지만, 하순은 동복으로 바꾸어 입는다. 그 차이가 심하다. 丑월은 양력 1월 섣달로 소한 · 대한이 있고 아주 춥다.

이처럼 월률분야보다도 그 해당월의 특성을 더욱 중요시 하라는 것이다.

5. 격국구성 유형

가. 일간(日干) 대 월지(月支) 성격(成格)

이미 정격의 원칙에서 설명한 바와 같이 내격을 12개의 정격으로 구

〈일간대 월지 성격〉

癸	壬	辛	庚	己	戊	丁	丙	乙	甲	日干 / 格名 / 生月
건록	양인	식신	상관	편재	정재	편관	정관	편인	정인	子
편관	정관	편인	정인	비견	비겁	식신	상관	편재	정재	丑
상관	식신	정재	편재	정관	편관	정인	편인	비겁	건록	寅
식신	상관	편재	정재	편관	정관	편인	정인	건록	양인	卯
정관	편관	정인	편인	비겁	비견	상관	식신	정재	편재	辰
정재	편재	정관	편관	정인	편인 건록	비겁	건록	상관	식신	巳
편재	정재	편관	정관	편인 건록	정인 양인	건록	양인	식신	상관	午
편관	정관	편인	정인	비견	비겁 양인	식신	상관	편재	정재	未
정인	편인	비겁	건록	상관	식신	정재	편재	정관	편관	申
편인	정인	건록	양인	식신	상관	편재	정재	편관	정관	酉
정관	편관	정인	편인	비겁	비견	상관	식신	정재	편재	戌
비겁	건록	상관	식신	정재	편재	정관	편관	정인	편인	亥

분하여 정리하면 다음의 표와 같다. 월지의 본기로 정격함을 원칙으로 하고 비견은 건록, 비겁은 양인격으로 대체되고 있기 때문에 건록이나 양인에 해당하고 있지 않을 때는 그대로 호칭하여 비견격, 비겁격으로 하여야 한다.

나. 일간(日干) 대 시주(時柱) 성격(成格)

이 격은 격명이 바로 용신인 점이 특이하며, 신왕관왕 또는 신왕재왕일 경우에 더욱 완전하고 여기에 해당하는 자 귀격으로서 장·차관에 해당한다.

1 시상관성격(時上官星格)

시주에 정관을 놓고, 그 관성이 용신일 때인데 신왕관왕이라야 상격사주가 된다. 여기서 시상이라 함은 사주천간뿐 아니라 시주를 포함시킨 개념으로 이해해라.

가령 乙戊○○ / 卯辰巳巳의 경우, 火생土 많이 받았고, 戊辰이 습土라서 나무를 키울 수 있다. 편인격·정관격도 된다. 신왕관왕격이다. 시상관성격이다. 이처럼 시상관성격은 격이자 용신이다. 용신을 따로 잡을 필요가 없다. 단, 차이가 있다면 말단에서 시작해서 장·차관까지 가는 것이 시상관성격이다. 즉 乙卯木은 음지나무이고 작은 나무로 3·8木이니 30년은 커야만 대들보가 되니까, 공직생활 30년만에 장관이 되더라.

그러자니 매사에 안전운행하면서 죽었다 깨어나도 자기가 책임질 일은 안한다. 복지부동이다. 즉 무슨 일을 부탁한다면 자기의 권한으로 해결해도 될 일을 반드시 상급기관에 물어보고서 그 증거자료를 남겨

놓은 후 일을 한다. 이처럼 매사에 안전운행으로 세상을 산다. 죽었다 깨어나도 실수를 안한다.

2 시상일위귀격(時上一位貴格)

시주에 편관을 놓고 그 편관이 용신이 될 때인데 신왕관왕이라야 상격사주가 된다. 가령 甲戊○○/寅辰巳巳라면 편인격, 편관격, 신왕관왕격, 시상편관격, 시상일위귀격이다. 이처럼 시상편관격은 장관이 되는데도 하루아침에 된다. 시상관성격은 9급에서 시작한다면 시상일위귀격은 5급으로 시작하는 것과 비슷하다. 옛날 고등고시 합격자와 비슷하다. 甲寅木이니까 그 자체가 아름드리 나무로 하루아침에 대들보이다.

여기서 ○庚○○/寅午酉丑이라면 이 사주도 신왕관왕으로 시주천간에 관이 없어도 시상일위귀격이 된다. 그런데 ○庚○○/午申酉丑이라면, 이런 사주는 신왕하고, 午火가 용신이지만 금다화식으로 午火용신이 너무 약해서 시상관성격이 안되고 버려진 사주이다. 금실무성(金實無聲)이고 火용신이 너무 약하다. 이런 구분을 할 줄 알아야 한다.

3 시상편재격(時上偏財格)

시주에 편재를 놓고 그 편재가 용신일 때인데 신왕재왕이면 시상편재격이 된다. 시상편재격이 성립되면, 거부(巨富)팔자이고 장관팔자이다. 辛丁丙丁/丑酉午未의 경우, 신왕재왕이다. 본래 건록격이고, 견겁태왕격에도 해당한다. 편재격도 나오고, 그래서 신왕재왕으로 시상편재격이다.

시상편재격은 거부가 될 수도 있고, 장관도 될 수 있다. 그래서 시상편재격은 업즉(業則) 총수요, 관즉(官則) 장관이라고 하는데 즉 사업을 하면 재벌총수요, 관으로 가면 장관이다.

그럼 사업으로 가는지, 장관으로 가는지의 구분은 어떻게 하나? 이 사주는 사업한다. 왜냐하면, 비견겁이 많아서 가난이 웬수다. 그래서 돈하고 원수 갚는단다. 그러나 월에 인수면 장관으로 간다. 가문이 좋으니까 먹고 살 것이 걱정없다. 壬㊄丙○ 子申午寅이면 寅午火국에 火생土받아서 가물어 있는데 申子水국으로 물이 내리고 낮과 밤이 균형을 이루니 얼마나 좋은가? 시상편재격이다. 월에 인수니까 순진하고 깨끗하니 사업 못한다는 것이다.

다. 일간(日干) 대 주중(柱中) 전체성격(成格)

1 종살격(從殺格)

일주가 의지처가 없고, 관살이나 재살로 사주가 이루어져 있는 것으로 삼합국이어야 상격사주가 된다. 종살은 내가 죽게 되었으니 따라간다는 것인데 그러나 실제 작용으로 나타는 것은 살이 아니라 관이다. 그러니까 종을 하는 데까지만 살이고 종을 하고 나서의 전체적인 작용은 관이라는 것이다. 고로 종살격은 모두 귀(貴)로 가니까 명예를 우선한다. 고시 합격에 장관 그릇이니까 나라를 걱정하고 백성을 걱정한다. 제 주머니 채우려고 하지 않는다.

가령 ○㉠○○ 酉丑酉巳의 경우, 삼합국으로 멋지다. 관으로 구성되어 있어서 귀로 간다. 돈복은 약하니까 소신껏 일을 하기 힘들다.

○㉠○○ 酉丑酉辰는 丑土, 辰土의 재가 있다. 재와 관이 같이 있으면 부와 귀가 같이 간다. 돈도 명예도 모두 있다. 소신껏 일을 한다.

이처럼 종을 하는 것은 신왕관왕격과 같다. 귀격이다. 또한 처종부화(妻從夫化)이다. 이와 같이 종살격은 귀격인데 만약 운을 못 만나면 때를 못만나니 "용이 못된 이무기이네요. 본래의 꿈은 그게 아니었는데 알아주는 놈이 있어야지! 세상 살기 고달프다."

이 종살격이 관생인을 할 수 있느냐 없느냐를 봐야 하는데, 관생인을 할 수 없으면 아무리 좋은 종살격이라도 집 없는 천사와 같아서, 장관이 셋방사는 것과 같다. 이런 것을 보는 것이 중요하다. 재관운은 희신으로 기뻐하고, 재관동반을 좋아한다. 기신운으로 인수운 · 견겁운 · 상식운을 꺼린다. 종살격은 신왕관왕으로 보라.

2 종재격

일간이 의지처가 없어 최약에 지지 전체가 재가 되어 재로 따라간다 하여 종재격이라 하고 일점의 상식이나 관은 방해되지 않으며, 상식을 동반해야만이 더 좋은 사주가 되고, 재생관을 할 수 있느냐 없느냐를 보아야 한다. 지지의 재는 재국을 이루어야 좋고 재국 중에서도 삼합국이어야 좋다.

가령 ○㉠○○ / 酉丑酉辰의 경우, 종재격이다. 만약 酉金인 재를 없애버려도, 상식이 다시 재를 생해오니까 火생土, 土생金으로 재를 다시 갖다 놓는다. 그러나 土인 상식이 없이 金으로만 되어있는 종재격이라면 이건 완전히 자린고비로 사람이 빡빡하고 여유가 없다. 또한 土인 상식이 있으면, 火생土, 土생金으로 내가 따라가고 싶어서 가는 것이다. 억지로 가는 것과는 하늘과 땅 차이다. 火생土, 土생金하니까 제조회사 사장이다. 돈도 잘 쓰고 火생土로 10년, 土생金으로 10년, 합해서 20년 앞을 내다보고 살고 마누라를 火극金으로 패대기쳐놓고도 火생土, 土

생金으로 달랠 줄 안다.

또한 ○丙○○/酉申酉申는 종재격이지만, 방합이다. 고로 중부자밖에 안 되고 대리점이다. 土가 없어서 억지로 가고 土인 상식이 없어서 생산이 안 되니까 대리점밖에 안 된다. 또한 土인 상식이 없어서 火金상전하니까, 성격이 빡빡하기가 한이 없다. 요령이 없다. 코앞만 보고 산다. 마누라를 火극金으로 패대기쳐놓고도 달랠 줄 모른다. 위의 사주와 그 차이가 엄청나다는 것이다.

삼합국 중에서도 金국→水국→木국→火국의 순서이니까, 똑같은 종격 중에서도 金으로 종을 했느냐, 火로 종을 했느냐와는 조금씩 급수에 있어서 차이가 있다. 종재격은 일점의 상식이나 관은 방해되지 않으며 상식, 재, 관운을 희(喜)하고 인수와 견겁운은 대기(大忌)한다. 종재격은 신왕재왕으로 보라.

3 종아격(從兒格)

종아격은 지지가 전체 상식으로 일주가 최약되어 상식으로 따라간다 하여 종아격이라 한다. 상식은 자손으로 아(兒)가 되기 때문이다. 종아격은 육영사업 또는 기예(技藝)에 특출하다. 예술고 교장이다. 여자는 남편이 없고, 남자는 자식이 없는 특징이 있다. 상식과 재운이 좋고 인수운, 견겁운, 관운이 나쁘다.

가령 ○己○○/酉丑酉辰는 삼합으로 깨끗하다. 土일주가 土金으로 잘 이루어지면 그림을 멋지게 잘 그린다. 그림 중에서도 金이니까 판화이다.

위의 종살격 · 종재격 · 종아격의 종격의 특징은 자신을 버리고, 왕한 오행으로 따라가서 그 속으로 깊이 파고 들어가서 자기 마음대로 조정을 한다. 고로 처세가 능수능란하고 깊이 있게 파고드는 것이 바로 종격이다. 종격은 신왕으로 보고, 인수운과 비겁운에 나쁘다.

4 곡직격(曲直格)

木일주가 지지 전체 木으로 구성되는데 본래가 木은 많으면 바르게 자라고 즉 직(直)이 되고, 적으면 굽어 자라기 때문에 즉 곡(曲)이 되어 곡직격이라 하였고, 득국을 필요로 하며 교육계 · 의사 · 법관에 많고 명예가 우선이다. 돈과는 거리가 멀다. 곡직격을 인수곡직격(仁壽曲直格)이라고도 한다. 木은 어질 인(仁)이니까. 어질게 살면 오래산다. 곡직격은 모두 火가 용신이다. 水木火운에 길하고 土金운이 흉하다. 즉 재관운은 나쁘다는 것이다. 예를 들면, ○㉠○○ / 寅亥寅亥와 ○㉠○○ / 寅寅亥卯의 경우가 곡직격 예이다.

5 염상격(炎上格)

火를 두개 겹치면 염(炎)자가 되고, 火기는 상승하기 때문에 염상격이라 하였고, 또 득국이라야 길명이 된다. 사주에 火가 많은 팔자는 전부 염(炎)을 생각하라. 병명으로는 관절염, 맹장염, 충수염, 골수염 등등이다. 또한 火가 많으면 달달 볶는다. 고로 火일주에 화기태왕이면 지신상 지가 볶는다. 만약 火다한데 金이 하나 있으면 그게 마누라인데 저는 그것이 좋아서 귀여워하는데, 마누라는 "제발 그만 좀 달달 볶아요."하더라. 불이 많으면 위로 올라가니 염상격인데 火일주가 火국이면 염상격이 된다.

써점프가 특기이고, 하늘 나는 꿈 많이 꾼다. 예체능에 소질있고 문화, 언론, 교육계, 전자공학에 특기있다. 서치라이트를 잘 받으니 어디 가서나 무리중에서 두각을 나타낸다. 火가 많으니까 실물보다 사진이 더 예쁘다. 예를 들어보자.

○丙○○ 戌午午戌는 염상격이다. ○丙○○ 戌午寅戌도 염상격인데 이 사주가 앞의 사주보다 더 좋다. 월에 비견겁이 있을 때와 인수일 때의 차이다. 寅월은 해가 떠오르고, 午월은 해가 지기 시작하기 때문이다. 木火운은 좋고 土운은 무난하고, 金水 즉 재관운이 흉하다. 염상격은 관찰력 · 투시력이 좋고, 초능력에 소질있고 어학 잘한다.

6 가색격(稼穡格)

土는 흙으로 전답에 비유되며, 전답은 논밭으로 갈고 씨앗 뿌려 수확을 하는데, 이것을 말하여 가색이라고 하기 때문에 戊己土일주가 지지 전체 土는 가색격인데, 농사짓고 수확하는 것이다. 단, 습土라야 하고, 조토는 파격이다. 土는 국이 없어서 국이 안 들어가고 독신주의자나 종교인이 많다.

○戊○○ 未辰辰未는 가색격이다. 辰이 재고로 마누라가 아프다. ○戊○○ 未戌未戌도 가색격이다. 그러나 火土중탁으로 농사 못 짓는다. 종교인으로 혼자 살아야 하고 배 다른 형제가 있다. 가색격은 골동품으로 돈번다. 가색격은 火土운에 길하고 수목운 즉 재관운에 흉하다.

7 종혁격(從革格)

金의 성격은 변혁이 되기에 바꾸는 것인데 혁명으로 혁신으로 따라간다. 이것이 金이다. 庚 · 辛의 金일주가 지지 전체 金국일 때가 종혁격이다. 금속공학, 기계에 소질 있고 치과의사이다. 군인과도 인연이다. 미술에도 일가견이 있다. 거기에 金일주니까 기계설비는 따봉이다. 金이 결실이고 열매니까 그림이 살아있고 인테리어 해놓으면 움직이는 것과 같다.

○辛○○ / 酉丑酉丑는 종혁격이다. 종혁격은 金水운이 좋고 木火운이 흉하다. 종혁격은 개혁파와 같은데 개혁파는 개혁파일 뿐이지 그 이상도 이하도 아니다. 즉 개혁했으면 그 개혁으로 끝나고 물러나야지 자기가 감투쓰면 허물어진다. 즉 木火인 돈과 권력이 들어오면 이미 개혁이 아니라는 것이다. 격이 깨진다.

여기서 중요한 것이 있다. 삼합 중에서 巳酉丑, 亥卯未는 음삼합이고, 寅午戌, 申子辰은 양삼합이다. 고로 음일간인 乙·丁·己·辛·癸는 음삼합을 만나야 좋고, 양일간 甲·丙·戊·庚·壬은 양삼합을 만나야 좋다. 만약 양일간이 음삼합을 만나거나 음일간이 양삼합을 만나면 음양이 섞이니까 격이 떨어져 버린다. 즉 丁일주가 寅午戌 火국이 있으면, 음일간이 양삼합을 만나니 방합이 되어 버린다는 것이다.

만약 ○庚○○ / 酉辰酉丑 이런 경우는 辛일주가 巳酉丑 삼합이 지지에 있는 것과 같은 맥락으로 보라. 辰酉가 육합으로 부부합이니까 최고로 좋다. 삼합보다 더욱 좋은 것이니까.

8 윤하격(潤下格)

물은 모이면 불어나고 불어나면 유하지성(流下之性)이기에 壬·癸의 水일주가 지지 전체 水국이면 윤하격이다. 윤하격은 물로만 이루어져 있으니까 설경(雪景)으로 보라. 여기에 火운이 들어오면 눈사태가 난다 金水밖에 모른다. 윤하격은 법정, 외교, 종교와 인연이 깊다. 윤하격은 역시 火土 즉 재관운이 흉하다.

곡직격, 염상격, 가색격, 종혁격, 윤하격의 공통분모는 재관운에 흉하다. 본인의 출세를 위해서 부모와 형제는 희생양이 된다. 이 사주들에 종살격, 종재격, 종아격을 포함한 사주들의 특성은 모두 특이성 체질이다. 이 사주들의 구성이 삼합이면 선장이고 방합은 갑판원이다. 그 차이가 엄청나다. 방합이면 하격이다. 삼합은 생하는 젖줄이 계속 들어온다. 그러나 방합은 생하는 것이 없다.

9 복덕격(福德格)

음일주인 乙 · 丁 · 己 · 辛 · 癸가 지지에 巳酉丑金국이면, 木일주는 종살격, 火일주는 종재격, 土일주는 종아격, 金일주는 종혁격, 水일주는 종인격으로서 일단 성격이 됨은 물론 金은 결실로서 매사에 완전할 뿐더러 충파 없이 청귀격이 된다.

삼합중에서 金국만이 복덕격이 되는 이유는 金이 결실이므로 삼합국 중에서 최고로 강하게 작용한다는 것이다. 더구나 음일주는 종을 잘하므로 음일주를 지칭한 것이다.

삼합중에서 巳酉丑만을 복덕격이라고 한 이유는 金국이 제일 강한 작용이 생긴다는 것을 증명한 것이다. ○癸○○ 酉丑酉巳는 삼합국이니 큰 하나이다. 대학교 학 · 총장이다. ○癸○○ 申酉酉申는 초등학교 선생도 어렵고, 딴따라이다. 학교도 네번이나 옮겼단다. 복덕격은 부귀팔자이다.

⑩ 화기격(化氣格)

화기라 함은 변화하여 전혀 다른 오행으로 되는 것을 말하기 때문에 화기격이라 하였는데 세분하여 본다면, 甲己일주가 단일봉에 지지 전土, 乙庚일주가 단일봉에 지지 전金국, 丙辛일주가 단일봉에 지지 전水국, 丁壬일주가 단일봉에 지지 전木국, 戊癸일주가 단일봉에 지지 전火국이어야 순수한 성격이 되며, 단일봉이란 쟁합(爭合)과 투합(妬合)이 되지 말아야 하고 또 화기격이면서도 종재격, 종살격, 종아격, 종인격 또는 가색격, 종혁격 등을 겸비하고 있으며, 대기(大忌)는 화기를 방해하는 운이고, 합화한 오행을 도와주는 운은 희(喜)하며 특성은 처세가 좋고 외교에 능하다.

⑪ 정란차격(井欄叉格)

庚金일주가 지지 전 申子辰水국이 되면, 金생水로 샘물에 비유하였고, 란은 水가 많아서 음이 극에 달한 것을 말하고, 차는 바꾸는 것 즉 교차되는 것을 말하는데, 음극즉시양(陰極則始陽) 즉 음이 극에 달하면 양이 생긴다는 것으로 水火가 교차된다 해서 정란차격이라고 하고 있으나, 金일주 水국으로 종아격과 같으며 金水운을 희(喜)하고 木火土는 대기(大忌)하며 지나치게 청백함이 흠이 된다.

가령 ○㊉○○(庚) / 子申子辰는 종아격이고 정란차격이 된다. 여기서 申子辰이 寅午戌을 충해오니 火국이 나온다는 것인데 즉 음극즉시양이고 양극즉시음의 법칙이다. 火를 충해와서 관으로 삼는다는 것이다. 고로 이런 이치를 모르고서 "어이구, 당신 몸이 차갑군요."했더니 "아니요, 저는 땀 흘려요."하더라. 그러면 "그것은 허열입니다."하라. 즉 사주가 진짜라는 것이다. 寅午戌이 따라오니 몸이 불덩이 같더라. 이 허열이 심한 사람은 찬밥 먹으면서도 땀을 흘린다. 남자가 허열이 심하면 자식이 없다. 이런 사주가 여자라면 남자 모른다. 시집가지 말라. 바꾸어 보면 寅午戌이 모두 있으면 申子辰이 생긴다고 생각하라. 같은 이치이다.

⑫ 현무당권격(玄武當權格)

현무는 壬癸水를 별칭한 것이며 당권이란 가장 강왕한 세력을 말하는데, 알고 보면 水일주에 종재격이나 종살격을 겸하고 있다. 또 종이

※육수(六獸) : 여섯 짐승

- 청룡(靑龍) : 甲·乙木 : 경사, 기쁨, 희열
- 주작(朱雀) : 丙·丁火 : 달변, 구설, 소란, 설득력, 시끄럽고 톤이 높다.
- 구진(句陳) : 戊土 : 묵은 것, 오래된 것, 옛 것, 살찐 것
- 등사(騰蛇) : 己土 : 깜짝깜짝 놀란다. 고로 己土일주 신생아는 청심환 구비해둬라. 단거리의 명수로 도망가는 데는 1등이다. 상상임신까지 된다.
- 백호(白虎) : 庚·辛金 : 난폭, 흉폭, 숙살, 사고, 재앙을 끌고서 다닌다. 고로 庚일주는 손에 살기가 있다.
- 현무(玄武) : 壬·癸水 : 비밀, 근심, 걱정, 신음

이런 육수를 응용하려면

- 일을 성사되지 못하게 깨버리려면, 등사로
- 일을 늦게 이루어지게 하려면, 구진으로
- 마누라도 모르게 귀신같이 하려면, 현무로
- 번갯불에 콩 구워 먹으려면, 백호로
- 조금 시끄럽게 하려면, 주작을 동원하고
- 모든 일을 순조롭게 이루게 하려면, 청룡을 써라.

가령 3개월 후에 와야만 내것이 되는데 벌써 온다고 한다면 구진가지고 해야 한다는 것이다.

면서도 당권이 됨은 종하였기에 다시 강왕한 자가 된다. 즉 水일주가 지지 火국이거나 土가 많을 때인데, 水일주는 비밀이 많고 크레믈린이다. 육수 중에서 현무는 신음으로 끙끙 앓다보니까 항상 근심걱정이 많다. 왜냐하면, 정신연령이 빠르다보니까, 당장의 일도 힘드는데 미래에 대한 일을 가지고 근심걱정을 스스로 만들더라.

⑬ 천원일기격(天元一氣格)

천원은 천간을 말하며 일기는 똑같은 것을 말하므로 가령 甲년 甲월 甲일 甲시, 乙년 乙월 乙일 乙시처럼 천간이 똑같아야 하며, 지지와는 무관하나, 실은 길흉의 작용은 지지에 의하여 좌우된다. 甲㊞甲甲 / ○○○○라면, 비견겁 태왕으로 도둑놈 옆구리에 끼고 살고, 의처증 · 의부증 있고 술친구는 많은데 진정한 친구는 없다. 모두 생극제화가 우선이다. 육친으로 보면 견겁인 한신(閑神)이 많아서 방해자 · 경쟁자가 많고, 버는 놈 따로 있고, 쓰는 놈 따로 있고, 군겁쟁재(群劫爭財)가 되어서 나쁘다.

⑭ 지지일기격(地支一氣格)

천간과 같이 지지가 일기로 성립되어야 하니 가령 子년 子월 子일 子시, 丑년 丑월 丑일 丑시 처럼 지지가 같아야 하며 즉 동합작용이다. 또 종재, 종살, 종아격 등이나 곡직, 염상, 가색, 종혁, 윤하격 등과도 중복이 되고 있다. 그러나 만약 종격이라도 동합이니 별 볼 일 없다. 그렇지만 ○○○○ / 寅寅寅寅는 木의 삼합, ○○○○ / 亥亥亥亥는 水의 삼합작용이 되어 좋고 나머지는 나쁘다.

15 간지동체격(干支同體格)

간은 천간, 지는 지지의 준말이며 동체는 똑같아야 되니 천간과 지지가 똑같은 것으로 사주에서 10개밖에 없다. 고로 종격으로 판단내려라. 또 천원일기, 지지일기에 해당한다. 이것을 모두 나열하면 다음과 같다.

甲甲甲甲 戊戊戊戊	종재격이다. 조토라서 모래성 쌓기다. 비겁이 언젠가는 살아나서 내 것을 모두 빼어 갈 것이다. 돈 자랑만 하면 甲木이 모두 가져가 버릴 것이다. 戊土인 돈에게 각기 주인이 있다.
乙乙乙乙 酉酉酉酉	종살격이다. 동합이니까 좋은 팔자 못된다. 여자면 운나쁘면 4번 시집간다. 丑운이면 酉丑으로 모두 한군데로 모여서 흩어졌던 것이 한군데로 모여진다.
丙丙丙丙 申申申申	종재격이다. 단 申도 각기 짝이 있다. 내 것이 조금밖에 없다는 것이다.
丁丁丁丁 未未未未	火土중탁이다. 木火운이 좋다. 비견 많고, 여자면 자식은 있는데 서방은 없으니 남의 자식 키운다.
戊戊戊戊 午午午午	火土중탁이고 질그릇이다.
己己己己 巳巳巳巳	火土중탁이고 자기이다. 두드리면 쇳소리 난다. 종교 교주의 그릇이다.
庚庚庚庚 辰辰辰辰	동서남북에 괴강만 있다. 양신성상이다. 土金밖에 모른다. 김유신 장군 사주이다.
辛辛辛辛 卯卯卯卯	종재격이다. 우산지목(牛山之木)이다. 신묘(神妙)하게 태어났다. 습목으로 재생관 못한다. 돈은 있는데 벼슬을 못한다.

壬(壬)壬壬
寅寅寅寅 길격이다. 寅중 丙이 용신이다. 아우생아(兒又生兒)격이다. 단, 비겁이 많은 것은 어쩔 수 없더라.

癸(癸)癸癸
亥亥亥亥 천간의 癸水인 비겁이 많아서 그것은 면할 길 없다. 지지가 삼합이니까 길하다.

라. 일주(日柱) 대 생시(生時) 성격(成格)

1 자요사격(子遙巳格)

甲子일 甲子시로 구성되는데 시지 子중 癸水가 보이지 않는 巳를 불러들여와 巳중 戊와 戊癸합하니, 巳중 丙은 辛을 불러와서 丙辛합을 만드니 甲木에게 辛은 정관이고, 戊는 재로 子가 재관을 유인해서 들어오니까, 길로 작용하고 또한 巳중의 丙이 식신으로써 水木응결을 풀어주니 성격이 된다.

그러나 사주내에 丑(子丑합)과 午(子午충)가 없어야 하고, 辛과 丙이 없어야 성격이 되고, 운에서도 오면 안된다. 만약 巳, 丑, 午, 辛, 丙이 있으면 전실(塡實)이라 해서 즉 메워져서 안된다. 메울 전(塡)이다.

甲(甲)○○
子子○○ 는 자요사격인데, 말년에 도씨가 기다리고 있다. "어서 오너라."한다. 또한 암합중에서 가장 잘되는 것이 巳중 戊와 子중 癸의 戊癸암합이다. 巳중 丙이 식신이 되어서 음지나무가 꽃이 피니까 좋다. 남자라면 子가 어머니인데 "어머니로 인해서 애인 즉 戊편재가 생긴다. 외갓집 가면 애인 하나 생긴다. 외갓집에 애인 있다. 巳중의 戊가 丙火보고 "나 애인 하나 생겼다."고 하자 丙도 약 올라서 "나도 하나 만들어야지."하고서 辛을 丙辛합으로 하나 만드니 甲에게 辛은 정관이더라.

여기서 甲木에게 辛이 생겨오는데 몇 다리를 걸쳐서 왔는가? 癸戊丙辛으로 3~4다리 걸쳐서 오는 정관이니까 사돈의 팔촌처럼 너무 거리가 멀어서 쓰기가 힘드니까 巳중 丙火하나로 만족해야 하지 않을까? 음지를 양지로 만들어 주니까.

이러한 자요사격이 이루어지려면 인수국으로 이루어져야 하고, 안 그러면 부목 · 표목으로 판단하는 것이 제일 좋다.

甲(甲)○○/子子丑○와 같이 丑이 있으면, 이미 子丑합으로 연애하고 있어서 자요사격이 성립 안된다. 이미 丑이라는 있어서는 안될 것이 있다는 것이니 자요사격이 성립이 안된다. 가령 甲(甲)○○/子子巳○의 경우라면, 子중 癸水가 巳중 戊와 戊癸합을 이미 했는데, 엉뚱한 보이지 않는 戊가 와서 戊癸합하려고 하면, 그것이 되지가 않는다는 것이다. 이것이 전실이다. 없어야 할 것이 있는 것으로 깨져버린 것이 전실이다. 가령 운에서도 丑년이나 巳년이라면 역시 자요사격이 성립안되니 이 자요사격이 성립되려면 인수국으로 이루어져야 한다.

2 축요사격(丑遙巳格)

癸丑일주나 辛丑일주가 丑을 많이 만나면 축요사격이 성립되는데, 丑이 巳를 불러들여서 丑중의 癸 · 辛과 巳속의 戊 · 丙이 戊癸합, 丙辛합으로 합하는데, 癸에게는 戊 · 丙이 정관 · 정재이고 庚이 인수이며, 辛에게는 戊 · 丙이 인수, 정관으로 귀물이 되는 것이다. 이 축요사격도 사주내에 子(子丑합)나 未(丑未충), 戊 · 丙 · 庚 · 巳 등이 있으면 전실되어서 성립이 안되고 운에서 만나도 성립이 안된다.

가령 癸(癸)○○/丑丑○○는 축요사격이지만, 이것도 말년에 도(盜)씨가 기다리고 있는 것은 어쩔 수 없다. 丑중의 癸 · 辛이 巳를 불러들여서 巳중의 丙 · 戊와 합하니 癸에게 丙정재, 戊정관, 庚인수가 되는 것으로 이것이 축요사격이다. 이러한 것도 축요사격으로 이루어지려면 삼합국으로 멋지게 이루어져야 한다.

가령 癸(癸)○○/丑丑子○의 경우는 子丑합이 되니 축요사격이 성립 안되고, 癸(癸)○○/丑丑巳○도 巳丑합이 되니 축요사격이 성립 안된다.

그러나 만약 癸(癸)○○/丑丑酉巳의 경우, 巳酉丑삼합이 인수국으로 巳와는 관계없이 멋지게 이루어지니 좋은 팔자가 되는 것이다. 종인격으로 金水용신이다. 인수가 삼합국으로 멋지게 이루어졌으니 대학교 학총장이다.

계일계시겸해축(癸日癸時兼亥丑)이면 괴명급제입한림(魁名及第入翰林)이라 즉 癸水일주가 癸丑시나 癸亥시면 한림의 박사가 된다. 1등으로 과거급제해서 한림의 학자가 되는 것이다. 그러나 이것도 무조건 그런 것은 아니고 만약 癸(癸)己戊/丑丑未戌는 탁수가 되어서 사주를 버렸다. 고로 한림의 박사가 될 수 없다. 金水용신이다. 이러한 구분을 할 줄 알아야 한다.

축요사격의 다른 측변을 분석해보자.

○(癸)○○/丑丑○○의 경우, 丑이 巳를 불러서 戊癸합을 하자, "너희만 하니?"하면서 丑중의 辛이 丙辛합을 하더라. 고로 戊癸합, 丙辛합이니 쌍쌍파티이다. 여자라면 癸水가 巳중의 戊는 丑중의 癸水의 남편이고, 자기 남편이 아닌데 남의 남편이 자기 남편으로 둔갑해 보인다. 고로 죽자사자 따라다니면서 빨아들이는 게 축요사격이다. ○(辛)○○/丑丑○○도 똑같은 원리인데 戊癸합, 丙辛합으로 따라든다. 辛으로 보아서 丙이 정관인데 남의 남편이 내 남편으로 둔갑해 보인다.

3 육을서귀격(六乙鼠貴格)

乙일 丙子시로 구성되는데 子는 서(鼠)요 또한 이로써 귀(貴)가 된다 하여 서귀라 하였고, 육을은 60갑자중 乙이 여섯 번 있다 하여 붙여진 이름이다.

여기서도 요巳(遙巳)와 같이 子중 癸水에 巳중 戊土가 戊癸로 합에 탐이 나서 인합되면 巳중 戊土는 乙일에 정재가 되고, 庚金은 정관으로 재관2덕을 얻어 본명에 결정적으로 좋은 역할을 하기 때문에 성격된다. 단, 주중에 丑, 午, 巳, 丙, 戊, 庚이 있으면 감반복(減半福)되며 운에서도 또한 같다. 좀 더 알기 쉽게 설명해 보자.

丙乙○○ / 子○○○ 여기서 子는 쥐이다. 子에 巳가 따라 들어와서 戊癸합이 된다. 巳속에는 庚인 정관이 있어서 戊정재, 庚정관이 들어온다. 여자면 庚인 남의 남자가 내 서방으로 둔갑해 보인다. 애인이다. 남자면 아무도 모르게 戊土애인과 庚인 아들을 하나 두었다. 여자라면 子水어머니 때문에 庚애인이 하나 생긴다. 즉 戊정재와 庚정관을 얻어서 성격(成格)이 된다. 이 격도 사주에 丑, 午, 巳, 丙, 戊, 庚이 있으면 전실되어서 격이 성립 안되고, 운에서도 역시 같다.

여기서도 乙木이 육을서귀격으로 잘 이루어지려면 본명 자체가 잘 이루어져야 한다. 가령 丙乙○○ / 子亥寅午라면 육을서귀가 아니더라도 목화통명으로 잘 이루어져 있다. 丙火용신이다. 여기서도 주의할 것은 이 격이 시상상관이다. 고로 당전사환(堂前使喚) 즉 이름이 불리어지는 팔자라고 했는데 참 헷갈린다. 기생이냐? 사환이냐? 장관이야? 정경부인이냐? 고로 본명자체가 잘 이루어져야 한다는 것이다.

4 육음조양격(六陰朝陽格)

辛金일주가 戊子시로 구성되는데 육음은 辛金을 말하고 조양은 이른 아침으로 子에서 일양(一陽)이 시생하는 법칙을 말하는 것이다. 戊(辛)○○ / 子○○○로 子가 巳를 불러들여서 巳중 戊는 인수고, 丙은 정관이니까 관인을 얻어서 귀하게 된다는 것이다. 고로 사주에서 丑, 午, 丙, 戊, 巳 등이 있으면 전실되어 이 격이 성립 안된다. 운에서도 역시 같다.

여기서 여자라면, 巳가 따라드니까 丙이 정관으로 애인이 되는데 암장이니까 정당치 못하다. 子중 癸水가 戊癸합하자, 巳중 丙・戊인 정관과 정인을 子 때문에 얻었다. 이것을 연결하면 辛의 딸 子가 巳중 戊와 戊癸합으로 연애하자 辛엄마가 외롭다 하면서 자기도 巳중의 丙과 丙辛합으로 연애하더라. 고로 모녀가 같이 살면 같이 바람나더라. "아가씨 연애중이네요." "맞아요." "어머니는 몇살?" "51살이요." "혼자 살아요?" "네." "어머니도 바람났네요." "저보다 한술 더 해요."하더라.

여기서 천간의 戊는 어떻게 해야 하나요? 여기서 유념할 것은 辛에게 戊가 있으니 그러면 子중 癸는 戊癸합으로 같이하지 巳중 戊를 따라가지 않을 것이다. 그 다음 巳중 戊는 戊癸합으로 잘못들어가면 유부녀 간통이다. 복이 절반으로 떨어진다는 것이다. 고로 성립이 힘들다고 하더라.

여기서 戊(辛)○○ / 子酉子子는 금수쌍청이다. 지나치게 깨끗해서 종교인 팔자이다. 생극제화가 우선이다.

5 공록격(拱祿格)

공록이란 정록을 끼고 있다 하여 붙여진 이름인데, 고로 사주에 정록이 있거나 형 · 충이 있으면 파격이 된다. 끼고 있다는 것은 子와 寅은 丑을, 丑과 卯는 寅을, 寅과 辰은 卯를 끼고 있는 것이다. 격각살과 연결된다.

이러한 공록도 일주가 약해서 있을 때에 생각해 볼 문제이지 신강하면 아무 필요가 없다. 가령 癸㊣○○
丑亥丑○의 사주라면 丑과 亥사이에 子가 癸水의 정록이 되어 끼어드는데, 子가 끼어든 후에 길이냐? 흉이냐? 여기서는 꽁꽁 얼어 있는데 또 子가 들어오니 흉으로 비겁이니 도둑놈만 찾아온다. 고로 "당신은 항상 철석같이 믿었던 사람에게 도둑맞고 또한 개도 안 짖고 도둑맞는 팔자네요."하면 된다. 이처럼 지지 암장으로 들어오는 공록은 "개도 안 짖고 도둑맞고, 나중에 쓰려고 하면 없어지더라."

이러한 정록을 신수 볼 때 응용하면 가령 ○
未일주가 辛巳년이 오면 巳未합으로 찾아오는데, 찾아오기는 하는데 午가 한 다리 건너서 찾아온다로 응용하라.

사주내에 정록이 있거나 형 · 충이 있으면 파격이다. 즉 子나 寅이 형 · 충을 당하면 丑을 끼지 못한다는 것이다. 부상당한 사람은 남을 부축하지 못하는 것과 같다.

6 공귀격(拱貴格)

일주의 천을귀인을 끼고 있다고 해서 붙여진 이름이다. 역시 사주에 천을귀인이 있거나 끼고 있는 자가 형 · 충당하면 성립이 안된다.

천을귀인은 甲 · 戊 · 庚일주 丑 · 未, 乙 · 己일주 子 · 申, 丙 · 丁일

주 亥·酉, 辛일주 寅·午, 壬·癸일주 卯·巳인데 辰·戌은 잡기이고 괴강이라서 천을귀인이 없다.

그러나 甲에게 丑은 동토라서 뿌리 못하고, 庚은 자고이다. 이래도 천을귀인이 좋다고 할 것인가? 생극제화가 우선이라는 것이다.

가령 (○㉠○○ / ○亥丑○)의 사주라면 子가 천을귀인인데 추운 사주에 子가 들어오면 더욱더 꽁꽁 얼어버리니 공귀라고 해서 좋다고 말할 것인가?

그러나 (○(辛)○○ / 卯丑酉○)의 경우는 천을귀인으로 좋게 작용한다. 卯보다 寅이 좋으니까 공귀라 해서 그 덕을 볼 수가 있다.

또한 (丙(甲)○○ / 寅子○○)의 경우는 丑이 공귀로 천을이다. 甲에게 丑은 관고이다. 자식놈의 무덤만 생겼다. 공귀가 잘못 들어왔다.

천을귀인 공귀는 아무때나 쓰지 말고 똑같은 장관중에서도 수석장관이 될 수 있는 요소를 공귀로 찾아보라는 것이다.

7 공재격(拱財格)

일간의 재고를 끼고 있다 하여 붙여진 이름이며, 신왕을 요하고, 또 재고가 이미 주중에 있거나 끼고 있는 어느 하나라도 충이나 형을 만나면 파격이 된다.

재고는 木은 戌, 水도 戌, 火는 丑, 土는 辰, 金은 未이다.

가령 (○(庚)○○ / 酉申午○)의 경우, 월에 정관이다. 재가 사주에 없는데도 큰 부자더라. 왜 그럴까? 午와 申사이에 未인 재고가 끼어 들었다는 것이다. 이것도 일주가 강해야 무에서 유를 창조한다는 것이다. 정관을 놓고 있어서 벼슬길로 가야 하는데 돈이 많다는 것은 재고가 따라 들어왔다고 보면 된다는 것이다. 이처럼 암록법(暗祿法)에서는 午가 있으면 未가 따라 들어온다. 午未합으로.

辛癸○○/酉亥○○도 戌인 재고가 끼어 들었다.

8 금신격(金神格)

甲己일생이 巳·酉·丑시일 때가 금신격이다. 머리가 영리하다. 눈썰미 있다. 영민하다. 이것을 응용할 때는 巳나 丑이나 酉가 월·일·시에 있을 때도 해당한다. 년은 멀기 때문에 작용이 약하다. 가령 己일주가 巳인수, 천문성이고, 酉식신이고, 丑은 상식고이다. 고로 영리하다.

또 金다면 火가, 火다면 金이 필요하며 영리하다. 가령 ○己○○/巳酉丑○는 金국에 金다하니 火용신이다. ○己○○/酉巳午寅는 火다하니까 酉金이 용신이다. 癸甲○○/酉午午○는 火다하니까 金용신이다. 癸甲○○/酉申午○는 金水가 많다. 고로 火용신이다.

9 귀록격(歸祿格)

일주의 정록이 시주에 있다 해서 붙여졌다. 정록이 월에 있으면 건록(建祿)이라고 한다. 정록이 일에 있으면 간여지동(干如支同)이다. 항시 형제 한 자락 깔고 살아야 하고, 나쁘게 연결하면 도둑놈 끼고 살아야 한다. 정록을 일지에 놓고 있어서 내 전용으로 쓰고 있다고 해서 전록이라고 한다. 이처럼 녹(祿)은 일간이 착근하는 데는 좋으나 신왕할 때는 비겁이 되어서 도둑놈이 되니 흉하고 신약일 때는 본인의 의지처가 되어서 좋다.

만약 ○乙○○/卯卯卯○는 건록, 전록, 귀록이 모두 있지만, 비견이 많아서 사주 버렸다. 丙甲○○/寅子子子는 甲木이 水다하고 얼어있는데 귀록이 있어서 착근하고, 꽃피고 새 우니 좋다. "이 사람은 말년에 가서야 제자리 찾겠네요."
○(庚)○○/申申申○는 정록이 많지만 금실무성으로 사주버렸다.

10 전재격(專財格)

시주는 일주와 가깝고 또 앞에 있다 하여 전(專)이라 하였고, 재는 아극자재성이 아니라 재고를 말하며 신왕해야만 전재가 된다. 즉 시에 재고가 있을 때가 전재격이다. 가령 ○(壬)○○/戌子申○는 신왕에 시지에 戌이 재고이자 용신이다. 이 것이 전재격이다. 신약이면 전재가 안된다. 만약 ○(甲)○○/戌戌卯戌이면 재다신약이다. 재고가 戌인데 신약하므로 전재격 작용이 안나온다.

또한 ○(庚)○○/未申○○와 ○(庚)○○/午申○○의 둘 중에 어느 사주가 더욱 좋을까? 앞의 사주가 그릇이 더욱 좋고 잘산다. 未는 천을귀인이고 재고로 전재격이다. 뒤의 사주는 午가 庚의 패지 · 목욕궁이다.

11 시묘격(時墓格)

일간의 묘가 시에 있을 때가 시묘격이다. 甲乙木일주의 未시, 丙丁火일주는 戌시, 戊己土일주는 역시 戌시, 庚辛金일주는 丑시, 壬癸水일주는 辰시가 시묘격이다. 시묘격의 특징은 모두 병들어서 죽는다. 즉 병사한다는 것이다. 묘궁이니까 병들어 죽으니 교통사고와 같은 횡사는 아니니까 그건 염려말라.

12 갑추건격(甲趨乾格)

甲木일주가 건(乾) 즉 戌亥를 따라 격이 구성되었다 하여 붙여진 이름인데 甲일 亥시로 성격된다. 甲일 亥시이면 乙(甲)○○/亥○○○인데, 이런 경우라면 乙木인 도씨가 기다리고 있다. 고로 갑추건격으로 보기보다는 암록(暗祿)으로 봐주는 것이 더욱 쉽다. 즉 亥水에 의해서 寅이 따라서 들어오는데, 甲에 寅은 정록이다. 寅중의 丙으로 양지나무가 되고, 寅에 甲이 근이 되니 착근하게 되어서 일거양득이 되어 寅木의 작용이 지대하다는 것이다. 원서에서는 甲추건격으로 亥와 같이 있는 戌중의 辛이 정관으로 작용된다고 했으나 戌중의 辛은 많은 土에 묻혀 있어서 용신이 안된다.

⑬ 임추간격(壬趨艮格)

壬은 일간이요, 추(趨)는 쫓아간다는 뜻이며, 간(艮)은 간방을 의미하고 있으니 寅을 말함이라 즉 壬일 寅시면 寅과 같이 있는 丑土정관, 丑중 辛金정인을 얻어 귀로 작용하는 것인데 신왕이거나 아주 종할 때가 더욱 좋고 寅을 충하는 申이나 형하는 巳가 없어야 한다. 여기서도 임추간격보다 암록으로 써먹는 것이 더욱 쉽다. 寅시라면 壬의 정록인 亥가 寅亥합으로 따라서 들어온다. 원서대로 丑중 己土가 써먹기는 어려운데, 꽁꽁 얼어있기 때문이다.

그런데 앞에서 甲일 亥시 즉 甲추건격과 壬일 寅시의 임추간격에서 말했듯이 합록이든, 암록이든 그 사주에 좋게 작용해야 한다는 것이다.

가령 ○辛○○ / 辰丑申○ 이라면 辰酉로 酉가 따라 들어오면 신강한데, 비견만 따라들어오니까 비견작용만 하지 일주에 도움은 주지 못하는데, 이래도 합록을 써야 하겠는가?

원래 암록, 합록이 되면 눈에 보이지 않는 귀인이 따라드니 음덕을 입게되고 선영의 덕을 입게 되는 것이다.

14 형합격(刑合格)

癸일 甲寅시로 구성되는데, 이유는 寅이 巳를 형출(刑出)하여 巳중의 재 · 관 · 인 삼기(三奇)를 얻어 귀로 작용하는데, 풍류가 심함이 흠으로 나타나고, 신왕하여야 하며 또 寅을 충하거나 형하고 일지편관 또는 巳 · 丙 · 戊 · 庚 등이 있으면 파격이다. 그러나 원서에서 형합격의 특징을 주색으로 몸을 망치는 것이 형합격이라고 했다.

계일인시형합격(癸日寅時刑合格) 계일인시가 형합격인데
다인주색상기신(多因酒色傷其身) 주색으로 인하여 몸을 상하는데
약임양인병칠살(若臨羊刃併七殺) 만약 양인이나 칠살과 같이 있으면
정작황천노상인(定作黃泉路上人) 길거리에서 객사하고, 교통사고로 죽으라고 정해진 사람이다.

라고 하였다.

甲(癸)○○ / 寅○○○가 형합격인데, 寅이 역마지살이다. 癸水가 역마로 인해서 甲寅木에 흡수되어서 없어진다. 고로 교통사고이다. 또한 寅중의 丙이 여자니까 주색으로 연결된다. 癸水가 사는 집 앞의 삼거리 주막집에 寅중의 丙인 예쁜 술집색시가 있는데, 癸에게 丙은 정재니까 본처로 둔갑해 보인다. 고로 丙이 꽃이니 얼마나 예쁘게 보이던지, 그놈의 丙을 만나기 위해서 쫄랑쫄랑 찾아다니는데, 항상 보려고 하면 甲寅木을 통해야만 만나 볼 수 있어서 水생木으로 쌀을 퍼다주어야만 寅중의 丙을 보여주더라. 약한 癸水가 몇번 퍼다주니까 살림 거덜나고 결국은 丙에 의해서 癸水는 증발되고 구름 타야 되니까 천당으로 가고 말더라.

그러나 만약 甲(癸)○○ / 寅酉丑○라면, 여자와 놀아나겠는가? 酉丑金으로 인수니

까 선비이다. 그러므로 아무리 寅중의 丙火가 꼬셔도 안간다. 金水가 왕해서 신왕하니까 甲寅木을 자기 맘대로 조절할 수가 있기 때문이다. 반대로 신약하면 甲寅木에게 휘둘린다는 것이다. 자제능력이 없으니까. 결국 차이는 신약이냐 신왕이냐의 차이다.

형합격은 寅木이 巳를 형하여 오자, 巳중 戊·丙·庚을 癸水의 정관, 정재, 인수를 얻어 귀하게 된다는 것이다. 만약 甲(癸)○○ / 寅巳申戌의 여자라면, 시상상관이니까 남편을 극한다. 巳중의 戊가 남자인데, 암장이니까 애인이다. 戊癸합으로 사이좋게 지내다가 인사시키자 甲이 木극土로 패대기치더라.

15 합록격(合祿格)

합록이란 글자 그대로 녹(祿)을 합하여 이루어졌다는 뜻인데 여기서 녹이란 甲녹재寅, 乙녹재卯의 녹궁을 말함이 아니고 녹마(祿馬)라는 녹을 일컫는 것이니 즉 정관을 말하는 것이다.

전자의 합록이란 일간의 정록과 육합이 되는 것을 합록이라 하고 이것을 암록이라고 한다. 고로 언제든지 정록을 합하는 것이 있으면 이것이 합록이다. 가령 甲일 亥시면 寅亥합이 된다. 寅인 甲의 정록과 육합이 된다. 역시 乙일 戌시, 丙일 申시, 戊일 申시, 己일 午시, 辛일 辰시, 壬일 寅시, 癸일 丑시 등 모두 육합되는 것이 일간의 정록이 되는데, 중요한 것은 시·일·월을 모두 봐준다. 역시 신왕해야 하고 합하거나 충하는 글자가 없어야 한다.

그런데 여기서 합록격은 戊일 申시와 癸일 申시로 이루어지는데 戊癸일 申시는 庚申시로 申중 庚金은 卯중 乙木을 작합(作合)하여 乙木

은 戊일의 정관이 되고 卯는 정관 乙木의 녹이 되는 것이니 관록이라 하고 합록격이라고 칭한다. 癸일의 申시는 巳申합하여 巳를 기동(起動)시키는데 巳중에는 戊土가 있어 癸일의 정관이 되고, 巳는 정관의 녹이 되므로 합록이 되는 것이니 이로써 하나의 격을 이루어 합록격이 되는 것이다.

이 격에서 주의할 점은 가을과 겨울에 출생해야 한다고 했다. 봄과 여름에 태어나면 木火의 월령이 되기 때문에 복력을 반감한다는 이론이 적용되기 때문이다. 왜 木火가 있어서는 안되는가.

戊합록격의 경우, 木은 극신하여 신약하게 만들고 火는 庚申을 극해 乙木을 합해올 수 없게 하기 때문이다. 그리고 申을 충극하는 寅도 있으면 안된다. 충극하면 申중 庚金이 乙木을 합해올 수 없기 때문이다.

癸합록격도 신주 癸水를 극하는 戊土가 있거나 巳가 있어 巳申으로 합해 있거나 丙이 庚金을 극하거나 寅자가 있어 寅申이 충극하면 申金이 손상되어 巳를 합해올 수 없으므로 복력이 반감하며 운행에서 그런 것들을 만나게 되어도 역시 마찬가지다. 그리고 전실(塡實)되는 것도 꺼린다.

그리고 이 격도 다른 특수격들의 예와 같이 사주상황에 따라 정격(正格)을 기초로 해서 참고로 추심해야 함은 물론인 것이다.

⑯ 비천녹마격(飛天祿馬格)

비천이라 함은 암충을 말하는데, 암충은 지지에 동일자가 셋 이상일 때 암충은 비로소 성립되어진다. 예를 들면, 子가 많으면 午를 충해오고, 丑이 많으면 未를, 寅이 많으면 申을, 卯가 많으면 酉를 충해온다. 충해오는 간지에 녹(祿) 즉 정관과 마(馬) 즉 정재가 들어오고, 정인도 곁들여서 포함되어 저절로 따라든다.

원서에서는 비천녹마격을 6개 말했는데, 실제로는 辛亥일주가 다봉(多逢) 亥와 癸亥일주가 다봉 亥일 때만 성립한다는 것이다. 나머지는 庚子일주 다봉 子, 壬子일주 다봉 子, 丁巳일주 다봉 巳, 丙午일주 다봉 午인데 뒤에서 설명하겠다.

우선 辛亥일주가 다봉亥다. 巳를 충해와서 巳속의 戊·丙이 정관, 정인으로 온다는 것이다. ○辛○○/亥亥亥亥라면 수다금침(水多金沈)으로 종아격이다. 亥중의 甲木으로 기가 몰리니까 종재격으로 변했다. 이와 같이 종아격이 종재격으로 변하는 것을 아우생아격(兒又生兒格)이라고 한다. 세상 사는 데도 2세기 앞을 내다보고 사는 팔자이다. 그러나 亥천문에, 천라지망에, 水가 많아서 모두 법관의 인소이다. 고로 비천녹마를 몰라도 법관은 나오는데, 단 급수가 안나오는데 이처럼 완전한 비천녹마격이면 검찰총장, 대법관은 해먹는다. 水가 법이니까.

이 많은 亥水가 巳火에게는 모두 한방씩 얻어 맞았는데, 亥水가 여럿이 모이자 군중심리가 발생하여 巳火를 깔짝깔짝 건드려서 충기(冲起)시킨다는 것이다. 그래서 巳火속의 戊土, 丙火가 인수·정관이 되어서 비천녹마가 된다는 것이다. 그러나 여자면 남편궁이 나쁘고, 자식으로 인해서 애인 하나 생기고, 남자면 외방 자식 두게 된다. 또 辛이 잘나서 크게 되는 인물이 아니고, 亥와 甲木이 똑똑해서 잘 되는 사람이다.

이러한 암충이론을 사주 보는 데 응용해 보자면, 가령 ○乙○○/亥亥亥亥 이런 사주라면 亥가 巳를 충해오니, 巳속의 戊·庚이 정재·정관이 된다. 고로 남자는 외방 자식 두게 되고, 여자면 남의 남편이다. 즉 그대로 추리하라는 것이다.

꼭 비천녹마만 따지지 말고, 가령 辛巳운이라면 보이지 않는 亥水와 申金이 따라 든다는 것인데, 신수보는데 이것까지 추리해야 한다. 巳는 亥를 충해오고 申을 합해 오니까, 가령 乙木일주 여자면, 巳중의 庚이 생기고, 申속의 庚도 생기니 쌍나팔 분다. "삼각관계 이루어지니 조심하세요." 乙木일주는 亥가 인수로 보이지 않게 작용하니까 역시 공부하는 운이다. 충기되어 암으로 들어오게 되니까 아무도 몰래 공부하러 다닐 것이다. 이런 식으로 다방면으로 응용할 줄 알아야 한다.

다음은 癸亥일주가 다봉(多逢)亥면 비천녹마다.

○癸○○ 亥亥亥亥는 윤하격이다. 亥亥亥亥는 동합이 아니라 삼합과 같은 작용이 생긴다. 亥중 甲木이 용신이다. 癸水일주이고 亥천문이고, 水다하니 법관이다. 거기에 역마지살까지 연결하면 국제법이다. 巳속의 戊·庚·丙이 재·관·인의 삼반물이 모두 들어온다. 그래서 길격으로 비천녹마가 되는 것이다.

원서에서는 다음의 사주도 비천녹마로 보았는데,

가령 ○庚○○ 子子子子의 사주라면 금수쌍청이다. 午를 충해와서 午중 己·丁으로 정관·정인을 얻지만 금수쌍청이다. 법관노릇 못한다. 만약 이런 사주가 법관을 한다면 그냥 잘린다. 庚金인 개혁파로서 혁명의 기질이 있어서 가령, 위에서 "이 사람은 그냥 좀 봐줘라."고 해도 "개떡 같은 소리마라. 나에게 걸리면 모두 죽는다. 쌍!"하고서 자기 맘대로 하니까, 안쫓겨나고 배기나? 고로 검찰총장까지 올라갈 수 없다. 이런 사람에게 걸리면 금수쌍청으로 자기 목이 달아나도 한다는 것이니 가령 火가 윗사람인데 火극金으로 야단쳐도 눈 하나 깜짝 안한다. 水극火하니까.

또한 ○㊣○○ 子子子子의 경우도 동합이고 한냉지수이다. 水일주고 양인이니 법관의 기질이 있지만 그러나 문제아이고 동네변화사는 된다. 비천녹마는 안된다는 것이다. 항상 생극제화가 우선이니까 비천녹마격에 너무 연연해 하지 말라.

마. 일주(日柱) 자체 성격(成格)

1 전록격(專祿格)

일지는 자신이요, 전용물이라 하여 일지 정록자(正祿者)는 전록격이라 하였고, 육십갑자 중 4개가 있다. 甲寅, 庚申, 乙卯, 辛酉일주다. 甲寅은 고란살, 庚申은 도로신, 乙卯는 바람둥이, 辛酉는 멋쟁이다. 전록은 녹근이고 간여지동이다. 부부궁이 나쁘고, 형제 한 자락 깔고 산다. 너무 똑똑한 게 흠이다. 일지에 비견이니까 고집불통이다. 형이나 충이 되어 있으면 전록으로서의 가치가 떨어진다. 신왕에는 나쁘고 신약에는 의지처가 되어서 좋다.

2 일귀격(日貴格)

일(日)은 일간이요, 귀(貴)는 천을귀인으로 일지에 천을귀인을 놓을 때 일귀격이 성립되며 신왕을 요하고, 형 · 충을 대기(大忌)한다. 일귀격은 丁酉, 丁亥, 癸卯, 癸巳일주인데, 특징을 보면 귀공자 타입이다. 옛날로 보면 왕손이다. 丁酉는 일지 재이지만 재관으로 보라. 재관은 공존이니까, 丁亥도 관이지만 재관으로 보라. 이 둘은 丁己재관격으로 법정계이고, 말 잘한다. 癸卯는 풍파인가? 일귀격인가? 풍파로 보라. 癸巳는 巳중 戊와 戊癸합이다. 남자는 재관동림이다. 여자는 암합이니까 일귀격이 어렵다. 일귀격은 丁酉일을 유심히 보라.

○(丁)○○
寅酉丑巳는 재다신약인데 일귀격으로 써줄 수 있는가? "얼굴은 귀공자 타입인데, 어째서 하는 짓은 나쁜 짓으로 빠졌나요?" 즉 재가 많으면 남을 속이는 일이 있다.

壬(丁)壬○
寅亥子○ 는 일귀격으로 좋은가? 丁壬합이 많아서 기생인가? 기생팔자이다. 단, 일귀로 연결하면 水이니까 법정계 등의 손님이 많다는 것이다.

○(辛)○○
寅亥子子의 경우, 동짓달로 추운데 寅亥합木으로 寅木이 천을귀인까지 되었으니 금상첨화이다.

3 일인격(日刃格)

일은 일주요, 인(刃)은 양인으로 일지에 양인살을 놓을 때 성격된다. 양인은 무기 · 총칼이니까, 신약에는 길로 작용하지만, 신강에는 흉기로 작용하고, 극부 · 극처 · 극재한다. 천간은 양이고 지지는 음으로 丙午 · 壬子 · 戊午일주가 해당된다. 고로 겉다르고 속 다르다. 이중적인 의미다. 겉으로는 평안한데, 집에 들어가면 지지고 볶고 하더라. 여기서 丙午와 戊午는 탕화를 하나 더 가지고 있고, 壬子는 바람둥이다. 스테미너에 신장, 방광이다. 남자면 丁이 마누라인데 子중 癸水가 있어서 丁癸충하고 있으니까 처궁이 나쁘다.

戊午는 인수인가? 양인인가? 午중 己土가 양인이다. 남자는 바람둥이다.

壬(丙)甲丙
辰午午午는 남자인데 일인격이다. 교통사고 당해서 중환자되어 입원해 있다. 양인이 많으면 손가락 자르고 불구에 해당한다. 木火로 몰아야 한다.

4 괴강격(魁罡格)

괴강일주가 되어 괴강격이라 하였고, 庚辰 · 庚戌 · 壬辰 · 壬戌일주가 해당한다. 한번 실패하면 재기가 불능하고 군인, 경찰 등 무관으로 입신한다. 남자는 영웅호걸로 남자답게 보이니까 괜찮고, 여자는 괴강으로 괴수에 해당하니까, 여자가 괴강이면 너무 똑똑하고 남자를 꺾는다는 것이다. 괴강의 특징은 재기불능으로 한 번 쓰러지면 또 한 번 전성기가 지나면 다시 일어나지 못하는데 단, 운이 좋으면 관계없다.

여자의 경우를 보자.

庚辰은 丙 · 丁火가 서방인데, 일지의 辰이 습土니까 소몰되어 버린다. 庚戌은 丁인 서방이 戌에 입묘된다. 壬辰은 辰이 남편이면서도 편관이고, 水의 고이니까 "서방 때문에 나 죽겠네."다. 壬戌은 편관이고 백호대살이며 관고이니 남편의 무덤이다. 따라서 남편궁이 나쁘고, 사회생활을 해야 한다. 군인, 경찰과 결혼하면 면한다. 월에 괴강이면 군인가족, 괴강이 많으면 군인, 관이 괴강이면 여자는 군인에게 시집간다.

戊㊈○○
寅戌酉戌 여자인데 괴강격이다. 서방이 투스타로 寅戌火국인 관이 좋다.

5 일덕격(日德格)

일지에 복덕을 놓았다 하여 일덕격이라 하였고, 형 · 충 · 공망 등을 기(忌)하며, 이공계에 입신한다. 甲寅 · 甲辰 · 戊辰 · 庚辰 · 壬戌일주가 일덕격이다.

6 임기용배격(壬騎龍背格)

壬水일주가 辰용(龍)위에 있다하여 붙여진 이름이다. 형·충이 없어야 한다.

壬辰일주가 辰을 많이 만나거나 寅이 많을 때를 임기용배격이라 하는데, 壬辰일주는 괴강도 되고 임기용배격에도 해당된다. 辰은 용인데 壬이 용의 등에 탔다고 해서 임기용배라고 한다. 고로 사주가 제대로만 구성되면 조화가 비상하다. 용은 조화로써 빗줄기를 타고 오르는 게 용이고 미꾸라지이다. 물고기 종류는 물줄기 타고 올라가니까 이것이 조화를 이루는 것이다. 종아·종재·종살로 잘 구성되어 있으면 임기용배격이다. 가령 甲(壬)壬丙 / 辰辰辰寅의 경우, 이런 사주가 임기용배격이다. 유명인의 소실 팔자인데 통이 크고 배짱 좋더라. 정치적으로 죽이려고 부정축재로 몰아가니까 그냥 가더라. 水木용신이다. 또한 甲(壬)○○ / 寅辰寅寅는 木火로 종하는 팔자이다.

7 재관쌍미격(財官雙美格)

일지 장간에 정재·정관을 동궁에서 얻었다 하여 재관쌍미라 하였고 형·충·신약은 대기다. 癸巳·壬午일주이다. 녹마동향(祿馬同鄕)이고 재관동림이다. 똑같은 말이지만 여기서 그 구분을 하자면 격국으로 써먹을 때는 재관쌍미요 녹마동향이고 총각득자로 써먹을 때는 재관동림이라고 하는 것이다. 여기서는 녹(祿)은 정관, 마(馬)는 정재 즉 정재·정관이 한 곳에 같이 있다는 것으로 壬午·癸巳일주이다. 癸巳일주는 재관쌍미, 일귀격으로 巳중의 戊·丙·庚이 정관·정재·인수이다.

壬午일주는 午중 己·丁이 정관·정재이다.

60甲子중 己亥일주는 정재·정관이지만 亥는 밤이니까 안 써먹는다. 壬午일주 중에서 재관쌍미로 되려면 ○壬○○/寅午酉丑와 같이 신왕재왕으로 사주가 구성될 때에 값어치가 있다. 金생水, 水생木, 木생火로 모두 일지로 모아서 들어오니까 얼마나 좋은가? 그러나 ○壬○○/子午子○는 子午충으로 깨져서 午중의 己·丁이 상해버렸다. 고로 재관쌍미의 작용이 안나온다. 고로 사주가 형·충이 없어야 하고 신약하지 않아야 한다는 것이다. 丁일주가 壬午년에 신수 보러 오면 丁壬합에 午중 己가 있어서 "임자있는 몸이고 딸내미도 있네요."한다. 丁未일주면 丁壬합, 午未합으로 찹쌀궁합으로 들어오니까 꼼짝못한다.

이외에도 많은 격이 있으나 다음 기타격으로 마무리하고, 참고할 것은 외격도 종내는 내격에 의하여 추명되고 있으며, 단 외격에서 나타난 특징만 첨가하여 추명한다는 것을 알아주기 바란다.

바. 기타격

1 오행구족격(五行俱足格)

원래 납음오행에 맞추어서 년·월·일·시와 입태일까지의 납음오행이 모두 갖추었을 때를 말한다. 단, 실제적으로는 사주에서 오행이 모두 있으면서 돌아가야만 오행구족격이 된다. 가령 甲癸辛戊/寅丑酉午의 경우, 木火土金水가 모두 있으면서 火생土, 土생金, 金생水, 水생木하면서 寅午火국으로 다시 불붙어서 돌아가고 있다. 고로 생생불이(生生不已)로 끊임없이 돌아가고 있으니 오복(五福)을 모두 갖추었고 세상사는 것이 편하고 재앙이 없다. 오행구족격은 처세가 좋고 남의 도움이 많다.

2 팔자연주격(八字連珠格)

년 · 월 · 일 · 시가 구슬꿰듯이 구성될 때인데, 이것도 크게 생각말라. 가령 丙(甲)丙甲 寅子寅子는 甲木이 양쪽에서 녹근(祿根)을 잘하고 있어서 나무가 크게 양쪽으로 뿌리내리고 있으며 구슬꿰듯이 내려가고 있어서 팔자연주격이라고 한다. 丙火용신으로 木火통명이고 식신유기승재관이다. 학자이고, 그러면서 子와 寅사이에 丑이 끼어들어서 천을귀인으로 공귀격이라고 한다. 단, 丑이 귀인의 작용이 나오지 않는데, 丑이 甲木의 관고로 자식의 무덤이고 겨울이니까 더욱 추워진다. 甲木을 庚金인 총으로 암살할까봐서 丙이 항상 양쪽에서 따라다니더라.

3 양간부잡격(兩間不雜格)

천간이나 지지가 동일 오행으로 구성될 때인데, 고집있고 청백한 것이 흠이다. 가령 乙(甲)乙甲과 같은 것인데 천간으로 비견겁이 많으니 의처증 · 의부증이 있으며 버는 놈 따로 있고, 쓰는 놈 따로 있다. 술친구는 많아도 진정한 친구는 없으며 가는 데마다 방해자가 많다.

4 순중부잡격(旬中不雜格)

甲子순, 甲戌순, 甲申순, 甲午순, 甲辰순, 甲寅순이면서 그 순중내로 사주가 구성되었을 때이나 일간의 균형이 우선이며 부잡이니까 청백함이 특징이다.

5 오합취집격(五合聚集格)

년 · 월 · 일의 천간이 똑같을 때인데 쟁재하지 않는 것이 특징인데, 그러나 실제적으로 나타나는 것은 쟁재이다. 가령 ○(甲)甲甲이나 ○(乙)

乙乙의 경우인데 실제로는 비견겁이 많은 사주이다. 만약 여기에 土인 여자가 하나 있다면, 남자 셋에 여자 하나로 서로 차지하려고 싸울 것 같지만 오히려 여자가 너무 귀하다 보니까 칙사 대접을 해준다. 고로 여자는 공주 같은 대접을 받는다는 것이다. 이런 심리적인 면이 나온다.

6 지지공협격(地支拱夾格)

지지 사이에 하나씩 끼고 있는 것으로, 없어도 있는 것으로 간주하는 것이 특징이다. 여기서도 사주에 필요한 것이 끼고 들어와야 좋으며, 만약 사주에서 흉한 작용을 하는 것이 끼고 들어오면 개도 안 짖고 도둑맞는다. 이 격도 너무 신경쓰지 말고 생극제화가 우선이다. 가령 丙(丙)戊甲 / 申午辰寅 이면 지지 사이에 卯·巳·未가 들어간다. 寅午火국에 寅辰木국이다. 金水용신이다.

7 천간순식격(天干順食格)

천간에서 년월일시로 생하고 있을 때를 말하는데, 매사 순성(順成)에 인덕이 있다. 여기서도 천간은 생하지만 만약에 지지가 지지고 볶으면 아무 소용이 없다. 고로 사주 자체가 순국이어야 한다. 가령 甲(癸)辛戊 / 寅亥酉辰 는 순국으로 세상 사는 것이 너무 편하다.

그러나 戊(壬)○○ / 申子寅午 는 역국이다. 남이 잠잘 때 장사해야 한다. 여기서도 역국속에서 순국이 있고, 순국 속에서도 역국이 있다. 그것을 구분하는 것은 신강·신약의 차이이다.

8 사위순전격(四位純全格)

사위는 년월일시요, 순전은 모두 있음을 말하는데 지지에서 순서에 관계없이 子午卯酉, 寅申巳亥, 辰戌丑未가 모두 있을 때이다. 子 · 午 · 卯 · 酉가 모두 있을 때는 사왕지국(四旺之局)을 모두 깔고 있으니까 고집불통이다. 사랑 따라 잘도 간다. 즉 풍류(風流)가 있다. 寅申巳亥가 모두 있을 때는 두령격이고 매사에 자신있다. 辰戌丑未가 모두 있을 때는 돈이고 뭐고 들어가면 안나온다. 욕심쟁이다. 또한 "부처님과 인연이 많네요."

다만 형충이 많아서 "시기질투가 항시 따라다니네요."한다. 철저히 깨지고 못나버리면 오히려 귀인이 된다. 이러한 경우는 격국으로는 형충이 되지만 파격으로 보지를 않고서, 다만 육친적인 것을 추리할 때는 파격으로 보라는 것이다. 항상 오행의 구성자체가 균형을 이루고 있으면 좋은 팔자가 되는 것이다.

9 천지덕합격(天地德合格)

천간과 지지가 년월일시로 잘 합하고 있다 하여 덕이라 이름하였는데, 실제로는 년월과 일시가 합이 될 때를 말하는데 처세는 좋으나 인정에는 약하다.

가령 戊㊛乙庚/午未酉辰의 경우, 년월과 일시가 각각 乙庚, 辰酉, 戊癸, 午未합으로 묶여버렸다. 고로 무능력자가 된다. 사주가 두패로 묶여 버렸으니까 두 집 살림해야 한다. 戊(癸)○○/午巳丑子의 사주에서 癸가 신강하지만, 土용신이 아니다. 만약 土가 용신이면 직장에 있어야 하고 火가 용신이면 사업해야 한다. 추워서 따뜻한 것이 필요하니까 土보다 火가 필요하다. 또한 庚(壬)甲丁/子申辰卯의 사주에서는 木이 용신이지만 火가 필요하다.

천지덕합에서 주의할 것은 완전히 묶이면 안된다는 것이다. 戊(癸)戊○/午未午○

는 종재격인데 동서남북이 꽁꽁묶여 버렸다. 무능력자가 된다.

또한 가령 ○㊙○○ 子子子子의 경우, 甲木이 할아버지 방에 가도 水생木, 아버지에게 가도 水생木, 마누라에게 가도 水생木, 자식 방에 가도 水생木하니까 돈 벌 생각을 안한다. 고로 쓸 생각만 하다보니까 술집만 찾더라.

⑩ 지지연원격(地支連苑格)

지지가 모두 연결되어 있다 하여 붙여진 이름이며 일간의 균형을 우선해야 하고 크게 신경쓰지 않아도 된다. 가령 戊Ⓣ丙丁 申未午巳는 꽃은 꽃이로되 음양이 섞여 있으니까 잡꽃이다. 火생土, 土생金으로 申이 용신인데 필요한 것은 水이다. 金용신이고 金水운이 좋다. 꽃은 너무 큰데 열매가 부실하다.

⑪ 구진득위격(句陳得位格)

구진은 戊土요 득위는 신왕으로 보기 쉬우나, 戊土가 종아 · 종재 · 종살격이 되었을 때를 구진득위격이라고 하며 부귀겸전 사주가 된다.

⑫ 일기위근격(一氣爲根格)

지지가 남음 오행으로 모두 같을 때이나 본 오행으로 추명하고 참고만 하라.

6. 격국의 실례, 격국만 가지고서 사주보기 예

사주 예(93)

壬	(丙)	丙	甲	정관격, 편관격, 정관격변편관격, 화토재관격,
辰	寅	子	申	인수격, 살인상생격, 설중매화격

이 사주는 丙火일주가 子월에 출생되어 子중 癸水로 정관격인데 申子辰水국에 시상 壬水가 투출되어 편관격이 되는데, 대비하건대 정관보다는 편관이 강왕하므로 정관격은 변화하여 편관격이 되었고 또 년상의 甲木은 절지요 부목 · 동목(凍木) · 습목이나 일지 寅木이 있어 인수격도 되는데 편관 水가 水생寅木하고 寅木생火일주라 최종의 명칭은 살인상생격이라고 한다.

격명으로 간추려 보면, 정관격으로 행정관을 꿈꾸다가 편관격으로 변화하였으니 무관으로 궤도수정을 하였으며, 인수격으로 공부하여야 되고, 살인상생격으로 원수가 은인이 되며 윗사람의 덕이 있고, 벼슬은 좋으나 알아야 면장을 하겠기에 인수공부가 생명이요, 재주가 비범인데 설중매화로 인기요, 한냉지절에 화로를 얻고 있으며 핵이 일주로 집중되고 있어 얼굴이 백만불짜리다. 좀 더 상세히 풀어보자.

본래는 子중 癸水로 정관격이니 착하고 공직으로 가야 한다. 거기에 申子가 水국을 이루니까 득국해서 중앙부처에 해당한다. 金생水니까 재생관으로 연결되니 재정관이다. 그러나 申子辰水국에 壬이 천간에 투출되니 편관격이 된다. 편관이란 무관이요, 사법권을 쥐고 있으니까 "일반공무원이면서도 사법권을 쥐고 있네요."하라. 정관격이 편관격으로 변했으니까 본래는 일반직 공무원으로 들어갔는데 졸병이 되다 보니까 서럽더라. 고로 "나도 寅木인수로 높은 사람이 되어야 하겠다." 그래서 편관격을 따라서 권력을 찾으니까 법(法)으로 간다. 火土일주 재관격이니까, 운만 잘 만나면 일반직 공무원이 판검사로 간다. 木생火로 연결되니까 살인상생격이다. 고로 처세가 좋은데 살(殺)인 원수를 내 편에 서게 하는 지혜를 가지고 있다. 단, 사업하면 망한다. 왜냐하면 金이 金극木하니까.

정관격이 편관격이 되었고, 인수격에 살인상생격에 설중매화도 된다. 丙에게 申子辰 水국의 감투를 주었더니 능력부족이다. "알아야 면장을 하지"이다. 고로 알기 위해서 寅木인 공부해야만 한다. 여기서 살인상생격은 무조건 인수가 용신이다. 즉 일주가 약하니까 살(殺)이라는 호칭이 들어간다. 그러나 관인상생격은 인수가 무조건 용신이라고 보면 안된다. 일주가 강하니까 관이라는 호칭이 들어간다. 살인상생격은 "알아야 면장을 하지"라는 팔자이다. 능력부족이니까 배워야 한다. 이처럼 관인상생격이나 살인상생격의 특징은 모두 윗사람에게 줄을 달고 있다.

사주의 흐름이 壬(丙)丙甲 辰寅子申로 金생水, 水생木, 木생火로 일주인 丙에게 핵이 집중되어 있어 얼굴 하나 백만불짜리이고 모든 것을 자기 위주로 풀어가는 것이 흠이며 오직 제 입밖에 모르고 처자식도 별로 생각안한다. 오직 저만 생각해 달란다. 여자라면 "오직 나만 사랑해 주세요."한다. 즉 희생은 없고 자기위주로만 세상을 살아가려는 것이 이 사주의 특징이다. 자연으로 비유하자면, 겨울이 水국이니까 눈속의 丙火꽃이니 설중매화(雪中梅花)이다. 고로 인품이 좋고 얼굴 하나 백만불짜리가 되더라.

이 사주에서 년간과 월간의 甲木과 丙火가 申子水에게 죽어있지만 丙火일주는 약하니까 이 사주에게는 도움이 되고 있다. 고로 이런 경우에는 말하기를 "먼저 가신 丙火형님이 한 분 계시죠?" "예." "저승에서도 당신이 잘 되기를 무지기원하고 있으니까, 형님 제사에는 꼭 참석하세요."하라. 申년이면 寅申충이 되는데 운에서의 申만이 아니고, 년지의 申도 합세해서 寅申충을 한다. 가령 丙의 마누라가 申인데 한쪽 방에다 놔두고서 봐주지도 않더라. 고로 申마누라가 이를 갈다가 申년이 되자 寅申충하니 丙이 날아가 버린다. 고로 申子水국으로 배신하고 가버리더라. 또는 집인 인수가 충을 받으니 집을 나가는 현상이 생긴다.

사주 예(94)

戊	㊉戊	辛	辛	정관격, 상관격, 식신격, 관식투전격,
午	申	卯	卯	인수격, 정관용인격

이 사주는 戊土일주가 卯월에 출생하여 卯중 乙木본기로 정관격인데 또 다시 년월상의 辛金과 일지 申金이 있어 상관격에다 식신격까지 겸비하고 있다. 卯木정관은 金상관에 의하여 수제되고 있어 관식이 투전이요, 따라서 정관격은 빛을 잃고 있으며 시지 午火로 인수격도 되고 있다.

격으로 대별하여 추명하건대 년월 卯木정관으로 공직에 있었으나 상관이 극관하고 또 생재로 탐욕이 발생하여 사표 내고 사업에 손을 댔으나 신약되어 패장으로서 두 손 들고 인수격에 의지하고 보니 火극金에 木생火, 火생土로 욕심을 배제하면서 안정을 찾게 되어 있어 역학을 공부하여 착실하게 삶을 살고 있다.

戊土가 약하여 己土와 같아 전답으로 비유되는데, 土가 약하므로 지층이 엷어 농사를 지을 수 없으므로 보토를 하여야 비로소 풍년을 기약할 수 있는 격이기도 하다.

卯중의 乙木인 정관격을 따라서 직장을 택했는데 卯木이 2개라서 일복만 무지 많더라. 거기에다 정관이 모두 지지로만 있어서 직장자랑도 안하게 되고 또한 천간의 상식인 辛이 잘라버리니까 일만 죽도록 시키고서 승진을 안시키더라. 상식이 같이 있으면 혼탁이다. 우산지목에 관식투전에 금목상전이니까 불평불만만 많더라. 고로 도저히 직장생활 못하겠다고 하더라.

관식투전 사주가 직장을 그만두는 경우는 윗사람을 물고서 늘어진다. 책상을 엎어 버리거나 욕하고 나와서 안 나가버리는 경우가 관식투전이다. 결국 상식인 金이 金극木하니까 사표 내고서 金이 金생水하여 水인 재를 생하니 이것이 퇴직금이다. 고로 사업 시작했는데 水인 재를 따라갔으니까 탐재괴인이 되어서 용신인 火를 꺼버린다. 사업 말아먹고서 늦게 午火 때문에 역학공부했다.

戊土가 신약하니 사람이 가볍고, 관식투전이 되니까 남에게는 죽어도 안 지려고 하더라. 戊土에게 卯木인 관은 나보다 높은 사람인데 金극木하니까 사장인데도 눈아래로 보이고 그러니 항상 윗사람의 눈 밖에 난다. 이것이 격국으로 사주 보는 법이다.

辛卯는 우산지목(牛山之木)인데 즉 소 등과 같이 나무가 없는 산 · 민둥산의 나무라는 의미이니 결국은 잘려진 나무라는 뜻과 같다. 천간의 辛金이 지지의 卯木이 자라는대로 싹뚝싹뚝 자른다. 따라서 卯木은 크질 못하는데 이런 형태를 우산지목이라고 한다. 만약 辛卯일주라면 卯가 재가 되고 우산지목이니 남자라면 마누라를 꼼짝 못하게 하고, 여자라면 시어머니를 꼼짝 못하게 하고 여성상위시대이다.

사주 예(95)

甲 ㊉丙 辛 戊 정재격, 식신생재격, 인수격, 청격,
午 寅 酉 辰 신왕재왕격, 개화결실격

이 사주는 丙火일주가 酉월에 출생된 중 천간으로 辛金이 투출되어 辛녹(祿)재(在)酉로 녹근을 하고 있어 정재격이 빛나고 있는 중, 년주의 戊辰土식신이 土생金에 辰酉金국으로 식신생재격이라 금상첨화가 되었고, 또 시상 甲木이 일지 인수 寅木에 녹근하고 있어 인수격도 되며 일주 비록 실령은 하였으나 득지 · 득세로 신왕하고 보니 신왕재왕격도 된다. 신왕재왕격으로 부모유덕에 거부요, 수리에 밝고, 또 火로 꽃피어 金왕으로 결실을 잘 하고 있으며, 식신생재격으로 금전의 원류가 깊어 쉽게 취재하고, 또 칠전팔기하며, 인수격으로 깨끗한 운명이다.

이 사주는 상격팔자이다. 시상편재격과 같은 경우이다. 정재가 辰酉로 득국했으니까 집안에 돈이 탄탄하고 아버지가 똑똑하며 멋쟁이다. 처갓집도 잘 살고 마누라가 똑똑하다. 거기에다 식신생재격이 되어서 돈을 쓰면 쓸수록 생긴다. 쉽게 돈을 번다. 말만 하면 돈이 생긴다.

조상과 아버지가 辰酉로 결속해서는 丙火하나 먹여 살리려고 얼마나 노력했는가? 거기에다가 신왕하니까 신왕재왕으로 거부팔자이다. 부모가 물려준 재산만 가지고도 평생먹고 산다. 거기에 신왕하니까 부모가 물려준 재산에다 더욱 보태어다 놓는다. 만약, 신약하다면 부모가 억만금을 물려주어도 돌아서면 관리를 못한다.

丙이 寅午火국으로 강하다 보니까 그 자장, 텔레파시에 의해서 辛이 저절로 丙辛합신으로 따라서 들어오게 된다. 고로 가만히 있어도 돈이 들어오고 여자가 돈 갖다 주면서 돈을 관리해 달라고 사정한다. 신왕하니까 본인도 똑똑하고 잘났으며, 이마가 훤하고 눈에는 정기가 서려 있다.

자연으로 비유하면 酉월의 丙火꽃이 寅午로 만발해서 辰酉金으로 멋지게 열매 맺고 있으니 이 사람에게 무슨 일이든지 맡겨만 놓으면 완전무결하게 해 놓는다. 水극火가 없이 火극金만 있으니까 환경을 지배하는 사람이다. 단, 이 사주도 자식에 대해서는 거부감이 생기는데 辰이 관고인데 관고는 자식의 불구이고, 또한 辰酉합金이 깨끗하긴 해도 金생水는 미진하다. 고로 이런 사주는 딸 농사는 잘되는 데 아들 농사는 안된다.

정재니까 남의 것 욕심 안 부리고 마음이 착하다.

사주 예(96)

甲 ㊀癸 辛 戊　인수격, 정관격, 관인상생격, 상관격,
寅 亥 酉 辰　천간순식격, 형합격, 청격, 순국

이 사주는 癸水일주가 辛酉월로 인수격이요, 년주 戊辰土로 정관격이 된 중 土생金, 金생水요 辰酉합金국이며 득령 · 득지 · 득세로 신왕하여 관인상생격이다.

또 시상의 甲木이 좌하에 녹근하고 寅亥합木국으로 상관격이나 신왕하여 식신격과 동일하며 년월일시가 土생金, 金생水, 水생木으로 천

간순식격이요, 癸일 甲寅시로 형합격도 되나 寅亥합에 년상 戊土있어 파격되겠는데 주중에 형충 없어 깨끗하게 구성되었고 水일주 원류가 깊고 막힘없이 잘 흐르고 있어 청귀한 운명이 된다.

월에 편인으로 편인격이다. 고로 부모덕 있고 성질이 급하고 유학파로 연결되며, 辛酉가 인수니까 빌딩이다. 土생金, 金생水이니까 관인상생격으로 국비장학생이고, 국공립학교와 인연이며, 土생金, 金생水로 계속 들어오니까 공부하기 싫어도 책벌레처럼 공부해야 하며 20대 박사 사주고, 어디 가든지 1등이다.

寅亥합木해서 상관격이지만 이 사주에서는 좋게 작용하니까 식신으로 바꾸어서 생각해도 된다. 형합격은 아니다. 寅亥합木이 있고, 사주가 좋아서, 청격으로 맑은 물이고 수심이 깊으며 木으로 흘러 보내야 하는 깨끗한 팔자로 선비형이고 학자의 그릇이다. 만약 학생을 가르친다면 甲寅木으로 가르치게 되니까 대학원 학 · 총장이고, 대통령 · 장관을 가르치는 그릇이다.

가정적으로는 남의 자식 木은 잘 돌보아주는데 내 자식 土는 辛酉에 가려서 안 보이고, 한 다리 건너서 있으며 남의 자식은 寅亥합木으로 나의 안방까지 들어온다. 戊辰이 백호이나, 辰酉합으로 없어지며 辰亥원진으로 자식이 아니라 원수이고, 자식이 이 사람을 따라잡을 수가 없다.

상식으로 인정있고, 인수로 덕이 있으며 水인 지혜와 상식인 지혜가 되니까, 머리가 무지 영리하지만, 단 연애하거나 살림하는 머리는 빵점이다.

상격이다. 자연으로 비유하자면 한 나라에서 3대강에 해당하는 인물이고, 국운에 의해서 살아간다. 고로 甲寅木을 깨부수는 庚申년을 만난다면 파료상관이 되어서 큰 실수하게 된다. 물이 金생水받아서 水생木으로 못나가니까 물이 범람하게 되고 혈압 오르고 상기되니 죽을 노릇이다. 酉월 장마가 들어서 木이 용신이지만 火가 더욱 필요한데 학자로 깨끗하니까 火인 재에 별로 비중을 안 두는 것이다.

이 사주의 가문의 내력은 1대는 잘 되고 1대는 못되고 한다. 편인인 할아버지대는 좋고, 寅중丙火인 아버지대는 보통이고, 본인대에서는 좋고, 자식대에서는 보통이고 甲寅木 손자대에서는 대들보이다. "아따, 손자대에는 장관하나 두겠어요."한다.

사주 예(97)

庚 ㊔ 己 乙　정재격, 전록격,
辰 申 卯 未　신왕재왕격

이 사주는 庚金일주가 卯중 乙木으로 정재격이 된 중 卯未木국에 乙木이 년상으로 투출되어 격을 더욱 빛내주고 있으며 또 일지 申金으로 전록격도 겸비하고 있다.

庚金은 비록 실령이나 득지 · 득세로 신왕하니 신왕재왕격으로 부명(富名)인데 己土인수가 괴인되어 학업은 도중하차에 전록격은 신왕하여 취하지 않는다.

이 사주는 신왕한데 卯未木국으로 정재격인데 乙木이 투출했으니까 소문난 부자이다. 신왕하여 재를 부릴 수 있으니까 신왕재왕 사주로서 거부이다. 과거 일제시대 광산왕인 왕이순씨의 사주이다. 전록격도 되지만 기신작용을 하니까 안 써먹는다.

木火용신이다. 火가 火극金을 해야만이 金이 제련되고 비겁작용을 못하니까 재산을 지킬 수가 있다. 고로 언제나 자기의 재산을 지키려면 쓸데없는 감투를 써야만 하는데 즉 火를 가지고 있어야만 세무서에서 돈 가져가지 못한다는 것이다.

사주에 비견이 있어서 나중에 모두 가져가 버린다. 대운이 申酉戌亥子丑寅의 역순인데 6대운 酉대운에서 卯酉충으로 나무인 木의 재산이 서리맞아 버리고 대들보가 부러졌다. 庚에 酉가 양인이니까 총칼이 뺏어갔는데 乙酉년에 해방되고서 김일성의 총칼이 모두 뺏어 가니 하루 아침에 거지가 됐더라.

인수인 己土는 木극土되었고, 고로 학업은 중도에서 하차했다. 이 사주에서는 정재라도 득국했으니까 편재로 변했고, 未인 재고까지 있어서 큰 부자이다. 卯未로 재고까지 놓고 있어서 헌 돈 새 돈 가리지 않고 모두 내것이다. 또한 늙은 여자, 젊은 여자 모두 가리지 않는다. 만약 亥卯로 木국을 이루었으면 돈도 새 돈만 좋아하고 여자도 어린 여자만 좋아하더라. 상격 사주이다.

사주 예(98)

丙 ㊣乙 甲 辛　식신격, 상관격, 식신격변상관격,
戊 卯 午 未　전록격, 허화무실격(虛花無實格)

이 사주는 乙木일주가 午월중 丁火본기로 식신격이나 午未·午戌火국에 丙火상관이 시상으로 투출되어 상관이 당권으로 식신격은 변화하여 상관격이 되고 있다.

木일주에 상관있어 처음은 인정이 많으나 상식이 과다로 인색하며 건조한데다, 木일주 나무에 비하여 火꽃이 지나쳐 현실보다는 이상이 너무나 커서 꿈만 먹고 삶을 사는 사주가 되고 말았다. 하격이다.

乙木일주가 丙戌시면 일자(一子)가 횡사한다. 년상의 辛金이 乙辛충에 午未火국으로 녹아버렸다. 원래는 午중 丁火로 식신격인데, 丙이 투출하고 午戌 · 午未火국이니까 상관격이다. 즉 원래는 식신격으로 아주 착한데 자꾸 상대하다 보니까 상관의 기질이 나오더라. 고로 개판오분 전을 하려고 하니 보기와는 완전히 다르다.

또한 午월의 乙木나무에 꽃이 피었는데 나무보다는 꽃이 너무나 많아서 얼핏 보기에는 예뻐도 볼수록 밉더라. 나무가 午戌火국으로 꽃피워서 辛金인 열매를 맺으려고 하는데 오갈병이 들어버렸다. 木火밖에 없으니 木火운이 좋다. 충파가 없어서 평생 자신이 제일 똑똑하고 깨끗하다고 생각한다. 水가 없어서 배운 데가 없으니 상관의 기질이 나올 수밖에 없더라.

내일의 빵을 걱정 안하고 기분에 죽고 기분에 산다. 직장을 나가도 3개월을 못 버틴다. 이런 사주는 기술을 배워야 한다. 재주는 많은데 끼니 걱정해야 하고 말이 함부로 나온다. 똥배짱이 좋고 하극상이 보인다.

이런 사주가 연예계로 투신한다면 木이 약해서 火인 인기를 감당하지 못해서 잠깐 동안 반짝하고 날렸다가 수그러진다. 고로 불안감으로 대마초 하더라.

사주 예(99)

丙	㉠甲	癸	癸	인수격, 전록격, 귀록격, 식신격, 곡직격, 식신유기승재
寅	寅	亥	亥	관, 천간순식격, 순국, 木火통명격, 청격, 상록수

이 사주는 甲木일주가 亥중 壬水로 본래 편인격이나 월상의 癸水가 대표가 되므로 정인격이 타당하며, 또 일지 정록으로 전록격이요, 시지 정록으로 귀록격인데, 득령 · 득지 · 득세로 신태왕하여 취하지 않고, 丙火식신이 좌하 寅木에 득 장생되어 식신격도 성립되나 인수가 당권하고 있어 인수격이 본명에 대한 영향력이 가장 크다.

또 水생木, 木생火로 천간순식격이 된 중 순국이요, 충형이 없고 합국이 좋아 청격이요, 木火통명격으로서 어두운 세상을 밝혀주고, 또 어둠을 등지고 밝음을 향하고 있어 희망과 더불어 세인의 환대를 한 몸에 받고 亥월 나무에 꽃이 만개하여 독야청청하고 있는 사주다.

癸水는 水생木, 水극火를 모두 할 수가 있고, 지지는 양이지만 천간은 음이고 戌亥천문성에 亥중 甲木이 있다. 亥는 복돼지로 젖이 12개이다.

정인격이니까 부모덕이 있으며 학자형이고 학자 집안이며 戌亥천문성으로 법관 집안도 되며 집이 두 채고 공부도 따따블로 한다. 일지에 전록, 시지에 귀록이며 寅亥합木이니까 곡직격으로 상록수다. 亥월의 나무가 곧게 자라고 있어서 동량지재와 같아 국가에서 보호해주는 나무니까 국가적인 인물이다. 인수격, 전록격에 木火통명이다. 상격이다. 교육자에 해당하며 자기를 희생해서 온 세상을 밝혀준다.

깨끗한 성격이고 부정과는 타협을 모르지만, 한 가지 흠이라면 자식을 죽인다. 고로 이런 사주를 쫑코주려면 "자식 잡아먹고서, 애비 없는 손자 키우는 주제에…"하라는 것이다. 火운이 좋다. 식신유기승재관으로 식신이 잘 구성되어 있으면 어설픈 재나 관보다 낫다. 학자 고집이 있어서 한번 아니면 죽어도 아니다. 고로 이런 사람은 항상 달래면서 유도해야지, 만약 金극木한다면, 목다금결(木多金缺)이 되고 배짱 있어서 눈 하나 깜짝 안하더라. 깨끗한 사주라서 가정을 모른다. 고로 己土가 마누라인데 제 곁에 안 온다고 亥중 甲木, 寅중 甲木을 찾아다니더라.

천간의 丙이 피어있는 꽃이라면 寅중의 丙은 꽃봉오리와 같아서 꽃이 피었다가 지면 다시 피고 하니까 항상 꽃이 피어있는 것과 같다. 순국이다. 水생木, 木생火로 나가니까 丙이 핵이다. 고로 이 사주는 丙火를 위해서 세상에 태어났으니 이런 사람은 자기 목숨을 죽인다고 해도 눈하나 깜짝 안하지만 丙火를 죽인다고 하면 무릎꿇더라.

여자라면 자식 죽는다고 하면 매달린다. 火土용신이고 木운은 겁재작용이 되나 寅木운은 좋다.

사주 예(100)

己	㉮辛	甲	癸	정재격, 식신생재격, 전록격,
丑	酉	寅	亥	인수격, 시묘격, 신왕재왕격

이 사주는 辛金일주가 甲寅월에 출생되어 정재격이 된 중 식신 癸亥가 水생木 재에 寅亥합木국으로 식신생재격이 되면서 정재격을 튼튼하게 보강하였고, 또 일지 정록으로 전록격이요, 시주 己丑으로 인수격이면서도 丑은 일주 辛金의 묘궁이 되어 시묘격까지 겸비하고 있으나 신왕에 酉丑이 金국이라 취하지 않고 가장 아름다운 정재격에 초점을 맞춰 추명하면 된다.

다시 말하여 정재격으로 유망하고, 식신생재격으로 돈은 쓰면 쓸수록 더 잘 생기며 전록격으로 마음이 비단결같이 곱고, 인수격으로 학문도 겸비하여 경제계에 입신인데 癸亥 甲寅과 辛酉 己丑으로 신왕재왕과 더불어 두 집 살림을 하는 것은 면키 어렵다.

이 사주는 편재가 없으니까 정재를 아버지로 보라. 水생木 받고서 甲寅木으로 대들보이니 아버지가 참으로 똑똑하다. 아버지 · 재는 나의 밥이니까 "밥 하나 좋다." 가령, 아버지가 밤낮으로 죽순요리만 주더라. 정재가 득국하고 있으니까, 돈이 탄탄하고 견실해서 웬만한 바람에도 끄떡 안한다. 처갓집이 잘 살고 마누라도 똑똑하다. 마누라가 甲寅木으로 이 집의 대들보이다. 고로 본인도 잘났고, 마누라도 잘났으니 서로 존중해 주더라. 마누라도 水생木 받아서 木생火하니까 얼마나 똑똑하고 영리한 지 모른다. 木인 마누라 입장에서 보면 金이 관으로 책임감도 있고 모든일을 야무지게 잘한다. 즉 어떤 여자도 이 남자와 살다보면 甲寅木국이 되어가더라. 모든 것이 내 탓이라는 것이다.

또 식신생재로 돈을 쓰면 쓸수록 생기고 말만 하면 돈이 생긴다. 단 이렇게 재국이 잘되어 있어도 신왕해야 내 것이 된다. 만약 신약하면 다재무재로 못산다. 재생관을 할 수 있어야 하는데 이 사주는 酉丑에 신왕하고, 寅월이니까 추워서 火가 들어와야 하는데 寅중의 丙火로 조목이니까 木생火가 가능하다. 고로 삼반물(三盤物)을 모두 갖추고 있다. 재생관을 할 수 있으면 돈이 많아도 돈을 돈답게 쓸 수 있는 사람이고, 재생관을 할 수 없으면 돈이 많아도 돈답게 못쓰는 사람이다.

만약 남자라면 운이 나쁘니까 부모가 물려준 재산만 관리를 잘해도 된다. 신왕재왕이다. 시에 자고를 놓아서 시묘격인데 늙어서 병들어서 죽는다. 인수인 丑이 변해서 비견겁이 되었으니까 휴지로도 보증만 서면 모두 물어줘야 한다.

상격이고 木이 용신이지만 火가 필요하니 木火용신이다. 午가 필요하다. 寅과 午가 천을귀인으로 빛이 나니까 휘황찬란한 네온사인과도 같다. 진짜 사주이고 진국(眞局)이다.

火가 필요하니까, 자극 받아야 하고 원수가 은인이고, 사랑의 매가 필요한 사주다. 언제든지 제 발등의 불은 끌 수가 있으며 베어링과 같아서 전차가 지나가도 안 깨지니까 완전무결한 사주이며, 월에 재가 있어서 어디 가나 환경을 지배하니까 장(長)자가 붙더라. 이런 사주가 金운이 온다면 대들보가 부러진다. 고로 사주의 핵이 달아나 버린다. 庚申운에는 甲寅木이 서리맞으며 辛酉의 보석이 고철장에서 헤매고 있으며 하얀 백로가 까마귀에게 섞여있고, 봉황이 닭한테 가서 있으니 어찌할까? 비류천척(飛流千尺)이다. 이유는? 庚申인 경쟁회사가 이 회사 먹으려고 오래 전부터 계획하고서 온갖 수단으로 들어오니 어찌할까?

사주 예(101)

乙	(庚)	甲	癸	편재격, 상관생재격, 전록격, 金木상전격,
酉	申	寅	亥	파격, 신왕으로 다시 성격, 신왕재왕격

이 사주는 庚金일주가 甲寅월에 출생하여 편재격이요, 년주 癸亥水 상관이 생木하고 있어 상관생재격을 겸하고 있으며 또 일지 정록을 놓아 전록격이며 시지 양인은 성격되지 않는데 甲寅 庚申이 간충지충으로 파격이 분명하나 다시 癸亥 甲寅으로 상합하고 庚申 乙酉로 상합하고 있어 파격은 면하고 있는 중 신왕재왕하여 충불충으로 보아야 마땅하다.

신왕재왕으로 전체적인 명주는 좋으나 일단 충은 면할 길 없어 일도파산(一度破産)을 각오하여야 되겠으며 또 부모님의 유산으로 사업하면 백전백패요, 재와 상전하고 있어 욕되게 취재할까 염려된다. 주의할 것은 신왕재왕이 되어 충이나 건설적인 쟁투라는 것이며, 그러나 충때문에 발생하는 파산 등은 면키 어려운 것이다.

이 사주는 편재격으로 성질 급하고 일확천금을 노리고 영웅호걸에 해당한다. 그러나 寅申충으로 파격인데, 월지가 충을 받으면 일단 파격이다. 그러나 酉시에 태어나서 申酉합에 寅亥합이니까 파격이 되었다가 신왕해지니까 다시 성격이 되었다.

이러한 사주는 한 번 실패했기에 고생을 알고서 세상을 살아가므로 세상살이가 그 방법에서 차이가 난다.

상관생재격이다. 식신생재격은 정도이고, 상관생재이면 편법이다. 고로 상관생재격은 권모술수로 연결되니까 돈은 많지만 자기 명의로 해놓은 것은 별로 없고 모두 다 타인의 명의로 해놓는다. 여차해서 부도가 나도 압류 걱정은 안해도 된다는 것이다. 이 사주가 만약 부모님의 유산인 甲寅木으로 사업한다면 충받고 있어서 백전백패한다.

甲寅木이 편재지만 월에 있으니까 본처이고, 乙木이 소실인데 甲庚충으로 본처와는 싸우지만 乙庚합金에 酉도화 위의 소실과는 깨가 쏟아지더라. 단, 만약 乙木이 庚金보고 같이 도망가자고 한다면 乙庚합金이 되더라도 庚은 절대로 도망 안간다. 乙木보다는 甲寅木인 본처가 더욱 똑똑하고 잘났다고 생각하는데 충받고 있어서 떨어져 살거나 일요부부가 많더라.

이 사주는 편재격이니까 사업하고 돈 벌어야 한다. 木생火를 해올 수 있어서 이 사주의 목적은 火에 있다. 이 사주에서는 戌이 들어가면 寅申충이 없어진다. 고로 개를 키우면 마누라에게 좋지 않은 일이 있을 때 대신 액땜해주니까 좋은데, 비견겁년에는 집에서 개를 키우게 되면 마누라가 다치는 것을 방지해주니까 아주 좋다는 것이다. 즉 개가 죽거나 나가게 되면 마누라 액땜이 되더라. 만약 혼자 사는 여자도 몸이 아플 때면 개 키우라고 하라.

이 사주도 木火용신에 火가 필요하니까 자극이 필요하고 양일주에 편재니까 편법을 쓰므로 그만큼 스케일이 크다. 이 사주가 운에서 申운을 만나면 寅申충으로 격국이 파괴되어 깨진 그릇이 되니까 놀아야만 한다. 깨진 그릇이 만약에 움직인다면 남까지 다치게 한다.

사주 예(102)

己	㉠乙	辛	癸	편관격, 귀록격, 음팔통격, 탁격, 재살태왕격, 칠살격,
卯	丑	酉	丑	파격, 추상살초격(秋霜殺草格), 파지격(破枝格)

이 사주는 乙木일주가 辛酉월에 출생되어 편관격인데 또 다시 년일지 丑土가 酉丑으로 합세 金국하고 있어 재살태왕격으로 변화하여 천격이 되어 버렸고, 음팔통에 추절지목으로 낙엽된 중 약한 나무에 서리가 눈처럼 많이 내려 고사 직전이요, 또 열매가 과중하여 파지라 나무가 상하고 있으며 너무나 무거운 짐이 되어 단 한 발짝도 떼어놓기가 힘들게 되어 있으니, 나무의 성장을 기대할 수 없는 것처럼 본명에 거는 기대 또한 있을 수 없다.

이 사주는 편관격이 변해서 칠살이고 귀(鬼)가 되어서 병(病)이 된다. 고로 편관이어서 시원찮게 생각했는데 나중에는 귀신이 되어서 나를 잡아먹으려고 하더라. 항상 하는 짓이 "호미로 막을 것을 가래로 막고 있더라." 파격이고, 탁격이고, 하격으로 깨진 그릇이다. 너무 신약해서 허약한 나무이고 조후가 안되어 있어서 병골이며 가지가 찢어지기 일보직전이고, 만고풍상이고 가을에 서리가 내리고 있어서 병골이며 귀로 연결되면 접신이니까 귀신이 따라 다니고, 적은 나무에 金인 열매가 많아서 "수족이 파김치가 되도록 일해도 먹고 살똥말똥하다." 죽도록 일해도 대가가 없으며 시키는 대로 일하고 주는 대로 받아 먹으면서 밑바닥을 기어야 한다.

乙木이 金이 많으니 우산지목(牛山之木)으로 조금 올라오려고 하면 金극木으로 위에서 밟아 버린다. 乙木이 卯에 겨우 뿌리하고 있는데 卯도 金극木으로 쫓기고 있는 형상으로 별로 도움이 안되더라. 음지나무로 항시 몸이 아프고 날 찾는이가 없으며 중병이 들어있는 나무이다. 고로 약을 써도 극약을 써야만 한다. 또한 "당신은 전생에서 너무 많은 죄를 지어서 이 세상에서 고생하라고 했네요."하라.

년상의 癸水는 水생木을 못하는데 철분이 많은 물이라서 안되고, 이미 월상의 辛酉에게 乙辛충으로 죽어있어서 나중에 癸水인 엄마가 젖을 먹여도 소용이 없다. 고로 乙木이 동서남북으로 막혀있으니까 어디로 가든지 金극木으로 쫓겨야 되고 내가 설 땅이 없다.

억부로 본다면 水생木해야 되지만 金水가 많아서 水는 필요없고 오직 火가 들어와야 한다. 火가 들어와야만 火극金으로 金을 분산시키고, 火로 조후가 되게 하고 막혔던 것을 통관시키니까 火가 절대적으로 필요하다. 단, 火가 들어와야 한다지만 결국은 없는 살림에 내가 木

생火로 도와주어야만 火극金을 할 수가 있다. 파격은 운이 좋아도 운이 나빠도 더 이상 내려갈 때가 없으니까 좋은 운도 나쁜 운도 없다. 그래서 그릇이 필요하다는 것이다.

이 사주에서 巳火운이 오면, 火용신운이지만 巳酉丑金국으로 변한다. 고로 木생火로 죽도록 키워놨더니 金극木으로 내 뒤통수를 치더라. 여자라면 木생火로 인정을 베풀었더니, 巳酉丑으로 서방 노릇을 하겠다고 쳐들어오더라.

辛巳운이 오면, 일지삼합金국이고 천간에서 乙辛충이 되니 정신 나가고 돌기 일보직전이다. 병원에서 입원하라고 오라고 한다. 죽느냐 사느냐의 기로에 선다.

壬午운에는 지지에서 火운이 들어오나 조금 나을 뿐이다.

丙午운이 되면 乙木이 辛金을 만나 원수인데 丙辛합으로 묶어두니까 金극木을 안한다. 얼마나 속시원하고 좋을까? 남자로 비유하면 辛金딸이 제 애비를 못잡아 먹어서 원수인데 丙운이 오자 연애하느라고 제 애비에게는 간섭 안하더라. 고목에 꽃피고 중병이 없어지는 운이다.

사주 예(103)

丁 ㉠乙 辛 壬 인수격, 식신격, 모자멸자격,
亥 亥 亥 辰 부목격, 파격, 무화과

이 사주는 乙木일주가 亥월중 壬水본기로 인수격인데 주중 인수 다(多)로 효신이요, 모자멸자격이며 부목으로 인수격은 병이 되고 있으며, 또 동목이요 표목으로 木의 임무를 상실하고 있다. 다행히 시상 丁火가 식신으로 빛이 되고 있으나 水다에 몰火가 되어 亥월 중 칠흑같이 어두운 밤에 망망대해에서 일엽편주가 희미한 빛을 찾아 헤매고 있는 것과 같은 사주이다.

이 사주는 여자인데 묵호 출생으로 경찰에게 첫사랑 바쳤고, 어머니가 둘이고 식모생활에다 양공주까지 했던 사주이다.

辛이 남자인데 편관이고 戌亥천문성이니까 경찰인데, 호구조사 나와서 이 여자를 건드렸다. 부목이고 표목이니까 떠돌이다. 모자멸자이다. "부모님들이 이 자식 모두 버려놨네요." 일지에 효신살로 어머니가 일찍 돌아가셨고, 아버지가 다른 여자와 살더라.

월에 인수니까 정인격으로 "착하기는 착한데 뼈없이 착하다." 만약 지지에 木국이면 깡다귀와 뼈다귀가 있고, 인수로만 연결되면 수경재배와 같아서 단단한 것이 없이 착하다는 것이다.

시상의 丁이 용신인데 水극火받아서 몰광직전에 있으니까 파격이다. 乙木이 부목으로 나무가 떠서 있고, 辛이 직장인데 4 · 9金이니까 어디 가든지 9개월을 못 넘긴다.

꽃도 없고 열매도 없다. 辛은 금침(金沈)되었고, 丁은 꺼지기 일보직전으로 있으나 마나하니까 나무 구실 못해서 인간 노릇 못하더라. 火가 필요하니까 자식 낳으면 병이 없어진다. 무화과로서 자식이 없는 것으로 연결하면 丁이 상식으로 자손 이전에 자궁인데 몰광되었으니까, 자궁이 발달 안되었고, 자궁이 막혀있어서 자궁폐쇄증이다. 또한 설령 丁火인 딸을 낳았다고 해도 골치가 아프다. 丁인 딸이 亥중 壬과 丁壬합하면서 돌아다닐 텐데 그 노릇을 어찌할까? 모전여전이다.

이 사주는 무조건 火를 만나야 산다. 고로 "여름 한 철 벌어서 일년 동안 먹어야 합니다."하라. 인수가 다자무자로 공부못했고, 부모덕 없으며, 내 집도 없다. 망망대해에 일엽편주로 폭풍만나면 그냥 침몰된다. 辰亥귀문으로 엉뚱하고, 미친짓, 똘아이짓만 곧 잘한다.

사주 예(104)

戊 ㊀戊 庚 己　양인격, 인수격,
午 戌 午 未　火土중탁격

이 사주는 戊土일주가 午월생으로 본래 양인격이나 午戌火국 인수로 변화하여 인수격으로 정격하여야 된다. 午중 己土가 양인이 되나, 午월 戊土는 양인보다는 인수의 작용이 우선되며 巳월생일 때도 인수건록격이라고 한다. 또 土일주가 지지 전체 火土국이라 火土중탁격으로 최종적인 결론을 내려야 한다.

지나치게 건조하여 만물이 자생할 수 없음이 흠이요, 이와 같은 명주는 火土운에만 발하고 외골성질이 되어 단순하다.

이 사주는 火가 많아서 庚이 완전히 녹아버렸다. 조토는 土생金을 못한다. 지지가 午戌火국으로 멋진데, 배는 하나이고 선장은 셋이다. 인수격으로 득국은 했지만 비견겁이 많아서 견겁태왕격이 되니까 배다른 형제가 있고 두 어머니를 모셔보는 팔자이다.

고로 버는 놈 따로 있고 쓰는 놈 따로 있다. 경쟁자가 많으며 火土중탁격이다. 종교인 팔자이다. 여자라면 남편 없고, 未土인 관고만 하나 있어서 과부팔자이다. 불감증이다.

火土밖에 모른다. 불먹은 흙으로 만약 水운이 온다면 토열(土裂)되어서 찢어지고 갈라지니까 파격이 되고 파계를 하게 된다. 즉 종교인 사주가 재운이 오니까 장가가는 운이 와서 속세로 돌아가야 하니까 파계이다.

월에 양인으로 양인격이다. 고로 인수양인격이다. 남자라면 水가 마누라인데, 일점의 水를 바싹 말라있는 흙에 부어보면 흡수하고서 안내놓는다. 고로 마누라 꺾는 팔자로 상처팔자이다. 어린 아이들은 종교에 미치니까 종교단체에는 데리고 다니지 말라.

사주 예(105)

戊 ㊉丙 戊 戊　양인격, 일인격, 염상격,
戌 午 午 戌　火土식신격, 火土중탁격

이 사주는 丙火일주가 午월생으로 양인이요, 일지 午火로 일인격이나 신왕과 지지 午戌로 火국이 순수하여 염상격이 이 사주의 대표가 되면서 또한 火土중탁격도 겸비되어 있어 병행하여 추명하여야 된다. 주의할 것은 전 사주와 같이 건조하므로 水기가 필요하다고 생각되겠으나 이와 같이 천지만국(天地滿局)이 火일 때는 水기는 증발하므로 오히려 대기(大忌)하고 木火를 희(喜)한다.

이 사주는 火土중탁이다. 양인격이고 일인격이고 火土식신격이고 염상격이다. 월에 양인이라서 무관출신이고 꺼꾸리이고, 왼손잡이에 해당하고 일에 양인이니까 성질이 고약하고 火土식신으로 비만체구이고 견겁태왕으로 배 다른 형제 있으며 火土중탁으로 신앙에 독실하다. 木火운이 좋고 金水운 오면 간다. 염상격으로 언론계 · 선생이 좋다.

실물보다 사진이 잘나오고 말 잘한다. 꽃으로만 살다가 가야 하니까 돈은 본인이 벌고 관리는 마누라가 해야 한다.

사주 예(106)

壬 ㉠丁 癸 己 편재격, 편관격, 재살혼잡격,
寅 酉 酉 丑 관살혼잡격, 탁격, 파격, 인수격

이 사주는 丁火일주가 酉중 辛金으로 편재격이 된 중 酉丑으로 金국하고 일지 酉金이 합세하여 편재격을 더욱 견고하게 하여 편재가 당권하고 있으므로 편재격이 본명을 좌우하고 있는데 월상으로 癸水가 투출하여 재살태왕에다 또 시상 壬水가 있어 관살혼잡격이 되고보니 하격인데, 酉월 꽃이 피기도 전에 결실부터 서두르고, 욕심부터 앞서 광명을 잃고 있어 되는 일이 없으며, 갈길은 멀고 해는 서산에 지고 있는데 다행히 시지 寅木인수격이 등불이라 모든 욕심과 번민 다 버리고 착한 인수를 쫓아 생활하는 사주다.

옆집에서 계란 꿔다가 계란 프라이해서 金생水로 서방 주었더니 처먹고서 기운나니까 丁癸충으로 나를 패더라. 편재격이다. 고로 욕심많고 성질이 급하고 득국했으나 신약하니까 아버지 컴플렉스에 "아버지와 대화요?" 火극金이 안 되니까 "이빨도 안 들어가는 소리는 하지 마요."하더라. 아버지가 이 사주 버렸다.

다재무재로 배가 고파서 丁火가 울자 寅木 어머니가 木생火로 젖 주러 가려고 하자 金인 아버지가 金극木으로 못 가게 하고 막더라. 고로 커서도 金인 아버지는 木인 엄마가 丁火자식 버려놨다고 투덜대더라. 이것이 이 사주의 가정환경이다.

金생水 水극火 들어오니까 재생살이고 재다신약으로 내 것 주고 뺨 맞는다. 파격이고 깨진그릇이다. 壬·癸로 관살혼잡으로 죽도록 일해도 대가가 없고 여기가나 저기가나 왕따당하고 동네북이다.

丁壬합해서 木이 되려고 하는데 丁癸충으로 걸렸고, 金이 金극木하니까 합이불화(合而不化)가 되어서 시작은 좋은데 결과가 나쁘다. 매사 용두사미에 신약하니까 지구력·인내력이 부족하다. 재다하니까 먹기만 하면 체한다. 재가 음식인데 火극金 못하고 금다화식이니까 음식에 내가 잡혀서 소화능력 부족이다.

혼잡한 사주로 탁격이고 酉월의 날씨가 너무 추우니까 배고픈 팔자이다. 金水가 많아서 앞뒤가 모두 막혔으니까 활동에 제한을 받고서 사는 사람이다.

자연으로 비유하면 여자라면 "못다 핀 꽃이 서리 맞았다." 남자라면 "꽃이 피기도 전에 결실부터 서두른다." 못된 송아지 엉덩이에 뿔난 팔자이다. 이 사주는 木보다 火가 필요하다. 木인 어머니에게 도움받고 사는데 午火가 들어가면 丁이 녹근하게 되어서 내가 설 땅을 알게 된다. 무조건 공부해야 사람이 된다.

재다하니까 아버지 형제간에 배 다른 형제 있다. 즉 할아버지가 장가 많이 갔다.

申년이 되면 寅申충에 巳酉丑에 申이 망신이다. 고로 "어이구 여자 때문에 돈 때문에 망신수 들어왔네요."한다. 巳년이면 火가 필요하지만, 巳酉丑에 寅巳형이니까 배신당한다. 丁이 巳에게 돈 심부름 시키면 도망가 버리고 안 나타난다.

丑년이 되면, 丑이 아랫사람이고 재고인데 아랫사람에게 돈 심부름 시키면 돈 가지고 도망가 버리니까 주의하라.

庚辰운이면, 정재에 辰酉합이다. 돈을 껴안고 뒤로 넘어진다. 금다화식으로 해가 넘어가고 있다. 합이니까 알고도 당한다. 이혼수가 연결된다. "丁火야! 조심해라. 庚辰년에 여자 사귀면 마누라에게 들통나서 辛巳년에 이혼수 들어온다." "증권에 손대면 망합니다." "마누라가 품밖으로 도네요."

사주 예(107)

庚	㉠丙	辛	辛	인수격, 편재격, 재다신약격, 金木상전격,
寅	申	卯	酉	火金상전격, 재인투전격, 파격, 탁격

이 사주는 丙火일주가 卯중 乙木으로 본래 인수격이나 卯酉충 金극木으로 수제되어 파격이 되어버렸다. 그리고 卯木이 우산지목이다. 또 金재가 년월일시로 당권하여 재다신약격인데 다행하게도 시지 인목이 벽갑인화 일주하므로 인수격이 되고 있으나 金木상전, 재인투전에 火金이 상전격이 되어 매우 혼탁한 사주이다. 신약이 되어 상전으로 본다. 정인을 버리고 편인 寅木을 취하니 생모와는 인연이 없으며 상전하는 격이 되어 그만큼 삶을 살기가 고생스럽다.

寅시니까 아무리 寅申충해도 새벽은 온다. 편인격이다. 인수가 어머니요, 부모인데 크게 놓고 보았을 때는 가문이다. 고로 인수가 충극받고 있으면 "이놈아! 정신 바짝 차려라. 가문에 먹칠하지 말고."하라. 卯

酉충에 金극木이니 재인투전이다. 고로 아비와 엄마가 밤낮 싸운다. 金木상전이니까 근통 · 두통 · 치통 · 골통 · 신경통이다.

여기서 丙火가 卯木인 생모와 가문을 버려야만 한다. 즉 나와 인연이 안된다. 寅木인 편인를 따라야 하니까. 남의 집에서 자라고 남의 집의 밥을 먹어야 한다. 재가 음식으로 재가 많으면 남의 집 밥먹고 자란다. 또한 내 어머니를 놔두고서 남의 어머니에게서 커야 하고, 내 어머니 놔두고 남의 어머니를 어머니라고 해야 한다.

재가 돈인데 년 · 월 · 일 · 시에 있으니까 은행거래를 해도 4군데에 하고, 또한 의심이 많은 사람이 은행거래를 나눠서 하더라. 火와 金이 상전으로 金이 이기니까 항상 여자 조심하고, 버는 것보다 관리에 초점 맞춰라.

성격으로는 土가 없고 火金상전이니까 자제능력이 부족하다. 쥐뿔도 없는 것이 기분파이다. 丙辛합만 만들어놨지만, 신약하니까 내 것이 아니라서 죽쒀서 개 좋은 일만 시킨다. 능력부족이다. 꽃이 피다가 말았고, 卯월에 서리가 너무 내렸다. 卯酉충에 寅申충에 卯申귀문으로 어디 하나 편한 곳이 없으며 귀문으로 신경만 예민하고, 丙申일주로서 병신같은 일만 하고 망신살만 달고 다니더라.

寅木용신을 해야 하는데 팔부니까 팔푼이다. 戌이 들어가면 寅戌, 卯戌, 申酉戌로 조용해진다. 개 키워라.

사주 예(108)

乙 ㊉庚 戊 庚 편재격, 편관격, 합이불화격,
酉 午 寅 午 재살혼잡격, 재생살

이 사주는 庚金일주가 寅중 甲木으로 편재격이다. 그러나 寅午午로

火국이 되어 편관격으로 보아야 하며, 시상 乙木과 일주 庚金이 乙庚합화金으로 화기격(化氣格)이 될 것 같으나 지지 火국이 火극金하므로 방해되어 합이불화격이요, 또 월상 戊土있어 火생土 土생金으로 살인상생격이 될 것 같으나 조토라 이 격도 성립되지 않는다.

편관격이 당권하고 있어 직장을 고수하여야 되겠고, 일주가 허약하여 자기 세력을 보강함이 급선무요, 재가 관으로 변화하여 사업을 하려고 하였던 것을 수정하여 봉급생활자가 되나 그 인소를 완전하게 배제를 못하여 재정직에 입신하였다.

庚午일주 여자는 남편이 바람둥이로 끼가 있다. 남자라면 끼가 있는데 午가 홍염으로 도화작용을 톡톡히 한다. 년주와 일주가 같으니까 배는 하나인데 선장은 둘이다. 寅午火국으로 완전히 재살이 많아서 년평균기온이 너무나 높아서 거꾸로 가는 팔자이다. 잘못하면 역국이 된다. 편재격인데 신약하고 寅午火국이니까 재살태왕으로 재생살과 같아서 내것 주고 뺨맞고 이루어 놓은 것 하나 없으며, 돈이 들어오면 몸이 아프다. 그러다가 돈 나가면 건강해진다. 乙庚합은 합이불화로 용두사미다.

火가 많아서 酉金인 열매가 곪아서 빠진다. 고로 "죽쒀서 개 주는 팔자이고, 다된 밥에 코 빠뜨리는 팔자이다." 폐활량이 부족하고 피부가 나쁘다. 金일주가 火다하면 피부가 나쁘다.

火인 전류는 강하고 전선은 약하니까 퓨즈가 나가므로 뇌일혈로 가게 되니까, 죽을 복은 타고 났다. 유언도 못하고 갈 테니까 미리 유언 준비해두어야 한다. 자율신경이 약하고 火가 많아서 "털어봤자 먼지밖에 안나고." "가뭄에 시달리고 있고." 庚金인 기계가 돌아가야 하는

데 水가 없으니까 윤활유가 없어서 기계가 열 받으니까 "너는 왜 평생 열만 받고 사느냐?" "빈수레가 요란하네요."

이러한 사주는 남녀를 불문하고 모두 관절염 있다. 火가 많아서 뼈와 뼈 사이에 수분이 없어지니까 관절염이 생기고, 기계가 마찰을 일으키니까 골다공증에 뼈가 잘 부러진다. 성격은 너무나도 단순하다. 여기 가나 저기 가나 일복은 타고 났다.

金水용신이고, 辰이 좋다. 辰酉합이다. 용(龍)자 넣어줘라.

여자라면 남자만 보면 전기 오는 팔자로 못 말린다. 金은 내 몸인데 火가 전기로 남자만 보면 전기가 와서 못 견디더라. 남자는 寅午火국으로 재생관이니까 돈있는 남자를 만나게 된다.

이 사주와 비슷한 재생살 사주가 상담하러 왔었다.

"뭐 하시는 분이세요?" "콘도 분양일을 합니다. 그런데 다른 직원들은 한달에 1~2건 할까말까 하는데, 나는 3~4건을 합니다."하더라. 그러자, "당신은 3개월을 못버티고 쫓겨나게 됩니다."했다. "왜요?" "내가 사장이라도 당신을 쫓아내야하는데, 가령 남들이 한 건 올리기도 힘든 것을 당신이 3~4건 올렸다면 부정 아닌 부정을 했거나 뻥튀기 했을텐데 그 책임을 당신이 회사에 있는 한은 회사가 지게 될 것 아니겠소?" "고로 책임이 회사로 오기 전에 회사 입장에서 보자면 당신을 내보내고서 손님들이 항의해오면 그 직원은 나가고 없다고 해야만 회사가 살게 되니까 당신을 나가라고 할 것이오."했더니 진짜로 쫓겨나게 되어서 왔다고 하더라. 이런 것이 사회이다. 이용만 해먹고 아니다 싶으면 가차없이 잘라 버린다. 고로 너무 튀면 안된다.

사주 예(109)

己	㊫	辛	壬	상관격, 상관생재격, 전록격, 인수격, 축요사격,
丑	酉	亥	寅	역국변순국, 편재격, 신왕재왕격

이 사주는 辛金일주가 亥중 壬水로 상관격인데 水생木에 寅亥합木국이 되어 상관생재격으로 재를 더욱 견고하게 함과 동시에 편재격이 성립되며 또 土생金, 金생水, 水생木으로 비록 역국이기는 하나 사주의 핵이 편재격으로 집결되어 더욱 아름답다. 전록격은 신왕으로 축요사격은 신왕재왕격으로 재관이 살아있어 각각 취하지 않으며, 최후의 목적은 취재에 있다 하겠으나 寅중 丙火가 있고 충분하게 木생火·관할 수 있으므로 관 즉 명예와 벼슬에 있다고 보아야 한다.

이 사주는 상관격인데 신왕해서 상관격이 신식격 작용한다. 金생水, 水생木으로 상관생재격이 되니 무에서 유를 창조하는 팔자이다. 상관생재격이란 신왕일 때만 쓰는 말이고 특징으로는 2세기를 내다보고 남보다 두 수 앞을 내다보며 돈을 쓰면 쓸 수록 생기고 쉽게 돈을 벌고 말만하면 돈이 생긴다.

寅亥합木으로 용신이 년지에 있어서 조상덕 잘 타고 났다. 辛酉일주로 베어링과 같아서 제 발등의 불은 끌 수가 있다. 亥水가 이 사주의 숨통이고 통로이다. 寅亥합木국이 생火를 할 수 있어서 재생관을 할 수 있으니까 돈을 돈답게 쓸 수가 있다. 고로 이 사주의 목적은 火에 있다.

청격이고 신왕해서 두터운 팔자니까 어디 가든지 보석과 같고 또한 재국이 있어서 알부자이다. 연상의 여인과 인연있다. 본래는 역국이지만 신왕하니까 순국이 된다. 고로 거꾸로 가는 배도 바르게 잡아놓으며 망해가는 회사도 흑자로 만들어 놓는다. 木火운이 좋지만 巳운이 오면 巳亥충이고, 巳酉丑이고, 寅巳형이다. 亥水인 통로를 막아서 숨통을 죄니까 작살난다. 또한 巳火관이 변해서 비견겁이 되었으니까 세무사찰로 박살나고 자식 잘못 두어서 박살난다.

여자라면 말년이라면 서방 때문에 작살나고, 서방이 나를 작살내고, 젊은 경우라면 애인 잘못 두어서 작살난다.

사주 예(110)

庚	㊉庚	庚	庚	괴강격, 인수격, 간지동체격, 천원일기격,
辰	辰	辰	辰	지지일기격, 일덕격, 양신성상격

이 사주는 庚金일주가 辰중 본기 戊土로 인수격이나 다봉 庚辰괴강으로 괴강격을 위주로 추명하여야 되며 천간이 똑같은 천원일기격에 지지가 똑같은 지지일기격이며, 庚辰일로 또 하나의 일덕격으로 보충설명에만 필요하고, 또 土金양신으로만 구성되고 있어 타오행이 들어가면 탁(濁)이 되므로 土金운을 희(喜)하게 되며 군인 · 법관으로 입신한다.

이 사주는 신라시대 김유신 장군의 사주로 전해진다. 비견이 많고, 인수가 많으며 괴강이 4개이다. 재관이 모두 멸해 버린다. 군인 · 법관으로 큰 대권을 잡고서 호령한다. 군겁쟁재이고 일덕으로 이공계이고 土金운을 기뻐하고 木火운이 나쁘다.

庚㊉庚○○
辰辰○○는 한 자식이 익사한다.

사주 예(111)

庚 ㊎庚 丁 癸 정관격, 관식투전격, 전록격,
辰 申 巳 亥 파격, 금실무성격

이 사주는 巳중 丙火로 편관격이나 월상의 丁火가 대표자가 되므로 정관격으로 보아야 하며 또 癸亥水 상관과 丁巳火 관이 丁癸, 巳亥로 충이 되어 파격이 된 중 관식이 투전으로 평안할 날이 없으며, 일지전록격에 시주 庚辰이 뒷받침하고 있어 신태왕으로 금실무성이 될까 염려된다.

丁이 대표자이니까 정관격인데 巳申형에 巳亥충으로 파격이다. 일지에 녹을 놓고 신왕한데 丁癸, 巳亥충으로 관식투전이니 하루도 편할 날이 없고 골육상쟁이다. 부모 · 형제간에 물고 늘어지는 더러운 팔자가 골육상쟁이다. 庚申金인 큰 쇠덩어리를 丁巳火로 녹여야 되는데 충을 맞았으니까 금실무성이 되어서 소리가 안 나니까 나를 찾는 이가 없다.

인간 구실 못한다. 그릇이 되다가 말았다.

金일주에 역마지살이 형충이니까 자동차 정비기술이 좋다. 고집불통에 저 혼자 잘난 맛에 산다. 자극받아야 하고 사랑의 매가 필요하다.

未가 필요하니 상(祥)자 넣어서 이름 지어라. 未가 들어가면 巳未, 亥未에 庚의 재고이고 천을귀인이고 未申곤방으로 합이 되니까 巳申형도 없어진다.

여자라면 丁巳남자 만나면, 巳申형이니까 악연이고, 丁癸충으로 남편인 저를 무시한다고 쥐어팬다. 火가 꺼져있어서 남자를 봐도 전기가 안온다.

사주 예(112)

戊 (庚) 辛 丁　식신격, 전록격,
寅 申 亥 巳　편재격, 사위순전격

이 사주는 庚金일주가 亥중 壬水로 식신격이요, 일지 申金으로 전록격이 된 중 寅亥합木 재로 편재격도 겸비하고 있으나 寅申巳亥로 사위순전격으로 추명하여야 한다.

따라서 寅申巳亥로 충파되어 파격이 될 것 같으나 모두가 충이 되어 파격이 되지 않음이 특이하며 오히려 귀격으로 보고 있으나 일주의 균형이 문제가 된다.

파격으로 보지 않는 이유는 주중의 전충은 다자무자의 법칙과 극과 극은 같고 또 인상학에서도 못생기려면 철저하게 못생겨야 오히려 귀인이 된다는 이론과 정합한다. 그러나 육친추리에 있어서는 충형을 그대로 적용시킨다.

이 사주는 박정희 전 대통령의 사주로 전해진다. 丁巳가 고란살로 박근혜 전 대통령이 혼자 살고 있다. 전록격에 寅申巳亥가 모두 있어서 사위순전격이다. 寅申충, 巳亥충이지만 신왕해서 파격으로는 보지 않고 육친추리에서만 충・형을 그대로 적용시킨다.

子午卯酉, 辰戌丑未, 寅申巳亥 모두 충이지만 다자무자의 법칙과 극과 극은 같으며 철저히 깨지면 오히려 귀인이 된다. 寅중의 丙이 아들인데 탕화에 寅申충으로 寅木머리가 충받아서 마약 등으로 속썩인다. 월에 식신・상관이면 부역행위하는데 이 집의 형이 부역행위했고, 이분도 여순반란사건 때 조금 걸렸다.

庚申일이니까 쇳소리이고 원숭이 상이다. 金水가 강하니까 木火가 필요하다. 己未년 10. 26일에 돌아가셨다.

사주 예(113)

壬 ㊅ 丙 甲　　종살격, 기인종살격
辰 子 子 申

이 사주는 정관격이나 시상으로 壬水가 투기에 申子辰水국이 순수하게 있고 수원(水源) 申金이 년주에 있어 생水로 튼튼하여 있고, 일주 실령 · 실지 · 실세로 최약이라 水기에 종하고 보니 종살격이 되며 따라서 관직에서 봉사하여야 한다.

이 사주는 종살격인데 申子辰 삼합에 壬水하나만 투출되니 멋지다. 甲木인수가 뿌리가 없어서 인수를 버리고 따라갔다 해서 기인종살격(棄印從殺格)이다. 이 사주에 甲木을 넣어도 丙火를 넣어도 또한 土를 넣어도 모두 金水로 종을 했으니까 종격의 특징이 나오는데 종격의 특징으로는 "처세가 좋다." "특이성 체질이다." 상격이고 큰그릇으로 장관 그릇이다. 만약 이 사주에 亥나 丑이 있으면 방합이 되어서 그릇은 망쳐버린다. 金水운이 좋고 木火운이 나쁘다. 고로 이런 사주가 운이 나쁘다면 개인은 물론 한 나라의 장래를 망쳐버린다. 월간의 丙이 죽어있어서 형제의 근심은 항상 달고 다닌다.

사주 예(114)

壬 ㊘ 壬 壬　　식신격, 간지동체격, 천원일기격, 임추간격,
寅 寅 寅 寅　　양신성상격, 지지일기격, 종아격, 아우생아격

이 사주는 壬水일주가 월봉식신으로 식신격이요, 천간이 똑같아 천원일기격이다. 지지가 똑같아 지지일기격이나 합하면 간지동체격이며 壬일 寅시로 壬추간격에 水木양신으로 구성되어 양신성상이나 실령·실지·실세로 최약이라 주중 寅木에 종하게 되므로 종아격으로 보아야 된다. 이와 같이 격명이 아무리 많다 하여도 주와 종이 있으니 잘 참고하기 바란다.

이 사주를 키신저 팔자라고 한다. 머리가 좋다는 것이다. 능수능란하고 寅중의 丙火에 핵이 몰려서 木火가 필요하다. 木의 삼합과 똑같다. 寅중 丙火까지 종하는 아우생아격(兒又生兒格)이다.

사주 예(115)

乙 ㊀乙 丙 丁 상관격, 편관격, 식거선살거후격,
酉 巳 午 未 제살태과격, 진상관격

이 사주는 乙일 午월로 본래 식신격이나 월상으로 丙火가 투출하여 상관격이요, 년주 丁未가 火에 합세하여 상관격은 더욱 기세가 당당한데 시지 酉金과 巳酉金국의 편관격에 비하면 상관이 왕하므로 식거선살거후격에 제살태과인데 본명의 격의 대표는 제살태과격으로 정격하여야 되며, 관살이 있을 때 상식은 일주의 편이라는 것을 상기시키고 삼복더위에 金서늘한 기와 꽃피어 결실하는 巳酉金국이 필요하니 무조건하고 직장에서 꽃을 피울 것이며 감독직책이 잘 맞는다.

이 사주는 상관격이니까 부모대에 망했으니까 내가 부모를 도와줘야 하고, 데모 앞잡이이고, 간덩이가 부었고, 똥배짱이고, 무서운 것이 없는 팔자이다.

午월 乙木나무에 午未火국으로 꽃이 피어서 巳酉로 열매 맺었으니 金水가 필요하다. 제살태과격은 무조건 관살이 용신이다.

식거선살거후는 사주의 구조를 말하는 말이다. 진상관격이다.

이 사주가 여자 팔자면 자식 키우느라 정신없이 살다가 나중에 남자 만나서 행복하게 살게 되는 팔자이다.

※정격(定格)에서 주의할 점

- 격국은 항상 일주가 튼튼하면서 강해야 한다.
- 충이나 형을 만나면 일단 파격이 되는데 일도(一度) 실패다.
- 월지의 지장간인 본기로 격을 정한다.
- 사주에서 왕한 것도 격이 된다. 왕한 것이란 그 사주의 환경을 말한다. 가령 ○丁○○ / 酉丑寅○ 이면 丁이 寅월에 태어나서 인수격으로 좋은 집안에서 태어났는데 밖에만 나가면 酉丑으로 여자들에게 둘러싸이니까 바람둥이가 안 될 수 있을까?
- 또한 사주의 용신도 격이 된다.
- 정격된 것도 변화될 수가 있다.
- 丙午, 壬子, 丁巳, 癸亥월은 천간으로 격을 정하는데 항상 천간이 대장이다.
- 사위순전격(四位純全格)은 파격이 아니다. 즉 寅申巳亥, 辰戌丑未, 子午卯酉를 모두 갖추고 있는 것인데 단, 신왕이어야 한다.
- 격에서도 주(主)와 종(從)을 구분한다.
- 내격을 위주로 정리할 것이며
- 외격은 특별한 것만 참고하고 신경쓰지 말라.
- 격이 없는 사주는 없는데, 여기서 격이 없는 사주란 무격(無格)을 말하는데 무격이 바로 파격(破格)이다. 즉 깨진 그릇은 격이 없다. 또한 다자무자가 무격이다.

- 격이란 그 사주의 대명사이다.
- 격은 구획정리, 통변, 조후 등을 살피는 데 첩경이다.
- 또 부귀빈천, 생사를 구분하는 데 가장 중요하다.
- 인수격은 정인격, 편인격으로 구분하고 비견, 비겁격도 모두 적용시킨다.
- 종격은 내격에 포함시켜서 추명한다.

※참고사항

- 격·그릇에도 상격·중격·하격이 있다. 또한 상격에서도 상·중·하, 중격에서도 상·중·하, 하격에서도 상·중·하가 있다.
- 상격은 시상일위귀격, 시상편재격, 시상관성격, 신왕재왕, 신왕관왕, 종재, 종아, 종살격으로 잘 구성되어 있는 팔자이다.
- 중격은 조금 신약하지만 운이 좋게 들어왔을 때는 중격에 해당한다. 최소한 지점장 정도가 중격에 해당한다.
- 하격은 파격이다. 고로 운이 좋아도 별로 발전을 못한다.
- 상격의 그릇이더라도 운이 나쁘면 용 못된 이무기이다.
- 격의 차이는 가령 인수운이라도 상격은 빌딩이 올라가고, 중격은 1층 올리고, 하격은 월세에서 전세로 빠진다.
- 각 분야에 따라서도 상격·중격·하격이 있다. 가령 돈복은 상격인데, 건강복은 하격인 경우도 있고, 공부하는 데는 상격인데 배우자 복은 하격인 경우, 성격 좋은 데는 상격인데, 사기치는 데는 상격인데… 등등이 있다.

四. 용신론

1. 용신의 중요성과 응용

지금까지 공부한 격국과 용신은 떨어질 수 없는 밀접한 관계가 있다. 격 없는 용신 없고, 용신 없는 격이 없다. 먼저 격국을 정하고서 그 격국에 의해서 용신을 정하게 되는데 격국이 몸이라면 용신은 정신이고, 격국을 차라면 용신은 운전수다.

용신을 정하는 이유는 그 사주에서 균형을 잡기 위해서이다. 즉 金水음과 木火양의 균형을 이루기 위한 목적이 바로 용신이다. 金水음과 木火양의 비교 · 교량이 바로 용신이다.

용신이란, 그 사주에서 가장 수용(需用)되는 것을 말함이니 그 사주에 있어서 생명선이요 핵이며, 사주에 있어서 전권을 위임받은 자이고, 제2의 육친이며, 일주와 그 사주에 있어서 중화를 이루게 하는 데 가장 중요한 글자이다. 고로 한번 용신은 영원한 용신으로 변하지 않는다. 고로 용신이 살아야만 재수가 있다. 또한 용신은 사주내에서 잡아야 한다. 그러면 좋은 용신의 조건은 무엇인가.

① 용신은 건왕(健旺)해야 한다.

② 용신은 득국을 해야 한다.

③ 천간으로 투출된 것이 더욱 좋다.

④ 일 · 시에 용신이 있는 것이 더욱 좋다. 일 · 시는 미래요, 말년이기 때문이고, 앞이며 보이는 곳이기에 그만큼 희망이 있다는 것이다. 용신이 년 · 월에 있으면 일하고 나서는 항시 후회를 많이 한다.

⑤ 용신은 피상되지 않아야 한다. 즉 만약 용신이 火인데 火가 꺼져 있으면 눈 감고 있는 것과 같아서 안보인다는 것이다.

그리고 용신은 일주를 위한 것이기 때문에 일주를 떠나서는 존재할 수 없을 뿐더러 용신없는 사주는 없으며 또 용신은 주내에서 정하여야 되므로 주중에 없는 것을 가지고 왈가왈부해서도 안된다.

이 용신은 사주구성에 따라 백건백이(百件百異)하고 천건천이(千件千異)함은 사실이나 유형별로 간주한다면 그리 어려울 것도 없을 뿐더러 또한 용신을 정하기가 쉬운 명조가 있는가 하면 어떠한 사주는 너무나 어려워 본 학문을 연구하는 데 평생을 바쳤다 하는 분도 오판을 할 수 있는 사주가 있는 것이니 용신공부를 게을리 해서는 안된다.

또 하나는 사주는 똑같으나 용신을 잘못 정하면, 정반대의 추리가 되어 사자(死者)가 생자(生者)가 되며, 패망이 성공으로, 성공이 패망으로 바뀌고, 길신이 흉신으로, 흉신이 길신으로 바뀌게 된다는 것을 명심하여 깊은 이해 있기를 바란다.

따라서 용신을 선정하기가 쉽고, 건왕하여 있는 사주는 그만큼 운명도 매사에 확실하며 대하기 쉬우나 반대로 용신을 선정하기가 어렵고, 피상되거나 허약하여 있으면 삶에 있어서도 까다롭고 어려우며 고생이 되는 것이다.

용신은 일주 · 격국과 더불어 삼위일체가 되고 있어 소홀히 할 수 없을 뿐더러 또 서로가 밀접한 관계를 유지하고 있기 때문에 삼자를 모두 대비하여 결론을 내려야하는데 그 중에서도 가장 중요한 위치를 차지하고 있는 것이 용신이기도 하다.

사주 여덟 글자는 모두 나이다. 일간만 나라고 보지 말라. 가령 丙甲壬壬/寅寅子申의 경우, 여덟 식구가 모여서 가족회의를 한다. 甲木을 기준으로 살아가는데 어떤 사람을 앞세워서 살아가야만 우리 여덟 식구가 행복하게 살아갈까요? 우선 년상의 壬水가 연장자이고 조상자리니까 추천했더니 "겨울에 태어나서 추워 죽겠는데 壬이 더 이상 뭐가 필요해? 또한 언젠가는 丙을 水극火해서 도식작용을 일으킬 거니까 안된다." 하더라. 다음으로 申을 추천했더니 역시 "寅申충으로 金생水해서 더욱 춥게 만드니까 안되고." 寅木을 추천했더니 "水생木은 잘하나 따뜻하게 하는 게 부족하고." 그래서 시상의 丙을 앞장세웠다. 고로 앞으로는 이 丙火가 살면 우리 모두가 살게 되고, 죽으면 같이 죽는다. 그래서 丙을 제일 소중히 아꼈는데 이 丙이 바로 용신이다. 이 사주를 격과 용신으로만 본다면, 편인용식신격이다. 고로 "나는 水생木으로 배워서 木생火로 후배양성하는 데 목적이 있다."는 것이다. 또한 목화통명(木火通明)에 식신유기승재관(食神有氣勝財官)이다. 丙火용신이 木생火를 잘 받고 있으며 튼튼하다.

그러나 반대로 본다면 乙甲丙丁/亥午午未의 경우는 金水木이 용신이다. 상식이 너무 많아서 가르치기 위해서 배우는 팔자이다. 甲木의 제자들은 모두 똑똑해서 甲木은 집에 가서 亥시까지 공부해서 나중에 가르쳐주니까 항상 학생들에게 끌려 다니더라.

또 ○(丙)辛癸/寅申酉丑의 경우를 보자. 丙은 어린데 뒷집 아가씨는 辛酉로 예쁘고 튼튼해서 丙火가 丙辛합으로 연애하자고 했더니 "까불지마라. 아직 크지도 않은 주제에…" "만약 네가 木생火로 공부해서 벼슬한다면 내가 시집갈게."하더라. 고로 이런 사주는 돈이고 뭐고 필요없이 내 목적을 달성하고 싶으면 공부해야만 하는데 이것이 정재용인격이다. "아버지에게 인정받고, 처갓집에 인정받고, 마누라에게 인정받고 싶거든 공부하시오." 丙辛합으로 일주가 약해서 끌려가니까 辛을 끌어 들이고 싶으면 木생火로 내 힘을 키워야 한다.

만약에 申운을 만나면 寅申충으로 보급로가 차단되고, 金이 더욱 많아지니까 한쪽으로 기울어져 45도 정도 기울어져서 가고 있다고 보면 된다. 기둥뿌리가 빠지고 해 넘어가고 재인투전에 탐재괴인이고 여자로 인하여 이혼수고, 안방을 내주게 된다. 또한 火극金 역마지살로 재가 되니까 "당신은 금년에 길거리에서 돈을 주워서 집에 들어가게 되면 큰 재앙이 생깁니다. 절대로 10원 한장 주워서 집에 가져가지 마시오."

그러나 만약에 甲(丙)辛癸/午寅酉丑과 같이 되었다면 나는 가만히 있어도, 눈만 흘려도 辛金이 따라서 들어오더라. 나는 가만히 있어도 아버지가 돈을 갖다주고, 여자들이 따라 들더라.

만약 ○(丙)辛癸/卯申酉丑 이런 사주라면 卯가 木생火 못하고, 金극木으로 쫓기고 있는 팔자이다. 서출이다. 卯木 엄마가 金극木을 너무 받아서 金인 서방이 무섭더라. 우산지목에 용신이 깨져있으니까 파격이다. 火운이 와야만 좋은데 너무 균형이 깨져있어서 좋은 운을 받아 먹지 못한다. 고로 木운이 인수운이지만 파격이니까 집짓는 운이 아니라, 월세에서 전세로 바꾸어질 뿐이다.

그 사주의 용신이 무엇이냐에 따라서 길과 흉의 작용이 서로 바뀌어 진다.

가령, 천을귀인이라도 용신이어야만 그 작용이 생긴다는 것이다. 만약 ○㊙○○ 丑○丑丑의 경우, 甲木의 천을 귀인이 丑인데, 셋이 있지만 모두 다 얼어 있어서 쓰지 못한다.

또한 ○㊙○○ 午寅丑丑의 경우, 겨울의 甲木으로 木火가 용신이다. 고로 寅午가 탕화이지만 용신이니까 불난집에 이사가면 떼부자가 된다는 것이다.

또한 좋으면 인수요 귀인이고 나쁘면 도식이고 원수며, 좋으면 승진이고 돈벌며, 나쁘면 좌천이고 파산이다. 고로 용신을 모르고서는 과거 · 현재 · 미래에 대한 것을 예지할 수가 없다는 것이다. 나아가서는 그 사주의 전권을 위임받아 집행하고 있기 때문에 일주와 더불어 사주 내의 육친에 미치는 영향 또한 지대하고 용신의 거취에 따라 희비가 엇갈리게 된다.

다시 말하면 용신은 제2의 육친으로서 타 육친의 대역을 하고 있기 때문에 용신이 좋아져야 비로소 타 육친도 안정을 찾으며 용신이 피상되면 타 육친도 불안하게 되어있고 또 운에서도 용신이 살아나야 비로소 목적을 달성할 수 있는 것이다.

가령 본래는 관운에서는 승진하고, 재운에서는 돈 벌고, 인수운에서는 귀인 만나고 공부하지만, 용신이 피상되면 관운에서는 관재발생하고, 재운에서는 부도나며, 인수운에서는 원수가 된다. 따라서 항상 용신을 도와야만 좋으며, 용신이 피상되면 흉하다고 보아도 된다. 가령 甲木일주가 庚子년에는 甲庚충이지만 金이 용신이면 승진하고, 金이 기신이면 누명쓰고 쫓겨난다.

급각살 · 단교관살이 흉신이라고 하지만, 만약 그 사주에서 그게 용신이라면 불구자가 나를 도와준다. 또한 정상인이었을 때는 못살았더니 불구자가 되자 거부가 되더라.

비유하건대 일주는 가구주요, 격국은 가족의 구성원이며, 용신은 전 가족을 대표하는 생명선이요 핵이 되고, 회사로는 일주는 사장이요, 격국은 회사의 구성원이며, 용신은 사장을 대리하여 회사를 운영하는 전무가 되고, 또 차주는 일간이며 승객은 격국이요, 운전기사는 용신이 되며, 대통령은 일주요, 국가의 구성체제 및 국민은 격국이 되며, 대통령을 보필하면서 국사를 다스리는 국무총리는 용신이 되듯, 용신 없는 것이 없으며 격국이 없는 것이 없다.

그리고 용신은 길과 흉을 구분할 뿐이고, 어느 운에 무엇 때문에 좋고 나쁜 것을 알고자 할 때에는 일간을 기준하여 운의 육친을 살펴 결론을 내려야 되니, 육친과 운을 연결해서 "언제, 어디서, 누가, 무엇을, 어떻게, 왜" 되는지를 살펴라. 육하원칙에 의해서 설명하면 된다.

가령 관운에서 용신을 도와준다면 "직장인이 아니면 관청출입을 하게 되고, 직장인이라면 승진하고 도움을 받는다." 그러나 관운에서 용신을 피상시키면 좌천당하고 관재구설에 퇴직한다.

용신이 대운과 년운에 의해서 한꺼번에 깨진다면 생명도 위험하다.

이상을 다시 한번 정리하면

① 용신은 일주를 중화시키는 목적이 있으며

② 용신은 사주의 꽃이요 핵이며 가장 수용이 되는 길신이고

③ 사주의 전권을 위임받아 행세하며

④ 제2의 육친에 대역을 하고

⑤ 용신 없는 사주는 없으며 또 주내에서 정하여야 되며
⑥ 건왕과 득국을 요하고
⑦ 용신에 따라 길 · 흉신이 달라지며
⑧ 용신이 살아나면 길운이 되고 피상되면 흉운이 되고
⑨ 무엇 때문에 하는 이유는 일간과 운을 대비하여 육친을 살펴서 결론을 내릴 것이며
⑩ 용신이 대운과 세운에 의하여 병살되면 생명도 다한다.

2. 용신정법

용신만 제대로 잡을 줄 안다면 사주공부는 다 했다고 할 수 있을 만큼 용신을 정하기가 매우 어려우나 이것도 좀 더 연구하면서 용신정법의 순서에 따라 용신을 정한다면 그렇게 어려운 것은 아니다.

용신을 정하는 데는 첫째 간지체성론을 잘 터득하여 일주의 강약을 완전하게 구분할 줄 알아야 그만큼 쉬워지지 만약 일주의 강약을 구분 못한다면 용신을 정하기가 어려우니 알고보면 기초공부가 소홀한 데에 원인이 있다. 합과 충을 다시 공부하여야 하겠고 무엇보다도 사주의 흐름을 잘 파악하여 정확한 용신을 잡는 데 완전을 기하여야 되겠으며 또 그렇게 함으로써 정확한 감명(鑑命)을 할 수 있는 것이다.

비유하건대 사주는 똑같으나 용신을 잘못 정하면 출발점은 동일한데 항로를 잘못 선정함으로써 엉뚱한 곳에 정착하는 것과 같다 하겠으니 주의하기 바란다.

용신은 쓸 용(用), 귀신 신(神)이니 귀신을 부린다는 의미이다. 고로 용신만 잡을 줄 알면 귀신도 부릴 수 있고 귀신도 범접을 못한다. 만약

용신을 잡을 수 있을 정도로 공부를 많이 한 사람이 무당한테 가면 말을 못하더라. 약한 무당이 나를 가지고 놀면 내 공부가 아직 부족하고 나를 보고 쩔쩔매면 내 공부가 어느 정도 된 것으로 보면 된다. 그래서 귀신을 부릴 수 있다고 해서 용신이다.

사주에서 제살태과 사주 즉 상식이 많은 사주가 귀신을 꼼짝 못하게 하고, 식신제살사주는 귀신을 오히려 더욱 붙여 놓더라.

상담시에 용신이 애매하거든 어느 운에서 좋았는지 물어보라. 사람은 신이 아닌데도 신인 것처럼 행동하는 데서 온갖 부작용이 생긴다. 물어보는 것이 자존심이 상한다면 돌려서 물어보라. "이 시간이 확실해요?" 정확성을 기하기 위해서 물어보는 것이니까 "어느 운에서 좋았어요?"하고 돌려서 물어보라는 것이다.

크게 나누어서 水운과 火운을 물어보라. 丙子, 丁丑, 壬子, 癸丑년에나 甲寅, 丙午년에 어땠는지 물어보라는 것이다.

용신을 정하는 방법은 제일 먼저 일주를 기준하여 격국을 정하고 난 다음 다시 일주의 강과 약을 구분하여 일주가 강하면 격이자 용신이 되고, 일주가 약하면 일주를 도와주는 인수나 견겁이 용신이 된다. 이유는 월령을 기준으로 성립된 격은 어떠한 격이 되었든 좋은 격이 되므로 일주가 강하면, 바로 그 격을 소유할 수 있어 바로 용신이 되며, 일주가 약하면 강왕하여야 격을 일주의 소유로 하겠기에 일주를 도와주는 자가 용신이 되어야 하고, 또 이렇게 함으로써 일주를 중화시키고, 사주 전체는 균형을 이루게 되는데, 주의할 것은 인수격 · 건록격 · 양인격은 본래가 신왕하므로 격이자 용신이 될 수 없다.

예를 들면 ○丙辛○ / ○○酉○는 정재격이다. 여기서 신강하다면 격이자 용신이고, 신약하다면 丙火일주는 도움을 받아야 한다. 가령 ○丙辛○ / ○寅酉丑이라면 酉丑인 金·재를 내것으로 삼으려면 木생火를 받아야 하니까 寅木용신이다.

甲丙辛癸 / 午寅酉丑이라면, 이런 경우는 木火가 격이자 용신이다.

또 하나의 방법은 격을 정한 다음, 일주의 강약을 구분하고, 일주가 강하면 제일 먼저 관살로 용신을 정하고 다음 관살이 없으면 재성으로, 재성도 없으면 상식으로 용신을 정하는데 이유는 신왕자는 수제를 당하여야 중화를 이루기 쉬울 뿐더러 강자를 만나야 발전하기 때문이고, 다음에 재성이 용신이 됨은 재생관하여 일주를 수제케 하고 또 상식의 배출구를 확장시켜 중화를 이루는 데 쉽게 함과 동시에 상대를 극하게 하여 일주의 기를 역으로 소모케 함이고, 다음으로 관이나 재가 없을 때 상식이 용신이 됨은 일주강 즉 똑똑한 자는 제일 먼저 관을 필요로 하며, 관·명예가 없을 때는 축재에 뜻을 둘 터이니 재가 필요할 수밖에 없고, 재도 관도 없으면 부귀를 떠난 희생으로 본인의 뜻을 이룰 수밖에 없으며 또 강왕자의 일주를 설기시켜 일주의 균형을 이루는 데 필요하기 때문이고,

다음 일주가 허약하면, 아무리 좋은 격이라 할지라도 소용지물이 될 수 없을 뿐더러 그림 속의 떡에 불과하며 또 신왕하여야 주중의 육친과 균형을 이룰 수 있기 때문에 인수나 견겁이 용신이 되어야 한다. 그러나 주의할 것은 관살이나 상식으로 신약하다면 인수가 우선인데 이유는 관살다봉은 살인 상생되고, 상식이 태왕하면 극 상식하면서 일주를 돕기 때문이며, 재다에는 견겁이 우선이나 견겁이 없으면 인수라도

용신을 정하여야 되는데 괴인이 되기 때문에 그만큼 용신이 허약하여지는 것은 면하기 어렵다.

다시 정리하면, 사주가 신약하다면 i) 인수가 용신이고, ii) 견겁이 용신이고, iii) 관살이 있으면 상식이 내 편이다는 이론이 적용된다. 특히 세 번째 사항은 중요하니 잘 기억해서 응용하기 바란다. 사주가 신왕하다면 i) 관살이 용신이다. ii) 재가 용신이다. iii) 상식이 용신이다.

또 지나치게 태강하여 재 · 관 · 상식이 구몰(俱沒)하거나 없을 때에는 자연 木일주는 곡직격, 火일주는 염상격, 土일주는 가색격, 金일주는 종혁격, 水일주는 윤하격으로서 격이자 용신이 되며 재관운을 싫어하고

최약으로서 의지처가 없다면 종을 하여야 되니 상식이 많으면 종아격, 재가 많으면 종재격, 관살이 많으면 종살격으로 격이자 용신이 되는데 주의할 것은 상식과 관살이 병립되어 있으면서 최약일 때는 상식은 일주의 의지처가 된다고 하였으니 종이 안되므로 상식이 많으면 일주가 왕한 것과 같아 관살이 용신이 되고(제살태과격) 관살이 많으면 상식으로 용신을 정하여야 되는데 가급적이면 관식이 투전되지 말아야 하고, 균형을 이룰 때 비로소 의식은 물론 복록이 구비되는 것이다.

戊㊋壬壬
戌戌子申의 경우는 살거선식거후다. 관살이 있을 때 상식은 내 편이다. 土극水하니까 土가 용신이다.

壬Ⓩ辛癸
午未酉丑의 경우는 火가 용신이다. 관살이 있을 때 상식은 내 편이다. 이런 경우는 득령 · 득지 · 득세 가지고서는 안통한다.

관과 상식이 같이 있으면서 최약일 때 상식은 내 편이다. 고로 종이 안되어서 상식용신이 된다. 이것이 식신제살이고, 상식이 많으면 관살

이 용신이 되는데 이것이 제살태과(制殺太過)이다. 여기서 상식과 관살이 서로 균형을 이루지 못하면 관식투전이 된다.

그런데 일주가 조금 약하면 신강과 같이 보아주라. 일주가 약할 때 인수가 용신이면, 부모님에게 얻어먹고 산다. 고로 안갚아도 된다. 덕이고 공부에 연결되니까 순진한 면이 있다. 견겁이 용신이면, 형제에게 얻어먹고 산다. 고로 갚아야 한다. 그러나 깡다구는 있다. 이중에서 인수용신이 더욱 좋다.

관살다봉일 때, 상식다봉일 때, 재다면서 견겁이 없으면 인수용신이다.

그리고 비견이 용신일 때는 비겁으로 호칭하고, 상관 용신이 제살하고 있을 때는 식신으로 호칭하는데 이유는 신약이기에 비겁으로 발음하여야 그만큼 강한 면이 나타나고 상관도 용신이면 사주에 유용하기 때문에 식신이라는 명칭을 붙이고 있는 것이다.

또 하나의 용신을 정하는 방법을 정리하여 보면

● 인수다봉일 때의 용신은

① 재성이 용신이다. 가령 ○㊙○○ 戊子子申의 경우, 戊土인 재가 용신이다. 火가 필요한데 土를 쓰니 대타 용신이다. 이런 경우에는 용신중에서도 대리 · 가짜 용신이다. 고로 남의 세상 살기 위해서 세상에 태어났다.

② 상식이 용신이다.

③ 관살 자체가 건왕해 있을 때는 관살이 용신이다.

④ 재 · 상식 · 관살이 없으면 인수로 종한다. 종강격(從强格)이다.

● 견겁태왕일 때의 용신은

① 관살이 용신이다.

② 관살이 없으면 재성이 용신이다. 단, 군겁쟁재시는 불용.

③ 상식이 용신이다.

④ 견겁으로 종하는 사주를 종왕격(從旺格)이라고 한다. 곡직, 염상, 가색, 종혁, 윤하격의 종류와 비슷하다.

● 상식다봉일 때의 용신은

① 인수용신이다. 가령 ○(乙)丙丁/亥未午未는 火인 상식이 너무 많다. 인수인 亥水를 용신으로 쓴다. 불이 많아서 물로 써야 한다.

② 인수가 없으면 견겁용신이다. 가령 己(戊)辛癸/未申酉酉는 상식이 많은데, 火인 인수가 없어서 할 수 없이 土가 용신이다. 대리 용신이고 파격이다. 형제에 의존하고 살아야 한다.

③ 상식으로 종해야 한다. 종아격이다. 가령 ○(戊)辛癸/子申酉酉는 金水로 따라가야 한다.

④ 상식이 많으면 제살태과인지를 살펴라. 가령 甲(戊)辛癸/寅申酉丑는 제살태과이다. 木인 살을 너무 과하게 金극木했다. 제살태과는 무조건 관살이 용신이다. 木火가 필요하다. 水운은 오히려 좋지가 않다. 金水가 왕하니 木火가 좋다. 木이 용신이니 水가 水생木으로 희신이라 볼 수 있으니 주의가 필요하다. 용신잡기가 어려운 예가 된다.

● 재성다봉일 때의 용신은

① 비겁이 최우선 용신이다. 재를 다스리는 것은 비견겁이 우선이다.

② 인수가 용신이다. 만약 인수가 완전히 괴인(壞印)되어 있으면 인수용신 못 쓴다.

③ 재로 종해야 한다. 종재격이다. 이런 경우도 재가 삼합으로 되어 있으면서 상식이 있어야만 최고이다. 또한 관상학적으로도 종재격 팔자는 얼굴에 밥풀이 붙었다.

●관살다봉일 때의 용신은

① 무조건 인수가 우선이다. 관살이 많으면, 일주와 전쟁을 하고 있는 것으로 일주가 극을 당해서 일주가 괴로움을 당하는 것이니까 인수로 협상하는 것이다.

② 비견겁이 용신이다. 이런 경우는 미인계와 같다.

③ 상식이 용신이다. 식신제살(食神制殺)로 마지막 카드이다. "에이 썅! 네가 죽나 내가 죽나 해보자." 전생에서 죄를 많이 지어서 내가 베푸는 상식으로 죄를 씻고 가야 한다. 만약 木일주가 金이 많다면, 金극木을 많이 당하니 "가을에 서리 맞고, 제 살 깎아 먹고, 공작한다고 하되 파괴만 있다." 만약 水가 통관시킨다고 들어간다면 金水인 음이 더욱 더 많아지는데 이 점을 잊지 말아야 한다.

④ 살을 따라가는 종살격이다. 이러한 종살격에도 재가 있어야만 재생관으로 부귀겸전이다. 재가 있는 종살은 부귀요, 재가 없는 종살은 청귀이다.

이와 같이 일주를 기준하여 육친의 과다를 살펴서 순서에 의하여 용신을 정할 수 있는데 관용신은 귀를 위주로, 재용신은 돈을 우선하여, 상식용신은 희생을, 인수용신은 명예를, 견겁용신은 본인을 위주로 생활하고, 용신 중에는 재용신이 가장 좋은데 이유는 오행 중 셋 즉 상식 · 재 · 관운이 길할 뿐더러 아극자로 용신을 다스리기 때문이고, 다음은 관이요 상식순으로 되어 있으며 특히 상식용신에 있어서 신왕에는 견겁운을 기하나, 제살하는 식신이 용신일 때는 견겁운이 길하므로 주의하기 바라는데 이유는 신왕에는 견겁작용이 되고 식신제살에는 용신을 도움과 동시 일주의 근이 되기 때문이다.

즉 상식이 용신일 때, 비견겁 운은 두 종류가 있다는 것이다.

첫째는 신왕에 설기처로서의 상식을 용신으로 쓰는 경우에는 비견겁운이면 일주가 다시 강해져서 겁재작용을 하니까 좋은 운이라고 보지 말라.

가령 丙(甲)癸癸 / 寅寅亥亥는 火土용신이다. 丙이 용신인데 木이 당권하고 있다. 火가 용신인데 木운을 만나면 비견 · 비겁이 되어서 내것을 뺏어가고 방해한다. 주의할 것은 지지의 寅木은 괜찮고 卯는 양인작용을 하고 지나간다. 천간의 甲 · 乙은 겁재작용을 한다.

둘째는 관살이 많아서 식신으로 방어하는 식신제살에서의 상식을 용신으로 쓰는 경우에는 비견겁운 · 상식운이 모두 좋다.

가령 丙(甲)辛○ / 寅申酉酉는 木火용신이다. 丙이 용신이며 식신제살이다. 이런 때는 木운 · 火운 모두 좋다. 木운은 火와 같이 합세해서 金에게 대항한다.

또 신왕하고 관왕할 때 즉 신왕관왕격은 관살운이 길하나 신태약에는 관살운이 흉이 된다. 즉 신약해서 인수를 용신으로 쓸 때의 관살운은 흉하다는 것이다.

또 용신을 극하는 자가 주내에 있으면 용신지병(用神之病)이라 하여 대단히 기(忌)하는데 만약에 그 용신지병을 제거하는 용신지약(用神之藥)이 있으면 더욱 좋고, 아니면 운에서 용신의 병을 제거하여도 병자가 완쾌된 것처럼 기쁠 수가 없으며 이것을 옛글에는 유병(有病)에 유약(有藥)이면 방위귀(方爲貴)라 하고 있으나, 나는 여기에 하나 더 득약(得藥)이라야 진귀인(眞貴人)이라고 하고 싶다.

즉 병이 있을 때 약이 있으면 귀하다는 것인데, 용신을 극하는 자가 있으면 그것이 용신지병인데 그 용신지병을 제거하는 약이 있으면 더욱 좋으며 또한 운에서 와도 아주 좋다.

가령 甲(丙)壬壬/午寅子申는 寅午火국이 용신인데 水가 水극火하니까 용신의 병이 된다. 고로 이 사주에서는 水가 일주의 병도 되고 용신의 병도 된다. 만약 戊戌대운이면 土극水 하니까, 일주와 용신의 병을 한꺼번에 없애니까 이중의 경사요, 겹경사이다. 그동안에는 丙이 마음 놓고 활동하고 싶어도 水의 눈치보느라고 마음껏 못했는데 土극水해서 없애니까 내 세상이다. 또한 무거운 짐인 水를 土가 土극水하니까 얼마나 홀가분할까? 여자로 비유하면, 이유없이 패대기치는 서방이 戊戌대운 만나자 나 좀 살려달라고 애원하더라.

어떤 사주든지 병이 있는데, 병과 약이 균형을 이루고 있을 때가 좋은 사주이다. 그러나 중병이 들어 있을 때는 약이 없다. 무조건 약이 있다고 모두 좋은 것은 아니라는 것이다. 가령 壬(庚)癸己/午申酉丑의 사주라면 金이 병이고, 火가 약이지만 워낙 중병이 들어서 午火인 약의 양이 부족해서 약발이 들지가 않더라. 고로 좋은 사주가 못된다.

다음 용신이 정해졌어도 그 용신에 의하여 사주가 균형을 꾀하는데 쉽게 이룰 수 있다면 좋은 명주가 될 수 있으며 또 발전할 수 있는 여지가 충분하다. 만약 그렇지 못하다면 이는 밑 빠진 독에 물 붓기와 같이 평생을 두고 좋은 일이 없으며, 혹 좋은 운을 만난다 하여도 균형을 이루기가 어려워 좋으려다가 마니 운에서 용신을 도와준다고 하여 무조건하고 길운이라고 할 수 없으니 주의하기 바란다.

용신의 육친별 길운을 정리하면, 관이 용신일 때는 재 · 관운이 좋다. 재가 용신일 때는 식 · 재 · 관운이 좋다. 상식이 용신일 때는 상식 · 재운이 좋다. 인수가 용신일 때는 인수 · 비견겁운이 좋다. 견겁이 용신일 때는 인수 · 비견겁운이 좋다.

이 중에서 재가 용신이면 셋을 받아먹으니까 재용신이 최고로 좋다.

인수가 용신일 때는 인수운과 비견겁운이 좋다고 했는데 관살운이 좋다고는 착각하지 말라.

다음은 육친에 의한 용신의 특성을 정리하고 가자. 추후 통변론에서 상세하게 다루겠지만 우선 핵심적인 요점만 정리하고자 한다.

● 관이 용신이면

- 귀를 위주로 하고 명예도 된다.
- 직장을 가야한다. 마누라보다 직장이 우선이다.
- 법을 지켜야 한다.
- 여자가 관용신이면 서방 없이는 못산다.
- 남자가 관용신이면 자식이 우선이다.
- 관용신이 사업한다면, 돈 벌어서 세금 걱정부터 한다.
- 관은 나를 극하는 것이니까 용신의 지배를 받아야 한다.
- 신강하다면 관을 내가 부리는 것이니까 치외법권자가 된다.

• 관이 용신이면 관생인의 여부를 살펴라. 공부 잘되고 사택 · 관사라도 들어온다.

● 재가 용신이면

• 돈을 우선하므로 돈을 모으는 데는 1등이다.
• 관리능력이 있다.
• 가정적이고 마누라가 우선이다. 단, 재고가 용신이라면 마누라가 죽는다고 해도 돈을 안 쓰더라.
• 마누라를 해꼬지 한다고 하니까 항복하더라.
• 재가 용신이면 내가 극하는 것이 용신이니까 내가 용신을 부릴 수 있다. 즉 내가 오라고 하면 오고, 가라면 간다. 그러므로 지배의식이 있으면서 만인의 위에 군림하려고 한다. 그래서 신왕재왕은 영웅호걸로 환경을 지배한다.
• 계산이 빠르다. 고로 월에 재이면 수학과이다. 타산적이고 계산적이다.
• 재가 용신이면 재생관의 여부를 보라. 남편에 내조가 되고 돈답게 돈을 쓴다.

● 상식이 용신이면

• 상식이 용신이면 생재를 할 수 있는지의 여부를 보라. 생재할 수 있어야만 자신이 노력한 대가가 나온다.
• 희생이 갱생이니까 먼저 내가 주어야 한다.
• 두뇌가 보물이고 아이디어 뱅크이다. 단, 두뇌만 제공하고 인세만 받아먹어야 한다.
• 사장 만드는 기계이다.

- 이공계 · 예체능이다. 기술자이다. 선생 · 언론계통에 많다.
- 자손이 우선이고 부하가, 보좌관이 돈 벌어준다.
- 상식이 생재가 되면 "못 먹어도 고!"이다. 욕심부릴 만하지만 상식이 생재를 못하고 있으면 베푸는 것으로만 끝내라.
- 쉽게 산다. 쉽게 돈 번다.
- 말만 하면 돈이 생기니까 두뇌가, 지혜가 보물이다.
- 상식 생재가 벤처사업한다.

● 인수가 용신이면

- 무조건 공부하고 부모님 말 들어야 한다.
- 학자이고 책 속에 길이 있다. 직장이 최고이다.
- 순진하고 결단력이 없다.
- 윗사람의 말을 귀담아 들어야 한다.

● 견겁이 용신이면

- 무조건 배워야 한다. 인수가 없어서 배움에 대한 미련이 있더라.
- 직장이 최고이다.
- 형제와 친구가 귀인이다.
- 사업하면 망한다.
- 자수성가이다. 인수가 없으니까 부모덕이 없다.
- 본인 위주로 산다. 우선 내가 살고 봐야 하니까.

3. 용신의 종류

용신의 유형을 대별하여 본다면 격국용신 · 조후원리용신 · 병약원리용신 · 통관원리용신 · 억부원리용신 등 다섯가지로 구분되고 있으나 이 중 어느 방법으로 용신을 정하든 용신은 하나로 일치가 되어야 하며 또 각개인 것 같으면서도 모두가 연결되어 있다는 것을 알아야 한다. 즉 다시 말하여 격국용신이든 억부용신이든 조후용신이든 간에 용신은 일치되어야 하니 격국으로는 金이 되고 조후로는 木이 되며 병약으로는 土가 될 수 없으며 만약 그와 같이 생각된다면, 그 중 어느 하나가 잘못되어 있는 것이 분명하므로 잘 파악하여야 한다. 각 용신의 특징을 살펴보자.

가. 격국용신

용신의 종류 중에서 최우선은 격국용신이다. 여기서 격국용신을 위주로 하는 것은 조후 · 병약 · 통관 · 억부에는 그 그릇이 나오지가 않는다. 상격 · 중격 · 하격 · 파격 등은 격국에서만 나온다는 것이다. 고로 격국용신이 최우선으로 들어가는 것이다.

격국용신이란 일주를 기준하여 격국을 정하고 다시 신강 · 신약을 구분한 다음, 신주가 왕하면 격이자 용신이 되며, 신약하면 격을 소유하기 위하여 일간을 도와주는 인수나 견겁으로 용신을 정하되, 신왕격은 재 · 관 · 상식 순으로 정하는데 판국을 정하고 용신을 잡기 때문에 사주를 추명하기가 쉬울 뿐더러 또 사주를 한마디로 대변하여 주고 있기 때문에 용신 중에서는 제일 우위로 하고 있다.

격국용신은 격을 먼저 정하고 그 격국 속에서 용신을 정하는 것이다. 원칙적으로는 이 격국용신속에 조후 · 병약 · 통관 · 억부 등이 모두 들어 있다.

가령 癸㊂甲戊
丑酉寅午의 경우, 득지 · 득세했다. 寅월은 추우니까 눈에 보이지 않는 득령도 했다고 본다.

상관격인데 생재를 할 수 있어서 태어나기는 상관격으로 태어났는데 살기는 재로 산다. 고로 출신보다는 한 등급 높게 산다는 것이다. 비유하자면 태어나기는 국장으로 태어났는데 나중에 살기는 장관으로 살더라. 이것이 나와야 한다. 이러한 것이 격과 용신의 대조이다. 태어나기는 상식으로 태어났는데 재가 있으면 재로 살게 되고, 태어나기는 재로 태어났는데 관이 있어서 관살로 살게 되면 한 등급 높게 산다.

본래 월에 상관은 좋지 않지만 용신이니까 식신보다도 더욱 좋게 작용하니까 이런 경우는 이 세상에서 못된 놈들을 다스리는 데는 이 사람을 따라갈 사람이 없다. 내 사람으로 만들어 버리는 데는 일가견이 있다. 가령 癸未일주 남자인데 고교 선생이었다. 未가 상식 고장이니까 학교에서 문제아를 잡아 족치면 다른 선생에게는 말 안 듣고 반항하지만 이 선생 말은 꼼짝 못하고 듣더라. 이것이 팔자이다.

그러나 만약 식거선살거후 나 살거선식거후라면 태어나기는 식신인데 살기는 살로 살아가야 하니까 격과 용신이 서로 헷갈리니까 항상 "몸 따로 정신 따로"이다.

예를 들면 ○(乙)辛○/巳未酉丑이면 태어나기는 칠살격으로 태어났는데 살아가기는 巳未火국인 상식으로 살아가야 하니까, 그릇인 몸체는 칠살이고 정신은 火인 상식이니까 몸과 정신이 일치되지 않으니까 얼마나 살기가 힘들까?

또한 辛(癸)丙丁/酉未午未는 스님 팔자인데 午未火국으로 재가 많아서 욕심이 너무 많다. 욕심 많으면 뒤통수친다. 월에 정재지만 재다신약이 된다. 고로 金생水를 받아야 하니까 金水용신이다. 인수용신이다. 정재용인격인데 일주가 약해서 金생水로 공부하려고 해도 火가 많아서 火金상전이 되니까 꼭 마가 끼더라.

사주 예(116)

壬	㊀丁	辛	戊
寅	亥	酉	辰

이 사주는 丁火일주가 辛酉월로 편재격인데 戊辰土상관이 생재하고 또 辰酉로 합金국 되어 편재가 득왕하고 있는데 일주는 실령・실지로 신약하여 편재격을 다스리기 어렵고 소유하기 어려워 일주가 도움을 받아야 하는데, 다행하게도 시지 寅木인수가 寅亥합木국으로 일주를 도울 수 있어 용신이 되니 격명은 편재요, 용신은 인수라 편재격에 인수용신이라고 하여야 되나 간추림하여 편재용인격이라고 한다.

즉 편재용인격이란 횡재를 하고 싶거든 먼저 힘을 배가하고 욕심을 부리기 전에 수양을 쌓아야 하겠으며, 부모의 유산을 받고 싶거든 빨리 성장하여야 하고 좋은 여자한테 장가들고 싶거든 열심히 공부하여야 하며, 처의 극성을 다스리려면 우선 본인이 똑똑하여야 하고 또 공부를 하는데 학마가 항시 따르고 있다는 것을 알기 쉽게 정리하여 놓은 것이 바로 격국용신인 것이다.

월에 도화니까 어머니가 재취로 시집왔다. 일지에 亥가 망신이고, 辰亥귀문이다. 여자 사주라면 안방에서 丁壬합으로 뒹굴고서 밖에 나가니까 다시 壬水가 丁壬합하자고 데리고 간다. "합다합귀(合多合貴) 좋다 마소, 사랑 통에 죽어나니 홍등가에 녹주(綠酒)부어 기생 몸이 된답니다."에 해당한다. 丁이 편재격이고 도화격이다.

辰酉합이니까 재다신약이 된다. 거기에다 壬, 亥가 있어서 재생살도 된다. 고로 내것 주고 뺨맞고 죽도록 일해주고서 대가를 못 받는 사주이다.

이 사람의 사주의 흐름을 보니까 항시 기회를 놓친다. 戊辰土가 土생金해서 金생水로 일주로 들어오는데 이것이 나를 水극火 해버린다. 또한 土생金, 金생水, 水생木으로 제 집 앞으로 휙 지나가 버리고 나서 寅木이 다시 돌아와서 木생火하려고 하니까 죽겠다. 즉 그 동안에 金水에 골병들고 나니까 나중에 寅木어머니가 와서 "아이구, 우리 자식아!" 하면서 젖 먹여 주니까 기회는 이미 놓치고 말았더라.

酉월의 丁火인데 서리가 너무나 왔다. 학마가 많아서 공부 못하고, 아버지 컴플렉스다. 계산은 빠르고 남의 돈은 잘 벌어주지만 제 돈은 못 번다. 木생火가 필요하고 寅木이 용신이다.

- 격국으로 보면, 편재격에 인수용신이다. 편재용인격이다.
  고로 돈벌고 싶거든 공부해라. 아버지에게 인정받고 싶거들랑 공부하고 자기세력을 키워야 한다. 寅木용신이 봄에 안 나고, 가을이니까 제철이 아니라서 따돌림당하고 있다.
  재산관리는? 인수가 필요하니까 "현금 가지고 있지말고, 건물을 사 놓고서 임대료나 받아먹고서 사시오." 현금인 辛酉金재를 가지고 있으면 누가 가지고 가는지 모르게 없어진다.
- 조후로 보면, 酉월의 기온이 하강하고 있으며, 일조량이 부족하고 있다. 金水인 음이 많고 木火양이 부족하다. 고로 따뜻하게 木생火를 해야 하니까 木이 용신이다.
- 병약으로 보면, 金水가 병이고, 木火가 약이다. 단, 병은 병인데 중병에 가까우니까 약의 양이 많아야 한다. 寅木용신이면 金은 용신

의 병이고 火가 약이다.

- 통관으로 보면, 金水가 많아서 막혀있는데 金을 분산시키는 것이 火이다. 火가 없으니 木으로 대신한다. 金은 木에서 절지니까 고로 대리용신이다.

여자라면 날라리 팔자이고, 친정부모를 모셔야 한다. 아버지는 천하의 바람둥이로 辰酉합이 되어서 丁火의 火극金이 안 통하니까, 이빨이 안 들어가더라. 바꾸어서 본다면 辛酉아버지의 눈에는 丁火가 2살로 보여서 철이 안 들어 보인다.

어떤 방법으로 용신을 정하든지 寅木용신으로 일치되어야 한다. 申년이면 대들보 부러지고 집 날아간다. 申인 재 때문에 원인이 된다.

이 사주의 운의 길흉판단을 지지별로 간단한 방법으로 판단해보자.

좋다는 ◯, 보통은 △, 나쁘다는 ×, 아주 나쁘다는 ××로 구분하면 寅(◯), 卯(△), 辰(×), 巳(×), 午(◯), 未(◯), 申(××), 酉(×), 戌(△), 亥(△), 子(×), 丑(×)와 같다.

구체적인 통변은 통변론에서 상세히 공부한다.

사주 예(117)

庚	(庚)	己	乙
辰	申	卯	未

이 사주는 庚金일주가 卯중 乙木본기로 정재격인데, 년상 乙木으로 수기(秀氣)된 중 또 卯未로 木국하여 정재격이 견실한 중 일주가 비록 실령은 하였다고 하나, 득지 · 득세로 신왕하여 정재격을 다스릴 수 있고 소유할 수 있어 정재용재격이요, 신왕재왕에다 未土재고가 있어 거부의 사주다. 격이자 용신이기에 취재하는 데는 일편단심이요, 변화가 없으나 한편

정재용재격이라고 할 때 무엇이 많아서 신강으로 재가 용신인가를 알 길이 없으나 한편 일지전록을 이용하여 전록용재격으로 호칭하면 견겁이 많아 신왕하여 재가 용신이니 돈은 많으나 탈재가 따르고 방해가 많다고 한 눈으로 알 수가 있는 것이다.

卯未木국에 己土가 죽어있다. 격국은 정재격이다. 정재격이 득국해서 견실하니까 부자이다. 乙木이 투출되어 있으니까 소문난 부자이다. 선약후강의 사주이다. 여기서 申辰水국이 설기된다고 해도 金水인 음이 많고, 木火인 양이 적은 사주가 된다.

정재용재격이지만 재가 득국하고 있으니까 편재격으로 보아야 한다. 이런 사주는 신왕해서 격이자 용신이다. 즉 격이 되면서 용신도 되는데 이처럼 격이자 용신이 되는 것은 그 특징이 "이런 사람은 돈으로 태어나서 돈으로 죽는다." 일방통행이다. "어렸을 때의 꿈이 끝까지 가더라." 오로지 재에 초점 맞추어서 살아간다. 즉 변화가 없다.

비견겁이 많으니까 "버는 놈은 어떤 놈이고, 쓰는 놈은 어떤 놈이오?" 정재격이지만 목적은 火인 관에 있다는 것이다. 왕한 金을 제련하려면 火가 필요하지 木이 필요한 것은 아니다는 것이다.

- 조후로 보면, 卯월의 날씨가 급강하 하고 있다. 木火로 따뜻하게 해야 하니까 卯未木국이 용신이다.
- 병약으로 보면, 金이 병이고 木이 약이다. 火가 진짜 약이다.
- 통관으로 보면, 金이 많아서 막혀 있으니 木火로 분산시켜야 한다.
- 억부로는, 신왕인데 관이 없으니까 재에다 초점 맞춰라.

이 사주가 庚申, 庚子, 庚辰년이 됐을 때 신수는?

천간의 비견이 겁재작용 하니까 “친구, 형제가 도둑놈이고, 삼각관계에다 방해자 많고 구설 · 모략에 해당한다.” 乙庚합거로 재가 도망간다. 고로 의처증 생기고, 돈이 없어진다. 따라서 “버는 놈 따로 있고 쓰는 놈 따로 있다.” 乙庚합은 묶는 것이니까, “돈이 묶인다.” 고로 “재산압류가 들어온다.” 지지가 申 · 子 · 辰이니까 일지합으로 동업수가 나온다. 그러나 동업하면 나쁘다. 고로 “동상이몽이네요.” “믿는 도끼에 발등 찍히네요.” 보증 서면 내가 모두 물어줘야 하고, 辰이 나쁘게 작용하면 “부처님도, 하느님도 돌아 앉았네요.”한다. 자연으로 비유하면 “서리맞는 해이네요.” 金극木이면 “대들보 · 용신이 부러지는 해이네요.” 격국으로 보면, 금실무성에 파격이니까 “소리를 질러도 아무도 못 듣더라.” 조후로 본다면, 卯월에 서리가 눈처럼 내렸다. “춥고 배고프다.” 병약이면, “금년에 중병 드네요.” 통관이면. “금년에 꽉 막혔네요.”

다음은 월별 신수를 자세히 분석해 보자.

戊寅월이다. 戊편인이 寅편재를 달고 들어왔다. 寅申충이고 寅卯木국이다. 천간의 인수가 죽어서 들어오고 충이 걸려서 궤도수정이 나온다. 즉 마음대로 되지가 않는다. 집 짓는다면 설계변경 하게 된다. 재가 충걸려서 “돈가지고 시비구설이 생긴다.” “ 마누라와 싸운다.” 돈을 주거나 받고서도 잘 모르겠으니 “항시 영수증을 챙겨라.” 그러나 木이 용신이므로 시끄러워도 수습은 된다. 단, 寅卯木국이 옆으로는 합이 되면서도 나와는 충이 되니까, “간접적으로는 좋은데 직접적으로는 시끄럽다.” 편인, 편재니까 뜻밖의 일이 자꾸 터진다. 寅월은 아직 추우니까 시작일 뿐이다. 고로 재국이룬다고 엄청 좋게 보지 마라.

己卯월이다. 寅월과 대동소이하다. 卯申귀문이니까 "돈 때문에 신경 쓰인다." 사업한다면, "항상 잔고를 확인하고 계시오." 여자인 卯가 귀문으로 달라붙어서 깐죽거리더라. 己土가 인수니까 부모 자리이므로 연상의 여인이다. 천간은 인수이고, 지지는 재인데, 거기에 해운이 나쁘니까, "수표 바꿔 달라고 하면, 어떻게든 거절하시오."

庚辰월이다. 일지가 삼합이다. "오라는 곳은 없어도 갈 곳은 많더라." 辰월로 친구와 놀러가는데 돈은 내가 내야 한다. 庚이 넷이 모이니까 군중심리에 주의해야 하고, 마누라가 아프며, 도둑수 · 실물수가 연결된다. 직장인이라면 "대리로 무슨 일 해주고서 오히려 뒤집어 써서 당한다." 고로 辰월에는 "대신 출장가거나 일해주지 마시오." 사업하는 사람은 "경쟁자가 많더라." 천간에 庚이 있어서 卯辰木국보다는 申辰합이 더욱 잘된다. 고로 헛고생한다.

辛巳월이다. 辛이 巳에 죽어서 들어온다. 그러나 金이 있어서 되살아 난다. 고로 "죽어가는 놈 살려주었더니 내 보따리 내놔라." 이다. 巳申형이니까 申인 아는 사람으로 인해서 관재송사가 걸린다. 운전하면 사고나거나 딱지뗀다. 巳가 좋게 작용해도 辛이 가지고 있어서 50% 달성밖에 안된다.

壬午월이다. 식신이 정관을 달고 들어왔다. 여름만났으니까 운세는 좋다. 그러나 金생水는 면할 길이 없으니까 시작은 불안하다. 午未火국으로 명예 · 감투가 들어온다. 단, 년운이 나쁘니까 돈 쓰는 감투이다.

癸未월이다. 未가 庚에게 재고이고, 묵은 돈을 받는다. 午未월에 무슨 일이든지 일단락 지어야 한다.

甲申월이다. 甲庚충이고 비겁이다. 고로 돈과 쟁재한다. 돈 가지고 싸우고, 심하면 마누라와 이별이다. "돈 떨어져, 신발 떨어져, 애인마저 떨어진다." 부재(浮財)로 "눈에는 풍년인데 입에는 흉년이다." 뜬구름 잡고 있다. 돈 가지고 싸우고, 음식 가지고 다툰다.

乙酉월이다. 乙庚합인데, 乙木이 "나 잡아먹고 피똥 싸세요."하더라. 申子辰에 酉가 도화이고, 양인이니까, 乙木을 건드렸다가는 큰일난다. 卯酉충으로 대가 치러야 한다. 酉형제가 卯酉충으로 돈을 꿔달라고 한다. 지지로 들어오는 비견겁은 개도 안 짖고 도둑맞는다.

丙戌월이다. 火극金으로 시상의 庚을 없애버린다. 이제는 일이 풀어지더라.

丁亥월이다. 亥卯未木국으로 돈 들어온다. 金생水로 내가 먼저 베풀어야 한다.

戊子월이다. 戊土가 동토에 토류이다. 土생金으로 소식이 왔는데 뚜껑을 여니까 "申子辰水국으로 金생水니까 나좀 도와 달라고 하더라." 또한 亥卯未에 子가 도화니까 애인인데 천간은 인수니까 "애인이 옷 사달라고 하더라." 또는 일지가 삼합이니까 자꾸만 저를 데리고 여행가자고 하더라.

己丑월이다 꽁꽁 얼어버린다. 모든 것이 동결된다. 丑이 金의 고장으로 대장에 이상이 생긴다. 대장이 차가우면 설사한다. 대장이 열받으면 수분을 너무 흡수하니까 변비가 생긴다.

사주 예(118)

壬	㊉戊	丁	戊
子	辰	巳	午

이 사주는 戊土일주가 丁巳월에 출생하여 인수격인데 巳午로 火국하여 인수왕에 득령 · 득세로 신왕이라 본래가 木관이 필요하나 관이 없는 대신 재水가 子辰水에 壬水가 투출하여 재로 용신하니 인수용재격이요, 신왕재왕격에 시상편재격으로 부귀가 겸전하고 있다.

신왕사주에 인수격인데 火土가 많다. 정인용재격이니 공부의 목적은 돈에 있다. 이 사주가 재왕하니까 사업으로 가나? 벼슬로 가야 하나? 월에 인수니까 착하고 학자풍이니까 "丁己재관격으로 법정계 쪽으로 가야 한다." 즉 火土일주 재관격은 법정계로 간다고 하면 된다. 이런 사주를 옛날 사람들은 "업즉총수요, 관즉장관이다."고 했는데 월에 인수니까 부모에게 물려받은 건물도 많아서 돈에 초점을 안맞추고 신왕재왕격이지만 金이 없어서 받아놓은 물이다. 고로 모험을 못하고, 안전 위주니까 사업은 안된다는 것이다.

조후로는 7년 대한(大旱) · 가뭄에 봉감우(逢甘雨)이다. 火가 많아서 낮은 길고 밤은 짧으니까 金水인 밤을 보충해야 한다.

병약으로는 火가 병이고 水가 약이다. 병과 약이 균형을 이루고, 水가 국을 이루었으니까 약발이 끝내준다.

통관으로는 火가 많아서, 인수가 많아서 막혀있다. 고로 水로 분산시켜라.

억부로는 火생土로 신강하니까 水인 재용신이다.

본인의 가문도 좋고 마누라도 똑똑하고 처갓집도 좋으며 돈도 많다. 단, 木인 자식농사가 조금 미진하겠는데, 자식이 똑똑할 것까지 애비가 대신 똑똑해 버렸다. 이 사주는 水인 재가 앞에 있어서 항상 돈을 안고서 사는 사람이고 돈이 품에 가득하다.

巳午합에 子辰합에 辰巳가 손방(巽方)으로 합이다.

이 사주는 바람둥이이다. 여자가 앞을 가로막고 있으며, 土일주니까 십리 밖의 여자도 따라들고 인수 놓아서 인품도 좋으며 일지에 재고 놓아서 어떤 여자든지 이 남자 앞에서는 꼼짝 못한다. 재고 놓은 남자는 여자에게 존칭어 안 쓴다. 마누라와 어머니가 丁壬합이고 서로 균형 이루어서 서로 아껴준다.

사주 예(119)

乙	(戊)	丁	癸
卯	辰	巳	未

이 사주는 戊土일주가 丁巳월에 출생하여 인수격이 된 중 巳未火국으로 득왕하였고 또 일주 戊土는 자연 신왕인데 시주에 乙卯木이 卯辰木국으로 관 또한 왕하고 있어 용신이 되고 보니 인수용관격에 신왕관왕격이요, 시상관성격으로 귀명이 되고 있다. 따라서 공부의 목적은 귀에 있고 辰

土가 없었다면 완전한 조토가 되므로 木관성을 불용(不用)하여 앞의 사주와 유형이 같다.

巳未火국에 丁癸충으로 癸水가 증발되어 버렸다. 정인격으로 부모덕 있고 빽 없이 착하다. 만인의 모범이다. 정인이면서도 정록이다. 고로 국가공무원 한다. 巳월 戊土는 무조건 공무원이다. 이런 사주는 격국으로 보아야 맞다. 고시파이다. 기술·행정·사법·외무고시 중에서 土일주는 중앙이고 정관이니까 행정이다. 일지가 辰이면 기술계이다. 이 사주에서는 辰이 있어서 乙卯木을 쓸 수가 있다. 卯辰木국으로 관왕이 되니까, 辰土인 형제가 이 사주에서는 결정적 역할을 하고 있으니까 이 사주는 辰土형제의 희생을 반드시 알아야만 한다. 乙卯木이 정관이니까 그만큼 시간이 흘러야 한다.

이 사주는 조후로는 설명하기가 어렵다. 水가 들어가야 한다지만 水가 죽어있다. 병약으로는 火가 많아서 火생土하니까 木으로 木극土해서 분산시켜야 한다고는 말할 수 있다. 癸가 이 사주의 첫사랑인데, 丁인 어머니 때문에 이혼했다. 그 이유는 未중의 己土가 있어서 연상의 여인인데 乙木딸까지 있는 유부녀여서 어머니가 丁癸충으로 갈라놓았다. 일지 재고니까 돈 복은 타고 났어도 마누라가 항시 아프다. 酉를 만나면 卯酉충으로 나무가 없어지니까 민둥산이 되고 만다. 고로 제복을 벗어야 하니까 헐 벗는 것과 같아서 "금년에 옷 벗는 운이네요."하라. 즉 직장 떨어진다.

이 집에다 딸내미 시집보내면 모와 처의 불합에 걸리고 정관으로 원리원칙이니까 출퇴근시간까지도 정확해서 그 시집살이가 끔찍하다.

사주 예(120)

己	㉕辛	丙	己
丑	酉	寅	卯

이 사주는 辛金일주가 寅중 甲木으로 정재격인데 寅卯로 재국하여 왕한 중 월상으로 丙火관성이 투출하여 寅에 장생하니 왈 명관과마(明官跨馬)요 재생관에 재관이 겸비하여 매우 아름답게 구성되어 있다. 또 실령은 하였으나 득지 · 득세로 신왕하고, 寅월이 되어 보이지 않는 냉기가 도사리고 있어 金水냉한으로 木火기가 필요하고 보니 정재용관격으로 부귀가 겸전하고, 처음은 금전에 집착하였으나 궤도를 수정하여 귀를 택하였고, 신왕으로 건강하며 부모유덕(有德)에 가정 교육이 좋아 어디를 가나 모범으로 타인에 선망의 대상이 됨은 물론 청격(淸格)이 되어 보기 드문 운명이다.

寅卯木국으로 木생火를 잘 받고 있어서 丙이 공부를 많이 했고, 丙火는 부모덕이 있다. 여기서 己土는 木극土로 이미 죽어있어서, 火생土받아도 죽어있는 것과 같아서 살아나지 못한다. 만약 己土의 작용이 나온다면 그것은 丙이 살아 있어서 火생土하는 작용이지 己가 살아나서 나오는 작용은 아니다. 酉丑이 金국으로 신왕하며 寅卯木국이니까 정재격으로 재가 득국해서 아버지가 똑똑하고 돈이 많으며 잘 산다.

辛酉金이라서 금은보석과 같으니까 똑똑하다. 그래서 木인 아버지가 辛인 자식에게 물어보기를 "너는 앞으로 무엇하겠느냐?" 하자, "저도 아버지처럼 사업해서 돈 벌래요."하자, "이놈아, 누가 너보고 돈벌라고 하더냐? 木국으로 네 평생 먹고 살 돈은 내가 벌어놓았으니까, 너는 丙火로 벼슬 하나 하거라!" 하더라. 이것이 정재용관격이다. 정재용관격은 격보다 용신이 앞서니까 출신보다 높게 산다.

정재용관격은 재관 2덕을 겸비하고 있어서 명관과마가 되므로 부귀겸전 사주가 된다. 청격으로 아주 깨끗한 팔자이다. 정재용관격은 재정관의 팔자이다. 한 나라의 예산을 좌지우지한다. 金일주의 재는 木이 되니까, 자주 옮기면 죽으니까 한자리에 묶어놔야 한다. 申이 들어와서 寅申충 한다면 丙은 자동적으로 죽는다. 고로 申인 친구 잘못 만나서 대들보 부러지고 돈 날아가고 서리맞고 명예마저 없어진다. 친구에게 배신당하고 애간장타니까 간에 병이 와서 죽더라.

이 사주는 월주가 용신이니까 6대운에서 천충 · 지충운이 온다. 어떤 사주든지 대운을 볼 때에 항상 월주를 충하는 운은 순행이든지, 역행이든지 6대운에 오게 되어있다. 고로 월주가 용신이라면 50~60대에서 만나게 되어 있다. 60대 전후가 위험하다는 것이다.

사주 예(121)

甲	㊂辛	己	乙
午	巳	丑	酉

이 사주는 辛金일주가 己丑월로 인수격인데 巳酉丑金국으로 신왕하여 관이 필요한데 일시지가 巳午로 관국하여 용신이 되니 인수용관격이요 또 시주에 용신이라 신왕관왕에 시상일위귀격으로 귀명이 되고 있다. 또 이 사주 金일주는 巳酉丑金국이라 하여 종혁격으로 보기 쉬우나, 巳午火국이 있어 성립되지 않으며, 일지 巳火는 현재 火보다 金기의 역할을 더 많이 하고 있으나, 火운에는 火기의 작용을 많이 하게 되는 데 주의하기 바란다.

이 사주는 편인격이 변해서 비견겁으로 되었고, 신강하다. 고로 火인 관이 용신이다. 여기서 巳火가 巳酉丑金국으로 더욱 많이 된다. 巳

午는 방합이고, 巳酉丑은 삼합으로 金국으로 간다. 火인 서치라이트가 조금 부족해서 木火운이 와야 한다.

乙木인 재가 乙辛충이니 아버지 한번 꺾고 살림 한번 날려야 한다.

이 사주는 자극 받아야 하고 사랑의 매가 필요하다. 명예 위주이고 사업가는 아니다. 몸이 차가우니까 채식 · 분식하면서 몸을 따듯하게 해주는 것이 좋다. 직장을 택해서 가야 하고 木운보다 火운이 더욱 발전한다.

여자라면, 죽어도 혼자는 못산다. 巳酉丑에 午가 도화니까 멋쟁이 남편이다. 관이 변해서 비견겁이 되었다. 자식 때문에 손재수요, 자식 때문에 낭비가 심하고, 관에서 내 돈을 뺏어 가니까 세금관리 잘해야 한다.

인수가 변해서 비견겁이 되는 것은 보증만 섰다고 하면 내가 물어줘야 한다. 본래 金일주는 의리가 있어서 손해보는 경우가 많다. 未운도 좋고, 午운도 좋다.

사주 예(122)

丙	(甲)	癸	癸
寅	子	亥	亥

이 사주는 甲木일주가 癸亥월로 인수격인데 년주 癸亥로 인수왕과 더불어 신태왕이라 재관인 土金이 필요하다. 그러나 재관이 없어 시상의 丙火로 용신을 정하고 보니, 인수용식신격이요, 寅木에 장생하고 있어 식신유기로 더욱 아름답고 水생木, 木생火로 천간순식이요, 핵이 丙火에게 집결되고 있어 목화통명으로 청귀한 사주다. 그리고 亥월 나무에 꽃이 만발하여 그 향기가 천지를 진동하고도 남음이 있으니 천하에 없는 희귀한 꽃이 되었고, 水어둠을 등지고 火광명을 좇으니 항시 희망을 가지고 삶을 살며 설정영(泄精英)으로서 박사에 대학교 학총장에 해당한다.

甲木이 득국해서 신왕하므로 관이 필요한데 없고, 土인 재도 없으니까 火인 상식으로 용신한다. 그러나 金水음이 많고 木火양이 필요하다고 보면 간단하다. 식신격이다. 丙식신이 寅木에게 木생火를 잘 받고 있으니 식신유기승재관(食神有氣勝財官)이고 목화통명격이다.

선비형이고 학자이며 목화통명이니까 20대의 박사에 해당하니 영리하다. 단, 사업가는 아니고 사장을 만드는 기계는 된다. 교육자나 교수가 좋은데, 亥천문이니까 의대교수 중에서도 정신신경과 아니면 문학계통으로 간다.

재관이 없으니까 돈도 명예도 싫고, 오직 木생火하는 것만이 좋다고 한다. 고로 이 집에 시집가는 여자는 종놀이밖에 못하며, 인수가 많아서 며느리를 쫓아내려고 한다. 火운과 土운이 좋으며 木운은 반길 반흉이다.

자식궁, 처궁이 모두 나쁘고 애비 없는 손자 키우는 팔자이다.

亥월의 나무에 丙火인 꽃이 멋지게 피어있고, 癸亥水인 어둠과 고통을 뒤로 하고서 앞의 丙寅으로 희망과 빛이 비춰주고 있으니까, 가는 길이 얼마나 순탄하고 좋은가?

사주 예(123)

戊	㊖	壬	壬
戌	亥	子	申

이 사주는 辛金일주가 壬子월로 상관격이 된 중 壬申亥로 또 다시 설기가 태심(太甚)하여 도기(盜氣)라 신주가 대단히 허약하고 있다. 다행히 시주 戊戌土인수가 있어 의저처가 되고 보니 인수용신으로 상관용인격이며, 가르치고 싶거든 다시 배워야 하나, 중화를 이루기가 어려워 상격은 되기 어렵다.

이 사주는 상관격이고 금수쌍청이다. 수다금침이다. 신허로 파격이다. 말년에 戊戌土인 인수로 공부해야 하는데 戌亥천문성이니까 역학을 배워야 한다. 수입은 둘이고 지출은 5개이다. 고로 못살고, 금수쌍청이니까 "쥐뿔도 없는 것이 까다롭기는 더럽게도 까다롭네." 상관용인격이니 격과 용신이 상전이다.

辛金이 水인 상관을 따라가면 못된 길로 가는데, 戊戌土인 어머니가 土생金하면서 土극水하니까 무조건 공부해야 하고 戊戌土에 의존해야 한다. 종교 · 철학이니까 신앙을 가져야 사람된다. 사주가 지나치게 냉한한데 火가 없어서 土를 쓰니까 간접용신이다. 대리인생 살려고 나왔다.

병약으로는 水가 병이고, 土가 약인데 水가 많아서 중병 들었다. 약의 양이 부족하니까 황토방에서 살아라.

통관으로는 水가 많아서 막혀있으니까 土로 土극水해서 분산시켜야 한다. 물이 수다(水多)해서 수압이 높으니 戊戌土인 제방이 무너지려고 한다. 고로 세상 사는 것이 불안하다. 선상지조(線上之鳥)이다. 줄 위의 새와 같다.

辰운이 오면, 辰戌충이 되어 무너지는데 주위사람 모두 다 피해본다. 辰亥귀문에 동(冬)丑辰 급각살로 나이 많으면 중풍이다.

나. 조후용신

조후용신이란 한랭자(寒冷者)는 온열(溫熱)로, 염열자(炎熱者)는 수냉(水冷)으로 조고자(燥枯者)는 윤습(潤濕)으로, 습냉자(濕冷者)는 건조(乾燥)로서 중화시키는 것으로 용신을 정하는 것을 말한다. 또 조후용신에서는 꼭 水火로만 국한되어 있지 않음을 명심하기 바란다.

다시 말하면, 계절감각에 맞추어서 추운지 더운지 습한지 조(燥)한지를 보는 것인데, 사주에 金이 많다면 서늘하니까 木을 용신으로 한다면 간접적인 조후가 된다.

조후란 너무 추우면 따뜻하게 하고, 너무 더우면 차갑게 하고, 건조하면 윤습하게, 습냉하면 건조하게, 가물어 있으면 비가 오게 하고, 낮이 길면 밤으로, 밤이 길면 낮으로 조후를 맞춰라.

병에서도 丑·辰인 습土는 무조건 습진이 있는데 木으로 木극土하니까 식초가 약이다. 그러나 金일주가 약해서 습진 있으면 木火가 많다는 것인데 이때에 식초를 바르면 火극金으로 안 듣더라.

사주 예(124)

丙	㊢庚	壬	壬
子	寅	子	申

이 사주는 庚金일주가 子월로 金水가 냉한 중 壬申, 壬子로 더욱 심한데 시상의 丙火가 일지 寅木에 득장생하여 충분히 따뜻하게 할 수 있어 용신이 되며 또 편관이 식신 壬水에 지나치게 수제당하고 있어 제살태과격에도 해당하고 있다.

壬이 월상천간에 투출해서 식신격인데 金水가 당권하고 있다. 식거선살거후이다. 사주의 구성요건만 말한 것이고 용신은 나와 있지 않다. 고로 상식과 관살 중 어느 것이 많은지 비교해야 한다. 상식이 많고 관살이 부족하니까 관식투전이 되니 골육상쟁이고 하루도 평안할 날이 없다. 丙이 용신이지만 제살태과이다. 제살태과격은 관청 브로커가 많다. 丙인 관을 金생水로 내가 말해서 水극火하니까 먹혀 들어간다. 丙관이 윗사람인데 그 丙을 잡아먹는 水가 庚의 부하라니까 먹혀 들어간다는 것이다.

丙이 한 다리 건너서 寅木에 뿌리하고, 여기서 申子水는 힘이 있어서 水생木으로 따라가지 않는다. 관살이 있을 때 상식은 내 편이다. 고로 木火를 보강해야 한다. 만약 午가 와서 子午충을 해도 子를 없애니까 걱정없다.

사주 예(125)

己	(庚)	己	壬
卯	寅	酉	申

이 사주는 庚金일주가 금왕당절인 酉월에 출생인데 申酉金국에 壬水가 년상으로 투출되어 金水가 당권이라 酉월 중 기온이 지나치게 하강하고 있어 의당 대기(大氣)로 상승시켜야 되겠으나, 火는 없고 寅卯木국이 능히 생火할 수 있으므로 재용신을 하며 이와 같아도 조후용신이 된다.

월에 도화니까 어머니가 재취이다. 庚이 酉월로 양인격에 金국이니까 신왕하다. 寅卯木국으로 신왕재왕이다. 삼합이 아니라서 큰 부자는 아니다.

木이 용신이지만 목적은 火인 관에 있어서 돈이 많아도 항상 마음 한구석은 허전하다. 관이 들어와야만 만족한다. 여자라면 돈은 많아도 서방이 없어서 돈도 필요없다고 한다.

木생火로 재생관을 해올 수 있다. 寅중의 丙으로 재관동림(財官同臨)이니까 총각득자에 처덕이 있으니까 장가 빨리 가야 한다.

이 사주가 만약 바람이 난다면 마누라를 버리고 이혼하겠는가? 안 한다. 그 이유는 金일주 이니까 자기 탓으로 돌릴 줄 안다는 것이다.

조후로는 酉월의 날씨가 곤두박질치고 있다. 고로 木火가 필요하다.

병약으로는 金이 병인데 火가 약이다. 火가 없어서 木을 쓴다. 고로 자식인 火가 태어나면 병이 없어진다. 자식이 크면 클수록 이 집의 살림은 늘어난다. 火인 관이 들어오면 火극金하니까 金이 金극木을 못해서 재인 木이 살아난다.

이 사주가 申·酉년이라면 충이 된다. 친구 잘못 만나서 대들보가 부러지고 돈이 서리 맞았다. 金일주는 비견겁운을 만나면 재관이 구몰한다. 돈, 마누라, 자식이 한꺼번에 가는데 木火는 金인 가을 만나면 모두 물러간다.

월에 양인이고 申·酉로 비견겁이 많으니까 부모덕이 없고, 그래서 사업한다. 木이 용신이니 木에 관한 제분업·밀가루 수입·목재 종류·의류업 등을 하게 된다.

사주 예(126)

丁	(丙)	甲	丙
酉	辰	午	寅

이 사주는 丙火일주가 화왕당절인 午월에 출생된 중 寅午火국이요 甲丙丁으로 火기 충천이라 만물이 고갈하고 있어 당장에 水기가 필요하나 水가 없는 중 일시지 辰酉합金국이 생水할 수 있고 또 해가 서산에 넘어가고 있어 열기를 물리치고 있으므로 충분하게 조후가 되어 재용신이 된다.

양인격이니 군인출신이다. 또는 가족 중에 군인이 있어야 한다. 신왕사주이다. 여기서 午인 양인이 있지만 木인 인수가 있으면 양인의 작용이 별로 안 나온다. 고로 군인중에서도 정훈장교이다. 木생火, 火생土, 土생金으로 辰酉합金으로 핵이 모여있다. 식신생재격이고 양인용재격으로 재가 용신이다. 고로 칠전팔기이고 돈을 쓰면 쓸수록 생긴다. 단, 이 사주도 목적은 水인 관에 있다. 돈 지키려면 감투써야 한다.

자연으로 비유하면 午월의 꽃이 피었는데 비견겁이 많아서 잡꽃이다. 고로 이복형제가 있게 되고, 월에 양인이라서 부모덕이 없으니까, 오로지 돈에다만 집착하게 된다. 午월에 꽃이 피어서 辰酉합金으로 열매가 멋지니까 무슨 일이든지 맡겨 놓으면 똑소리난다. 신강하니까 매사에 자신있고 누구에게든지 안 지고 살며 火일주니까 하다못해서 말로 이겨도 이겨야 산다. 지고는 못산다.

조후로는 이 더위를 식히는 것은 에어컨밖에 없다. 고로 酉金용신이다. 자식덕은 미진하다. 일지에 관고를 놓아서 자식의 한을 가지고 살기 때문이다. 처덕은 아주 좋다. 마누라가 말한다. "내 걱정은 하지말고, 당신은 돈 많은 과부 만나서 돈이나 많이 벌어다 주세요."하더라. 고로 丙火는 마음놓고서 바람 피더라. 도화재이니까 이런 일이 생긴다. 또한 酉가 일지로 합을해서 들어오니까 동거이다. 편하려 하니까, 마누라가 첩하고 동거하는 것도 이해해 준다는 것이니 이 집의 본처는 불감증이라는 결론이 나온다.

이 사주는 항상 비오면 좋다고 하고, 겨울 바다 갔다오면 기분이 최고이다.

사주 예(127)

壬	㊛丙	甲	丙
辰	子	午	申

이 사주는 丙火일주가 午월에 출생되어 본래 신왕이나 실지 · 실세로 신약하고 申子辰水국에 壬水가 투출되어 午월 장마가 계속되고 있으므로 오히려 火기가 필요로 하니 午火가 용신이 된다. 木火와 金水가 4:4로 균형

을 이루고 있는 것 같으나 월상 甲木은 무근이요, 년상 丙火는 좌하 申金에 재살지가 되어 질적으로는 火기가 부족하고 있는 것이다.

양인격이다. 득령만 했지 득지 · 득세 못해서 선강후약이다. 고로 시작은 그럴 듯한데 마무리가 없다. 월에 양인을 놓아서 바로 큰소리 치는 것을 옆에 있던 壬水가 "까불면 죽는다."고 했더니 쏙 들어가 버리더라. 신약해서 비겁에 의존하니까 양인용겁격이라 해도 되고 편관용겁격이다.

午월에 장마가 들었다. 꽃이 피다가 말고, 벌과 나비가 안 오니까 결실이 없고, 만물이 부패된다. 고로 썩은 사주이다. 원래 양인격에 편관이 있으면 양인합살로 좋은데 즉 午중의 丁과 壬을 丁壬합 시켜서 양인합살이 된다는 것이다. 이 사주에서는 子午충을 맞아서 못쓴다. 즉 丙이 누이동생 午를 壬에게 준다고 하였더니, "야! 이 놈아! 충맞은 걸 나에게 준다고? 에이 썅!"하더라. 午火가 용신인데 용신이 월지인 부모자리에 있으니까, 이불 속에서 주먹을 쥐고 있는 놈이다. 나가면 쥐어터지고 집에서는 폼잡고 있다. 그래서 부모 슬하만 떠나면 이 사람은 고생이니까 남녀 모두 결혼만 하면 그날부터 고생이다. 남녀모두 재나 관살이 기신이면 결혼후부터 고생이더라.

丙이 午에 의지하고 있는데 子운이 오면 子午충으로 지팡이를 꺾어 버리니까 "넘어지고 쓰러지는 운이네요."한다. 이 사주는 寅木이 가장 필요하다. 寅午火국에 살인상생도 된다.

庚子년이면 庚이 재이다. 마누라이다. 일지가 삼합이니까 없는 것은 들어오고 있는 것은 나가니까 마누라가 품밖으로 돈다. 나간다. 돈 떨어져, 신발 떨어져, 마누라까지 떨어져 나가니 어찌할꼬? 건강까지 걱정된다. 역시 寅木이 답이다.

사주 예(128)

癸	㊎辛	丙	乙
巳	丑	戌	卯

상담 사주이다. 庚辰년에 26세이다. 火용신이다. 丑戌형이 왕자형발(旺者刑發)이다. 土가 더욱 많아진다. 巳丑합金으로 火용신이 더욱 약해졌다. 丑은 金에 가깝고 戌월이므로 土생金할 수 있다.

乙卯가 여자니까 연상의 여인을 한번은 거쳐가야 한다. 음일주니까 남자지만 여성스럽고 丑이 자고니까 형제가 하나 어렸을 때 죽었다. 월에 인수니 착하다.

사업은 안되고 직장생활하라. 丑이 화개로 인수고, 戌이 천문이니까 역학공부한다.

다. 병약용신

병약원리 용신이란 주중에 많은 것이 병이 되고, 그 병을 제거하는 것이 약이며, 이 약을 바로 용신으로 정하는 것을 말하는데, 앞에서 지적한 바와 같이 또 하나의 병은 용신을 극하는 용신의 병과 그 병을 제거하는 용신의 약을 혼동해서는 안된다.

다시 정리하면 주중에서 너무 많은 것이 병이고, 이를 제거병자가 약인데 바로 이 약이 용신이라는 것이다. 즉 金水가 병이면 木火가 약이다.

원서에 이르기를 "유병이고 유약이면 방위귀(方爲貴)라." 사주에 병이 있고 약이 있으면 비로소 귀하다고 했는데, 중화를 중요시하는 사주에서 변화의 묘리를 말한 것으로 비유하자면, 명어부(魚夫)는 거친 파도 속에서 나오고, 명장군은 전쟁 속에서 탄생하고, 큰 인물은 거친 시련과 노력 속에서 만들어지는 것과 같다. 즉 병인 시련과 고생이 있고, 이것을 극복하는 약이 있을 때 더욱 크게 된다는 것이다. 아울러서 사주에서 병이 중한데 약을 얻으면 길하며, 병도 없고 약도 없으면 평범하다는 것이다.

만약 사주팔자 중에서 어느 오행이 많아서 중화를 해치는 경우, 이를 병이라고 하며 또한 격국의 조화와 구성을 극해하는 오행이 있을 때 이런 육친을 병이라고 하는데 이러한 병을 고치는 경우에 약이라고 한다. 이러한 약신의 경우는 일주의 병을 고치는 경우가 있고, 격용의 병을 고치는 경우가 있고, 행운에서 병을 고치는 경우가 있다.

사주 예(129)

戊	㊖	戊	己
寅	辰	辰	丑

이 사주는 庚金일주가 己丑, 戊辰으로 다봉土하여 매금직전이라 토다인수가 병이 되고 있는데 다행하게도 제거 병하는 시지 寅중 甲木재가 약으로 용신이 된다.

土가 많고, 인수가 많은 것이 이 사주의 병이고, 丑·辰인 습이 많은 것이 병이다. 土가 많아서 매금되니까, 木으로 木극土하여야 되니까 寅木이 용신이다. 어머니가 과잉보호하고 있던 중에 장가가니까 마누라인 木이 참 똑똑해서 말하기를 "어머니, 이젠 그만 가셔요. 이제부터는 나의 남편이니까 신경 끄세요."하더라. 寅辰木국도 들어오니까 외롭지 않다. 부처님이 돈 벌어 주고, 공부의 목적은 돈에 있는데 공부 중에서도 종교, 철학, 한문, 중국어를 제일 잘한다.

편인격이다. 편인용재격이니까 공부의 목적은 돈 버는 데에 있다. 인수가 너무 많아서 어머니가 둘이다. 庚辰이 괴강인데 인수가 들어 있어서 다른 괴강에 비해서는 순진하다. 土가 많아서 막혀 있는 것이니까, 木으로 분산시켜야 하고, 조후로 봐서는 丑·辰의 습이 많으니까 木으로 木극土해서 습을 제거해야 한다. 木이 용신이니까 金운을 만나면 작살나니까 항시 7~8월에는 시끄럽다. 酉월 달에는 酉丑·辰酉합에 비겁이니까 돈이 무지 들어간다. 木운, 火운이 모두 좋다. 火운을 만나면 金을 제련시켜서 그릇이 되니까 어른스러워진다. 즉 철이 든다.

사주 예(130)

庚 (甲) 癸 戊
午 午 亥 午

이 사주는 甲木일주가 癸亥월에 출생되어 水생木으로 일주에 좋아보이나 癸水는 戊癸합거요, 년일시지 午火에 목분(木焚)이요, 다설(多泄)로 병을 이루고 있으므로 火병을 제거하는 亥중 壬水가 용신이 된다.

갑목이 뿌리가 없이 水생木만 받고서 자라니까 "뼈 없이 착하다." 고로 "이 어지러운 세상을 어떻게 살아가라고 이렇게 놔두세요?" "깡다구라도 키우게 격투기 운동이라도 시키시죠."하라.

선강후약으로 신약사주이다. 水木용신이다. 선생님 팔자이고 또는 상식이 많아서 이공계가 좋다. 亥월의 날씨가 너무 더워서 甲木이 목이 말라, 癸水보고서 水생木을 해달라고 하자, 癸水가 戊癸합거로 水생木을 못하더라. 고로 亥중의 壬水가 용신이다.

그러자 甲木이 癸水인 엄마에게 한마디 한다. "엄마는 나를 놔두고서 戊癸합으로 바람나서야 되겠어요?"하더라. 그러자 癸水인 엄마가 하는 말이 "이 썩을 놈아! 속모르는 소리하지 마라. 내가 戊가 좋아서 戊癸합하는 줄 아니? 네가 필요한 水를 土극水 못하게 내가 묶어두고 있단다. 알겠니?"하더라.

이 사주는 공부해야 하고 지구력 · 인내력 · 깡다구를 키워야 한다. 甲庚충으로 자식궁 나쁘고, 사업한다면 탐재괴인으로 부도난다.

사주 예(131)

丙	㊛丙	丁	丁
申	子	未	巳

이 사주는 丙火일주가 巳未火국에 丁丁丙으로 견겁태왕이 병인데 다행하게도 申子水국이 극火 제거병할 수 있어 약이 되므로 용신이 된다.

원래가 상관격인데 巳未火국으로 변해서 비견겁이 되었다. 가문은 좋지 않고 배 다른 형제 있다. 申子水국으로 재관이 잘 구비되어 있으니까 "개천에서 용 났네요." 丁己일 재관격이 보여야 한다. 정치계 · 판검사 팔자이다.

술 친구 많고 경쟁자 많고 방해자 많은데 운 나쁠 때는 이 丙丁火들이 모두 들고 일어서더라. 낮은 길고 밤은 짧으니까 水극火로 한방 얻어 맞아야 한다.

조후로는 7년 대한(大旱)에 봉감우(逢甘雨)다.

병약으로는 火가 병이고 水가 약이다.

억부로는 신강하니까 水극火받아야 하니까, 원수가 귀인이고 나에게 바른말 해주는 사람이 귀인이다.

火일주라서 직감력, 투시력이 발달해 있다. 申子辰년에는 변화가 있는데 모두 용신을 돕고 들어가니까 좋다. 미국 가서 살면 좋겠다. 견겁 많은 사람들의 특징은 의심이 많다.

사주 예(132)

丁	㊙甲	戊	己
卯	辰	辰	丑

이 사주는 甲木일주가 己丑, 戊辰, 辰丁으로 토다(多)재가 병인데 제거 병 극土하는 卯木이 시지에 있어 약이라 비겁이 용신이 된다.

편재격인데 일주가 약하니까 편재용겁격이라서 자수성가해야 한다. 아버지 형제 중에 배 다른 형제가 있고, 이 사주는 편재용겁격이지만 거부가 될 수 있는 요소를 가지고 있는데 즉 언젠가는 卯辰木국을 할 수 있는 요소가 있다. 피가 되고 살이 된다. 寅년이나 卯년이 되면 寅辰, 卯辰木국으로 이 辰土가 내 것이 된다. 현재로서는 악처인데 寅년, 卯년이 되면 현처가 되더라.

욕심많고 돈 버는 데는 땡비다. 재다신약이면서도 완전한 재다신약이 아닌 것은 甲이 辰에 뿌리하고 卯木인 근이 있다. 다만 백호가 많고, 여자관계가 많은 것이 흠인데 연상의 여인과 인연있고, 甲木의 본처는 己土인데 해로 못하고 戊土와 살더라. 마누라가 戊土인 산넘어가고 재넘어갔네요. 즉 죽으면 산넘어가고 재넘어간다.

조후로는 습이 많아서 木을 써야 하고
병약으로는 土가 병이니까 木으로 약을 써야 하고
통관으로는 土가 많아서 막혀있으니까 木으로 소통시켜야 한다.
억부로는 일주가 약하니까 卯木으로 도와줘야 한다.

子운은 나쁘다. 子辰水국이다. 辰이 현금인데 인수로 변했으니까 돈 주고 차용증 받는다. 그러나 子卯형이니까 돈 받으려면 소송해야 한다.

酉운은 어떨까? 卯酉충에 辰酉합金에 酉丑합金이다. 申子辰에 酉가 도화이다. 고로 "딸내미 하나 기똥찬 년 두어서 아이구! 나 죽겠네 하더라." 또한 그동안 土들이 木에 木극土로 얻어맞고 살다가 酉운 만나면 사정없더라. "기회는 이때다!"하고 土金이 작당해서 甲木을 패대기 치더라. 또한 甲木이 卯에 뿌리하고 있는데 뿌리 뽑혀 버린다. 고로 이 사람 죽이려면 닭고기 먹여라.

※참고

壬	㊉戊	甲	乙
戌	戌	申	丑

오래전에 상담한 사주다. 학생인데 "이 학생 미술시켜도 되겠어요?" 土金이 많아서 미술에 소질 있다. 火土용신이다. "미술을 가르치시오. 그러면 남들 1년 배운 것을 이 학생은 3개월이면 따라갑니다. 또한 土金이 있어서 그림 그리면 그림이 살아있어서 칭찬받습니다."했더니 그렇단다.

다만 그림 그리면 "火가 없어서 색채감각과 명암이 부족하고 또한 木이 죽어 있으니 선이 부족하다. 고로 거기에 대한 것을 중점적으로 교육시키시오. 戊戌土에 월에 식신이라서 스케일은 크니까 인테리어나 그래픽 디자인 계통의 큼지막한 것을 공부시키시오!"

사주 예(133)

壬	㊀乙	辛	戊
午	未	酉	辰

이 사주는 辰酉金국에 戊辛등 土金이 왕하여 병이 되고 있는데 제거 병하는 午未火국이 약신이 되므로 식신이 용신이다.

월에 도화이다. 녹방도화로 양귀비의 미모이다. 辛酉, 乙卯만 녹방도화이다. 乙未가 백호로 재성이니까 아버지, 마누라에 흠이 있다. 편관격이다. 칠살격이다. 辰酉합金에 土생金하고, 金극木해서 재생살이니까 돈 들어오면 오히려 내가 죽는다. 午未火국에 식신격도 된다.

살거선식거후이다. 이 세상에 태어나기 전 전생에서 많은 죄를 졌더라. 고로 이 생에서는 많은 음덕을 쌓아야만 살아가게 되는 팔자이다. 관살이 많으니까 식신제살격이다. 午未火국으로 木火운이 좋다. 乙木은 근이 없다. 辰중 乙木은 辰酉로 갔고, 未중 乙木은 午未로 갔다. 이렇게 뿌리가 없으면 성씨도 바꾸어서 살고 오늘 죽어도 여한이 없다.

내가 생하는 것이니까, 지혜로 살아야 하고 월에서 金극木하니까 고향을 못 간다. 고로 술 먹으면 "고향이 그리워도 못 가는 신세…"가 18번이다. 식신제살이니까 무조건 나보다 잘사는 金을 火극金으로 치고 싶어서 사회에 반항하더라.

건강은 乙辛충에 未가 있고, 午未火국이니까 간염(肝炎)이다. 관살이 있어서 전염된다.

여자라면, 辛酉가 서방인데 녹방도화로 천하의 바람둥이이다. 바람피다가 보니까 여자는 못 믿겠다고, 마누라를 패더라. 또한 상식인 자식 때문에 辛을 만나서 자식 낳고 보니, 서방이 꼴보기 싫어진다.

가을 기온이 떨어지고 있으니까 木火로 상승시켜라. 金이 병이니까 火가 약이다. 金이 많아서 막혀 있으니까 火로 분산시켜야 한다. 관살이 있을 때 상식은 내 편이다. 고로 관살이 많아서 내가 약하니까 상식으로 일주를 도와줘야 한다.

라. 통관용신

통관원리 용신이란, 막혀있는 것을 터주고, 왕자를 분산시켜 주며,

상전하고 있을 때 통관시켜 주는 것을 말하는데 바로 이 통관을 시켜 주는 자가 용신이 되는 것이다.

막혀있다는 것은 주중의 과다가 막혀있는 것이니 이것을 터 주는 것이고, 상전하고 있는 것을 해소시켜 주는 것이고, 왕자는 분산시켜 주는 것이 용신이라는 것이다.

가령 水와 火가 상전이면 木이 들어가서 水생木, 木생火로 통관시켜 주니 木이 용신이다. 또 주중의 과다를 터주는 것도 극해서 터주는 경우가 있고, 과다한 기운을 설기시켜서 터주는 경우도 있다는 것을 알아야 한다.

사주 예(134)

戊	㉢戊	甲	癸
午	寅	寅	亥

이 사주는 戊土일주가 년월일에서 癸亥, 甲寅, 寅으로 木국을 만나 木土가 상전하고 있는데, 다행하게도 시지 午火가 木생火, 火생土로 木土상전을 해소시켜 통관하고 있으므로 살인상생격으로 午火인수가 용신이 된다. 편관격이 득국했다. 신약하다. 도움을 받아야 하니까 午가 용신이다. 寅월달이어서 寅午火국이 약하다. 水생木으로 먼저 木극土로 쥐어터지고 나서 휙 집앞을 지나더니 午火가 나중에 와서 젖 주더라. 왕한 木들이 집단으로 戊土를 木극土로 쥐어박았다. 戊土가 화가 나서 진단서 끊어서 고소하겠다고 했더니, 나중에 午火로 협상이 들어오더라. 戊의 외갓집은 午火요, 午의 외갓집은 木이니까, 戊土에게는 진외갓집이더라. 고로 결국은 협상해야 하니까 나만 서럽더라.

편관용인격이다. 이런 팔자는 "알아야 면장을 하지!"이다. 甲寅木인 감투를 감당하지 못한다는 것이다. 능력부족이니까 스스로 사표 쓴다는 것이다. 살인상생격이다. 인수용신이다.

조후로는 寅월이라서 추우니까 午火로 따뜻하게 해야 한다.

자연으로 비유하면, 토질이 열어서 火생土로 보토(補土)를 해야 한다. 큰 나무를 火로 불태워서 산에서 농사지어먹고 산다. 화전민이다.

병약으로는 木이 병이고 火가 약이다.

통관으로는 木이 많아서 막혀있다. 고로 火가 와서 木생火, 火생土로 통관시킨다.

억부로는 신약하니까 인수용신이다.

이 사주에서 水운이 온다면? 木이 있어서 水생木, 木생火로 통관시켜서 괜찮다고 하는 사람이 많다. 그러나 火인 여름이 필요한 사주에 水인 겨울이 오니까 잘못된 해석이다.

子운이면, 子午충으로 인수인 "집 날아간다." 子인 재 때문이니까 탐재괴인이 생긴다. 부도난다. 亥卯未에 子가 도화인데 子중 癸水가 정재니까 술집여자가 마누라로 둔갑해 보이더라. 子와 寅사이에 丑이 빠졌으니 격각살이다. "멀고도 가깝고, 가깝고도 먼 것이다." 고로 戊土가 보았을 때는 子중 癸水여자가 멀고도 가깝게 보인다는 것이다. 거기에 寅午戌에 子가 수옥살이다. 수옥살에 관재구설이 일어나니까, 이 여자 잘못 손대면 은팔찌 찬다. 子午충으로 안방 내놓으란다. 戊가 子를 만나니 꽁꽁 얼어서 되는 일이 하나도 없더라.

아들이 甲寅木으로 똑소리나니까 "어떤 어려움이 있어도 자식 하나는 신경 써서 잘 키우시오." 土일주가 木이 많으면 지형천리(枳荊千里)이다. 가시밭길 천리이다. 음지전답이다. "허리가 휘도록 일해도 먹고 살똥말똥하다."

申운이면, 寅申충이고 金극木이니까 좋다고 보지 말라. 午火용신이

申만나면 해 넘어간다.

사주 예(135)

甲	㊅丙	辛	癸
午	申	酉	丑

이 사주는 丙火일주가 辛酉丑申으로 金재를 다봉(多逢)하여 火일주가 막히고 있는 것을 시지 午火가 일간 丙火를 도우면서 火극金으로 왕한 金을 분산시켜 통관하고 있어 午중 丁火비겁이 용신이 된다.

정재격이다. 득국했다. 신약이니까 "그림의 떡이다." 다자무자에 걸려서 무격이 되니까 파격으로 깨진 그릇이다. 입만 살았고, 말만 앞세우는 팔자이다. 정재용겁격이다. 좋은 데로 장가가고 싶으면 힘 키워라. 그림 속의 떡이다. 비견겁이 용신이면 무조건 자수성가이다.

완전한 재다신약은 서출 출신이고, 조실부모고, 아주 나쁘면 거짓말쟁이다. 꽃이 피지도 못하고 서리 맞았다. 꽃이 피기도 전에 결실부터 서두른다. 못된 송아지 엉덩이에 뿔났다. 금다화식으로 이 집의 실권은 마누라가 쥐고 있다. 巳酉丑에 午가 도화니까 사기치는 것, 도박, 주색잡기 등만 발달해 있더라. 여자는 많이 따르지만 오래는 못 가더라. 정력이 조금 부족하니까 그렇다. 火일주가 신약하면 조루다.

金이 많으니 火로 분산시켜라. 아버지와 대화가 안 된다. 마누라도 대화가 안된다.

庚子, 庚申, 庚辰년이면 일지가 삼합이다. 삼합의 기본 원리는 합이니까 인력이다. 없는 것은 들어오고 있는 것은 나간다. 운이 좋으면 들어오고, 운이 나쁘면 나간다. 고로 있던 여자마저 떨어져 나간다. 돈도 그림 속의 떡이다. 년은 태세요, 세군인데 火극金으로 임금을 이겨먹으려고 하니까 하극상이다. 金이 더욱 많아진다. 고로 마누라가 품 밖으로 도네요. 火극金이 안 통하니까 말을 안 듣는다.

사주 예(136)

己	㊜ 丁	丙	丁
酉	丑	午	未

이 사주는 丁火일주가 午월에 출생인데, 午未火국에 년월에 丙丁火가 있어 火기 태왕한 중, 일시로 酉丑이 金국이라, 火와 金이 상전한 중, 일지 丑土, 시상 己土가 火생土 土생金으로 火金상전을 통관시켜 주고 있어 土가 용신이 될 것 같으나, 이 사주의 상전의 원인은 火태왕에 있고 火기를 분산시키는 것은 水이나 水가 없어 酉丑金국으로 대용하고 보니 능히 생水를 할 수 있을 뿐더러 火의 병사궁에 석양으로 충분하게 통관이 되므로 재가 용신이 된다.

원래는 월에 정록을 놓았으나, 丙이 대장이니까 비겁격이다. 견겁태왕격으로 배 다른 형제 있고, 어머니가 둘이고, 술 친구는 많아도 진정한 친구는 없고 형제 중에서 제일 똑똑하다. 편재격이고 일지에 재고이다. 식신생재격으로 말만 하면 돈이 생기고, 돈을 쓰면 쓸수록 생기며 세상을 쉽게 사는 팔자이다.

丁己일 재관격이다. 고로 재관쌍미와 같이 봐주라는 것이다. 丁火의 형제들은 丁에게 얻어먹고 살아야 한다. 인수가 없어서 자수성가해야 하고 丁이 장남 역할 해야 한다. 고로 丁己일생 재관격이지만 가난이 원수라서 돈에 집착한다.

이런 사주가 오뚜기 인생이요, 칠전팔기인데 가령 酉를 없애도 丑이 다시 가져다 놓고 丑을 없애도 火생土 土생金으로 다시 갖다가 놓더라.

자연으로 비유하면, 꽃 중에서도 잡꽃이지만, 酉丑金국으로 열매가 멋지니까 무슨 일이든지 끝마무리가 확실하다. 또한 午월의 더위가 무덥다. 이 사주의 목적은 水에 있으니 감투이고, 火일주니까 자기 자랑 좋아해서 이 사람의 명함이나 집에 가서 보면 표창장, 명예직 임명장, 상패 등이 즐비하더라.

金水용신이다. 말 잘하고 설득력 좋고 매사에 자신있다. 火가 많아서 어깨너머 공부가 되어 배우지 않아도 알고, 일반상식 많이 알더라. 丑午귀문작용으로 얄밉도록 영리하다. 이것은 본인 기준이고, 형제기준이면 "형제 때문에 나는 죽겠네."한다. 丑이 있어서 땅도 많고, 현금도 많이 가지고 있고, 재국이 지지로 있어서 알부자이고, 장가가면서부터 재산이 불티나듯이 일어나는 팔자이다.

庚子, 庚申, 庚辰운에는 재관이 길신으로 들어오니 돈과 명예가 같이 좋다. 庚子, 辛丑년에 돈 번 것, 壬寅년에는 세금 좀 내야겠다. 壬이 관이고 寅午火국으로 겁재작용이 생긴다. 고로 관에서 세금내라고 하니 세금으로 뺏기더라.

사주 예(137)

戊	(丙)	壬	壬
戌	子	子	申

이 사주는 丙火일주가 壬申, 壬子, 子로 水기가 태왕하여 水火상전이라 木으로 水생木, 木생火로 통관시켜야 되나, 木이 없는 중 시주에 戊戌土가 土극水로 왕한 水를 분산시켜 통관이 되며, 戊戌土로 식신이 용신이 된다.

편관이 변해서 칠살이 되었다. "아이구, 이 집에는 웬 귀신이 이렇게 많아?" "사람노릇 제대로 못하겠네요." "이 사람이 지금 어디가 어떻게 아파요?"하고 물어보라. 신허(身虛)사주니까, 본인의 힘으로 사는 것이 아니고 타인의 힘을 빌어서 살고 있는 사주이다. 고로 남의 세상 살려고 나왔지, 내 세상 살려고 나오지 않았다.

살거선식거후이고 관식투전이니까 하루도 편할 날 없고 "불구 아닌 불구네요."하라. 관살이 많은 것을 土로 土극水하고 살아야 하니까, 식신제살이라고 할 수 있지만 수압이 너무 높아서 언제 제방이 무너질지 모르니 선상지조(線上之鳥)이다.

뿌리가 없고 파격이다. 火土용신이다. 戊戌이 용신이다. 水가 많아서 중병이 들었으니까 어떤 약을 써도 고치기가 어렵다. 丙태양이 水인 어둠이 심해서 일식하고 있어서 음지팔자이다. 水라고 하는 시커먼 어두움이 丙의 뒤통수를 치고 오니까 얼마나 무섭겠나? 丙인 나도 죽겠는데 火생土로 음덕 쌓고 살라고 해서 나도 죽겠는데 누구를 도와주라고 하나? 여자는 혼자 살아야 좋다. 水인 서방이 귀신으로 보이고 호랑이로 보이더라. 이 사주는 건강이 급선무다.

辰년이 제일 나쁘다. 辰戌충으로 제방이 무너진다. 동축진(冬丑辰) 급각살로 풍 맞는다. 일지삼합이니까 "금년에 병원에 입원하겠네요."

마. 억부용신

억부원리용신은 격국 관계없이 일주가 강하면 억제하는 관으로, 관이 없으면 다음은 재로, 재도 없으면 상식으로 용신을 정하고, 일주가 약하면 부신(扶身)하는 인수나 견겁으로 용신을 정하는 것이다.

다시 말하면 사주가 신강하면 먼저 관살로 억제하라. 다음으로 관이 없으면 재성으로 억제하라. 내가 상대를 때리는 것도 힘이 빠진다는 것이다. 다음에 재성도 없으면 상식으로 억제한다. 힘빼기 작전이다. 사주가 신약하면 도와주라는 것이다. 인수나 비견겁으로 도와 주는 것이다.

사주 예(138)

壬 ㊉丙 庚 丙
辰 寅 子 申

이 사주는 丙火일주가 水왕당절인 子월에 출생된 중 申子辰水국에 庚壬이 투출하였고, 실령 · 실세로 신약하여 도움을 받아야 하는데 다행하게도 일지 寅木인수가 木생火일주라 용신이 되며 또 살인상생격이 된다.

정관격이 변해서 편관격이 되었다. 국가 공무원하다가 사법 공무원으로 바꾸었다. 金생水, 水생木, 木생火로 핵이 寅木으로 모여서 얼굴 하나 백만불짜리고 오직 저만 위해 달랜다. 고로 언젠가는 壬水인 자식에게 丙壬충으로 쫑코먹더라. "아버지는 대체 언제나 철들려고 하세요?" 하더라. 제 욕심만 차리니까 자식에게도 이런 소리 듣더라. 제 몸 하나 아끼는 데는 땡삐다.

신약해서 寅木이 용신이고 편관용인격, 살인상생격이니까, "알아야 면장을 하지!"이다. 직장에서 꽃피워야 하고 사업하면 탐재괴인으로 간다. 양팔통사주로 운만 좋으면 양팔통의 기질이 나온다. 일지에 인수니까 부모 모셔야 한다.

사주 예(139)

辛 ㊉戊 甲 丙
酉 申 午 申

이 사주는 戊土일주가 午월에 火생土로 득령은 하였으나, 실지 · 실세로 신약하고 또 상식태왕으로 인수가 필요하므로 부신(扶身)하는 午중 丁火인수가 용신이 된다.

인수격이고 양인격이다. 신약해서 정인용인격이지만 상관용인격이라고 해야 된다. 인정이 너무 많고 철분이 너무 많아서 농사짓기가 어렵다. 태어나기는 남향으로 태어났는데 살다 보니까 서향이 되어 버렸다. 午火에 의지해야 하니까 부모님 말을 들어야 하고 공부해야 한다. 申子辰에 酉가 도화니까 여학교에 근무한다.

金이 많아서 막혀있으니 火극金으로 분산시켜야 하고, 신약하니까 火생土받아야 한다. 온상의 꽃과 같이 부모곁을 떠나면 고생이다. 金은 의리니까 金이 병이 되어서 "쓸데없는 의리 지키지 마라. 그러다가는 당신이 망가집니다."하라.

사주 예(140)

甲	㊀癸	辛	辛
寅	亥	丑	酉

이 사주는 癸水일주가 酉丑金국, 亥丑水국에 년월간에 辛金인수가 투출하고 있어 金水태왕으로 신왕이라 관土로 용신하여야 되나 丑土는 金水국으로 변화하여 무력하고 寅중 丙火가 寅木의 장생을 받아 용신이 되니 재용신이 된다.

참으로 멋진 사주이다. 木火용신이다. 이 사주에서는 자식되는 土가 없으니까 자식에 대한 근심 걱정은 면할 길이 없더라. 丑이 자식인데 酉丑으로 없어지고, 亥丑으로 없어지고 丑이 급각살에 탕화이고 丑이 또한 동토이고, 丑이 공망이고, 또한 시상의 상관이다. 고로 집중적으로 관인 자식이 두들겨 맞고 있다. 고로 아들 농사는 기대 이하인데, 아들이 똑똑할 것을 이 사주가 대신 똑똑해 버렸다.

이 사주의 가문의 흐름은 할아버지 대에서는 酉丑이니 잘되고, 아버지 대에서는 寅중 丙火로 망하고, 내 대에서는 잘되고, 자식 대에서는 망하고, 손자 대에서는 甲寅木 · 寅亥합으로 잘 되니까 이것이 이 가문의 흐름이다.

丑이 인수고이니까 고고학 등이 좋고, 水일주니까 유전공학도 좋다. 순국(順局)이다. 원류가 튼튼해서 사는 데 있어서 여유가 많으니까 모든 일에 자신있고 깨끗한 물이다.

선비형이고 학자이고 대학교수 · 학 · 총장감이고, 사장 만드는 기계이다. 박사학위 받고 또한 연구기관에 종사하는 것이 제일 좋겠다. 甲寅木인 학생들이 대들보로 모두 잘되더라. 甲寅木이 상관이지만 용신이니까 식신보다도 더욱 좋다. 또한 선비요 학자형이니까 형합격도 안 된다. 즉 여자가 아무리 꼬셔도 안 넘어간다는 것이다.

巳운이 오면, 巳亥충에 巳酉丑이다. 巳火 돈이 변해서 인수가 되었으니까, 돈이 나가고 문서가 들어오니까 틀림없이 산 것인데 인수가 병이니까 속아서 샀다.

사주 예(141)

丁 ㊙甲 戊 己
卯 戌 辰 未

이 사주는 甲木일주가 실령 · 실지요 土기가 당권하고 재성이 과다하여 일주를 돕는 木이 필요한데 다행히 시지 卯木이 있어 비겁 용신이 된다. 이와 같이 재다에는 인수보다는 비겁이 우선이 된다.

이런 사주는 격국보다는 신살로 보는 것이 더욱 쉽다. 재다신약에 辰

戌충에 寅午戌에 卯가 도화이다. 이것이 보여야 한다. "아이구! 당신, 여자가 많네요. 그런데 신약해서 숨길 데가 없어서 여자 건들면 들통나네요." 또한 여자끼리 충 · 형이니까, 서로 잘났다고 밤 · 낮 싸우더라. 격국은 정재격에 편재격인데, 본래 甲木의 본처는 己土인데, 산 넘어가 버렸고, 戊辰土와 살게 되는데 결국은 戊辰도 戌土에게 쫓겨 나더라. 그것도 부족해서 卯가 도화니까 또한 바람까지 피더라.

편재용겁격이다. 고로 자수성가요 서출에 해당하고 욕심부리면 가야 한다.

辰戌충에 未戌형이요, 土가 충형받고 있고, 甲木 卯木인 음양이 섞여 있으니까 "악산에 잡목(雜木)이다."고 봐주라. 재가 충받았으니까, 내 돈 쓰고 구설수 있으며, 인수가 없으니까 즉흥적이고 일의 순서가 없다. 부모덕도 없다. 이 사주는 己未, 戊辰土가 제 것도 아닌데 木극土하고 있으니까, 자기것이라고 우긴다. 그러나 辰戌충에, 未戌형이고 신약해서 모두 달아난다.

조후로는 土인 습이 많아서 木극土해야만 한다. 또한 土는 金을 생하니까 춥다. 고로 金을 생하는 원류인 土를 木극土하면 된다고 설명해도 된다.

병약으로는 土가 많으니까 木극土해야 되고

酉를 만나면, 卯酉충으로 대들보 부러진다. 목발을 뺏기는 것과 같다. 이런 사주는 다재무재(多財無財)요, 무재다재이다. 고로 어떻게 보면 여자가 많고, 어떻게 보면 여자가 하나도 없더라.

※참고로 이외에도 행운지용신(行運之用神)이 있다.

운이 좋을 때를 이르는 말인데, 다만 木일주에만 있다. 가령 ○㊙壬○ / ○子子○ 의 경우일 때, 사주에 火가 없어서 음지나무이고, 고로 대운에서 火운을 만날 때만이 행운지용신이 된다. 또 일주지용신은 일주를 도와주는 인수나 견겁일 때 하는 말이고, 육신지용신이란 일주와 직접적인 관계가 없는 상식·재·관이 용신이 될 때에 지칭하고 있으나 중요한 것은 역시 용신을 정확하게 잡는 데 있는 것이다.

바. 종합용신

끝으로 용신을 종합해서 예를 들어보자.

사주 예(142)

戊	㊉庚	癸	丁
寅	戌	丑	酉

이 사주는 庚金일주가 丑중 己土로 본래 인수격이나 酉丑金국하고 酉戌金국하여 신왕이 된 중, 일시로 寅戌火국이 있어 관성으로 용신하니 인수용관격이요, 庚金일주가 寅戌火국에 제련되어 대기(大器)가 되고 있는데 월상 癸水가 강도조절을 잘 하여 주고 있으므로 용신지병이면서도 귀성이 되고 즉 필요악이 되고 또 戊戌土가 용신지약에다 삼기(三奇)를 구전하고 있어 부귀가 겸전하였으며,

억부용신으로는 신왕자 억제자가 용신이라 火극金하는 寅戌火국이 용신이요, 丑월로 한랭한 중 金水가 많아 火기가 필요한데 寅戌火국이 있어 조후용신이 되고, 주중왕자 金이 병인데 그 병을 제거하는 寅戌火국이 용신이라 병약용신이며 또 酉丑金국에 월상 癸水있어 천한지동(天寒地凍)으로 막혀있는 것을 寅戌火국이 풀어주니 통관용신이 된다.

이와 같이 격국용신, 조후용신, 병약용신, 통관용신, 억부용신 모두 할 것 없이 용신은 하나로 일치되고 있다는 것을 알았으리라고 보며, 이 중 본인의 성격(成格)에 따라 빨리 이해가 되는 것을 택하여 용신잡는데 도움이 되게 하고 또 모두 대비하여 정확한 용신을 정하는데 참고하기 바란다.

丁酉는 옥당천을귀인이다. 酉가 좋게 작용하면 봉황이다. 재관쌍미나 천을귀인이 좋게 작용하면 귀공자 타입이다. 癸丑은 백호이고 탕화이다.

丁癸충으로 丁이 갔다. 丑이 급각살이다. 정인격이 변해서 酉丑으로 비겁이 되었다. 고로 보증만 서면 본인이 물어줘야 하고, 어머니가 아니라 돈을 뺏어 가는 사람이다.

신왕사주인데 金水냉한으로 꽁꽁 얼어있어 몸이 차갑고, 고로 술을 많이 먹으면 안되고 신왕해서 기본 체력은 있으니까 운동해서 자율신경을 원활히 해주어야 하겠다.

金일주니까 완전무결하고 콕 찔러도 피 한 방울 안나오게 생겼는데 金생水로 상관작용을 하니까 할 소리 다 하면서 산다. 즉 무서운 사람이 없다.

庚戌일주로 괴강이니까 괴수에 해당하고, 군인출신이고 괴강일주는 심기가 대단히 강하다. 戌이 관고니까, 관에 있는 사람이 꼼짝 못한다. 고로 이걸 이용하면, 관고일진에 동사무소나 세무서 등에 간다면 잘해주더라. 관청은 항시 관고날에 가라.

寅戌火국이니까 편관격도 나온다. 癸가 투출해서 상관용관격이다. 고로 태어나기는 상관으로 태어났는데, 살기는 관으로 살아간다.

丙庚성과 같아서 법정계에 연결되는데 金일주니까 판사에다 상관이니까 검사에 관이 용신이니까 명예가 우선이다. 신왕관왕으로 이 사람은 관직으로 가야 한다. 丙庚성에 丑戌형이 있어서 사법권을 쥐어야 한다. 인수에 형살이니까 형법공부는 1등이더라. 재관이 모두 있어서 부귀겸전이다.

丙庚성이니까 목소리가 좋은데 거기에 癸水가 수분작용으로 음파전달이 잘되니까 이 사람의 목소리에는 그 자체로 에코가 나온다. 이 사주는 년월의 酉丑과 일시의 寅戌이 두 패로 편이 갈라졌다. 고로 두 집 살림을 해본다. 거기에다 재관동림이니까 총각득자이다. 또는 戌중 丁火, 寅중 丙火가 암장으로 있어서 "당신 팔자에는 비밀 자손이 있네요." 하라.

자연으로 비유하면 金이 전깃줄이고 火가 전류인데, 金이 왕하니까 전선이 굵고, 火가 강하니까 전류도 강해서 국가에서 쓰는 송전선과 같으니까 한 나라에서 중추적인 인물이 된다.

상관과 양인으로 격이 형성되어 있으니 선탁후청(先濁後淸)이다. 고로 "개천에서 용났네요."

조후로는 金水냉한이니까 火국이 용신이다. 여기서 午가 없는데 午년이 오면 비었던 자리를 충족시켜주며, 午가 태양이니까 서일건곤(瑞日乾坤)이다. 서일건곤이란 "태양은 오직 나를 위해서 존재하나 보다." 라는 의미이다.

병약으로는 金水가 병인데 木火가 약이다.

통관으로는 金水가 많아서 막혀있다. 고로 木火운을 만나면 모두 뚫려서 마음대로 활동한다.

억부로는 신왕이니 눌러줘야 하니까 火극金하므로 원수가 반대로 귀인이 된다. 고로 火운에 철들고 분발한다.

辛巳운이면, 비겁이 편관을 달고 들어왔다. 비겁이 죽어서 들어오는데 巳酉丑에 다시 살아난다. 고로 이럴 때가 "다 죽어가는 놈 살려놓으니까 내 보따리 내놓으라고 하더라."

고독수이고 비겁년이니까 무조건 "마누라 아프네요." 巳가 편관인데 巳戌원진에 귀문이니까 "신경질나는 일만 생기네요." 또는 원진으로 "세상을 원망하랴. 내 아내를 원망하랴?"이다. 寅午戌에 巳가 망신이니까 "망신수에 구설수이다."

庚金이 巳인 편관을 만나서 현재 승진을 바라는데, 巳酉丑으로 가니까 삼천포로 빠졌다. 고로 안된다. 공직자는 비겁년에는 꼭 대리근무가 나오는데 巳酉丑으로 가게 되니까 남의 사정 봐주려다가 대리근무해주고서 잘못하면 나 모가지 떨어지게 생겼다.

寅巳형이니까 재물에 마누라에 형살이 걸려서 거기에 비겁년이니까 마누라의 수술수에 돈 가지고 송사에 연결된다. 火는 자식인데 비겁으로 변했으니까 "자식 때문에 돈 나가겠네요." 년지가 巳酉丑삼합이니까, "조상이 발동했으니 천도제 지내시오."

戊子운이면, 戊가 인수니까 귀인이다. 그러나 子위에 있으니까 제 발등의 불도 못끄는 형국이어서 가짜 귀인이다. 인수이니 소식이 왔는데 뚜껑을 열어보니까 金생水로 도와줘야 하겠다. 여자라면, 金水가 많은데 金생水에 연결되니까 水가 많아져서 "당신은 섣달에 울 일이 생기겠네요." "복통 터질 일이 생기겠네요."하라. "이 양반아! 꼭 눈물을 흘려야만 눈물인가요? 마음의 눈물도 눈물이지요."하라.

사주 예(143)

乙	㊙甲	丙	丁
亥	午	午	未

이 사주는 甲木일주가 丙午월에 丁未午가 가세하고 있어 식신격이 당권하고 있는 중 실령 · 실지요, 亥水로 득세는 하였다고는 하나 너무나 힘이 모자라고 있어 식신격을 소유하기에는 어렵기 때문에 亥중 壬水로 용신하니 식신용인격이요, 신약으로 일주가 도움을 받아야 되겠으니 억부로는 인수가 용신이며, 甲木이 火왕절에 火기 태왕으로 고갈이 극심하고 목분되어 亥중 壬水로 용신하여 조후용신이 되고, 주중 왕火가 병인데 극火하는 亥중 壬水약이 있어 용신이 되니 병약용신이며, 왕한 火기를 분산시켜주는 자, 亥중 壬水라 통관용신이 되므로 그 어떠한 방법으로 용신을 정하든 모두가 일치하고 있는 것이다.

또 午월 나무에 火꽃이 과다하여 가지가 찢어질까 염려되므로 亥중 壬水가 용신이 되고, 木일주가 木생火가 과다함은 지출이 많아 수입에 의지해야 균형을 꾀할 수 있는데 亥중 壬水가 水극火 지출처를 막고 水생木하여 일주의 수입원이 되므로 인수가 용신이요, 木일주의 여자가 허약하고 있는데 모성애에 못이겨 왕한 火자손에 木생火로 기를 빼앗기고 있는데 다행히 亥중 壬水 친모가 水극火로 자손을 떼어놓고 水생木으로 木을 도와주니 7년 대한(大旱)에 단비로 甲木이 소생이라 亥중 壬水가 용신이 된다.

상식혼잡으로 진상관(眞傷官)으로 변했다. 고로 상식이 많지만 다자무자로 연결되니까, 무격(無格)이요, 파격(破格)이다. 亥水에서 水생木하나 받아서 木생火로 3~4개 나가니까 밑 빠진 독에 물 붓기요, 역국으로서 세상을 거꾸로 살아야 하는데 水인 인수가 필요한 팔자에 해당하니까, 낮에는 있다가 밤에만 활동하더라. 고로 상관용인격이지만 너무 신약하니까 좋은 팔자가 못된다.

자연으로 연결하면, 午월의 나무에 꽃이 활짝 피었는데 너무 많은 꽃이 피었다. 고로 나뭇가지가 찢어지기 일보직전이다. 따라서 언뜻 보기에는 예쁜데 볼수록 밉다. 꽃이 피기는 했는데 음양이 섞였으니 잡꽃이다. 싫증이 빨리 나는 얼굴이다.

상식이 많은 사주는 남의 심부름 해주는 사람으로 피고용인이다. 당전사환(堂前使喚)이다. 인수가 용신이니까 학교에서 근무하면 좋겠다.

지지로도 寅卯인 비겁이 없어서 "깡다구도 없이 뼈 없이 착하네요." 火가 많아서 가뭄과도 같으니까 "이 사주는 털어보았자 먼지밖에 없네요." 낮은 길고 밤은 짧다. 고로 "밤낮없이 일해도 먹고 살똥말똥하다." 사주가 가벼워서 감출 데가 없다.

항상 말조심해야 하고 구설수 조심하라. 물귀즉탐(物貴則貪)으로 金인 관이 없으니까, 장(長)자 소리 듣는 게 소원이라고 한다.

조후로는 가뭄이 심한 상태에서 亥水인 강우량이 너무 부족하다. 그래서 "항시 애간장타는 팔자네요." 고로 술을 그렇게 좋아하더라.

병약으로는 화가 많아서 중병이 들었다. 상식이니까 "할머니 산소에 불들어있네요." "할머니가 두 분인 죄로 할아버지가 바람 많이 피어서 그 업(業)이 이 사람에게 떨어졌네요."

火가 많아서 金인 기관지가 항시 말라있다. 水가 약이다.

통관으로는 火가 지나치게 많아서 막혀 있으니 水로 분산시켜야 한다.

억부로는 신약해서 水생木받아야 한다.

甲午일주에 午중己, 未중己에 홍염으로 바람둥이니까, 주색으로 가는데 주(酒)냐? 색(色)이냐? 주로 간다. 그 이유는 설기가 많아서 기운이 없으니까 바람피기도 어렵다.

辛巳운이 오면 정관이 식신을 달고 들어온다. 정관이 죽어서 들어온다. 원명의 丙·丁火가 辛이 들어오니까 火극金으로 없애버린다. 고로 벼슬 떨어지고 직장이 떨어진다.

건강으로는 火가 병으로 기관지·폐가 나빠진다.

정관이 죽어서 들어오는 줄도 모르고 "금년에 나 승진하겠어요?" "승진은커녕 옷만 안 벗어도 다행이네요."하라. 巳亥충이다. 용신이 달아났다. 원유가 끊겼다. 巳午火이니까 중병이 들어버렸다. 조후가 안되니까 지나치게 가뭄이 찌들었다.

사주 예(144)

乙	(甲)	辛	癸
亥	寅	酉	巳

이 사주는 甲木일주가 辛酉월에 출생된 중 巳酉로 金국하여 정관격이 왕하고 있는 중 일주로 득지·득세하여 신왕관왕격이나 어느 쪽이 더 강한지 구분이 잘 되지 않고 있다. 그러나 자세히 살펴보면 년상의 癸水에 金기가 설기하고 년지 巳火가 巳酉로 金국은 하고 있으나 본래 火이기 때문에 관보다는 일주가 더 강하여 관 용신으로 정관용관격이 된다.

일지 정록으로 전록격에 甲일 亥시로 甲추건격이요, 甲寅일로 일덕격(日德格)에도 해당하고 있으나 내격 위주로 추명할 것이며, 강한 자는 강자를 만남으로써 분발하고 발전하는 데 강왕자 金관을 만나 아름답게 金木이 중화를 이루고 있으며 또 왕한 나무가 金을 만나 견고하여지고 왕木이 金을 얻지 못하면 고목으로 부실하여지는데 다행히 왕한 金을 얻어 찍고 깎고 다듬어 동량지재로 사용되니 종이목종지이(終而木終之而)요, 木은 항구히 영생하겠고, 신왕하여 억제자 金관이 용신이요, 木이 많아 가을이 봄날씨와 같아 金차가운 것이 필요하며 주중 왕木이 병인데 극木하는 金약이 있어 용신이 되고 木왕으로 막혀있는 것을 극木으로 통관하여 주니 金이 용신으로 귀결된다.

본명은 신왕관왕으로 균형을 이루고 있어 조금만 도와주어도 발영(發榮)하는 사주다.

巳酉金국이고, 癸水가 巳火에 죽었다가 金생水로 되살아 나니까 깨끗한 물이다.

甲寅木이 寅亥합木으로 튼튼하니까 사나운 태풍이 불어도 나무가 흔들리지 않는다. 고로 "제 할 일은 하고 살고, 제 의자는 앉아서 찾는 사람이네요." 간여지동의 특성상 형제 끼고 살고, 마누라 아픈 것은 어쩔 수가 없다. 이 사주는 土인 재가 없어서 명예와 직장과 연애한다.

辛酉가 정관인데 득국을 했으며 고로 그 누구보다도 큰 직장이고 좋은 직장으로 연결되니까 중앙부서에서 근무한다. 그러므로 평생 직장이다. 거기다가 신왕이니까 관을 내 것으로 만들 수가 있다. 신왕사주로 정관용관격이다. 격이면서 용신이니까 "오로지 관이고, 한 우물을 파고, 소년 시절의 꿈이 끝까지 간다." 상격이다.

성격은 酉월의 나무인데 金인 칼로 멋지게 잘 다듬어 놓은 것과 같은 형상으로 인품이 준수하며 영국신사와 같고, 甲寅木인 나무가 흔들림 없이 타의 모범이 되더라. 거기에 신왕이니까 똑똑하고, 고집스럽고 흔들림이 없다.

신장은 酉월의 나무이니 원래는 안 크지만, 甲寅木에 또한 癸水가 水

생木하고 있으니까 신장은 보통 이상이다. 얼굴 모습은 월에 정관 놓아서 부모덕이 있는 팔자니까 이마는 넓다. 얼굴은 목자형(目字型)이고, 머리숱은 많으며 털이 많은 편이다.

관이 책임감이고 金이 책임감인데 관이 金이니까 책임감이 투철해서 타의 모범이 된다.

재물복은 조금 미진하니까 청귀한 사주이다. 따라서 사회적으로 두각을 나타내지만 집안에서는 마누라에게 쫑코먹는 것은 어쩔 수 없다.

자손은 아들보다는 딸이 더욱 잘 된다. 辛酉가 딸인데 깨끗하므로 미스코리아 감이다.

이 사주와 잘 맞는 띠는 丑소띠, 酉닭띠가 좋다.

결혼은 어떨까? 결혼하는 나이를 알기 위해서는 먼저 만혼이냐 조혼이냐를 구분해야만 하는데, 년월에 재나 도화가 있는 사주가 조혼하고, 비견겁이 많은 사주는 결혼이 대체로 늦다. 단, 예외는 있는데 이 사주는 원체 똑똑한 사주니까 빨리 혼담이 오고간다.

戊午년이 26살인데, 戊土인재가 일지로 합이 되어 들어온다. 고로 결혼한다.

처덕은 대단히 좋다. 관이 용신이니까 재생관을 해준다. 단, 이 집에 시집온 여자는 시집살이가 나오는데 그 이유는 이 사주는 원래 모든 것을 정도로 살아가고 원리원칙대로 살아가면서 판단하니까 그것이 여자로서는 시집살이가 되더라.

甲寅木인 아름드리 나무를 辛酉인 대패로 멋지게 다듬었다. 木이 많고 金이 약하니 金용신이다. 巳의 본질은 火이니까 巳酉金국이지만 酉

월의 날씨가 조금 올라가고 있다. 시주의 乙木이 말년에 기다리고 있다. 고로 퇴직금 타면 사업 하자고 꼬시는데, 이 사주는 월에 정관 놓아서 부가가치세를 먼저 생각한다. 고로 사업은 어렵다. 항시 말년에 조심해라.

사. 용신 종합정리

다음은 용신정법과 응용에 있어 중요한 내용을 다시 정리하고 가자. 우선 지지로 용신이 정하여질 때는 장간 본기로 호칭하고, 장간 중에서 寅중 丙火, 申중 壬水, 亥중 甲木, 未중 丁火, 丑중 癸水 · 辛金은 용신이 될 수 있다. 또한 巳중의 庚金이 용신이 되는 경우가 가끔 있다. 가령 ○丁○○/○巳巳○는 염상이지만 金水운이 좋을 때가 가끔 있다.

한 가지 특이한 경우가 있는데 ○庚○○/午申酉○와 ○庚○○/未申酉○의 두 사주 중에서는 未시가 더욱 좋다. 未가 庚金의 재고이면서 옥당천을귀인이 되고 未속에서는 丁乙己의 삼반물이 모두 있다.

사주가 균형을 이루기가 쉬우면 쉬운 만큼 좋은 명주가 되고, 어려우면 어려울수록 삶을 살기가 힘들다. 木이 용신인 사람은 목적이 火에 있으며, 金이 용신인 사람은 목적이 水에 있다. 또한 재가 용신일 때는 재생관의 여부를 살피고, 상식이 용신일 때는 상식생재의 여부를 살펴라. 이러한 것은 어디까지 복을 주었느냐를 따져야 하니까 살펴야 한다.

가령 己辛辛丁/丑酉亥卯의 경우, 신강해서 亥卯木국이 용신인데 습목이니까, 木생火가 어렵다. 고로 재복은 주었는데 감투복은 어렵고 돈 복은 주었지만 서방 복은 어렵고, 마누라 복은 주었지만 자식 복은 어렵다는 것이다.

상식이 용신일 때 비견겁운의 작용은?

신왕해서 상식으로 설기할 때는 상식운과 재운이 좋다.

관살이 많아서 식신으로 제살할 때는 견겁운과 상식운이 좋다.

가령 ○(辛)辛癸/○亥酉丑은 신왕사주로 金생水로 나가야만 한다. 고로 상식인 水가 용신이다. 이런 경우는 水木운이 제일 좋다. 만약 金운을 만나면 겁재운이라서 도둑놈 만난다.

또한 戊(丙)壬○/戊子子○의 경우는 水인 관살이 많아서 土인 상식으로 土극水하기 위해서 식신용신이다. 즉 식신제살이다. 이런 경우는 비견겁운인 火운도 좋고 상식운인 土운도 좋다는 것이다.

사주가 신태약으로 인수가 용신일 때는 관살운은 용신인 인수를 생해주므로 좋다고 착각말라.

가령 ○(丙)壬壬/○寅子申일 경우, 살인상생으로 寅木인 인수가 용신이다. 고로 木火운이 좋다. 여기서 木이 용신이라고 水인 관살운을 좋다고 하면 큰일난다. 즉 水운이면 죽도록 일만 해주고 대가도 못 받는다. 亥운이라면 寅亥합木으로 무난하게 넘어가지만 亥도 역시 겨울이다. 고로 午운처럼 크게 좋지는 않다.

용신이 충 · 형 또는 피상(被傷), 수제(受制)되면 불리하다.

또 용신이 입묘되는 운이면 안 좋다. 단, 이 경우에도 예외가 있는데 가령 ○(丙)壬壬/○午子申의 경우, 午火용신이다. 이때 戌운을 만나면 午火가 입묘지만 午戌火국이니까 이런 경우는 입묘라도 걱정없다. 또 하나 金이 용신일 때 丑운이 오면 金의 고장이지만 이때는 丑운이 좋다. 그러나 亥水가 용신일 때 辰운이 오면 土극水받고 용신인 水의 묘궁으로 이때는 완전히 간다. 또한 木의 입묘는 未인데, 木용신은 木火가 필요하다. 未가 여름이므로 나쁘지 않다.

다음으로 용신이 병 · 사면 안좋다. 이런 경우도 예외가 있는데 가령 ○丙○○ 申午未○는 申이 용신인데 子운이 오면 사궁이지만, 申도 水운이니까 아주 좋다.

그러나 이런 경우에는 해당된다. 가령 ○丙○○ 午申子辰는 午火가 용신인데 申 · 酉로 金운을 만나면 사궁으로 해 넘어가니까 이때는 흉하다. 이처럼 모두 사주의 구성에 따라서 가감할 줄을 알아야 한다.

또 용신의 절지면 안 좋다. 계절의 반대가 절지니까 이때는 모두 나쁘다.

그리고 대운과 세운에서 용신을 충하면 생명까지 위험하다.

대운과 세운을 대비해서 합 · 충 · 형 등을 모두 살펴라.

예를 들면 巳년에 대운이 亥이면 巳亥충, 대운이 申이면 巳申형이 되는데 이들 영향이 모두 나타난다. 이럴 때는 나타나는 상황이 싸우기는 대운과 세운이 싸우는데 피해는 일간이 보게 된다. 고로 고래 싸움에 새우 등 터진다는 것이다. 물론 대운과 세운이 모두 용신을 도우면 최상의 길영(吉榮)이 됨은 말할 필요도 없다.

아. 용신별 육친별 통변비법

끝으로 용신별로 각 육친을 대비해서 일어나는 상황을 정리해서 사주분석과 통변에 응용하고자 한다. 어떤 환경의 변화가 오고 어떻게 대처를 해야 하는가?

물론 통변술에서 자세하게 살펴보겠으나 용신과 연계해서는 이 부분에서 꼭 기억하고 가야 한다. 중요한 비법이고 비결이다. 천간과 지지를 모두 참조하는데 단, 천간은 살아서 들어와야 한다.

인수용신일 때

가령 ○㊋壬壬 / ○寅子申 의 경우

[1] 인수운이 오면,

여기서 인수운은 대운이거나 세운이거나 모두 응용할 수 있다. 이 사주의 경우, 寅木인 인수가 용신이다. 이때에 木운인 인수운을 만났을 때는 어떤 일이 일어나고 어떻게 통변을 할 것인가이다.

- 귀인이 생기고, 귀인을 만난다. "생각치도 않던 귀인이 당신을 도와줄 것이오."
- 부모님의 경사이네요.
- 고생끝입니다. 왜냐하면 木운 이전이 水운이었으니 얼마나 춥고 배고팠을 것인가?
- 승진수 있다.
- 공부하는 운이다.
- 매매수 있다. 따라서 이사수도 곁들여진다. 매매수도 두 가지가 있는데 2~3년 전의 운이 아주 나빴으면 인수운에서 팔아먹는 운이고, 2~3년전의 운이 좋았으면 인수운에서 사는 운이다. 고로 무조건 인수운에서 집 산다고 하지 마라.
- 건강이 좋아진다.
- 처자에 경사 있다.
- 새옷을 해 입는다.
- 철이 든다.
- 한곡회춘(寒谷回春)이다. "옛것은 가고 새로운 것이 나를 맞이 합니다. 환경이 좋게 변화하네요."

- 여자면, 서방이 못 잡아 먹어서 안달이더니 나를 업어주더라.

2 비견겁운이 오면

- 지금까지는 木생火로 부모에게 의존하다가 "자립하네요, 독립하네요."
- 丙이 火를 만났으니까 "전성기입니다." 형제의 경사이고 좋은 친구 만나네요. 寅午합이면 "부모와 형제가 합심해서 나를 도와주네요."
- 비견겁운의 다음에는 土운이니까, "결실에 주력하시오."
- "금년의 일은 금년에 마무리하시고 내년으로 넘기지 마시오." 단, 비견겁의 힘을 빌렸으니까 "독식은 안됩니다."
- 옛 친구 만난다.
- 매사에 자신있고 목적 달성한다.
- 환경에 변화있다.
- 신약할 때는 비겁이 좋은 작용을 해준다.

3 상식운이면

위 사주에서는 辰戌丑未가 상식인데 戌과 未는 좋다. 辰과 丑은 나쁘다. 子辰・子丑으로 水가 되니까 내가 키운 사람에게 水극火로 얻어맞는다.

- 火생土로 설기되고, 도기가 되니까 "나가는 것이 많네요." "반항하는 운이네요." "아랫사람 주의하세요." "내 것 주고 구설이 따르네요." 즉 火생土로 주었는데 水극火로 배신하더라.
- 관재・사고가 따라 들어오네요.
- 죽도록 노력하지만 허사이다.
- 자손의 걱정 있고, 남편의 걱정이 생긴다.

• 가물가물 꺼져가니까 "망한 줄 모르게 망하고, 병든 줄 모르게 병든다." 고로 얼마나 힘들겠는가.
• 사표내는 운이네요, 좌천되는 운이네요.
• 주의할 것은 "투자는 금물이네요." "위법행위 절대 하지 마세요."

4 재운이면,
• 용신이 없어지고 달아나 버린다.
• 과욕은 금물이네요.
• 여자 주의하세요. 처가 품밖으로 도네요. 모와 처가 불합하네요.
• 탐재괴인이고 부도나는 해이다.
• 원유가 끊기고,
• 집 날아가고 사기 당한다.
• 내가 극하니까 계산착오이다. 숫자가 둔갑해 보인다.
• 건강이 나쁘다. 위장병 주의하고, 먹는 것 즉 재마다 걸린다.
• 심하면 이혼수 걸린다.
• 만약 여기서 뇌물 먹으면, 관살운에 구속된다.
• 증권 하면 거지된다.
• 설상가상(雪上加霜)이다.
• 해는 서산으로 기운다. 나루터에 와보니 배는 없구나.
• 이기는 것에 지니까 열 받는다.

5 관살운이면,
• 일주가 약하면 살이 된다. 고로 "세상사는 것이 무섭다. 계속해서 공격만 당하니까 왕따당한다."
• 꿈자리 사납고 악몽이 많다.

- 초조하고 불안하다.
- 누명 쓰고 쫓겨난다.
- 관재 생기고 집중력이 떨어지니까 사고난다.
- 죽도록 일해도 그 공은 타인이 차지한다.
- 일해도 봉급도 못 받는다.
- 건강이 나쁘고 심하면 입원한다.
- 죽기 아니면 까무러친다.
- 눈 감고 사는 운이네요. 즉 도처에 함정이다.
- 만사가 동결이네요, 겨울 만났으니까.
- 여자는 남편과 싸우고, 남편이 호랑이보다 무섭더라.

비견겁이 용신일 때

비견겁이 용신인 경우에는 i)상식이 많아서일 때, ii)재가 많아서일 때, iii)관살이 많아서일 때인데,

가령 ○(戊)壬壬
○戊子申 의 경우, 戊土인 비겁용신이다. 그러나 실은 火가 필요하다.

1 인수운이면,

戊가 巳를 만나면 녹(祿)이다. 고로 "지금까지 세상 사는 것을 방황했습니다만은 이제는 내가 설 땅을 알게 되고, 내가 이 길로 가야겠구나 하는 것을 알게 될 것이오."

午운이 와서 子午충을 해도 걱정없다. 다만, 충을 하는데 충을 해서 일주를 극하는 경우는 잠자는 호랑이의 수염을 건들였다. 이 점만 주의하라.

- 부모님의 경사이다. 단, 위의 사주는 재다신약이니까, 조실부모이고 인수고니까 부모님이 안 계신다. 고로 "부모님이 안 계시는데요."하거든 말을 돌려라. "돌아가신 부모님이 살아온 것만큼의 경사네요."하라는 것이다. 역학자는 절대 말에서 지지 말라.
- 귀인 만난다. 산타클로스 만나네요.
- 문서수, 이사수 있네요.
- 노력 이상으로 좋은 일이 생기네요.
- 시험만 보면 합격하는 운이고, 교육받는 운이네요.
- 지금부터는 고통 끝이네요.
- 건강이 회복되는 운이네요. 관살운에는 몸이 아프니까.
- 음지가 양지되는 운이네요.
- 뭔가 시작하게 되네요.
- 사람이 착해지고, 덕이 갖추어지고, 火생土로 얼굴에 화색이 돌더라.
- 마누라가 까탈부리더니 "우리 서방이 최고에요."하더라. 즉 가정이 안정되어진다.

2 비견겁운이면,

火운 다음에 土운이 온다. 土운 중에서도 戌과 未운만 좋다. 未戌형이지만 조토니까 보수공사 · 제방공사와 같아서 좋다.

- 형제의 경사이다. 형제가 귀인이고, 친구가 귀인이다.
- 매사에 자신있고 독립하게 된다.
- 동업수 들어온다. 재다신약은 동업하지 않는 것이 좋다. 만약, 동업한다면 상식운이 오기 전에 어떤 수단방법을 동원해서라도 빠져나와야 한다. 빠져나오는 방법은 나이롱환자로 입원해서 아파서 일 못한다고 내것을 빼라 하는 식으로 빠져 나오라는 것이다.

- 관리능력이 생기고 자연히 재수있다.
- 마누라에게 인정받는 것이 그렇게 좋더라.
- 항상 비견겁운에서는 마누라가 아프고, 도적수 · 실물수가 용신이든 아니든 자연적으로 따라다니게 된다. 또한 독식은 안된다.

3 상식운이면,

土생金으로 설기해서 金생水로 재를 도와준다.

- 투자하면 망한다.
- 위법행위를 하게되면, 그것이 바로 재앙이 되어서 돌아온다.
- 내 것 주고 뺨맞고, 자기 꾀에 자기가 넘어간다.
- 부하가 배신한다.
- 사표 내게 되어 있다. 직장에 권태가 오게 되어 있고, 윗사람이 개새끼로 보인다.
- 여자면, 괜히 남편이 미워지고 싫증나고 권태기가 생긴다. 부자가 속썩이는데 남에게 말도 못하고 죽겠다. 남편과 자식 때문에 골병든다.
- 모든 것을 쉽게 생각하는데 이것이 모두 어긋난다. 고로 호미로 막을 걸 가래로 막고 있다.
- 사업하지 말라.
- 유념할 것은 관살운에 당할 것을 상식운부터 살살 시작했더라.

4 재운이면,

- 내가 극을 하는 운이니까, 모든 것에 자신이 생기지만 돌다리도 두들겨 보고 가라. 즉 "자신은 금물이다."
- 돈을 버는 것이 아니라 놓치고, 돈이 오히려 나간다. "그림 속의 떡

이다."

- 버는 놈 따로 있고 쓰는 놈 따로 있다.
- 여자 주의하라.
- 누명 · 모략이 연결되고 되는 일이 없다.
- 위장병 · 허리 아프다. 土가 약하니까 허리가 아프다.
- 위의 사주에 水운이면 동토요, 수다토류이고 제방이 무너지기 일보직전이다. 음지전답이 되고 날 찾는 이가 없다. "눈에는 풍년이요, 입에는 흉년이다."
- 가정적으로는 이혼수도 연결되고, 마누라가 품밖으로 돈다.

5 관살운이면,

- 초조하고 불안하고 꿈자리가 사납고
- 누명 · 모략이 들어오고, 관재구설이 생긴다.
- 몸 다친다.
- 쓸데없는 일복만 터진다.
- 건강이 나쁜데 그 원인은 무리해서이다.
- 이럴 때에 살아갈 수 있는 방법은? "시키는 대로 일하고 주는 대로 받아먹어라."
- 여자들은 이성 주의하라.
- 시댁식구와 불합한다.
- 土가 적은데 木운이 오면 제방이 무너진다. 고로 세상사는 데 종노릇만 해야 한다.

상식이 용신일 때

상식이 용신인 경우는 신왕자설기의 경우와 식신제살자의 두 가지가 있는데, 여기서는 신왕자설기의 경우를 연결해보면

丙㊙○○
寅寅亥○ 는 목화통명으로 丙火인 상식이 용신이다.

1 인수운이면,

- 도식(倒食)운이고, 파료상관(破了傷官)이고 숨통을 막는다.
- 인수가 들어와서 나쁘게 작용하니까, 빛 좋은 개살구요, "나는 배고파 죽겠는데 남들은 배 터져 죽는다고 하니까, 얼마나 억울할까?"
- 매입하면 손해보고, 이사하면 손해보는데 만약 대운까지가 연결되면 생명까지도 위험하다. 이사하고 죽는 경우이다.
- 인수가 나쁜데 집 지으면 준공검사가 안 떨어진다.
- 보증서면 본인이 물어줘야 한다.
- 투서 들어오고 필화사건이 생긴다.
- 인수는 고향이니까 "낙향하는 운이다."
- 숨통을 막으니까 혈압이 오른다. 가슴이 팍팍 막힌다.

2 비견겁운이면,

- 모략 주의하고, 경쟁하게 되는데 경쟁하지 말라.
- 대리근무에 해당한다.
- 도적수 · 마누라가 아프다.
- 술 친구가 많아진다.
- 객식구 출입이 많아진다.

• 손 벌리는 사람이 많아진다.
• 배는 하나인데 선장은 둘이다.
• 동상이몽이다.
• 믿는 도끼에 발등 찍힌다.

③ 상식운이면,

용신운일 때이다.

• 木생火로 숨통이 트이고, 모든 것이 회전이 잘된다.
• 희생이 갱생이다.
• 부하나 아랫사람 · 학생들에게 경사 있다.
• 본인의 계획이 적중되고
• 투자하는 운이지만 재년에 거두어 들인다.
• 태양은 나를 위해 존재하나 보다. 서일건곤(瑞日乾坤)이다.
• 말만하면 돈이 되고, 모든 재앙이 물러간다.

④ 재성운이면,

가령 ○㊖○○ / ○亥酉丑 이면 金생水로 빠져나가는 水인 상식이 용신일 때 재운인 寅년이 오면 寅亥합木으로 재국이 된다. 이때 어떻게 통변해야 하나?

• 기대 이상으로 좋은 운이네요.
• 수확의 계절이네요.
• 노력의 대가가 현실로 나타나네요.
• 연애하는 운이네요.
• 재수있네요.
• 계산이 적중되네요.
• 만인에 군림하네요.

- 매사에 자신있고, • 처자에게 경사있네요.
- 한 마디로 "삶의 보람을 느끼네요." 운 좋을 때는 가만히 있어도 돈이 들어오더라.
- 빌려준 돈 들어오고 묵은 돈 받는다.
- 금년으로 모든 일을 마무리해라. 더 이상의 투자는 안된다. 즉 재운 다음에 관운이 오니까.
- 만약 식신제살일 때 재운 만나면 아주 나쁘다.

5 관운이면,

○戊○○
酉辰巳巳 이면 酉가 용신인데 木운 만나면 용신이 절이 되고, 상관견관(傷官見官) 위화백단(爲禍百端)이다. 이럴 때의 통변은?

- 상관용신이 관운을 만나면 위화백단이다. 죽기 아니면 살기이다.
- 관재구설에 연결되고, 모든 일이 막히고, 누명 · 모략이 생기고, 건강이 나쁘다.
- 자손과 남편이 전쟁하고 있다.
- 몸 다친다.
- 명예 손상에 퇴직해야 한다.
- 이별수도 걸린다.
- 최고로 나쁜 해이다. 지금까지 살아온 것 중에서 제일 나쁜 해이다.
- 위의 사주에서 卯년이면 卯酉충이 되니 광맥이 없어지고, 숨통이 막히고, 아랫사람의 사고가 나게 된다.

재가 용신일 때

항상 신왕사주에서 재용신이 나온다.

가령 ○㊁○○
午寅子申 는 火용신이다.

1 인수운이면,

위 사주에서 金인수운이 오면 火가 죽는다. 이럴 때는?

- 귀인이 아니고 원수이다.
- 시작이 잘못이다. 시작부터 잘못되었다. 즉 첫단추부터 잘못끼웠다.
- 설계변경해야 한다.
- 궤도수정해야 한다.
- 빛 좋은 개살구이다.
- 실수 연발한다.
- 낙향하는 운이다.
- 인수운이라서 투자 확장하게 되는데 이것이 빚더미에 오르는 계기가 된다. 즉 비겁년도 나쁘니까 모두 뺏기게 된다.
- 금년에 보증 서면 내년에 압류 들어온다.
- 들리는 소식마다 답답한 소식뿐이다.
- 만약 庚子운이면 인수에 비겁이니까 타인의 명의로 사게 된다.
  庚午운이면 인수에 재이니까 마누라 명의로 사게 된다.
  庚戌운이면 인수에 관이니까 자식 명의로 사게 된다.
  이것이 복합추리 방법이다.

2 비견겁운이면,

- 재가 용신이면 견겁운이 제일 나쁘다.
- 위의 사주에서 子운이면 子午충으로 寅午火국이 깨진다. 친구한테 돈 꿔주면 재산의 1/2이 없어진다.

• 친구가 배신한다.
• 친구의 꾀임에 빠지지 마라.
• 동업하면 실패한다.
• 경쟁은 하지 마라.
• 지출은 많아지는데 헛돈이다.
• 손 벌리는 사람이 많다.
• 형제에 걱정이다.
• 도적수 들어온다.
• 마누라 잔병치레가 연결된다.
• 처갓집에 재앙이다.
• 비견겁년에도 보증이 연결되니 보증 서달라고 한다.
• 노력의 대가는 타인으로 돌아가고, 만약 비견겁이면서도 양인에 해당하면 교통사고에 해당한다.
• 의처증 · 의부증에 해당되고 이혼수가 연결된다.
• 비견겁후에 상식운이 오니까 결국은 시간이 걸린다. 고로 여기서 인내라는 것을 배우고 참아야 한다.

3 상식운이면,

• 재용신을 돕는다. 고로 길운이다. 회복세이네요.
• 먼저 나가고 나중에 들어온다.
• 시작은 불안하나 결과는 좋다. 못 먹어도 고! 이다. 그 뒤로 계속 재운이 오니까 "앞으로 6년은 대통이다."
• 투자하나 결과는 다음해 재로 넘긴다.
• 계획이 적중되고 모든 게 순조롭다.
• 당신의 배짱에 따라서 결과는 달라집니다. 좋은 운에서 만약 모험

한다면 그 결과가 다르고, 안전위주로 간다면 그 결과는 역시 다르게 나타난다. 즉 전재산과 목숨을 걸고서 모험하면 결과는 따따블로 나타난다는 것을 일깨워 줘라.

- 아랫사람의 경사가 있다.
- 애인 생긴다.

4 재운이면, 용신운이다.

- "내 세상이다." 재수 있고, 묵은 돈 받는다.
- 옛애인 만난다. 거기에 새로운 애인도 생긴다. 여자는 이것을 알고서 남자 사귀라. 남자는 여자생기면 몇명이 같이 들어오더라.
- 하는 일마다 잘된다.
- 내가 극을 하니까 자신있고 무엇이든지 적중된다.
- 내가 극을 하니까 만인 위에 군림하고 인기충천이다.
- 처자에 경사 있고, 여자는 부군에게 경사있다.
- 고로 마누라가 예뻐보인다.
- 낮에는 해가, 밤에는 달이 교대로 비춰주니까 얼마나 좋은가?
- 하나 가지고 천을 얻는다. 일확천금이다. 금옥만당(金玉滿堂)이다.

5 관살운이면, 재가 용신이면 관운까지 좋다.

- 위 사주는 돈은 있는데 감투가 없다. 그러나 관이 들어왔다.
- 기대 이상으로 좋아서 목적이 달성된다.
- 부귀겸전이다.
- 관이 들어와서 좋게 작용하니까 관사의 일이 순조롭더라. 예를 들면 은행에서도 무조건 대출해준다고 하거나 등이다.
- 나를 극하는 것은 원래 원수인데 "원수가 아니라 귀인이다."

• 명예가 따라오고 감투가 들어오고 중책을 맡는다.
• 土가 관이라면 종교단체 등에서 감투를 쓴다. 즉 신도회 회장 등을 하게 된다.
• 독식을 하게 된다.
• 관은 비견겁을 제거하니까 경쟁자가 없어진다.
• 모든 것이 풍족하다.

관이 용신일 때

관이 용신일 때는 무조건 직장인이고 사업가가 아니다.

가령 ○㊉○○ / 戌午酉丑의 경우, 午戌火국인 관이 용신이다.

1 인수운이면,

• 학(學)으로 보면 흉이라 해야 하지만, 크게 흉될 것이 없이 무난하게 넘어간다.
• 여기에서 제일 좋게 넘어가는 것이 "교육 받는 운이다."
• 서류 주의하고 결재시에는 반드시 직접 확인하시오.
• 지나치게 과신하지 마시오.
• 겉만 보고 상대하지 말고 내실을 기하시오.
• 교육 · 공부하는 운이다.
• 뭐든지 시작은 보류해야 좋고, 보증 서지 마라.
• 해외 나간 사람은 인수운에서 돌아온다.
• 인수가 집으로 본다면 집수리 하는 것은 괜찮지만, 새집 짓는 것은 좋지 않다. 원래 새집 짓고 3년 나기가 어렵다는 말은 인수운 다음이 비견겁운이 오기 때문이다. 항상 새집은 적응하기가 힘들다. 환

경의 변화가 그만큼 어려운데 사주에서는 대운이 환경의 변화를 의미한다.

- 위의 사주에서 丑운이 오면 인수운이지만, 酉丑金국에 丑이 자고이니까 땅속으로 들어가는 운이다. 칩거하는 운이다. 丑午 탕화 · 귀문 · 육해에 丑戌형이고, 午戌火국이 깨지는 운이다. 탕화니까 집에 불나고 丑戌형으로 午戌火국이 깨지니까 감투가 두 쪽 난다. 午戌火국이 관인데 丑戌형이 되어서 두 쪽이 나더라. 고로 "참, 이상하네요. 왜 이집은 집이 두 쪽이 나는 운이죠?"했더니, "맞아요, 지하철 공사하면서 저의 집이 두 쪽 나게 됐어요."하더라.

2 비견겁운이면,

- 경쟁자가 생기고 누명 · 모략이 들어온다.
- 내 자리를 빼앗긴다.
- 노력한 공이 타인에게 돌아간다.
- 어떤 경우든지 대리근무하지 마라.
- 남의 벼락이 내 발등에 떨어진다. 남의 재앙이 나에게 온다.
- 겁재니까 헛된 지출이 많다. 고로 아주 나쁘면 빚살림해야 한다.
- 도적수인데, 심하면 내 마음도 도적 맞는다.
- 처자에 근심 · 걱정 생기고 이혼수 들어온다. 의부증 · 의처증 생긴다.
- 친구가 배신하니 이 세상에 믿을 놈 하나 없다.

3 상식운이면,

- 최고로 나쁜 해이다. "상관견관이면 위화백단이다." 상관용신일 때 관운을 만나도 나쁘고, 관용신일 때 상관운도 나쁘다.

- 직장, 직업에 권태가 온다.
- 상관이나 상사가 미워지고 결국은 직장에 적응이 어렵다. 그래서 상사에게 대들고 하극상이 일어난다. 이런 일로 인해서 본인의 밥줄이 끊어진다. 즉 저를 돌봐주던 윗사람이 나가버리니 직장 나가기가 싫다. 만약 사표 낸다면 즉시 수리된다.
- 말조심하라. 구설수이다.
- 위법행위로 연결된다.
- 부하의 사고를 책임져야 한다.
- 송사마당에 서야 한다. 상관이 나쁠 때는 하다못해 증인으로 출석하라고 한다.
- 자손의 불행이 연결된다.
- 내 자식도 밉게 보인다.
- 모든 것이 역행하게 되니까 뒤로 넘어져도 코가 깨지는 해이다.
- 여자는 서방이 미워지고 권태기이고 이혼수에 연결된다. 말이 거칠어지고 욕이 많이 나온다.
- 깽판놓고 싶어지는 운이다.

[4] 재운이면,

- 재생관이고 2덕이 구비되어지니까 좋다.
- 고생끝이다. 재수있고 봉급도 오른다.
- 가정이 안정되고, 처자에 경사 따른다.
- 매사에 자신이 생긴다. 모든 일이 쉽게쉽게 생긴다.
- 재관을 갖춘다.
- 관운까지 좋으니까 무조건 전진하라.

5 관운이면,

- 무조건 승진한다.
- 영전하고 윗사람에게 인정받고, 상관과 잘 통한다.
- 이렇게 운이 좋으면 다른 데로 전근 가더라도 내 입맛대로 골라서 가게 된다.
- 자손의 경사가 있고,
- 중책을 맡는다. 어려운 일도 쉽게 풀어진다.
- 여자는 남편에게 경사 있고, 사주가 나쁘면 애인 생긴다.
- 목적을 달성한다.
- 근래에 있어서 최고로 좋은 운이다.
- 모든 일에 있어서 본인이 독점하게 된다.

통변의 실례

丙㊎○○
戌午酉丑 의 경우 午戌火국이 용신이다. 이럴 때 세운별로 통변요령을 정리해 보자.

● 甲子년이면,

- 甲庚충, 子午충으로 이별수, 상제수(喪制數)이다.
- 甲木재가 들어왔지만 죽어서 들어왔고, 재로 시작해서 상식으로 끝났으니까 "재물로 인한 송사와 구설이 연결된다."
- 子午충으로 나의 직장이 날아간다. 충이니까 타의에 의한 변화다.
- 재가 충이니까 "돈 떨어져, 신발 떨어져, 애인마저 떨어진다."
- 여름 만나야 하는데 겨울 만났으니까 꽁꽁 얼고, 한밤중이니까 날 찾는 이가 없다.

● 乙丑년이면,

- 乙庚합이지만 헛다리 짚었고 뜬구름 잡았다. 酉丑金국이니 丑인수가 견겁으로 변했다.
- 丑午귀문 · 탕화 · 원진이니까 "신경은 곤두서고 세상을 원망하랴. 내 아내를 원망하랴."로 세상 비관인데 丑이 고장으로 연결되니까 "아이구 나는 죽었다." 인수가 비겁으로 변하니까 보증만 서면 망하게 된다. 고로 이런 경우에는 무조건 "노는 것이 돈 버는 것이오, 칩거하시오. 꼼짝말고 쉬시오."
- 정도(正道)도 통하지 않네요. 乙이 정재로 내 것인데, 내 것이 아니고 헛것이 되니까.

● 丙寅년이면,

- 편관으로 "생각지도 않은 승진이고, 최고의 운이네요."
- 원수가 은인 되고 재관이 살아나고, 명예와 돈이 寅午戌합으로 멋지게 나를 도와준다.
- 자손의 경사, 마누라의 경사이다.
- 庚이 완전한 그릇이 되고, 일지가 삼합이니까 마음대로 변동해도 된다.

● 丁卯년이면,

- 丙寅보다는 조금 못하지만 丙寅년이 워낙 좋아서 그냥 묻혀서 지나간다.
- 寅午戌에 卯가 도화인데 "고로 나도 바람 좀 필까?"하더라.

● 戊辰년이면,

- 土생金으로 인수이고, 辰酉합金이고 辰戌충이다.
- 고로 "보증 서지 마라. 물건을 살 때도 반드시 확인하고 사야지 안 그러면 헛것 살까 염려된다."
- 인수란 귀인인데, 이것은 귀인으로 보지 마라. 土생金으로 하나 도와주고, 辰酉합金으로 뺏어가더라.
- 또한 辰戌충으로 午戌火국이 깨지니까 "직장이 흔들리네요."

● 己巳년이면,

- 巳酉丑金국으로 종내는 가게 되니까 "기대 이하네요. 대리근무는 하지 마세요."
- 巳午火국이 종내는 巳酉丑으로 가게 되니까, 직장에서 돈을 뺏기게 된다. 고로 축의금 · 조의금 같은 것이 많이 나가더라.
- 여자면 "시댁 식구들이 와서 손 벌리더라."

● 庚午년이면,

- 용신을 살려주니까 좋은 운이다.
- 단, 비겁이 작용하니까, 승진은 되는데 꼭 대(代)자가 붙더라.
- 巳酉丑에 午가 도화니까, 비견겁인 친구가 여자 소개해 주더라.

● 辛未년이면,

- 未가 재고니까 "묵은 돈 받게 됩니다." 단, 마누라 아픈 것은 어쩔 수가 없네요.
- 丑未충의 작용은? 오합지졸이 모여있는데, 丑未충으로 酉丑金국을 깨버리니까 필요없는 것들은 떨어져 나가니까 좋은데, 단 독식

은 안된다.

- 辛이 죽어서 들어왔지만 酉丑으로 살아난다. 고로 "물에 빠진 사람 구해주었더니 보따리 내놓으라고 한다."
- 未戌형으로 재고가 열리는데 운에서 들어오는 재고는 남의 돈창고이다. 남의 돈창고가 나의 돈창고로 午未합으로 변신하니까 얼마나 좋은가?

● 壬申년이면,

- 비 내린다. 午戌火국이 꺼진다. 金생水로 꾀를 부리는데 죽을 꾀만내고, 아랫사람이 비겁이니까 나와 맞서려고 하더라.
- 역마지살이 나쁘게 작용하니까 길거리에서 돈 잃어버리고, 해외 나간다면 손해보러 나간다.
- 巳酉丑에 申이 망신이니까 "망신수 걸렸네요."

● 癸酉년이면,

- 양인에 상관이니까 직장에 권태가 생긴다. 하극상이고 상사가 아니꼽게 보인다. "거꾸로 돌아가는 운이다."
- 관재구설이고
- 내가 키운 사람이 상관으로 도둑놈이다.
- 庚이 酉만나면 왕궁인데 용신을 죽이니까 "고집부리다가 망하네요."

● 甲戌년이면,

- 甲庚충이지만 午戌火국이니까 좋게 작용한다.
- 단, 甲庚충으로 마누라와 싸우는 일은 어쩔 수 없다.

● 乙亥년이면,

- 乙庚합으로 애인생긴다. 庚午일주가 홍염살이고, 巳酉丑에 午가 도화로 끼가 있는 사람이니까 애인 생긴다고 보는 것이다.
- 水극火를 亥水가 하니까 "未인 양띠가 귀인이고, 양 마스코트를 가지고 다니시오."

● 丙子년이면,

- 庚午, 辛未년에 승진했고, 壬申, 癸酉, 甲戌, 乙亥년이 지나갔으니까 틀림없이 丙子년에는 丙만 보고서 "금년에는 내가 승진하는 운이야!"한다. 그러나 子午충으로 "승진은커녕 사표 내는 운이고, 목아지만 안 떨어지는 것으로도 다행으로 알아라."
- 子午충으로 午戌火국을 깨버린다. 고로 戌만 남게 되는데 戌이 관고니까 묵은 것, 오래된 것으로 내가 관에 다녔다는 흔적만 남게 되니까 어찌하오리까?
- 寅午戌에 子가 수옥살 · 재살이니까 관재구설도 같이 들어온다. 충으로 타의에 의한 변화이다.
- 여자면 서방과 이별수이고 일지가 충이니 좌불안석이다.

● 丁丑년이면,

- 巳酉丑이 金국이다. 나쁜 운이다.
- 丑午탕화작용하니 "丙子년에 퇴직하고 죽고 싶구나."하더라. 庚이 丑에 묘이니까 죽고 싶다.
- 丁만나서 취직 부탁해도 丑이 金으로 변하니까 안되더라.
- 丑戌형이다. 土와 土가 형이니까 물물교환으로 땅과 땅을 바꾸는데 손해보았다. 午戌火국이니까 관으로 연결되어서 나의 좋은 땅

인데, 戊은 관고니까 앞으로 관청부지가 될 땅이더라. 자기 고장은 공동묘지이다. 재고는 은행부지 같은 것이다. 손해 보았다.

● 戊寅년이면,

- 土생金이고 寅午戌火국으로 멋지게 꽃피고 얼마나 좋은가?
- 재수 있고 명예 따르고, 丙子, 丁丑년의 누명 쓴 것도 모두 벗겨진다.
- 가는 데마다 인기고 모든 일이 성사된다.

● 己卯년이면,

- 연애수인데 천간이 인수니까 "연상의 여인이네요."

● 庚辰년이면,

- 실수연발이다.
- 고집만 세진다.
- "쉬는 것이 제일 좋습니다."

● 辛巳년이면,

- 巳酉丑으로 金국 되니까 "기대 이하이다."
- 활동하는데도 봄 · 여름은 조금 낫고, 가을 · 겨울은 나쁘다.

● 壬午년이면,

- 70%의 좋은 운이다.
- 壬이 있어서 30%는 깎인다.
- 승진수에 자식의 경사이다.

● 癸未년이면,

• 午未火국이다.

• 직장의 승진수이다.

五. 대운법

대운이라 함은 본명에 대하여 절대적인 영향력을 행사하는 것을 말하는데, 비유한다면 본명 사주가 선천적이라면, 대운은 후천적이요, 본명이 차(車)라면 대운은 그 차만이 갈 수 있는 전용로가 되고, 본명이 모든 것에 준비과정이라면, 대운은 결실이 됨과 동시에 시절, 즉 때와 같기에 본명과 대운은 밀접한 관계로서 서로가 떨어질래야 떨어질 수 없으며 따라서 대운을 모르고서는 정확한 추명을 기할 수 없는 것이다.

고로 본명이 아무리 좋아도 대운이 나쁘면 안되고, 또 대운이 좋다 하여도 본명이 부실하면 소용이 없으니 운의 영향에 따라 어제의 평민이 오늘에는 장관도 될 수 있으며, 또 어제의 빈한한 자가 오늘에는 거부로서 군림하고, 어제의 장관이 오늘에는 낙향을 하여야 하며, 또 어제의 거부가 오늘에는 부도를 내고 도망가는 신세로 전락하는 것이니 모든 것이 운의 작용에 의하여 희비가 엇갈리며, 또 잘 나가기도 하고 못 나가기도 하는 것이다. 대운이 본명에 미치는 영향은 형용할 수 없도록 지대하며 또한 좋든 싫든 간에 피할래야 피할 수 없는 숙명과도 같은 것이니 공부를 잘 하지 않으면 안된다.

이 운을 잘 연구하면, 과거사는 물론 현재의 당면과제까지 표출되고 또 현시점에서 방향전환은 어떻게 될 것이며, 그것이 미래에 미치는 영향은 어떠한 것인가를 알게 되니 과거 · 현재 · 미래가 거울 보듯 들여다 보이며 나아가서는 몇십년, 아니 몇백년후의 미래사와 후손에 관한 것까지 알 수 있는 학문이 바로 대운이요, 역학이라는 것을 새삼 깨닫게 될 것이다.

다음 운에서도 여러 종류가 있으나 대운만은 따로 공부하여야 되고, 년운 · 세운은 그 당해년도의 간지를 본명과 대조하여 운세를 판단하는 것을 말하며, 세군(歲君)이라고도 하는데 1년 동안 그 해의 임금이요 대통령이다. 가령 丙일주가 庚子년이라면 금년의 태세 임금을 火극金한다. 하극상이요, 반란이 일어난다. 그런 의미가 나와야 신수 보는데 어떤 일이 나온다. 또 월운 · 일운 · 시운 등도 월건(月建) · 일진(日辰) · 시간 등에 해당하는 간지를 찾아 무엇이 지배하고 있는가를 알아내어 본명과 대비 길흉의 결론을 얻으면 되는데 대운과의 차이점은 누구를 막론하고 년월일시 운만은 똑같은 영향권내에서 움직이고 있다는 것이다.

또 전체적인 운을 백으로 본다면 대운이 차지하는 범위는 60% 정도에 해당하므로 대운의 영향력이 제일 크다. 대운은 10년 동안 그 운에 대한 체면에 걸린다. 고로 저도 모르는 습관이 발생하고 습관은 행동으로 옮겨지고 그 결과가 나오는데 길(吉)이냐 흉(凶)이냐로 나타난다. 대체로 운이 좋고 나쁘다는 것은 대운을 말한다. 사주가 좋아도 대운을 못 만나면 용 못된 이무기이고, 사주가 부실해도 대운이 좋으면 꽃이 핀다는 것이다.

그리고 년운은 1년간이고, 월운은 1개월, 일진은 하루, 시운은 한시간을 주기로 하여 지배하고 또 교체되면서 순환하고 있는 것이다.

대운과 년운, 월운, 일진을 비교하면 년운은 대운의 10분의 1, 월운은 연운의 12분의 1, 일진은 월운의 30분의 1이다.

그리고 잘못 생각하면 시운이 가장 미약하다고 할 수 있으나 언제든지 적은 것이 큰 것이 되는 것처럼 중요하지 않은 것이 없으니 항시 적은 것이라고 하여 소홀히 하지 말고 또 큰 것이라고 집착해서도 안된다. 또 본명사주에서의 미비점이 대운에서 완전한 중화를 기할 수만 있다면, 년월일의 구애없이 발전할 수 있으나 때로는 년운과 대운이 합쳐져야 비로소 중화를 이룰 수 있는 명주가 있고, 또 어떠한 운을 만나도 중화를 이루지 못하여 평생을 두고 빛 한 번 보지 못하고 고생만 하다 끝이 되는 사주도 있으니 운이라 함은 바로 제2의 인생을 창조하는 귀중한 역할을 하고 있는 것이다.

이 운에서 과거 · 현재 · 미래가 나온다. 과거에서 좀 더 재미있는 것을 밝혀낸다면 전생이 나온다. 운을 거꾸로 돌려버리면 전생도 나온다는 것이다. 현재는 현재이고 미래는 미래인데, 미래에서 연결되면 후생(後生) · 사후(死後)가 나온다. 죽은 후 지옥 가나, 천당 가나, 환생하는가, 안하는가도 나온다. 대운이 좋으면 극락 · 천당 가고 나쁘면 지옥 간다고 연결할 수 있다는 것이다.

운풀이는 운에서 즉 각운에서 발생하는 오행의 기(氣)로 운을 풀이하게 되는데 이것이 운기(運氣)이다. "춘하추동" 즉 사계절로 풀이하는 것인데, "때"의 개념으로 좋은 때이냐, 나쁜 때이냐, "시절"의 개념으로 좋은 시절이냐, 나쁜 시절이냐를 판별하는 것이다.

예를 들어보자. 본명사주는 선천(先天)이요, 대운은 후천(後天)이고, 본명사주는 차, 비행기, 배요 대운은 궤도, 레일, 항로이고, 본명사주는 준비과정이라면 대운은 결실과 결과로 나온다. 선천적으로 선생 팔자인데 후천적으로 재운이 들어섰으니 사업의 길로 들어섰군요. 선천적으로는 배우 팔자인데 의사 · 선생이 되었군요 등등.

대운은 철도의 레일, 비행의 항로 등과 같이 폭도, 길도 딱 하나 정해져 있는 항로이다. 고로 정해져 있는 길을 가야 하는데 가지 못하면 이탈된다. 팔자대로 살아야 한다는 것이다.

본명에서는 해로하는 사주인데 대운에서 틀어버리니 결국은 깨지더라. 고로 사주는 항상 대운과 같이 보아야 한다. 대운은 피할 수 없는 숙명(宿命)과도 같다. 누구도 피할 수 없다. 피할 수 있는 방법은 지구를 떠나면 된다. 대운은 각자가 틀리지만 년운은 똑같은 영향권에서 움직인다.

그리고 삼재원리(三才原理)로 대비한다면 명주는 천(天)으로 시기(時機)요, 대운은 지(地)로 장소가 되며, 년운은 인(人)으로 노력이 되므로 따라서 하나의 인간이 발전하는 데는 이 삼자 중 어느 하나라도 빠진다면 기약할 수 없다. 그래서 세상을 살아가기가 어려운가 보다. 삼박자가 모두 맞아야 좋다는 것이다. 사주 좋고, 대운 좋고, 년운 좋으면 아주 발달한다. 대운은 받아 놓은 밥상이다. 대운은 뛰어넘을 수가 없다. 고로 내 운명이 내 운이 그것뿐이구나 하면서 포기하면 된다.

애간장 타면서 죽을 지경이 되지 않고 가장 체념을 잘 되게 하는 것이 자기운을 아는 것이다.

1. 정운법(定運法)

- 양남음녀(陽男陰女) 미래절(未來節) (순행)
- 음남양녀(陰男陽女) 과거절(過去節) (역행)

양남음녀 미래절이라 함은 甲 · 丙 · 戊 · 庚 · 壬년에 출생된 남자와 乙 · 丁 · 己 · 辛 · 癸년에 출생된 여자는(여기서 지지는 무관하다) 생일에서부터 앞으로 오는 절입일(節入日)까지 총일수를 계산하고, 음남양녀 과거절이라 함은 乙 · 丁 · 己 · 辛 · 癸년에 출생된 남자와 甲 · 丙 · 戊 · 庚 · 壬년에 출생된 여자는 출생된 생일에서부터 지나간 절입일까지 총일수를 계산하여 정운(定運)한다는 것이다.

양남음녀가 미래절로 정운된 이유는 남자양이 양이 지배하는 해에, 여자음은 음이 지배하는 해에 출생되어 제대로 태어났기 때문에 미래절 순행이 되며, 음남양녀는 역으로 출생되어 역행과거절로 일수를 계산하고 또 절이라 함은 입춘 · 경칩 · 청명 · 입하 등을 말하며 寅월 중 출생인의 미래절은 경칩이요, 과거절은 입춘이 되며, 卯월중 출생인의 미래절은 청명이요, 과거절은 경칩이 되고, 또 절과 절 사이의 총 일수는 30일간이 상례이나 특별한 경우에는 33일까지 나오는 경우도 있다.

참고로, 여기서 순행이라 함은 대운을 기록할 때 60甲子를 순행으로 돌리는 것과 같고, 역행이라 함은 대운을 기록할 때 60甲子를 거꾸로 돌리는 것과 같다. 60甲子를 거꾸로 돌리면 춘하추동이 거꾸로 간다. 또 운(運)이란 무엇인가? 한자로 運자를 파자해서 풀어보면 그 의미를 잘 알 수 있는데, 우선 運은 辶=走 달릴 주, 冖 포장해서, 車 차에, 즉

차에 포장해서 달리는 것이다. 그 안에 무엇이 실려있는지는 모른다. 재운이면 돈이 실려있겠고, 인수운이면 책이 실려있겠고, 겁겁운이면 가짜 · 거짓말이 실려있다.

운을 풀어서 산출하면 6하원칙으로 답이 나온다. 언제, 어디서, 누가, 무엇을, 왜, 어떻게의 공식에 맞춰 구체적인 답이 나오는 것이다.

2. 운계산법

출생당일을 기준으로 미래절이든 과거절이든 간에 총일수가 계산이 되면 계산된 일수를 3으로 나누고, 그 나눈 수로 정운하면 되는데, 가령 총일수가 15일이라면 15를 3으로 나누면 5가 되니 운은 5로 결정되는데 운을 호칭할 때는 한 번 더 불러야 하므로 운1 · 1, 운2 · 2, 운3 · 3 또는 3 · 3운이라고 하고 운이 10일 때는 순(旬)이라는 대명사로 호칭되며 한번 더 호칭하는 이유는 그만큼 정확을 기하여야 되기 때문이다.(10-순 · 旬, 20-극 · 尅, 30-입 · 立, 40-정 · 井, 50-명 · 命, 60-순 · 順, 70-희 · 稀) 그리고 주의할 것은 계산하다가 잔여수 · 나머지가 1이 되면 버리고, 나머지가 2가 되면 하나를 더 올려라. 즉 이미 정하여진 운에다 1운을 가산하여 사용하는데 가령 일수계산이 14일이라면 4운하고 2가 남게 되므로 1운을 가산하니 5운으로 결정되는 것이다.

다음 대운은 운1에서 운10까지 있으며 운1은 1세에서부터 대운의 영향을 받으며 운2는 2세부터, 운5는 5세부터, 운10은 10세가 되어야 비로소 대운의 지배를 받게 되는데 이전에는 세운의 영향만을 받게 된다. 또 운이 3이라면 3세, 13세, 23세, 33세, 43세, 53세, 63세, 73세 식으로 10년을 주기로 교체되고, 대운을 기록할 때는 월주를 기준하여 미래절은

60갑자를 순행시키며, 과거절은 역행시키는데 월주가 丙寅이라면 순행 시에는 3세부터 丁卯, 13세부터는 戊辰, 23세는 己巳, 33세는 庚午, 43은 辛未, 53은 壬申, 63세부터는 癸酉가 지배하는데, 역행이라면 3세부터는 乙丑, 13세부터는 甲子, 23세부터는 癸亥, 33세부터는 壬戌, 43세부터는 辛酉, 53세 庚申, 63세는 己未운이 10년을 주기로 순환하면서 각각 지배하고 있는데 이 대운도 자세하게 살펴보면 크게 분류한 계절의 작용이 사주에 미치는 영향이 무엇인가를 살피는 것이 대운인 것이다.

따라서 운을 대변할 때는 寅卯辰 동방운, 巳午未 남방운, 申酉戌 서방운, 亥子丑 북방운으로 호칭하고 있으며, 사주를 하나의 비행기나 선박으로 비유한다면 대운은 정하여진 항로가 되겠고, 순행의 항로는 동동남, 남남서, 서서북, 북북동이 되며, 역행의 항로는 동동북, 북북서, 서서남, 남남동이 되는데 이는 이미 정하여진 항로이기에 기류가 좋다고 하여 즉 호운이라 하여 빨리 갈 수도 없으며, 또 나쁘다고 하여 회피할 수도 없고, 항해 도중 암초에 걸려 파선이 된다 하여도 일정한 시간의 흐름에 따라 직면하게 되어 있으니 사람의 힘으로는 대운을 바꾸어 놓을 수 없는 것이다.

그러면 정운계산법의 실례를 들어보자.

현재 2020년 4월 18일 09시 02분 출생자 기준

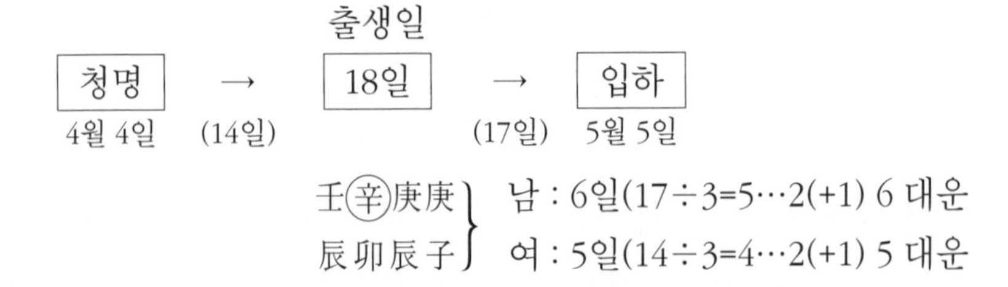

대운을 계산할 때는 항상 3으로 나눈다. 나머지가 1이면 버리고, 나머지가 2이면 하나를 더 올린다. 만일 일수계산이 0이면, 대운이 0, 10, 20, 30…으로 간다. 즉 어머니 뱃속에 있을 때부터 대운의 영향력에 있었다는 것이다. 태아도 완전한 생명이라는 것이다. 어떤 사주는 잉태가 되기 전부터 대운이 지배한다. 고로 전생은 있다는 것이다. 만일 일수계산이 33일이면 11운이 나오는 특별한 경우도 있다.

운은 10년마다 지금까지의 생활패턴이 하루아침에 바꾸어지는 것과 같다. 고로 거기에 적응하는 것이 중요하다. 음남양녀는 대운이 거꾸로 가니까 세상을 사는 데에 있어서 삶이 역행하는 것이 어디서 나와도 나온다는 것이다.

여기서 사주 예를 하나 보자.

壬壬乙癸
寅午卯未의 경우, 득령 · 득지 · 득세 못했으니 木 · 火로 종하는 사주다. 구획정리는 木火로 하는데 寅午와 卯未로 나누어진다. 이때 寅午와 卯未를 합하게 하려면 未를 넣어서 이름 지어라. 예를 들면 상서 상(祥)을 넣어라. 나이가 많으면 아호를 지어줘라. 남자이면 음남이니 운이 역행이다. 운은 1이 된다. 운은 월건을 기준해서 기록하니 乙卯기준해서 60甲子를 거꾸로 쓰면 된다. 따라서

61	51	41	31	21	11	1	월주
戊	己	庚	辛	壬	癸	甲	乙
申	酉	戌	亥	子	丑	寅	卯

이 된다. 木火가 용신인데 亥子丑 북방운이고 申酉戌 서방운으로 간다. 45세부터 庚戌대운이다. 寅午戌火국이 되면서 전성기였다. 종이 되는 사주가 종이 안되면 제일 나쁘게 된다. 金생水가 들어오지 말아야 하는데 51세부터 金생水로 나쁜 운이 들어오니 그 때까지 평생 먹

을 것을 벌어놔야 한다. 이것을 역학자는 말해줘야 한다.

이와 같이 운이 나쁘면 건강이 나쁘고 실수연발이다. 뒤로 넘어져도 코가 깨진다.

다음으로 정운할 때 주의할 것은 순행시 戌시나 亥시생이 입절시간도 子시나 丑시이고, 역행일 때 子시나 丑시생이 입절시간 마저도 戌시나 亥시라면 2시간 내지는 4시간 때문에 2일간이 계산되고 있어 종내는 1운의 오차가 생기며, 또 출생시간이 午시인데 입절시간도 午시라면 만 12시간 즉 1일을 가지고 2시간의 계산이 되므로 이 또한 정운에서 주의하여야 되는데 항간에서는 이러한 원리는 생각하지도 않고 무조건 정하여진 운에서 1운을 감하여야 맞는다고 고집하는 경우도 있다.

좀 더 이해를 돕기 위해 설명을 한다면,

戌시나 亥시에 태어났는데 입절시각이 바로 다음 子시나 丑시가 되면 1~2시간은 계산에서 제외한다는 것이다. 가령 미래절로 계산하는데 亥시에 태어났단다. 일수계산은 원래 두 군데를 모두 넣는다. 출생되는 날도 넣고, 입절되는 날도 넣는다. 사람으로 비유하면 태어나면서 한살 먹은 것이다. 만약 오늘 저녁 9시 넘어서 신생아가 태어났다면 미래절로 계산하면 1~2시간 때문에 오늘 하루를 넣을 것인가? 말 것인가? 고로 오늘은 일수계산에서 제외시키라는 것이다. 그 방법만 알면 나머지도 통한다. 과거절로 가더라도 역시 똑같다.

午시에 태어났는데 午시에 절입일이면? 생일날도 넣고, 절입일도 넣으면 이틀간이 계산되는데 정확하게 계산하면 한 군데는 빼야 된다는 것이다.

午시에 태어나서 午시에 입절했다면 12시간 가지고 이틀간을 계산해주게 되는 것이다. 원래는 12시간밖에 안되는데 말이다. 고로 이틀로 계산하면 하루 때문에 운이 하나가 더 올라가 버린다. 이런 이치를 알고서 운계산을 하라. 뒤에 세밀정운법을 공부하면 좀 더 분명해질 것이다.

다시 한번 정운법을 간추려 보면

- 양남음녀냐 음남양녀냐를 구분하고
- 양남음녀는 미래절, 음남양녀는 과거절로 총일수를 계산하여
- 3으로 나누어 나누인 수로 정운하되 남는 수가 1이면 절산하고, 2수가 되면 1운을 가산하되
- 순행에서 戌시나 亥시생에 입절시간이 子시와 丑시, 역행에서 子시나 丑시생에 입절시간이 戌시나 亥시는 계산에서 제외하고
- 대운의 기록은 월주를 기준하여 미래절은 순행, 과거절은 역행으로 60甲子를 기록, 10년을 주기로 순환시키며
- 사주에 대비한 대운의 관계는 용신과 대운, 일간과 대운, 그리고 년 · 월 · 일 · 시지와 합 · 충 · 형살 · 생극은 물론 모든 길흉신을 대비하여 결론을 내린다.

3. 정운계수원리(定運計數原理)

천간은 열이 되어 10을 1주기로 순환하고 있기 때문에 옛날부터 10년이면 강산도 변한다 또는 세무십년(勢無十年), 화무십일홍(花無十日紅) 등 십을 기준으로 하여 많이 사용하여 왔듯이 모든 사물도 10을

기준으로 주기적인 변화를 하고 있으므로 우리 인생의 영고성쇠(榮枯盛衰)도 예외일 수가 없는 것이다.

따라서 60甲子도 6순(旬), 즉 甲子순, 甲戌, 甲申, 甲午, 甲辰, 甲寅순으로 10으로 구성되어 있고 1순이 10년식에 해당하고, 대운도 10년에 한번씩 교체되는데 이것은 바로 계절과 같이 봄이 가면 여름이 오고, 여름이 가면 가을이 오면서 운행하고 있는 것과 같으며 또 그렇기 때문에 운의 행진기준도 사주의 월운 즉 월주 · 월령으로 하여 시작하고 있다.

또 월절은 입춘에서 경칩이 30일간, 경칩에서 청명이 30일간으로 그 30일간을 기준하여 한번씩 교체되고, 대운은 10년에 한번씩 교체되고 있기 때문에 대비하여 본다면 10년대 1개월이 되어 절운(節運)의 1일은 대운의 120일에 해당하고,

- 절운 30일=대운 10년, 3600일
- 절운 3일=대운 1년, 360일
- 절운 1일=대운 4월, 120일

이 120일은 360 즉, 1년의 3분의 1에 해당하여 절운의 3일을 모아야 대운의 1로서 1년 360일에 해당하기 때문에 절운 3일에 대운 1식을 정하게 되는 것이다.

그래서 절운의 3일은 운1식으로 시작하여 절운 순(旬)은 대운 10년으로 한번씩 주기적으로 교체하고 있다.

절운 :	30일	3일	1일	1시간(1일 12시간)
대운 :	10년(3600일)	1년(360일)	4월(120일)	10일

사주 예(145)

乙 (庚) 乙 戊　1958년 4월 3일 酉시생. 건명(乾命)

酉 戌 卯 戌

61	51	41	31	21	11	1
壬	辛	庚	己	戊	丁	丙
戌	酉	申	未	午	巳	辰

이 사주는 戊戌생 양남으로 미래절 즉 청명입절일까지(4월 5일 申시) 총 일수는 3일간(만 2일간)이 되며 3일을 3으로 나누면 과도 부족도 없는 1이라 대운은 1로 결정되면서 월건 乙卯를 기준하여 1세부터는 丙辰운, 11세부터는 丁巳운, 21세부터는 戊午운, 31세부터는 己未운, 41세부터는 庚申, 51세부터는 辛酉, 61세부터는 壬戌운이 지배하고 있으며 또 남남서로 항진하고, 남방운, 서방운의 영향을 받아야 하는데 대운이 사주에 미치는 영향이 좋으면 길운이요, 나쁘면 흉운이라고 한다.

庚金일주가 乙卯월에 출생하여 土金이 왕하니 木火가 필요하다. 己未운까지는 무난하겠는데 41세 庚申운부터는 金기 당권으로 필요한 木火가 구몰되므로 20년간을 불행으로 삶을 살아야 됨은 물론 심하면 생명까지도 위협을 받게 된다.

그리고 대운의 주기가 10년이라고 하여 대운간지의 천간을 5년간, 지지를 중운이라고 하여 5년간씩 구분하여 추명하는 학자들이 많은데 이 논리는 불합리하므로 천간지지 모두를 고려한 생극제화의 원리로 적용하여야 함을 강조하는 바이다. 예를 들면 庚申이나 辛酉처럼 간지가 모두 金일 때는 구분할 필요가 없으며 또 甲申이나 乙酉처럼 천간 甲乙木이 지지 金에게 金극木당하고 살지에 절궁으로 사목(死木)이 되었으니 木극土는커녕 등잔불마저도 生할 수 없어 木으로서의 임무를 상실하였기 때문이며, 혹 甲5년에 발하였다고 하면 이는 대운의 작용이 아니라 년운의 작용인 것이기 때문이다.

좀 더 자세히 추명해 보자. 이 사주는 乙庚합에 卯戌합이 있다. 乙木이 재이니 마누라요 여자이니 연애결혼이고 천간합 · 지지합이니 찹쌀궁합이다. 고로 아무리 사회에서 깡패 같은 여자를 데려와도 이 사주 만나면 화목해진다. 연상의 여인이다. 乙庚합이니 여자가 항시 손해보고 남자의 말을 잘 듣는다. 월상의 乙은 본처이고, 시상의 乙은 애인인데 유부녀이다. 겁재인 酉金위에 있으니까 유부녀로 본다. 그런데 乙酉로 천간지지가 충이 되어서 乙木애인이 제 서방한테는 쥐어터지는 관계다. 이 庚金남자는 乙庚합으로 아껴주니까 좋다고 내 앞을 가로막는구나. 월에 乙卯이니 부모에게서 유산 좀 받는다.

4월 3일 酉시에 태어났고, 4월 5일 申시에 청명입절 시작이다. 양남이니까 미래절로 계산해서 3일이다. 원칙으로는 만 2일이다. 그러나 2일로 계산해도 하나 올려주니까 운이 1이 된다. 이 사주는 40세까지는 남방운이고, 40세 이후는 서방운이 지배한다. 41세부터는 큰 패턴이 바꾸어진다. 대운은 천간 따로 지지 따로 보지 말라.

41세 庚申대운은 비겁운으로 내것 뺏긴다. 乙庚합이다. 마누라 바람나고, 이혼수 들어온다. 乙木은 정재니 돈이고 마누라이다. 그런데 대운에서 제 것이라고 뺏어 간다. "대운을 이겨먹는 장사는 없다. 대운이 대장이다. 본명의 여덟 글자는 대운에 의해서 생사가 좌우된다. 그러니 얼마나 무섭고 대운을 잘 만나야 하겠는가?

庚申대운 중 庚辰년이면 乙木 하나 놓고 대운에서 년운에서 서로 자기꺼라고 가져가려 한다. 대운에서 도둑 맞고 년운에서 도둑맞으니 어찌 하오리까?이다.

언제? 戊辰년이 31살, 戊寅년이 41살이니까 戊寅, 己卯, 庚辰년이 43살이다. 43살때 정통으로 얻어맞는다. 어디서? 서쪽에서 얻어맞는다. 누가? 친구가, 형제가. 무엇을? 내 마누라, 내 돈을. 어떻게? 뺏어 갔단다. 왜? 운이 나쁘니까 가져갔단다. "큰일났소. 당신은 41살부터 친구 잘못 만나서 그 동안 모아놓았던 것 모두 뺏기고 거지 되겠소."미래는 51세 대운부터 더 죽겠다. 51세가 辛酉대운이 시작되는데, 41세는 乙庚합이라도 했지만, 여기서는 乙辛충, 卯酉충으로 모두 날아가 버린다.

재는 음식이니 51세 대운부터 먹을 것이 없어지니까 못 먹으면 죽는다. "51~61세 사이에 죽을 운이 들어옵니다." "몇살이죠?" 이때는 닭해를 빨리 찾아라. 61살이 회갑이니 戊戌년이고 戌이전이 酉년이다. 고로 60살이다.

여기서 관상으로 분석해보자.

40세부터 운이 나쁜데 산근(山根)이 41살부터이므로 산근에 흉터나 점이 있을 것이다. 코가 죽어있을 것이다. 40대에 비견겁이 뺏어 가니 들창코일 것이다. 이마에서 코 위까지는 훤칠하게 발달해 있고 40세 이후에는 운이 없으니까 코부터 하관이 발달되어 있지 않으니 빈약하다. 이 사람 눈은 적고 눈이 조금 들어가 있다. 火가 눈인데 없으니 눈이 적다. 金일주가 원래 눈썹이 높다. 눈썹이 높으면 눈이 들어가게 되어 있다.

형충이 없으니 미남형이다. 그러나 언뜻 보기에는 예쁜데 후근이 나쁘니까 볼수록 정감이 안 간다.

庚辰년이면 辰戌충으로 싸움이 걸린다. 비견겁이니까 경쟁이 걸린다. 네거냐, 내거냐 하는데 그런데 운이 이긴다. 그런데도 庚戌이 운을 이기려 한다는 데 문제가 있다. 판단 잘해야 한다. 무조건 살살 달래야 한다. 가령 庚이 천만원 주라면 백만원으로 달래고, 하여간 무조건 달래야지 윽박지르면 안된다.

※여기서 대운추명에서 주의할 점을 정리하고 가자.

① 대운은 원명의 한 기둥과 같다.

고로 사주에서 부족한 것이 운에서 들어오면 보충해준다. 따라서 대운을 사주에 더하면 5주(柱), 10자(字)가 된다. 년월일시 대운이 된다는 것이다.

운은 후천이고 결과이다. 인생의 가는 방향이고 지침이다. 고로 운을 잘 만나야 하고 대운은 초년보다 말년운이 좋아야 한다.

대운은 운기의 변화를 살피는 것이므로 월주 기준해서 순(順)과 역(逆)으로 진행된다. 水는 비밀이고 겨울이고, 밤·음지 이므로 亥子丑 북방운은 비밀을 갖게 된다. 그러나 무슨 비밀을 갖게 되는지 모르므로 넌지시 한번 찔러보라. "지금 현재 진행되고 있는 운에서 비밀을 가져야 하는데 나에게 말 좀 하실래요?" 여자 손님의 경우 얼굴이 붉어지면 "오냐, 애인 하나 가졌구나."하고 추리해 보라.

원명사주에서

• 인수가 없는데 대운에서 인수운이 오면, 없던 엄마가 생긴다. 단,

대운이 가면 그 부모도 없어진다.

- 자손 · 아들이 없는데 대운에서 자식운이 오면, 없던 자손과 아들이 생기는데 그 운이 가면 자손 · 아들도 함께 간다.
- 남편이 없는데 대운에서 남편운이 오면, 그 운만큼은 남편과 행복하게 산다. 단, 그 운이 가면 남편도 함께 간다.
- 재산이 없는데 운에서 부자가 됐으면, 그 운이 가면서 재산도 간다.

결론적으로 사주에서 없는 것이 운에서 들어오면, 그 운이 가면 사라진다는 것이다.

오래전 庚辰년에 상담한 사주다. ○(壬)癸丁/○寅丑酉의 남자인데 시를 모른다더라. 이 사주는 시를 몰라도 볼 수가 있다. 酉丑金국이니 신강이고 寅木용신이고 火가 필요하니 마누라 덕에 살아간다고 할 것이다. 음남이니까 대운이 거꾸로 간다. 丁戊己庚辛壬/未申酉戌亥子로 간다. 이 사주는 많은 물에 연결되고 춥고 하므로 寅木이 숨통이고 수로(水路)인데 현재가 己酉대운이다. 金극木으로 숨통을 막고 들어간다. 고로 지금 투병중이란다. 피를 투석하고 있단다. 투석한다면 남의 피로 산다는 것인데 그러면 오장육부가 모두 전이되어서 나빠진다. 4년 후에 甲申년에 申이 와서 寅申충할 때 죽을 것이다.

마누라의 사주이다. 辛(丁)庚壬/亥酉戌寅이다. 신약하다. 甲申년에 서방님이 위험하구나. 寅申충하니 壬서방이 간다. 대운이 乙丙丁戊己/巳午未申酉인데 지금 대운이 丙午대운이다. 고로 혼자서는 못산다. 丁火일주가 寅戌火국이니 기분에 죽고 기분에 산다. 비겁의 도화니까 남의 것을 뺏어서 재미본다. "시집 안 가고 남의 것을 뺏어서 재미보면 되잖아요?"하고 거침없이 나오더라. 즉 인간의 마음과 생각은 운에 지배된다. 壬午년에 丁壬합으로 애인이 생긴다 서방에게 미안하니까 잘해준다. 그러다가 癸未년에 丁癸충으로 서방에게 정을 떼기 시작한다. 甲申년에 보내려고. 결국 甲申년에 서방이 가더라. 이런 심리까지 추리할 줄 알아야 한다. 庚辰년이면 辰酉합으로 묶여서 남편한테 도망 못간다. 庚이니 돈이다. 돈이 묶여서 해결 안되니 도망 못간다. 내년에 가서야 일지가 巳酉로 삼합되니 움직인다.

어느 여자의 사주다. 癸(戊)庚壬 / 丑戌戌戌인데 아버지가 천하의 바람둥이다. 水가 부 · 아버지로 부를 꺾는 팔자다. "우리 딸 언제 시집가겠어요?" "시집 보내지 마시오." "왜요?" "딸은 남자를 모르는 불감증이라오." "남자를 봐도 전기가 안 온답니다. 그러니 남자 좋아하지 않아요." 했다.

② 원명의 전 오행은 대운의 영향에 지배를 받는다.

③ 대운의 천간이 지지에 살지가 되었다 해도 원명에서 힘을 얻으면 다시 살아나서 행세할 수 있다.

가령 ○(丙)○○ / ○寅午寅의 사주가 대운에서 丙子가 들어온다. 丙일주에서 보면 丙친구가 子라는 물에 빠져있는데 건져 놓았다. 사주에 寅午火국이 많으니까 다 죽어가는 불이 되살아나더라. 그런데 비견이 많으니까 내것을 뺏긴다. 고로 보따리 내놓으라고 한다. 여기서 무조건 살려낸다고 생각마라. 반대로 연결하면 원명에 죽어 있는 것이 대운에서 살아난다. 가령 ○(庚)乙○ / ○○酉○의 경우, 사주에서 乙木이 죽어 있으니 마누라가 고통 받고 있는데 寅卯운을 만나면 마누라가 살아난다. 고로 죽었다. 살았다 하는 것이 역학이다.

④ 대운의 천간이 사지에 있으면서 원명에 수제(受制)되면 이는 완전히 피상(被傷)된다.

가령 庚(庚)庚○ / ○○○○인데 甲申운에서 甲이 申에 사지로 죽어서 들어오는데 원명에도 庚이 있으니 甲이 완전히 날아간다. 여기서 병명은 간에 병이 왔다. 이럴 때가 이혼수이다.

또한 丙(乙)丙丁 / 戌未午未가 여자인데 金인 관살이 서방인데 원사주에 金이 없으니 火가 잡아먹으려고 해도 없으니까 못 잡아 먹는다. 午戌火국에 丙·丁이 庚을 노리고 있다. 상식이 많아서 남편을 쫓아내는 팔자인데, 그런데 庚午운이 왔다. 천간은 남편이고 지지는 자식에 해당한다. 乙庚합, 午未합이니 시집가고 싶어지고 발동걸리고 자식낳고 싶어지는 운이다. 乙庚합만 하면 午未火로 자식이 생겨온다. 고로 "남자의 콧김만 쐬도 애 생긴단다."한다.

만약, 이런 운에서 이 팔자가 남편과 떨어져 살고 있던 중에 남편이 그리워서 나가 사는 서방을 불러서 乙庚·午未합의 작용으로 乙木여자는 庚남편에게 1년만 같이 살아 달라고 요청하더라. 고로 이런 팔자가 庚午년에 신수보러 오면 역학자가 왈 "나가 있는 남편을 불러들이지 마시오. 火극金으로 퓨즈 나가니 당신 남편 죽는다오." 그러나 乙木여자는 말 안듣는다. 결국은 남편 庚이 복상사당해서 죽더라. "괜히 남편 불러다가 내가 내 무덤 팠다."고 통곡하더라.

또한 甲(乙)甲○ / ○○○○ 이런 사주도 土가 들어오면 土가 다친다. 항상 이와 같이 추리하라.

⑤ 원명의 천간과 지지는 대운의 지지에 의해서 좌우된다.

⑥ 원명의 지지와 대운의 지지와의 합 · 충 · 형 등의 변화를 잘 살펴라.

⑦ 천간이 흉신이라고 해도 지지가 길신이라면 천간은 흉신이 아니라 길신으로 변화한다.

가령 ○(庚)○○ / ○寅丑子의 경우, 이 사주가 寅木이 용신인데 추워서 따뜻하게 해주어야 한다. 만약 壬午운이면, 천간의 水가 기신인데 水가 들어오니 흉한데 午火를 데리고 들어와서 寅午火국으로 살려준다. 고로 천간만 보고서 나쁘다고 하지말라. 만약 시집 안간 처녀라면 壬은 자식이고 午는 남편이니 자식과 서방이 한꺼번에 들어온다. 고로 "결혼 즉시 잉태수 있습니다."하면 된다.

⑧ 대운의 천간은 원사주의 지지에 영향을 못 주나 대운의 지지는 원사주의 천간의 생사를 좌우한다.

⑨ 대운의 작용은 길과 흉만을 나타낸다.

⑩ '무엇을' 하는 것은 일간과 대운을 대조하여 오행, 육친, 길, 흉신, 수리, 방위, 성질 등을 파악하여 결론을 내린다.

예를 들면, 운에서 재운을 만나면, 욕심이 생긴다.

인수운을 만나면, 착해진다. 공부하고 효도하는

운이다.

비겁운을 만나면, 자꾸 거짓말만 해진다.

상관운을 만나면, 남을 무시하고 업신여긴다.

관운을 만나면, 명예에 치중한다.

살운을 만나면, 일주가 약해서 괜히 기죽고 눈치 본다.

⑪ 대운이 좋다고 하여 모두 장관이 되고 거부가 되는 것이 아니니 원 사주와의 중화, 즉 균형관계를 잘 살필 것이다.

가령 壬(壬)壬壬 / 寅子子子의 경우, 이런 사주는 水가 7개이고 木이 하나이다. 만약 대운·세운에서 제일 강한 木운이 와도 즉 대운 甲寅, 세운 甲寅이 와도 木이 5개요, 水가 7개니 5:7로 균형을 이루기가 어렵다. 고로 평생 가도 빛 보기가 어렵다는 것이다.

사주 예(146)

庚 (丙) 己 丁　　1967년 10월 9일 寅시생 곤명(坤命)

寅 午 酉 未

60	50	40	30	20	10	0
丙	乙	甲	癸	壬	辛	庚
辰	卯	寅	丑	子	亥	戌

이 사주는 丁未생 음여로 출생되어 미래절 즉 한로 입절일(출생일 당일 辰시)까지 일수를 계산하면 1일은커녕 2시간밖에 안되므로 0일이고, 고로 이 팔자는 0운으로 시작하니 대운도 己酉월주를 기준으로 0세부터 庚戌운, 10세는 辛亥, 20세는 壬子, 30세는 癸丑, 40세는 甲寅, 50세부터는 乙卯운이 지배하게 되어 있고 특이한 것은 0세부터 대운이 지배하

기에 태아시절부터 대운의 영향을 받았다는 것이다.

丙火일주가 金왕당절인 酉월에 출생하여 실령이나 일지 午火, 시지 寅木으로 寅午가 火국된 중 또 년지 未土가 午未火국으로 합세라.득지 · 득세하여 신왕하고 보니 酉월중 火기가 충만하여 결실이 다된 酉金이 火극金받아 피상으로 낙과될 위험에 놓여있고, 또 酉월중 기온이 상승하여 여름철과 같으며, 한해(旱害)에 시달리고, 木火양에 비하여 金水음이 부족하여 균형을 상실하고 있기에 당장 水가 필요하나 일점의 水기도 없어 酉金을 믿어야 하니 酉金은 본명에 핵이요 생명선이라 金水운에 발영(發榮)하고 木火운에 패퇴하게 되어 있다.

따라서 본명은 30대까지는 전성기이나 40대 甲寅운부터 乙卯운까지 20여 년간은 패퇴하는데 원인은 동방의 3인과 합세하여 일을 시작한 것과 친정 그리고 보증 · 문서로 인하여서이다. 이와 같이 무엇 때문에 하는 것은 대운에 흉으로 작용하는 오행이 일간기준으로 육친이 무엇인가를 알아 그 육친의 성질을 따라 해석하면 되는 것이다.

이 사주는 실령했으나 득지 · 득세해서 중강격에 선약후강이다. 酉월의 꽃이 만발하여 酉金으로 열매를 거두려는데 열매가 부족하다. 노력은 丁未, 寅午火국으로 했지만, 결과는 酉金 하나밖에 없더라. 庚은 寅午에 코너로 밀려서 막혀있다. 이런 것이 항상 불만이다.

酉월의 날씨가 너무 더워서 여름과 같다. 水인 비가 와야 하는데 水가 없고 酉金이 대신하고 있으니 용신이라도 대리용신을 두고 있다. 또한 이 사람의 목적은 水에 있어서 金용신하는 것은 金생水해 오라는 것이다.

성격을 보면 월에 酉金인 재가 있어서 튼튼한 부자이고, 庚이 천간에 있으니 돈 자랑하면 없어진다. 월에 酉가 있어서 먹고 살 만하다. 또한 水가 필요하니까 "사람은 죽어서 이름을 날린다."고 명예를 항상 추구한다.

이 사주의 대운 계산을 하면 0으로부터 운이 시작되는데 순(旬)은 일수 계산이 30일이 되어야 하고 0은 일수 계산이 하루가 못되어야 한다.

운 계산에서 하루는 12시간이니까 3일이 되려면 36시간이 되어야 하는데 여기서는 2시간밖에 안되는 것으로 대운을 정하는데는 34시간이 모자란다는 것이다. 절운의 1시간이 대운의 10일니까 34시간은 340일이 된다. 그런데 1년은 360일이므로 340일이 모자란다. 아기는 임신기간이 10달이고, 360일은 12달로 계산하고 있다. 따라서 이런 경우는 어머니 뱃속에 잉태하기 전에부터 대운이 지배했다고 볼 수 있다. 그러므로 전생이 있다는 것이다. 만약 이 사주에서 대운의 0을 떼면 10년이 달라져 버린다. 고로 0 대운부터 시작된다.

대운은 북 · 水에서 동 · 木으로 항로가 정해졌다. 원래 이 사주에서는 원명에 서방님 水가 없는데, 운에서 들어와서 결혼하고 산다. 항상 운에서 서방이 들어와서 살고있는 사주는 그 운이 가면 서방도 없어진다. 여기서 40대부터 甲寅대운이다. 서방님이 그 운과 같이 사라진다. 丙午일주에 寅午火국이니 똑똑하고 아는 것 많고 할소리 다 하고 월에 재놓아 살림 한번 잘한다. 단, 항상 남자를 돈으로 연결해서 생각한다. 재가 시어머니이니까 남편보다 시어머니가 더욱 좋단다. 남편과 싸우면서도 "시끄러워! 내가 당신 좋아서 사는 줄 알아? 어머니가 좋아서 산다우." "어머니 돌아가시면 당신과는 안 살거야."한다. 결국 그 말이 씨가 되어서 40되면서 시어머니가 돌아가시니 서방과 헤어지더라.

水가 필요하니까 자극을 줘야 하고 원수가 은인이고 사랑의 매가 필요하단다. 이 여자는 水가 필요하니까 만약 내 마누라라면, 水극火가 필요하니까 잘못했을 때는 한방씩 갈겨라. 그래 놓고서 "내가 미워서 때린 게 아니라…" 등등 위로하고 달래면 밥상이 좋아진다. 즉 이 사주의 여자에게는 남자가 박력이 있어야 한다는 것이다.

庚戌대운은 寅午戌火국이 되니 庚이 녹아서 없어진다. 고로 丙·丁이 건들기만 해도 庚이 날아간다. 庚이 재니까 부모운으로 보라. 고로 10살까지는 고생했다는 것이다. 부모님의 생활이 나빠서 어려우니까 힘들었다.

辛亥대운은 亥未, 寅亥합木으로 水가 필요한데 木으로 가버리니 생각만 있지, 마음대로 안된다.

壬子대운은 子午충, 丙壬충이지만 水가 필요하니 충불충이다. 오히려 좋은 것으로 된다. 충으로 되니 시끄러우면서도 결과는 좋다.

癸丑대운은 정관이면서 丑이 재고다. 신랑이 한국은행 갖다가 주면서 당신 마음대로 쓰라고 한다. 그러면서 酉丑합金이니 돈이 더욱 많아진다. 丑未충이니 午未火국을 없애주어서 좋다. 丑午가 만나면 귀문관살이니 여기서는 좋게 작용하니까 "미치고 싶도록 좋다."가 된다. 그런데,

甲寅대운이 오자, 40세부터 패턴이 바꾸어지는데, 년운에서 2~3년간 받쳐주느냐? 안주느냐?에 따라서 1~2년의 가감이 있다. 丁未생이니 丁丑년이 31세이다. 丑亥酉未巳卯로 가므로 丁亥년이 41살이 된다. 그러면 丙戌년이 40살이니 寅午戌火국이 대운과도 연결된다. 다익은 감이 곪아서

빠진다. "큰일났다. 당신운은 41세부터 운이 꺾이네요."

乙卯대운이면, 이 사주의 핵심인 酉金용신이 卯酉충으로 재산이 날아가고, 열매가 떨어지고 돈이 날아가니 죽는 운이다. 용신이 없어지니 죽는 운인데 卯대운 중에서 卯년은 몇살인가? 亥卯未년은 4년주기이다. 고로 丁未년이 61살이니까, 여기서 4살을 빼넌 57살이 된다. "57살에 고비를 잘 넘기셔야겠네요." 지금까지 나이를 계산하는 요령이다.

여기서 卯가 인수이다. 고로 57살에 어머니 때문에 내가 죽게되는 것은 아닐거고 이때는 인수를 보증 한번 잘못 서서 재산이 홀랑 날아가버리고 木생火로 들어오니 심장병이 되겠고 주중왕자가 병생기면 백약이 무효라 火병으로 죽는다. 다음은 친정으로 인해서이거나 또 동방의 3인과 동업하여 일을 시작한 것이 실패해서 등등으로 원인을 분석할 수 있겠다.

여자가 재가 없으면 선머슴이고, 재가 있으면 살림 잘한다.

사주 예(147)

乙 ㊉丙 辛 己　1979년 8월 7일(윤 6월 15일) 未시 건명(乾命)

未 午 未 未

60	50	40	30	20	10
乙	丙	丁	戊	己	庚
丑	寅	卯	辰	巳	午

이 사주는 己未생 음남이 되어 과거절 즉 소서 입절일까지 즉 7월 8일 丑시까지 총일수는 31일간이며 3으로 나누면 10이 되고, 1이 남게 되나 절산하므로 운은 순(旬)으로 결정되고, 대운의 기록은 10세부터 庚午, 20세부터 己巳, 30세 戊辰, 40세 丁卯, 50세는 丙寅, 60세부터는 乙丑운

이 지배하게 된다. 이와 같이 윤월에 출생하였다 하여도 절기를 따라 정하기 때문에 구애받을 필요가 없고 또 일수 계산에서 주의할 것은 월을 넘나들 때는 대 · 소월을 구분하여 일주 계산에 착오없도록 바란다.

또 음력 윤달 6월 15일 未시생인데 음남이니까 역행이다. 언제든지 윤달에는 15일을 전후해서 절기가 바뀐다. 15일 생이니까 7월이 아니라 6월이니까 하루 또는 시간 차이에서 7월생이 아니니까 계산하나마나 뒤로 역산하면 30일 계산이 나올 것이다. 즉 윤 15일이면 하루나 몇 시간 차이로 절기가 못 들어왔다는 결론이 생기니 30일 아니면 31일일 것이다. 또 한 가지 방법은 입춘, 우수, 경칩 순으로 절기가 이어지는데 우수에 낳았다면 앞으로 가나 뒤로 가나 15일이니 운이 5이다 라는 것이다.

이 사주는 인수고장 未가 셋이고, 乙木어머니는 불에 타서 죽었다. 고로 乙木어머니는 나 낳고서 세상을 떠났다. 丙火가 득령 · 득지 · 득세했다. 일주가 너무 강하여 부모를 꺾는다. 고로 소년 · 소녀 가장이다. 강하다 보니까 어려서도 어른 노릇한다. 신약하면 그런 노릇 못한다. 염상격이다. 방합이니 하격이다. 꽃은 만발했는데 열매가 없다. 마무리를 못한다. 펼쳐놓는 데는 1등이다. 未월의 丙火가 午未火국으로 꽃이 활짝 피었으니 얼굴이 좋다. "이놈의 인간아, 얼굴값 좀 해라." 멋쟁이로 여자가 잘 따른다. 따라붙어서 보니 땡전 한 푼 없더라.

이 사주는 木火용신이다. 이 집에 시집간 여자 辛金은 丙辛합, 午未합으로 녹아버린다. 도망 못 간다. 합에 걸려서 묶여 버렸다. 이처럼 재가 부족하면 바람핀다. 또한 재가 많아도 바람핀다. 만약 辛마누라가 바람핀다고 이혼해 달라고 해도 죽어도 안해준다. 이와 같은 경우에는 헤어지게 되면 합으로 묶여서 못 도망가니까 사별이다. 품안에서 죽는다. 폐병으로 죽는다. 만약 천간에 丙 · 丁이 들어오면 선장이 둘이 되니 좋지 않다. 비견겁의 작용이 생긴다.

丁卯대운에는 丙辛합을 갈라놓는 운이 온다. 辛이 녹으니까 여기서 상처한다. 卯未로 삼합되니 변동수가 되어서 이때는 辛이 멀리 떠나는 운이 온다. 그러면 丁卯대운 중에서 어느 해에 떠날까? 40~50살까지 중에서 己未생이니까 己丑년이 31살인데 또한 丑亥酉未巳卯니까, 10년 주기로 己丑 31세, 己亥 41세, 己酉 51세 고로 41살이 己亥년이다. 庚42, 辛43, 壬44, 癸45, 甲46, 乙47, 丙48, 丁49이므로 49살때 丁년이 온다.

丁년 만나니 火극金을 또 받는다. 50살 정도면 다시 재혼이 어려우니 홀아비다. "49살때 혼자되셨어요?"하면, 귀신같다고 생각하고 솔솔 모두 말한다.

庚辰년은 편재운이다. 일확천금을 노리는데 기신운이라서 반대로 잃어먹는다. 증권에 손대서 잃어먹는다. 60살이면 亥子丑 북방운이 시작되니까, 춥고 꽃이 시들어가고 기나긴 밤중이 시작된다.

사주 예(148)

戊 ㉮戊 乙 戊 1968년 3월 9일 午시 곤명(坤命)

午 寅 卯 申

61	51	41	31	21	11	1
戊	己	庚	辛	壬	癸	甲
申	酉	戌	亥	子	丑	寅

이 사주는 戊申생 양여가 되어 과거절 즉 경칩 입절일(3월 5일 戌시)까지의 총일수계산은 5일간이 되나, 戌시 입절로 2시간 때문에 1일을 계산할 수

없으므로 실제 일수는 4일간이 되고 4일을 3으로 나누면 운1하고 1이 남게 되는데 남는 1은 절산하므로 본명은 운1로 결정되며 따라서 매 1세에 대운이 교체되고, 월주 乙卯를 기준으로 역행하여 1세 甲寅, 11세 癸丑, 21세 壬子, 31세 辛亥, 41세 庚戌, 51세 己酉, 61세 戊申순으로 10년 주기로 하여 지배하는 것이다.

그리고 아직은 60甲子가 순행으로도 암기하기가 어려운 처지인데 역행까지 암기하려면 어렵겠으나 사주를 구성하려면 어차피 만세력을 보아야 할 터이니 기록된 월주를 참고하면 쉬우리라 본다.

戊土일간은 木이 많아 신약하다. 午시에 나고 寅午火국으로 나아졌다. 木인 서방이 나보다 잘났고, 여기서 寅木이 寅午火국인데, 卯월이라서 50%밖에 안 간다. 또한 午가 火생土 해주어도 조토니까 다른 일주가 생 받는 것과 차이가 있다. 土는 습토라야 유지한다. 이 사주에서 찾아야 할 것은 寅申충이다. 제일 약한 곳이 申이고 申이 병 있고 아픈 곳이다. 잘 모르겠거든 그 사주에서 제일 약한 것을 꺼내서 흔들어라.

그럼 "아야"소리가 저절로 나오고 잘 본다고 한다. 여자니까 申이 자식이다. 寅申충이고 봄의 申이어서 맥을 못추니 자식에 흠이 있다. 여자가 寅申충, 卯酉충되면 자궁폐쇄증이다. 자궁이 막혀버렸다. 申이 자식이고 자식이 안주하는 곳이 자궁인데 그곳이 병들고 날아가 버렸다. 아직도 이상 없다면 "팔자는 못 속입니다. 산부인과 가서 검진하세요."하라.

木이 많아서 일복 많고 허리가 약하고 위산과다가 있다. 신약하니 午火가 용신이다. 나무가 많아서 일조량이 부족하니 午火일조량이 필요하다. 고로 여름 한철 벌어서 1년 먹어야 하니 고생이 많다. 그런데 운이 水金으로 흐르니 평생 운이 안 온다. 운이 나쁘게 오니까 "어이하여 보고 싶은 딸은 안 오고, 보기 싫은 애꾸눈 며느리가 오느냐?"

11세 癸丑대운부터 재운이 들어온다. 공부할 나이에 돈 버는 운이 들어오니까 공부는 못한다. 어릴 때부터 돈 벌러 다닌다. 午火용신이니까 인수로 공부해야 하는데 재운이 와서 공부를 죽이고 캄캄한 밤중의 운이니 나를 못찾는다. 재운이 와도 水생木으로 재생살이 되니까 괴롭다. 겨우 40대부터 庚戌대운이 들어온다. 이때가 제일 좋더라. 51세 己酉대운이다. 酉자식 때문에 해가 넘어간다. "무자식이 상팔자인데, 왜 자식 때문에 이 고생이냐?" 寅酉원진이니 자식이 원수다. 천간의 戊己土도 지지가 金이니 금다토변(金多土變)으로 변색되어 도움을 못준다.

4. 세밀정운법(細密定運法)

보통 생일 대 입절일로 대운을 정하고, 출생 당일에 대운이 교체된다라고 생각하고 있으나 이 세밀정운법에 의하여 대운을 정하면 정확할 뿐더러 또 대운의 교체시기까지 몇년 몇월 며칠 몇시인가를 알게 되는 것이다. 참고할 것은 좀 복잡하다고 생각이 된다면 보통 정운법으로 하여도 무방하겠으나 단, 대운이 교체되는 나이에 해당할 때만은 반드시 세밀정운법에 의하여 정운하여야 된다는 것을 잊어서는 안된다.

세밀정운법이란 지금까지의 정운법에서 조금 더 정확성을 기하자는 데 있다. 지금까지는 생일 기준으로 대운의 시기를 정했다. 대운이 1이면 한살 되는 생일날 대운이 교체되는 걸로 정했는데 이 세밀정운법에서는 조금 다르다.

세밀정운법은 만으로 계산한다. 완전한 3일이 되어야 1운이 되고, 시간으로는 36시간이 되어야 만1운이 된다. 만일 36시간이 아니라 35시간이면 만 1운이 되려면 1시간이 부족하고 24시간이면 만 1운이 되려면 12시간이 부족하다는 것이다. 38시간이면 만 1운하고도 2시간이 남는다 하는 식으로 이런 계산법만 알고 있으면 된다.

절운에 있어서 1시간은 대운에서 10일로 계산한다. 그런데 남는 수는 생일기준으로 앞으로 순행으로 연결하고, 모자라는 수는 생일 기준 역산으로 계산해서 기준을 삼아라.

가령 7월 13일이면 계산해보니까 가령 2시간이 모자라더라. 그러면 이것은 20일이 모자란다는 것이니 7월 13일에서 20일을 빼면 6월 23일이 되니까 대운이 바뀌는 날은 6월 23일인 것이다. 만약 2시간이 남는다면 20일이 남는 것이니 7월 13일에 20일을 더하니 8월 3일에 대운이 바뀐다는 것이다.

"○년 ○월 ○일 ○시부터 대운이 갈아든다. 그때부터 당신에게 대박이 터질 것이다."라고 정확하게 추명할 수 있는 것이 세밀정운법이다.

가령 庚㊀癸庚 / 戌申未辰의 경우 2000년 7월 13일 戌시에 출생한 여자라면, 양녀니까 과거절로 계산한다. 소서가 7일 오후 4시인 申시에 들어왔다. 소서까지 6일이니까 운 2다. 이것을 세밀정운법으로 계산하면 7일 申시부터 13일 未시까지가 만 6일로, 未시부터 申酉戌시까지 3시간이 남는다. 3시간은 대운의 30일이니까 한달 늦게 대운이 교체된다. 즉 정운법으로는 매 십년마다 2살 7월 13일에 대운이 교체되지만 세밀정운법은 매 2살 8월 13일에 대운이 교체된다고 보면 된다. 즉, 8월 13일 전까지는 전(前) 대운으로 보고 후(後)부터는 다음 대운으로 보고서 상담하라는 것이다.

이 세밀정운법은 대운이 교체되는 나이에 온 손님만 사용하고 나머지는 신경쓰지 말라. 웬만하면 보통 정운법으로 계산하고 되도록이면 만으로 계산하라는 것이다. 그런데 가령 해가 넘어갈 때가 있다. 12월 25일 출생했는데 운을 계산해보니까 10일이 남더라 25일+10은 1월 5일이 된다. 그러면 나이가 가산되니까 운을 하나 더 올려주어야 한다. 만약 거꾸로 보면 1월 5일에 출생했는데 운을 계산하다보니 1시간이 모자란다. 모자라니까 뒤로 가야 하므로 정운에서 운1을 빼야 한다. 그래서 12월 25일날 대운이 교체된다는 것이다. 학(學)으로서는 그런데 12월 25일은 거의 1년이 다 갔는데 그게 그거다. 크게 잘못된 것은 아니니, 그 요령을 터득하면 된다.

세밀정운법은 모든 것을 만으로 계산하고 시간까지도 정확하게 연결하면 된다. 절입의 1시간이 대운의 10일이니까 남는 것은 생일을 기준으로 앞으로, 모자라는 것은 생일을 기준으로 뒤로 계산하면 된다. 대운이 갈아드는 나이에 상담하러 왔으면 세밀정운법을 꼭 써야 하지만 일반적인 것에는 쓰지 않아도 된다.

사주 예(149)

丙 ㊙甲 壬 甲　1924년 8월 13일 寅시 건명(乾命)

寅 子 申 子

이 사주는 申월의 甲木으로 월에 편관이지만 申子水국으로 申월에 장마가 들었다. 다행히 시지에 寅木이 있어서 甲木이 뿌리하고 있으니 떠내려가지는 않는다. 申월의 甲木이니까 丙이 용신이다. 일주가 강했을 때 상식이 잘 구성되어 있으니 세인(世人)의 등불이요, 박사학위 받고, 교수도 된다는 팔자이다. 남에게 간섭받기 싫어하는 사주이다.

金극木을 싫어한다. 甲木을 태워서 온 세상을 밝혀주는 것으로 구성되어 있어서이다.

대운 계산을 해보자. 양남이니까 미래절로 간다. 입추월 8일 寅시에 입절되었고, 본명은 8월 13일 寅시에 출생했고 백로가 9월 8일 辰시에 입절된다. 8월 13일부터 9월 8일까지 만 26일이다. 고로 만 27일이 되려면 3시간이 부족하다. 대운은 9대운이고 늘 대운이 1달 즉 30일 먼저 들어온다. 대운은

69	59	49	39	29	19	9
己	戊	丁	丙	乙	甲	癸
卯	寅	丑	子	亥	戌	酉

로 된다. 남방 火운을 만나야 하는데 운이 안 들어 온다. 이런 팔자는 20대 甲戌대운에 "앞으로 세상 살아가는데 어떤 난관이 오더라도 극복할 수 있도록 준비해놔야 한다." 자격증도 모두 따놓고 등등을 모두 이때에 해야 된다.

亥子丑운은 승진이 되든 말든 인수운이니까 교육계에서 남을 가르치면서 세상을 보내는 것이 좋다. 사업가는 안 된다. 사주원명에 재가 없고, 운에서도 재운이 안 온다.

이 사주가 여자라면?

남자 사주면 자식농사가 안되는데, 여자 사주면 남편농사가 안된다. 申이 申子水로 없어져버리니까. 그러나 자식농사는 잘된다. 여자가 인

수가 이렇게 많으면 친정 끼고 살아야 한다. 申金남편이 온데간데 없으니까 친정 끼고 살 수밖에 없다.

궁합 보러 오거든 인수가 용신이거나 인수가 많으면 항상 친정 끼고 산다. 고로 "아가씨, 다 좋은데 친정으로 뻗치겠네요." "맞아요." "왜요?" "무남독녀, 외딸이니까요."한다.

여자라도 교육자 팔자이다. 木일주에 인수가 많은 팔자가 예체능에 많더라. 대운계산을 해보자. 여자니까 역행한다. 8월 13일 寅시에 출생했고 8월 8일 寅시에 입추가 입절되었으니 만 5일간이니 2대운이고 1일 부족이다. 대운이 4개월 먼저 온다. 대운을 보면

62	52	42	32	22	12	2
乙	丙	丁	戊	己	庚	辛
丑	寅	卯	辰	巳	午	未

이다. 전성기가 丙寅대운이니까 50대이다. 戊辰대운이 제일 고생스럽다.

사주 예(150)

己	㊀壬	乙	甲
酉	午	亥	寅

60	50	40	30	20	10
己	庚	辛	壬	癸	甲
巳	午	未	申	酉	戌

여자 사주다. 40대부터 辛未대운이다. 이 사주가 신약인가? 신강인가? 寅亥합木으로 木이 많아서 신약이라 볼 수 있으나 대운이 10이면 역행이므로 하루 이틀 있으면 동짓달 子월로 들어간다. 그럼 꽁꽁 얼게끔 춥다. 시간도 酉시니까 더욱 추우니 木火가 필요하다. 寅亥합木에 甲乙木이 투간했다고 신약으로 보지 말라는 것이다. 사주를 분석할 때 대운을 고려하여 절기를 제대로 보는 것은 너무 중요하다는 것이다.

여기서 관상으로 보자. 이 여자는 눈까지는 별 볼 일 없고 코부터 즉 40대부터 밥이 붙어있고, 복스럽게 생기고 좋다. 甲寅생이니까 庚辰년 27살에 결혼문제로 상담왔다. 과연 결혼하라고 할 것이냐? 하지 말라고 할 것이냐? 金水운이 30대까지다. 己土가 남편인데 壬申, 癸酉 대운에 비겁운으로 남편 뺏기고 속아서 시집간다. 金水운이니까 성장이 둔화되어 있으니 결혼 생각 안 한다. 辛未대운에 가야만 성감이 되살아난다. 고로 30대까지 공부시키고 결혼은 안됩니다. 만약 결혼해도 30대에 戊子년 오면 土극水에 子午충이 되니까 이혼수 걸린다. 甲寅생이니까 甲申년이 31살이고 酉戌亥子니까 35살이다.

사주 예(151)

丁	㊉丙	丙	己
酉	午	寅	巳

이 사주는 여자 사주다. 한 하늘 아래 태양이 둘이다 여기서도 유념할 것은 절기관계다. 입춘이 바로 지났고, 酉시라면 木火가 용신이고, 金水가 용신되기 힘들다. 내일 모레가 경칩이면 酉金용신이다. 이런 데서 실수하기 쉽다.

여자는 제일 먼저 관을 보라. 무관이니 시집갈 생각을 안한다. 남편궁이 나쁘다. 그 원인은? 비견겁이 많아서 아버지가 바람둥이였다. 역시 巳火처리 방법이 아주 어렵다. 나쁜 작용은 아니다. 운에서 酉나 丑이 오면 巳酉丑金으로 돈이 되어서 돌아온다. 巳나 午는 丙의 친구인데, 午 말띠 친구는 꼭 나에게 돈 가져가지만, 巳 뱀띠 친구는 내 돈 가져가도 언젠가는 갚는다. 巳酉丑金으로 재가 된다. 이 비견겁이 재가 되는 것은 火土밖에 없다. 가령 戊戌일주가 戌 개띠 친구가 돈 가져가면 그것으로 끝난다. 그러나 辰 용띠가 돈 가져가면 꼭 갚는다. 여기서는 金국 · 재로 될 때에 나에게 돈 갚는다는 것이다.

대운에서의 작용은 길이냐 흉이냐로만 작용하고 무엇으로 인한 일인가 하는 것은 일주를 기준으로 해서 육하원칙에 의해 판단한다. 즉 통변의 문제인데 이 통변은 다음에서 자세히 공부하고자 한다. 예를 보자.

가령 壬寅일주가 戊辰대운이었다. 壬이 辰에 고장이니까 병들었다. 누구 때문에 병들었나? 戊辰이니까 자식 때문에 병들었다. 망나니 자식이다.

당뇨에 신장결석까지 와서 완전히 골병들었다더라. 무엇 때문에? 는 일주 기준으로 대운이 뭐가 되느냐에 따라서 다르다.

편저자

이탁감(李卓鑑)

- 연세대학교 행정학 석사
- 전 공기업 사장
- 전 N토건 부회장
- 현 TG미래예측연구원장
- H·P : 010-3710-0272

이민지(李玟知)

- 연세대학교 이학석사
- 연세대학교 이학박사

四柱命理學正解 Ⅲ

사 주 분 석 론

2024年 9月 2日 초판 발행

편 저 이탁감 · 이민지

발행처 ㈜이화문화출판사

발행인 이 홍 연 · 이 선 화
등록번호 제300-2001-230
주소 서울시 종로구 인사동길 12, 310호(대일빌딩)
전화 02-732-7091~3 (도서 주문처)
02-738-9880 (본사)
FAX 02-725-5153
홈페이지 www.makebook.net

값 28,000원